全国经济专业技术资格考试用书

66小时过中级经济师
经济基础知识
一本通

高顿财经研究院

文汇出版社

图书在版编目（CIP）数据

66小时过中级经济师：经济基础知识一本通／高顿财经研究院编著. —上海：文汇出版社，2021.8

ISBN 978-7-5496-3467-5

Ⅰ. ①6… Ⅱ. ①高… Ⅲ. ①经济学-资格考试-自学参考资料 Ⅳ. ①F0

中国版本图书馆CIP数据核字（2021）第036376号

66小时过中级经济师·经济基础知识一本通

作　　者／高顿财经研究院
责任编辑／戴　铮
助理编辑／邱奕霖
封面设计／汤惟惟
版式设计／汤惟惟
出版发行／文匯出版社
　　　　　　上海市威海路755号
　　　　　　（邮政编码：200041）
印刷装订／上海颛辉印刷厂有限公司
版　　次／2021年8月第1版
印　　次／2021年8月第1次印刷
开　　本／787毫米×1092毫米　1/16
字　　数／709千字
印　　张／26
书　　号／ISBN 978-7-5496-3467-5
定　　价／80.00元

编委会

编委会主要成员名单

冯伟章　李 哲　黄 耀

主要内容校对

孙 文　刘江锋　李睿莹　刘 畅　冯 晖
汪安琪　张恺悦

前 言

改革开放四十多年来，中国经济发展取得伟大成就，科技创新日新月异，民生水平不断提高。然而，国内国际经济形势仍然复杂严峻，构建以国内大循环为主体、国内国际双循环相互促进的新发展格局，依然任重而道远。

经济水平与结构的提升，必然要求职场从业者具有更高的认知水平和职业能力。中级经济师是我国的职称之一，众多职场朋友选择参加中级经济师的考试，来进行学习与自我提高。为此，高顿教育推出了"66小时过中级经济师"系列教材。

本教材基于诸多老师多年的教学积累，将"体系性"与"靶向教学"有机结合，以通俗易懂为行文标准，以备考实用为全书目标，力求帮助读者快速掌握知识、精准把握考点，从而高效通过考试。

本教材根据最新的考试大纲要求进行编写，采用特有的"任务制"学习体系，将每个部分进行了学习任务的划分，在每个任务中都清晰地注明了考查分值、难度和重要考点，方便读者精准地进行学习规划，把握学习进度。具体知识的讲解，都力求结构清晰、要点明确，同时辅以"名师说""趣味说""记忆小窍门"等环节，构建沉浸式学习场景，让读者轻松、高效掌握要点、考点。

有成长才是生命，否则日出日落并无意义！

在此也祝愿各位读者，顺利通过中级经济师考试，得到更好的职业发展，为我国经济的进一步蓬勃发展添砖加瓦。

本书得以付梓出版，要特别感谢众多在撰写和校审中倾心付出的老师，正是他们对精益求精的执着，对工作不懈的努力，才有本教材的顺利完成。

相信书中仍有不当之处，恳请广大读者提出宝贵意见，我们将持续改进！

冯伟章

CFA 持证人、FRM 持证人

高顿教育 CFA/FRM 研究院　院长

开 篇

一、考试介绍

"中级经济师"是经济师类别的职称,要取得该职称,需要通过我国人力资源和社会保障部举办的"经济专业技术资格考试",自 2020 年起,经济专业技术资格分为初级、中级、高级三个级别,本书涉及的是其中的中级级别。

该考试有两个科目,具体为《经济基础知识》和《专业知识与实务》,其中,《经济基础知识》为公共科目(必考),《专业知识和实务》为专业科目(任选一个进行考试),分别按工商管理、农业经济、财政税收、金融、保险、运输经济、人力资源管理、旅游经济、建筑与房地产经济、知识产权 10 个专业类别命制试卷。

《经济基础知识》考试时间为 90 分钟,考试题型均为客观题,分别为单项选择题和多项选择题。具体的考试科目对应的题型、题量、分值和评分标准如下表所示:

考试科目	题型	题量/分值	评分标准	满分
《经济基础知识》	单项选择题	70/70	只有一个选项最符合题意	140
	多项选择题	35/70	有 2 个或 2 个以上的选项符合题意,错选,本题不得分;少选,所选的每个选项得 0.5 分	

二、本书特色

经济专业技术资格考试主要是考查考生对知识点的理解和记忆。总体来说,相对简单,但需要记忆的知识点较多,建议考生以知识点的理解为主,从题目练习入手,通过"知识点学习+做题"来达到记忆考点的目的。

(一)知识体系

《经济基础知识》一共分为六个部分,按不同的学科,从经济学、财政、货币与金融、统计、会计、法律六个方面,对经济专业基础所需的必备知识做了深入浅出的介绍。

部分	章节	任务编号	任务名称
第一部分 经济学基础	Ch1	1	市场供求与均衡
	Ch2	2	消费者行为
	Ch3	3	生产者行为

续表

部分	章节	任务编号	任务名称
第一部分 经济学基础	Ch4	4	市场结构
	Ch5	5	生产要素市场、市场失灵与政府干预
	Ch6		
	Ch7	6	国民收入与宏观经济模型
	Ch8	7	经济增长与经济发展
	Ch9	8	价格水平、失业与国际贸易
	Ch10		
第二部分 财政	Ch11	9	公共物品和财政职能
	Ch12	10	财政支出
	Ch13	11	财政收入
	Ch14	12	税制
	Ch15	13	政府预算
	Ch16	14	财政体制
	Ch17	15	财政政策
第三部分 货币与金融	Ch18	16	货币供求与均衡
	Ch19	17	中央银行
	Ch20	18	商业银行
	Ch21	19	金融风险与监管
	Ch22	20	国际金融
第四部分 统计	Ch23	21	数据与描述统计
	Ch24		
	Ch25	22	抽样与回归
	Ch26		
	Ch27	23	时间序列
第五部分 会计	Ch28	24	会计概述（上）
	Ch28	25	会计概述（下）
	Ch29	26	会计循环
	Ch30	27	会计报表
	Ch31	28	财务报表分析
	Ch32	29	政府会计简介
第六部分 法律	Ch33	30	法律与经济
	Ch34		

续表

部分	章节	任务编号	任务名称
第六部分 法律	Ch35（上）	31	合同法律制度（上）
	Ch35（下）	32	合同法律制度（下）
	Ch36	33	公司法
	Ch37	34	工业产权与社会法律制度
	Ch37	35	市场竞争法律制度

（二）本书亮点

本书紧扣考试大纲，对官方教材的知识点进行总结概述，结合历年真题，精炼出高频考点，采用分任务学习的方法，让考生了解自身的学习进度，灵活地控制学习节奏，更好地分配学习时间，做好应试准备。

1."任务制"学习法

本书采用"任务制"模式。将官方教材按照知识点进行划分，考虑考试特点——记忆知识点为主，对所有的重要考点进行了合并或拆分，将教材的重要知识点颗粒化为每一个"任务"。

任务制的学习可以让考生对每部分知识有一个框架性的掌握，然后按知识的逻辑，一步一步地深入了解该部分内容。

例如，本书将《经济基础知识》的"第一部分 经济学基础"，划分为8个任务——市场供求与均衡，消费者行为，生产者行为，市场结构，生产要素市场、市场失灵与政府干预，国民收入与宏观经济模型，经济增长与经济发展，价格水平、失业与国际贸易；层层递进，来介绍经济学的基础概念。

2."66小时"通关秘诀

根据中级经济师考试特点，必考科目为《经济基础知识》，另有一科目选科目。高顿财经研究院的老师们从学习逻辑和学习效率角度，将每个科目拆分为若干个学习任务，每个"任务"的学习时间控制在1~1.5小时，力争实现通过66个小时完成中级经济师两门科目的学习。

"66小时"通关秘诀旨在让考生能够以清晰的学习脉络、主动掌握自身的学习进度、有效地控制学习节奏，从而合理安排学习时间，完成充足的考前准备。

三、本书模块具体说明

1. 部分、任务框架图

本书依托官方教材的不同学习部分，按照部分下面章节的具体知识点，划分出不同的任务。并按照考纲要求，对每个任务下的知识点做了"星级"标识。"★★★"考点，建议考生结合例题，对知识点有透彻的理解和熟练的掌握；"★★"考点，建议考生对知识点加以记忆；"★"考点，建议考生了解即可。

2. 知识点讲解

为了将繁多的知识点梳理清晰，本书在知识点的讲解的呈现形式上，尽可能地采用图和表的形式，突出知识点之间的逻辑和关联，帮助考生理解记忆。

3. 配套例题

本书所选择的例题历年真题进行深入分析、研究的基础上，总结考试规律，针对高频考点和易错的知识点，给出了相应的例题，旨在帮助考生加深对这些知识点的理解。

4. 名师说

这一模块是针对知识点讲解中，难度较高且不易理解的知识点进行详细的解释。旨在帮助考生在深入、透彻理解知识点的基础上，加深记忆。

5. 记忆小窍门

这一模块主要是提供部分知识点的记忆诀窍，辅助考生更好地理解记忆，快速背诵。

6. 趣味说

这一模块主要包含与知识点相关的一些有趣小故事或形象性的描述，旨在让考生在繁杂的知识点记忆中，放松心情，体会到学习的乐趣。

7. 在线题库

考生可通过扫描封底二维码，领取在线题库。在线题库模拟考试环境，不仅习题量充足，而且每道题都配有详细的答案解析，帮助考生更好地复习巩固，查漏补缺。

目　录

第一部分　经济学基础

任务1　市场供求与均衡 ………………………………………………… 2
　　一、市场需求 ……………………… 2
　　二、市场供给 ……………………… 5
　　三、均衡价格 ……………………… 6
　　四、弹性 …………………………… 8

任务2　消费者行为 ……………………………………………………… 13
　　一、效用理论 ……………………… 13
　　二、无差异曲线 …………………… 14
　　三、预算约束 ……………………… 17
　　四、消费者均衡 …………………… 19
　　五、消费者的需求曲线 …………… 19

任务3　生产者行为 ……………………………………………………… 22
　　一、生产者的组织形式和企业理论
　　　　………………………………… 22
　　二、生产函数和生产曲线 ………… 23
　　三、成本函数和成本曲线 ………… 27

任务4　市场结构 ………………………………………………………… 31
　　一、市场结构的类型 ……………… 31
　　二、完全竞争市场分析 …………… 34
　　三、完全垄断市场分析 …………… 35
　　四、垄断竞争市场和寡头垄断市场中生产者的行为 ……………………… 38

任务5　生产要素市场、市场失灵与政府干预 ………………………… 40
　　一、生产者使用生产要素的原则 …… 40
　　二、完全竞争生产者对生产要素的需求
　　　　………………………………… 42
　　三、劳动供给曲线 ………………… 43
　　四、市场失灵的含义 ……………… 45
　　五、市场失灵的原因与政府对市场的干预
　　　　………………………………… 46

任务6　国民收入与宏观经济模型 ……………………………………… 51
　　一、国民收入核算 ………………… 51
　　二、宏观经济均衡的基本模型 …… 54
　　三、消费、储蓄和投资 …………… 55
　　四、总需求和总供给 ……………… 59

任务7　经济增长与经济发展 …………………………………………… 63
　　一、经济增长 ……………………… 63
　　二、经济周期与经济波动 ………… 65
　　三、经济发展 ……………………… 68

任务 8　价格水平、失业与国际贸易　70

一、价格总水平　70
二、就业与失业　73
三、失业与经济增长及价格总水平的关系　75
四、国际贸易理论　77
五、国际贸易政策　79

第二部分　财政

任务 9　公共物品和财政职能　84

一、公共物品的特征及需求显示　84
二、公共物品的融资与生产　85
三、公共物品供给的制度结构　86
四、市场和市场效率　87
五、政府经济活动范围　87
六、财政的基本职能　87
七、公共选择　89
八、政府失灵及其表现形式　89

任务 10　财政支出　91

一、财政支出及其分类　91
二、财政支出规模及其增长趋势　93
三、我国的财政收支矛盾与支出结构优化　96
四、财政支出绩效评价　96

任务 11　财政收入　99

一、财政收入的含义与分类　99
二、税收　100
三、税负转嫁　101
四、国债　102

任务 12　税制　107

一、税制要素　107
二、税收分类　109
三、流转税的主要特点　111
四、增值税　112
五、消费税　114
六、所得税的主要特点　115
七、企业所得税　116
八、个人所得税　116
九、财产税的特点　121
十、房产税　121
十一、车船税　122

任务 13　政府预算　124

一、政府预算的含义　124
二、政府预算的职能　125
三、政府预算的原则　125
四、政府预算的分类　126
五、我国政府预算职权划分　129
六、我国政府预算体系　131
七、我国政府预算编制制度　135
八、我国政府预算执行制度　137
九、实施全面规范、公开透明预算制度的主要内容　138

任务 14　财政体制 ……………………………………………………………… 140
一、财政管理体制的含义 ……… 140
二、财政管理体制的内容 ……… 141
三、财政管理体制的类型 ……… 142
四、分税制财政管理体制的内容 …… 143
五、深化财政体制改革的主要任务与内容 ……………………………… 145
六、财政转移支付及其特点 …… 145
七、我国现行的财政转移支付制度及内容 ……………………………… 146
八、合理划分中央与地方财政事权和支出责任 ………………………… 148

任务 15　财政政策 ……………………………………………………………… 150
一、财政政策功能与目标 ……… 150
二、财政政策工具与类型 ……… 152
三、财政政策乘数与时滞 ……… 153

第三部分　货币与金融

任务 16　货币供求与均衡 ……………………………………………………… 158
一、货币需求的概念 …………… 158
二、货币需求理论 ……………… 159
三、货币供给 …………………… 164
四、货币供给机制 ……………… 166
五、货币均衡 …………………… 168
六、通货膨胀 …………………… 170

任务 17　中央银行 ……………………………………………………………… 174
一、中央银行制度 ……………… 174
二、中央银行的职责和业务特征 …… 176
三、中央银行的主要业务 ……… 176
四、中央银行资产负债表 ……… 178
五、货币政策定义及目标 ……… 180
六、货币政策工具 ……………… 180
七、货币政策中介目标 ………… 183
八、货币政策传导机制 ………… 185
九、我国货币政策的实践 ……… 186

任务 18　商业银行 ……………………………………………………………… 188
一、商业银行的定义及性质 …… 188
二、商业银行的职能与组织形式 …… 189
三、商业银行的主要业务 ……… 190
四、商业银行的经营管理 ……… 194
五、存款保险制度 ……………… 194
六、金融市场效率及有效市场理论 … 197
七、金融市场的结构 …………… 197

任务 19　金融风险与监管 ……………………………………………………… 201
一、金融风险的特征及分类 …… 201
二、金融危机 …………………… 203

三、金融监管理论…… 205
四、金融监管体制…… 207
五、国际金融监管协调…… 208

任务 20　国际金融……212
一、汇率制度…… 212
二、人民币汇率制度…… 214
三、国际储备…… 214
四、国际货币体系…… 216
五、国际主要金融组织…… 218
六、人民币跨境使用…… 221

第四部分　统计

任务 21　数据与描述统计……226
一、统计学分支…… 226
二、变量与数据…… 227
三、数据来源…… 228
四、统计调查…… 229
五、数据科学与大数据…… 231
六、集中趋势的测度…… 234
七、离散程度的测度…… 236
八、分布形态的测度…… 237
九、变量间的相关分析…… 240

任务 22　抽样与回归……243
一、抽样调查的基本概念…… 243
二、概率抽样方法…… 246
三、估计量和样本量…… 249
四、回归分析…… 251
五、最小二乘法…… 253
六、模型的检验和预测…… 254

任务 23　时间序列……256
一、时间序列及其分类…… 256
二、时间序列的水平分析…… 257
三、时间序列的速度分析…… 260
四、平滑预测法…… 262

第五部分　会计

任务 24　会计概述（上）……264
一、会计概念、现代会计的两大分支…… 264
二、会计的两大基本职能…… 265
三、会计的对象…… 266
四、会计核算的具体内容…… 267
五、会计的目标及信息使用者…… 268
六、会计要素分类…… 269
七、反映财务状况的会计要素…… 270
八、反映经营成果的会计要素…… 272
九、会计等式及经济业务发生所引起的会计要素的变动…… 274

任务 25　会计概述（下） ·· 277
　一、会计要素确认和计量的基本原则
　　··· 277
　二、会计的基本前提 ················ 280
　三、会计信息质量要求 ············ 282
　四、会计法规体系 ···················· 285

任务 26　会计循环 ·· 287
　一、会计确认 ···························· 287
　二、会计计量 ···························· 288
　三、会计记录 ···························· 289
　四、财务会计报告 ···················· 294

任务 27　会计报表 ·· 296
　一、会计报表 ···························· 296
　二、资产负债表 ························ 298
　三、利润表 ······························· 301
　四、现金流量表 ························ 303
　五、会计报表附注 ···················· 309

任务 28　财务报表分析 ·· 310
　一、财务报表分析的内容 ········ 310
　二、财务报表分析的基本方法 ······ 310
　三、财务报表分析的基本指标 ······ 312

任务 29　政府会计简介 ·· 318
　一、政府会计概念 ···················· 318
　二、政府会计要素 ···················· 319
　三、政府会计报告 ···················· 321

第六部分　法律

任务 30　法律与经济 ·· 324
　一、法律对经济关系的调整 ········ 324
　二、物权概述 ···························· 326
　三、所有权 ······························· 331
　四、用益物权 ···························· 335
　五、担保物权 ···························· 337

任务 31　合同法律制度（上） ·· 340
　一、合同概述 ···························· 340
　二、合同的效力 ························ 342
　三、合同的订立、履行和终止 ······ 345

任务 32　合同法律制度（下） ·· 351
　一、合同的担保和保全 ············ 351
　二、合同的转让、变更和解除 ······ 355
　三、违约责任 ···························· 357

任务 33　公司法 ·· 361
　　一、公司法和公司概述 ············ 361
　　二、公司的设立与公司法基本制度 ···
　　　　 ······································ 363
　　三、公司治理结构 ················ 364
　　四、股份的发行与回购 ············ 369
　　五、公司的合并、分立、解散和清算
　　　　 ······································ 369

任务 34　工业产权与社会法律制度 ································ 372
　　一、工业产权法律制度 ············ 372
　　二、劳动合同法律制度 ············ 379
　　三、消费者权益保护法律制度 ······ 384

任务 35　市场竞争法律制度 ·· 390
　　一、反垄断法律制度 ·············· 390
　　二、反不正当竞争法律制度 ········ 393
　　三、产品质量法律制度 ············ 396

第一部分　经济学基础

考情分析

"第一部分 经济学基础"在中级经济师考试中的分值占比约为22%~25%，在整个课程体系中的位置最靠前，难度中等偏上，所涉及的知识深刻且全面。考试题型同时涉及单选题和多选题。

本部分共8个任务：任务1内容涵盖"第一章 市场需求、供给与均衡价格"；任务2内容涵盖"第二章 消费者行为分析"；任务3内容涵盖"第三章 生产和成本理论"；任务4内容涵盖"第四章 市场结构理论"；任务5内容涵盖"第五章 生产要素市场理论"与"第六章 市场失灵和政府的干预"；任务6内容涵盖"第七章 国民收入核算和简单的宏观经济模型"；任务7内容涵盖"第八章 经济增长和经济发展理论"；任务8内容涵盖"第九章 价格总水平和就业、失业"与"第十章 国际贸易理论和政策"。

本部分框架图

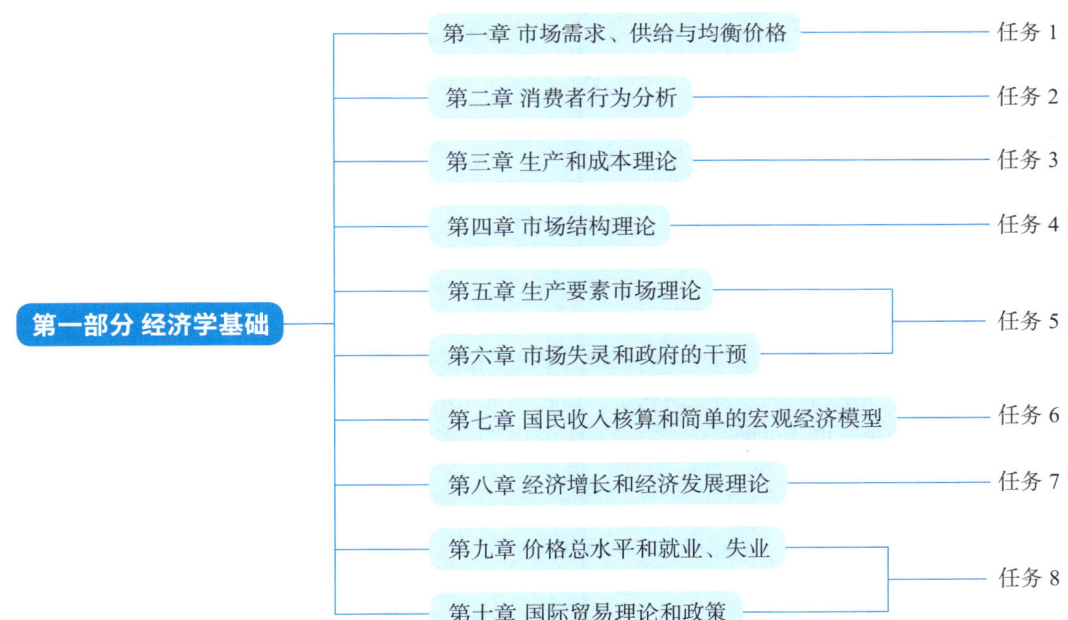

任务 1　市场供求与均衡

任务概述

本任务涉及"第一章 市场需求、供给与均衡价格"。

此任务在中级经济师考试中约考查 5 分，分值占比约为 4%。考试题型同时涉及单选题和多选题。

本任务整体难度适中，其中，重要考点为：市场需求、均衡价格，以及弹性。

任务框架图

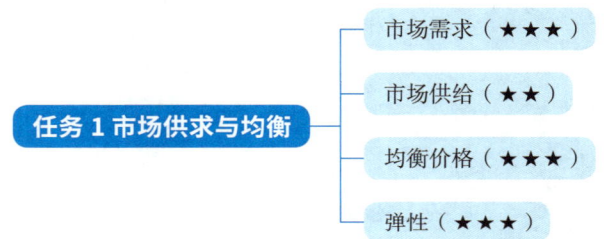

一、市场需求（★★★）

（一）含义与构成要素

1. 含义

需求：在给定期间内和特定价格下，消费者**愿意且能够**购入的某种商品或服务的数量。

市场需求：在给定期间内、特定价格下，以及一定市场上，**全部消费者**愿意而且能够购入的某种商品或服务的数量。由此可见，市场需求等于消费者需求的总和。

2. 构成要素

与日常所说的需求不同，经济学中的需求由以下 2 个要素构成：

（1）消费者的购买意愿。
（2）消费者的支付能力。

（二）影响因素

需求的 7 个影响因素包括：消费者偏好、消费者的个人收入、产品价格、替代品的价格、互补品的价格、预期，以及其他因素。具体含义，如表 1-1 所示：

表1-1 影响需求的7个因素

影响因素	含义
消费者偏好	① 与需求正相关：消费者偏好增强，需求增加； ② 决定消费者在替代品之间的抉择
消费者的个人收入	① 一个社会的人均收入水平； ② 一般情况下，与需求正相关：消费者收入增加，需求增加
产品价格	① 影响需求的最重要因素； ② 通常与需求负相关：产品价格增加，需求降低
替代品的价格	① 使用价值相近，可以相互替代、可满足人们相同需要的商品； ② 通常与需求正相关：替代品价格升高，对商品的需求增加
互补品的价格	① 使用中互相补充以满足人们某种需要的商品； ② 通常与需求负相关：互补品价格上升，对商品的需求下降
预期	① 预期产品价格上涨：人们的提前购买行为使现期需求增加； ② 预期产品价格下跌：人们的推迟购买行为使现期需求下降
其他因素	商品的—— ① 品种； ② 质量； ③ 广告宣传； ④ 地理位置； ⑤ 季节； ⑥ 国家政策

（三）需求函数与需求规律

1. 需求函数

给定其他各因素不变，需求函数用函数的形式描绘了某商品的价格如何影响其需求量。具体方程如下：

$$Q_d = Q_d(P) \tag{1.1}$$

式（1.1）中，Q_d 代表需求量；P 代表该商品的价格。

2. 需求规律

通常情况下，需求与价格的变动呈负相关关系。具体来讲：

（1）商品的价格升高，消费者对该商品的需求降低；

（2）商品的价格下降，消费者对该商品的需求增加。

需求规律适用于绝大多数商品，但也存在极少数特殊的商品不符合需求规律。例如，钻石需求与价格的变动呈正相关关系。

"吉芬商品"指在其他因素不变的情况下，某商品的价格上升，消费者对其需求量反而增加的商品。19世纪英国人吉芬最早发现这种现象，1845年爱尔兰发生饥荒，土豆价格暴涨，但其需求量却反而上升。这类需求量与价格呈同方向变动的特殊商品被称作"吉芬商品"。

通常，商品价格上升，消费者会降低其消费，而1845年的爱尔兰之所以会出现相反的现象，是因为当时的爱尔兰经济还不十分发达，很多人生活贫困，在家庭消费中，土豆这种最低档次的商品占比较大。由于灾荒，土豆价格上涨，购买同样的土豆需要花更多的钱，原本用来购买其他食物的钱就变少了，能够购买到的其他食物的量就会减少。若还按照原来的食物比例来购买土豆，贫困家庭的食物将不能满足其日常消费。人们为了饱腹只好买更多土豆。所以就出现了这种价格愈高需求量愈大的特殊现象。

（四）需求曲线

1. 含义

需求曲线：描绘需求（横坐标）与商品价格（纵坐标）之间关系的曲线，形状为向右下方倾斜。具体可分为：

（1）单个消费者的需求曲线：描绘单个消费者对某种商品的需求与该商品价格之间的关系。

（2）市场需求曲线：描绘某种商品的市场需求与该商品价格之间的关系。市场需求等于所有消费者个人对该种商品需求的总和。因此，市场需求曲线等于所有个别消费者需求曲线水平加总。

2. 需求的变动

需求的变动可分为以下2种情况：

（1）需求数量变动：给定其他因素恒定，仅考虑需求和价格的关系，即：随着价格的变动，需求量沿着既定的需求曲线进行的**点移动（A移动到B）**。如图1.1所示。

（2）需求变动：需求曲线的位移，即**线移动**。造成需求变动的原因包括：消费者收入和消费者偏好等因素的变化。通常情况下，商品价格恒定，消费者偏好增强、收入增加、替代品价格上涨、互补品价格下降等因素会导致需求曲线**向右平移（D移动到D′）**。如图1.2所示。

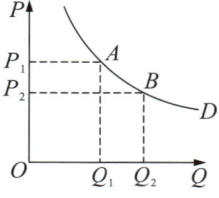
图1.1　需求数量变动

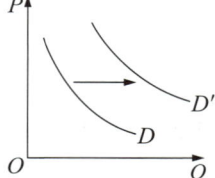
图1.2　需求变动

名师说

需求曲线的2种变动方式属于重要考点，考生需要掌握引发这2种变动的原因。

记忆小窍门

影响消费者需求的因素可以分成2类，一类是商品自身的价格，另一类是非价格因素。如果是价格因素，仅仅会导致需求沿着需求曲线移动，称为需求量变化。非价格因素会导致需求曲线整体向左或者向右移动，称为需求变化。

例题 1.1（2019 年真题改编，单选题）
下列各项中会引起对可乐的需求增加的是（　　）。
A. 一场新的喝可乐的潮流
B. 人口减少了
C. 作为互补品的可乐铝罐的价格上升了
D. 消费者收入减少了
【答案】A
【名师解析】选项 B，人口减少可能引起对可乐的需求减少。
选项 C，互补品价格上升，可乐需求减少。
选项 D，收入减少，消费减少，可乐需求减少。

二、市场供给（★★）

（一）含义

供给：在给定期间内和特定价格下，生产者**愿意并有能力**为市场提供某种商品或服务的数量。

市场供给：在给定期间内、特定价格下，以及一定市场上，**全部生产者**愿意并有能力为市场提供商品或服务的数量。由此可见，市场供给等于生产者供给的总和。

（二）影响因素

供给的 6 个影响因素包括：产品价格、生产成本、生产技术、预期、相关产品的价格，以及其他因素。具体含义，如表 1-2 所示：

表 1-2 影响供给的 6 个因素

影响因素	含义
产品价格	与供给正相关：产品价格上升，供给增加
生产成本	与供给负相关：产品自身成本上升，供给减少
生产技术	影响供给的途径：技术革新导致效率升高或成本减少，进而增加利润，最终影响供给
预期	生产者或销售者的价格预期，导致供给变化
相关产品的价格	相关产品价格会影响供给
其他因素	① 要素价格； ② 国家政策

（三）供给函数与供给规律

1. 供给函数

给定其他各因素不变，供给函数用函数的形式描绘了某商品的价格如何影响其供给量。具体方程如下：

$$Q_s = Q_s(P) \tag{1.2}$$

式（1.2）中，Q_s 代表供给量；P 代表该商品的价格。

2. 供给规律

通常情况下，供给量与市场价格的变动呈 正相关 关系。具体来讲：

（1）商品的价格升高，生产者的利润率增加，进而导致生产者对该商品的供给增加；

（2）商品的价格下降，生产者的利润率降低，进而导致生产者对该商品的供给降低。

（四）供给曲线

1. 含义

供给曲线：描绘供给量（横坐标）与商品价格（纵坐标）之间关系的曲线，形状为向右上方倾斜。

2. 供给的变动

供给的变动可分为以下 2 种情况：

（1）供给数量变动：给定其他因素恒定，仅考虑供给和价格的关系，即：随着价格的变动，供给沿着既定的供给曲线进行的 点移动（C 移动到 D）。如图 1.3 所示。

（2）供给变动：供给曲线的位移，即 线移动。造成供给变动的原因是除价格以外的因素发生了变动。假定产品价格不变，当生产成本减少、生产技术提高，则导致供给曲线 向右平移（S 移动到 S'）。如图 1.4 所示。

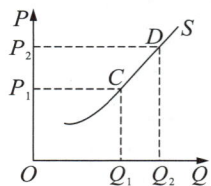
图 1.3　供给数量的变动

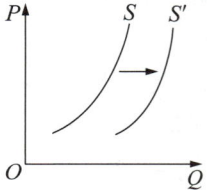
图 1.4　供给变动

供给曲线的 2 种变动方式属于重要考点，考生需要掌握引发这 2 种变动的原因。

三、均衡价格（★★★）

（一）含义

1. 概念

均衡价格：市场供给力量和需求力量相互抵消时所达到的价格水平，即供给量和需求量相等，达到均衡点 E 时的价格。此时，均衡价格 P_0 对应的数量为均衡数量 Q_0。如图 1.5 所示。

2. 特点

所有市场上的供求平衡都具有 偶然性、暂时性，以及 相对性。这

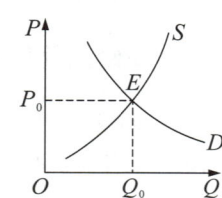
图 1.5　均衡价格与均衡数量

是因为市场供给与需求会受到一系列因素的影响,任何因素的变动均会寻致先前的旧平衡被破坏,而后买卖双方的力量进行博弈,最终形成新的均衡数量与均衡价格。

(二)均衡价格模型的应用

均衡价格模型的应用主要体现为最高限价和最低限价,二者均为政府对市场的价格干预措施。如表1-3、图1.6,以及图1.7所示:

表1-3 最高限价与最低限价

	最高限价	最低限价(保护价格、支持价格)
含义	政府对某产品规定一个具体的最高价格,市场交易只能在这一价格之下进行	政府为某产品规定一个具体的最低价格,市场交易只能在这一价格之上进行
使用场景	产品价格涨幅过高以至于影响居民基本生活或正常生产	产品价格降幅过大以至于影响正常生产
目的	① 保护买方消费者利益; ② 降低生产者成本	① 保护卖方生产者利益; ② 支撑产业发展
影响	市场供给短缺: ① 刺激消费→需求增加; ② 限制生产→供给减少	市场供给过剩: ① 刺激生产; ② 限制消费
后果	① 买方严重的排队现象; ② 黑市交易和黑市上的高价; ③ 生产者采取变相涨价措施; ④ 走后门行为泛滥	① 黑市交易和黑市上的低价; ② 生产者采取变相降价措施
措施	① 行政、分配措施,如配给制; ② 适合短期在局部地区实行	① 建立政府收购、储备系统; ② 适合在少数农产品上实行,如粮食

图1.6中,P_0代表均衡价格;Q_0代表均衡数量;P_c代表最高限价;Q_s代表最高限价下的市场供给量;Q_d代表最高限价下的市场需求量。低于均衡价格的最高限价刺激了消费并抑制生产,导致需求上升和供给下降,最终造成市场供给短缺,短缺量=Q_d-Q_s。

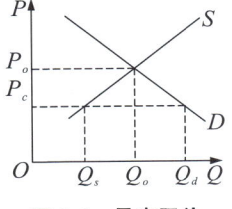

图1.6 最高限价

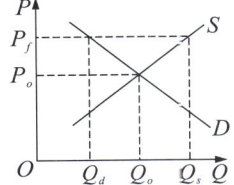

图1.7 最低限价

图1.7中,P_0代表均衡价格;Q_0代表均衡数量;P_f代表最低限价;Q_s代表最低限价下的市场供给量;Q_d代表最低限价下的市场需求量。高于均衡价格的最低限价刺激了生产并抑制消费,导致需求下降和供给上升,最终造成市场供给过剩,过剩量=Q_s-Q_d。

例题1.2(2019年真题改编,单选题)
关于对某些产品实行最低限价的说法,错误的是(   )。
A. 最低限价也许会导致变相降价现象
B. 最低限价也许会导致市场供给过剩现象

C. 最低限价经常在农产品上实行

D. 最低限价只适合短期在局部地区实行

【答案】D

【名师解析】选项 D，最高限价只适合短期在局部地区实行。

粮食最低收购价政策是为保护农民利益、保障粮食市场供应实施的粮食价格调控政策，是为解决"工农"问题，实施工业反哺农业而采取的重要手段。一般情况下，粮食收购价格受市场供求影响，国家在充分发挥市场机制作用的基础上实行宏观调控，必要时由国务院决定对短缺的重点粮食品种，在粮食主产区实行最低收购价。当市场粮价低于国家确定的最低收购价时，国家委托符合一定资质条件的粮食企业，按国家确定的最低收购价收购农民的粮食。2018年 11 月 16 日，国家发展改革委称，综合考虑粮食生产成本、市场供求、国内外市场价格和产业发展等因素，经国务院批准，2019 年生产的小麦（三等）最低收购价为每 50 公斤 112 元，比 2018 年下调 3 元。2020 年小麦最低收购价为每斤 1.12 元。

四、弹性（★★★）

（一）需求价格弹性

1. 定义

需求价格弹性用于衡量需求量对价格变动的敏感程度，等于需求量变动百分比（需求量的相对变动）与价格变动百分比（价格的相对变动）的比率，计算方法如下：

$$需求价格弹性系数 E_d = \frac{需求量的相对变动}{价格的相对变动} = \frac{\frac{\Delta Q}{Q}}{\frac{\Delta P}{P}} = \frac{\Delta Q}{\Delta P} \times \frac{P}{Q} \quad (1.3)$$

式（1.3）中，$\frac{\Delta Q}{Q}$ 代表需求量变动百分比；$\frac{\Delta P}{P}$ 代表价格变动百分比。值得注意的是，由于价格通常与需求量呈反比，因此需求价格弹性在本质上一定为负数。然而，为了简便，人们通常把负号省去，采用绝对值的形式进行表达。

2. 计算

需求价格弹性系数的计算公式可分为 2 类：点弹性公式和弧弹性公式。具体如表 1-4 所示：

表 1-4 需求价格弹性系数的计算

	含义	适用情况	公式	差异
点弹性	需求曲线上某一点上的弹性；无穷小需求量的相对变化对于无穷小价格的相对变化的比率	价格和需求量变动较小	$E_d = \left\| \frac{\frac{\Delta Q}{Q}}{\frac{\Delta P}{P}} \right\| = \left\| \frac{\Delta Q}{\Delta P} \times \frac{P}{Q} \right\|$	采用：① 原需求量；② 原价格

续表

	含义	适用情况	公式	差异
弧弹性	需求曲线上两点之间的弧的弹性：需求量的相对变动量对于价格的相对变动量的比值	价格和需求量变动较大	$E_d = \left\| \dfrac{\left[\dfrac{\Delta Q}{(Q_0+Q_1)/2}\right]}{\left[\dfrac{\Delta P}{(P_0+P_1)/2}\right]} \right\|$ 其中，Q_0代表原始需求量；Q_1代表变动后的新需求量；ΔQ代表需求量的变动量；P_0代表原始价格；P_1代表变动后的新价格；ΔP代表价格的变动量	采用： ① 平均需求量； ② 平均价格

3. 基本类型

需求价格弹性包括3个类型：

（1）需求价格弹性系数$E_d>1$：需求富有弹性（高弹性），即需求量的变动率大于价格的变动率。

（2）需求价格弹性系数$E_d=1$：需求单一弹性，即需求量的变动率等于价格变动率。

（3）需求价格弹性系数$E_d<1$：需求缺乏弹性（低弹性），即需求量的变动率小于价格的变动率。

4. 影响因素

影响需求价格弹性的因素包括4类，如表1-5所示：

表1-5 影响需求价格弹性的因素

影响因素	结论
替代品的数量和相似程度	① 替代品多：需求弹性大； ② 替代品少：需求弹性小
商品的重要性	① 基本生活必需品：需求弹性小； ② 高档商品：需求弹性大
商品用途多寡	① 用途多：需求弹性越大； ② 用途少：需求弹性越小
期限长短	① 短期：需求弹性小； ② 长期：需求弹性大

5. 和总销售收入的关系

站在生产者或销售者的角度，需求价格弹性与销售收入的关系取决于该商品的需求价格弹性大小。具体表现为以下3种情况：

（1）$E_d>1$：销售收入与价格变动成反方向变动趋势。

价格上升，销售收入下降；价格下降，销售收入上升。如图1.8所示，当价格从P_1下降到P_2时，需求量从Q_1增加到Q_2，但是价格下降的幅度小于需求增长的幅度，因此曲线D的需求价格弹性系数大于1。当价格为P_1时，销售收入为$R_1=P_1\times Q_1$，即图中矩形P_1AQ_1O的面积。当价格为P_2时，销售收入为$R_2=P_2\times Q_2$，即图中矩形P_2BQ_2O的面积。根据观察可见，矩形P_1AQ_1O的面积小于矩形P_2BQ_2O的面积。因此，$R_1<R_2$。因此，对于需求富有弹性的商品，企业应采取降价的手段实现薄利多销。

（2）$E_d=1$：价格变动不会引起销售收入的变动，如图1.9所示。推理逻辑同上。

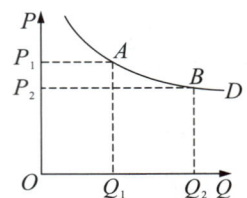
图1.8 需求价格弹性大于1
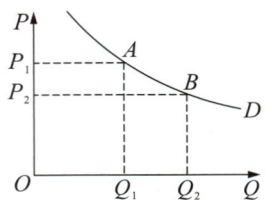
图1.9 需求价格弹性等于1

（3）$E_d<1$：销售收入与价格变动成同方向变动趋势。

价格上升，销售收入上升；价格下降，销售收入下降。如图1.10所示。推理逻辑同上。

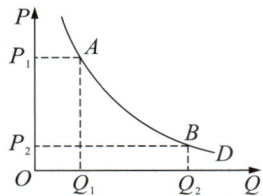
图1.10 需求价格弹性小于1

（二）需求收入弹性

1. 定义与公式

需求收入弹性反映了需求变动对消费者收入变动的敏感程度。具体计算公式如下：

$$E_y = \frac{\frac{\Delta Q}{Q}}{\frac{\Delta Y}{Y}} = \frac{Y}{Q} \times \frac{\Delta Q}{\Delta Y} \tag{1.4}$$

式（1.4）中，E_y代表需求收入弹性；Y代表消费者收入；ΔY代表消费者收入的变动。

2. 类型

需求收入弹性有以下5个类型，如表1-6所示：

表1-6 需求收入弹性的类型

类型	含义
$E_y>1$（高档品）	收入弹性高：需求数量的相应增加>收入的增加
$E_y=1$	收入变动和需求数量变动呈同比例变动
$0<E_y<1$（必需品）	收入弹性低：需求数量的相应增加<收入的增加
$E_y=0$	无论收入如何变动，需求数量不变
$E_y<0$（低档品）	① 收入增加时：需求数量降低； ② 收入降低时：需求数量增加

（三）需求交叉弹性

1. 定义与公式

需求交叉弹性衡量商品 j 价格的相对变化与相关商品 i 需求量相对变化之间的比率。具体计算公式如下：

$$E_{ij} = \frac{\frac{\Delta Q_i}{Q_i}}{\frac{\Delta P_j}{P_j}} \tag{1.5}$$

式（1.5）中，E_{ij} 代表需求交叉弹性；Q_i 代表商品 i 的需求量；ΔQ_i 代表商品 i 的需求量变化；P_j 代表商品 j 的价格；ΔP_j 代表商品 j 的价格的变动。

2. 基本类型

需求交叉弹性有以下 3 个类型，如表 1-7 所示：

表 1-7　需求交叉弹性的类型

类型	含义
$E_{ij} > 0$	2 种商品之间存在**替代**关系，如苹果和梨
$E_{ij} = 0$	2 种商品之间不存在相关关系
$E_{ij} < 0$	2 种商品之间存在**互补**关系，如汽车与汽油

（四）供给价格弹性

1. 定义与公式

供给价格弹性用于衡量供给量对价格变动的敏感程度，等于供给量变动百分比与价格变动百分比的比率。计算公式如下：

$$E_s = \frac{\frac{\Delta Q_s}{Q_s}}{\frac{\Delta P}{P}} = \frac{\Delta Q_s}{\Delta P} \times \frac{P}{Q_s} \tag{1.6}$$

供给规律使得价格和供给量呈现同方向变化，因此，E_s 取值大于或等于 0。

2. 基本类型

供给价格弹性有以下 5 个类型，如表 1-8 所示：

表 1-8　供给价格弹性的类型

类型	含义
$E_s = 0$	供给完全无弹性（罕见）
$0 < E_s < 1$	供给缺乏弹性
$E_s = 1$	供给单一弹性

续表

类型	含义
$E_s > 1$	供给富有弹性
$E_s \to +\infty$	供给完全有弹性（罕见）

3. 影响因素

影响供给价格弹性的因素包括以下3个：

（1）时间：决定供给弹性的<u>首要</u>因素。

① 短期，供给弹性一般较小；

② 长期，供给弹性一般较大。

（2）生产周期与自然条件。

农产品在短期内供给弹性几乎为0，其价格对供给的影响往往需经过一年左右的时间才能显露出来。

（3）投入品替代性和相似程度。

投入品的替代性大，相似程度高，则供给弹性大。

> 🎓 **名师说**
>
> 4类弹性属于重要考点，考生需要认真辨析各类弹性的含义、计算、基本类型、影响因素。

> 🧠 **记忆小窍门**
>
> 在记忆弹性相关的概念时，可通过相关弹性的名称掌握其计算公式。例如，需求价格弹性的文字表述中，前面为需求，后面为价格；分子与需求相关，分母与价格相关。此处可总结出规律："前面为分子，后面为分母"。利用这个规律，需求收入弹性的计算中，分子与需求相关，分母与收入相关；供给价格弹性的计算中，分子与供给相关，分母与价格相关。

例题 1.3（2019年真题改编，单选题）

某商品的价格为3元/件时，销售量为500件；当价格提高到7元/件时，销售量为300件。按照弧弹性公式计算，该商品的需求价格弹性是（　　）。

A. 0.40　　　　B. 0.63　　　　C. 1.25　　　　D. 1.50

【答案】B

【名师解析】根据公式计算，需求价格弹性 $= -\dfrac{\dfrac{300-500}{300+500}}{\dfrac{7-3}{7+3}} = 0.63$。

任务 2 消费者行为

任务概述

本任务涉及"第二章 消费者行为分析"。

此任务在中级经济师考试中约考查 3 分,分值占比约为 2%。考试题型同时涉及单选题和多选题。

本任务整体难度适中,其中,重要考点为:无差异曲线和预算约束。

任务框架图

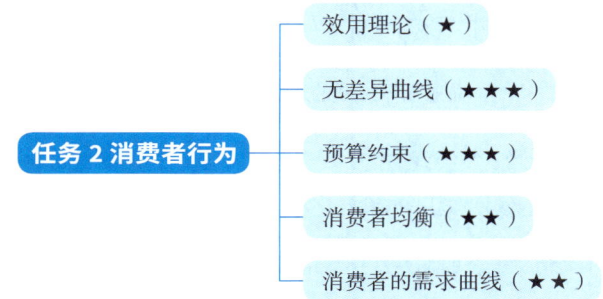

一、效用理论(★)

(一)假设

整个经济学的基础和分析消费者行为的前提均为"经济人"假设。该假设的内容可概括为:消费者是理性的且追求效用最大化,即每一个从事经济活动的人都是利己的,永远试图用最小的经济代价获得对自身最大的经济利益。

值得注意的是,"经济人"假设并不永远符合现实情况,因为人们在参与经济活动的过程中并非永远理性,也并非永远利己。

(二)含义

效用的定义涵盖以下 2 个维度:
(1)商品或服务能够满足人们某些欲望的能力;
(2)人们在消费商品或服务时所能获得的满足程度。
请注意,效用是人们的心理感受,属于主观评价范畴,并无客观的标准。

(三)分类

效用理论可分为基数效用论和序数效用论,如表 2-1 所示:

表 2-1　效用理论的分类

分类	含义	2 种理论的关系
基数效用论	效用可使用**绝对数值**进行计量：存在绝对的效用量的大小，即用 1、2、3、4……衡量效用的大小 总效用（TU）： （1）定义：一定时期内，消费者从商品或服务中获取的满足程度总和，计算如下： $$TU=f(Q)$$ （2）影响因素：总效用通常与消费数量（Q）成正比 边际效用（MU）： （1）定义：增加一个单位商品消费时，消费者满足程度（效用）的增加量，即总效用函数的斜率，计算如下： $$MU=\frac{\Delta TU}{\Delta Q}=\frac{dTU}{dQ}=f'(Q)$$ （2）"**边际效用递减的规律**"：随着消费某种商品数量（Q）的增加，消费者从中得到的总效用以递减的速度增加； （3）与总效用的关系： ① 边际效用为正数，总效以减速增加； ② **边际效用为 0，总效用达到最大**； ② 边际效用为负数，总效用会逐渐减少	（1）相同点： 二者均用于分析消费者行为，分析的结论基本相同； （2）不同点： ① 基数效用理论运用**边际效用论**分析； ② 序数效用理论用**无差异曲线和预算约束线**分析
序数效用论	消费者对不同消费组合的偏好**次序**，用第一、第二……衡量效用顺序	

　　现代效用理论渊源于功利主义。功利主义是近两个世纪以来西方理性思潮的一大主流。1700 年，数理概率学的基本理论开始发展后不久，效用这一概念便产生了。一位聪明的瑞士数学家，丹尼尔·贝努利（Daniel Benoulli），在 1738 年观察到，人们似乎是在按下列方式活动：在一场公平的赌博中，他们认为所赢得的一美元的价值小于它们所输掉的一美元的价值。这就意味着：人们厌恶风险，且相继增加的新的美元财富给他们带来的是越来越少的真实效用。

二、无差异曲线（★★★）

（一）消费者偏好的基本假定

根据消费者的共性，经济学家提出消费者偏好的基本假定：
（1）完备性：保证消费者准确表达自己的偏好。
假设只有 A 和 B 这 2 个组合以供消费，消费者总是可以做出以下 3 个判断之一：
① 对 A 的偏好>对 B 的偏好；
② 对 A 的偏好<对 B 的偏好；
③ 对 A 的偏好＝对 B 的偏好。

（2）可传递性：保证消费者偏好具有一致性。

假定有 A、B、C 这 3 个组合，

如果：对 A 的偏好>对 B 的偏好，且对 B 的偏好>对 C 的偏好；

那么：对 A 的偏好>对 C 的偏好。

（3）消费者永远偏好多而非少。

如果 2 个组合的区别仅表现为商品数量的差异，那么消费者总是偏好量多的组合。

（二）曲线含义与形状

基于序数效用论，无差异曲线是一条表示能够给消费者带来相同满足程度的 2 种商品的所有组合的曲线，可用于描述消费者的偏好。如图 2.1 所示，X_1 代表商品 1 的消费量，X_2 代表商品 2 的消费量，那么可得到：

（1）同一条无差异曲线（I_1）：消费者对这条曲线上各个点的偏好程度是相同的（A 与 B 代表的效用相同）。

（2）不同的无差异曲线（I_1、I_2，以及I_3）：代表不同水平的偏好（A、C、D 代表的效用各不相同）。

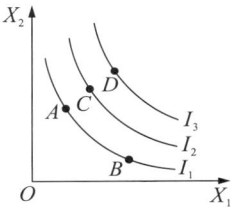

图 2.1　无差异曲线图

（三）基本特征

无差异曲线具有以下 3 个特征：

（1）离原点越远的无差异曲线，消费者的偏好程度越高。

离原点越远的无差异曲线，其代表的商品数量越多，消费者得到的满足程度越高。

（2）任意两条无差异曲线都不能相交。

如图 2.2 所示，如果 2 条无差异曲线交于 E，根据前文已知：

① 对 E 的偏好＝对 F 的偏好

② 对 E 的偏好＝对 G 的偏好

根据消费者偏好的可传递性假定，推出不合理的结论：对 F 的偏好＝对 G 的偏好。这是因为，F 比 G 拥有更多的 X_1 与 X_2，而消费者永远偏好多而非少。因此，无差异曲线不能相交。

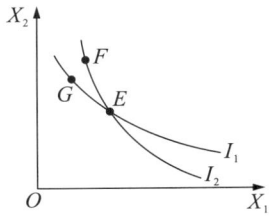

图 2.2　违反偏好假定的无差异曲线

(3) 无差异曲线向右下方倾斜并凸向原点。

① 形成此形状的原因为：商品边际替代率递减。

② 商品边际替代率指：效用水平恒定的条件下，消费者增加一单位商品时必须放弃的另一种商品的数量。无差异曲线上某一点的边际替代率就是无差异曲线上该点的切线斜率的绝对值。

③ 商品边际替代率的计算公式为：

$$MRS = -\frac{\Delta X_2}{\Delta X_1} \qquad (2.1)$$

式（2.1）中，由于分子与分母变动方向相反，因此加入负号可使得商品边际替代率变为正数。

当商品数量的变化趋近于无穷小的时候，式（2.1）转化为：

$$MRS = -\frac{dX_2}{dX_1} \qquad (2.2)$$

④ 商品边际替代率递减规律：在效用水平恒定的情况下，随着某种商品的消费数量的不断增加，消费者为得到一单位的此商品所必须放弃的另一种商品的数量递减。该规律决定了无差异曲线的斜率的绝对值是递减的，即曲线应凸向原点。

> **名师说**
>
> 无差异曲线属于重要考点，考生需要认真掌握假定、含义、形状以及基本特征。

> **记忆小窍门**
>
> 当考生在对无差异曲线部分的知识进行记忆时，可通过先记忆图形、再记忆图形背后原理的顺序进行。首先，记忆无差异曲线涉及 2 种商品的消费，由此构成横纵坐标；其次，无差异曲线的形状如图 2.1 所示。最后，无差异曲线的形状成因与 3 个基本特征相互呼应。

例题 2.1（2018 年真题改编，单选题）

以下不属于无差异曲线基本特征的是（　　）。

A. 离原点越远的无差异曲线，消费者的偏好程度越高

B. 任意两条无差异曲线都不能相交

C. 无差异曲线向右下方倾斜并凸向原点

D. 商品边际替代率递增

【答案】D

【名师解析】选项 D，商品边际替代率递减，且此内容不属于无差异曲线的基本特征。

三、预算约束（★★★）

（一）含义与公式

1. 含义

在既定价格下，消费者对各种商品和服务的支付能力是被限制的，该限制主要表现为预算约束。

2. 公式

假定消费者只可以选择 2 种商品，商品 1 与商品 2，其价格分别为 P_1 与 P_2。同时，消费者可以支配的收入金额是 m，则该消费者的预算约束公式为：

$$P_1X_1+P_2X_2 \leq m \tag{2.3}$$

（二）预算线的形状

预算线，又称为预算约束线，是指在既定价格水平下，消费者用给定的收入可能购买的各种商品组合点的轨迹。如图 2.3 所示：

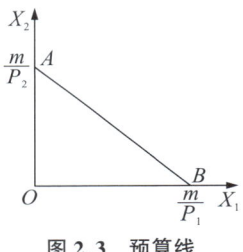

图 2.3 预算线

由图 2.3 可知：如果全部收入 m 都用于购买商品 1，则所能购买到的数量为 $\frac{m}{P_1}$；如果全部收入 m 都用于购买商品 2，则所能购买到的数量为 $\frac{m}{P_2}$。

（1）预算线表示：在收入和商品的价格给定的条件下，消费者用全部收入所能购买到的 2 种商品的各种组合。

（2）预算线的斜率：代表 2 种商品价格的负比率 $-\frac{P_1}{P_2}$，表明在总支出不变的前提下，2 种商品相互替代的比率。

（3）消费者预算可行集：位于预算线本身及预算线内，即消费者决策时可以选择的范围。

（三）影响预算线变动的因素

1. 收入变动

相对价格不变时，收入改变会导致预算线出现**平行移动**，如图 2.4 所示。

（1）收入增加：$\frac{m}{P_1}$，$\frac{m}{P_2}$ 增加，预算线从 L_2 向右平移到 L_1；

（2）收入减少：$\frac{m}{P_1}$，$\frac{m}{P_2}$ 减少，预算线从 L_2 向左平移到 L_3。

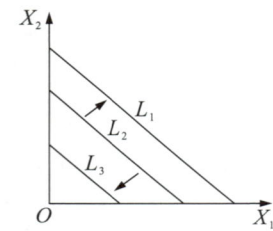

图 2.4　收入变动引起的预算线变动

2. 相对价格变动

相对价格改变，会导致预算线**斜率发生变化**，如图 2.5 所示。

（1）假设 m 不变，如果 P_1 上升且 P_2 不变，则 $\frac{m}{P_1}$ 减少且 $\frac{m}{P_2}$ 不变，具体表现为预算线在纵轴上的端点 A 不变，而横轴上的端点 B_0 向左移动到 B_1，预算线向左旋转。

（2）假设 m 不变，如果 P_1 下降且 P_2 不变，则 $\frac{m}{P_1}$ 增加且 $\frac{m}{P_2}$ 不变，具体表现为预算线在纵轴上的端点 A 不变，而横轴上的端点 B_0 向右移动到 B_2，预算线向右旋转。

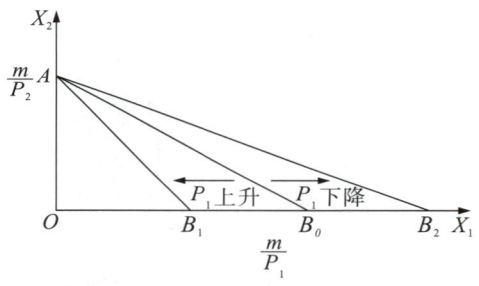

图 2.5　相对价格变动引起的预算线变动

除上文提到的收入变动和相对价格变动之外，还存在以下 2 种相对复杂的情况：

（1）收入恒定，2 种商品的价格同比例同方向变化，会使预算线平移：

① 价格同比例上升，消费量降低，预算线向左移；

② 价格同比例下降，消费量增加，预算线向右移。

（2）2 种商品的价格和消费者收入都同比例同方向变化：预算线不发生变动。

 名师说

预算约束属于重要考点，考生需要认真掌握预算线变动的影响因素。

> **记忆小窍门**
>
> 预算线部分内容的记忆方法，与无差异曲线类似。首先，预算线与无差异曲线可以放置在同一个坐标中。其次，预算线表明的是"预算"的概念，其形状为斜向下的直线。最后，影响因素主要为：收入变动和相对价格变动。无论哪个因素的变化，最终的判断依据为消费量的变化：右增加、左减少。

例题 2.2（2019 年真题改编，单选题）
在相对价格不变的情况下，若消费者收入增加，预算线会（　　）。
A. 向右旋转　　　　　B. 向右平移　　　　　C. 向下平移　　　　　D. 向左旋转
【答案】B
【名师解析】收入增加使预算线向右平移，收入减少使预算线向左平移。

四、消费者均衡（★★）

消费者均衡研究单个消费者在既定收入和已知商品价格条件下实现效用最大化的均衡条件。将预算线放置在无差异曲线图中，预算线与无差异曲线的关系如图 2.6 所示。

满足效用最大化的商品组合必定位于预算线 AB 与无差异曲线 I_2 相切的点 C 上。

消费者效用最大化的均衡条件是：商品边际替代率＝商品的价格之比，即 $MRS = \dfrac{P_1}{P_2}$

此处的经济含义是：在一定的预算约束下，为了实现效用最大化，消费者应该选择商品的最优组合，使得两种商品边际替代率等于两种商品价格比。图 2.6 中，切点 C 既位于预算线上，又位于无差异曲线上，因此：
① 无差异曲线的斜率恰好＝预算线的斜率；
② 预算线的斜率的绝对值＝商品价格之比；
③ 无差异曲线斜率绝对值＝商品边际替代率；
所以，消费者效用最大化的均衡条件是：商品边际替代率＝商品的价格之比。

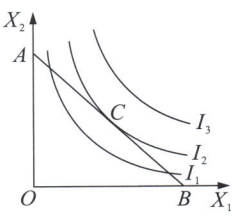

图 2.6 消费者均衡

五、消费者的需求曲线（★★）

（一）含义

消费者均衡的 3 个前提条件为：

(1) 消费者的偏好不变;
(2) 消费者的收入不变;
(3) 商品价格不变。

假定偏好和收入不变,则价格变化对消费者均衡的影响和需求曲线的形成过程,如图2.7所示:

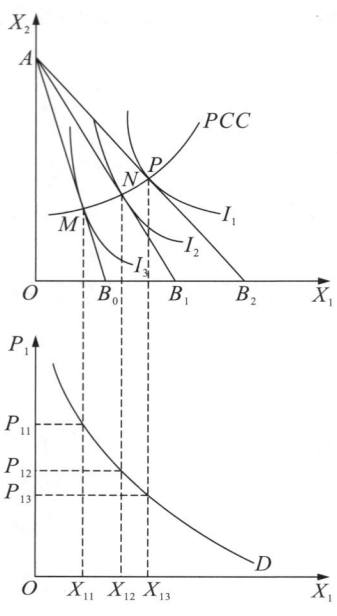

图 2.7 需求曲线的推导

图2.7上半部分假设:
(1) 消费者的偏好和收入恒定;
(2) 商品1的价格发生变化;
(3) 商品2的价格保持不变。

需求曲线的推导过程如下:
(1) 当商品1的价格为P_{11}时,预算线AB_0与无差异曲线I_3相切于M点,消费者效用达到最大化。此时,商品1的消费量为X_{11}。
(2) 当商品1的价格下降为P_{12}时,预算线AB_1与无差异曲线I_2相切于N点,消费者效用达到最大化。此时,商品1的消费量为X_{12}。
(3) 当商品1的价格下降为P_{13}时,预算线AB_2与无差异曲线I_1相切于P点,消费者效用达到最大化。此时,商品1的消费量为X_{13}。

因此,商品1的上述价格与消费量的对应点都是其需求曲线上的点。将这些点连接起来,就得到商品1的需求曲线(图2.7下半部分)。

从图2.7中可知,由于商品1的价格变化引发了预算线发生了旋转,从而引起消费者均衡点的移动。把图中M、N、P这些均衡点连接起来得到的一条曲线叫作PCC,即价格——消费曲线,它反映了当消费者偏好和收入恒定不变的情况下,两种商品在不同价格下实现的效用最大化的各种组合。

(二) 效应

商品价格的变化会产生2种效应,即收入效应和替代效应,如表2-2所示:

表 2-2 消费者需求曲线的效应

效应类型	含义	需求与价格的关系	
		正常品	低档品（劣等品）
收入效应	名义收入恒定，商品价格的变化→消费者实际收入发生变化→消费者所购买的该商品数量发生变化	**反向变动：** 商品的价格降低→消费者实际收入提高→消费者的购买量增加	**同向变动：** 商品的价格降低→消费者实际收入提高→消费者的购买量减少
替代效应	实际收入恒定，商品价格的变化→相对价格变化→该商品需求量的变化	**反向变动：** 商品价格下降→相对其他商品，该商品变得较便宜→消费者会增加该商品的购买量	**反向变动：** 商品价格下降→相对其他商品，该商品变得较便宜→消费者会增加该商品的购买量
总效应	总效应 = 收入效应 + 替代效应	**反向变动：** 商品价格下降→替代效用导致消费者对其需求增加，且收入效应也导致消费者对其需求增加→共同导致该商品的需求增加	**反向变动：** 收入效应的作用小于替代效应的作用→收入效应部分抵销了替代效应
需求曲线	价格与需求**反向变化**	向右下方倾斜（更平缓）	向右下方倾斜（更陡峭）

例题 2.3（2019 年真题改编，单选题）

按照序数效用理论，消费者均衡实现的前提条件不包括（　　）。

A. 价格不变　　　　B. 收入不变　　　　C. 边际效用不变　　　　D. 偏好不变

【答案】C

【名师解析】消费者均衡的实现是以三个条件为前提的，即偏好不变、收入不变和价格不变。

任务 3　生产者行为

任务概述

本任务涉及"第三章 生产和成本理论"。

此任务在中级经济师考试中约考查 2 分,分值占比约为 1%。考试题型同时涉及单选题和多选题。

本任务整体难度适中,其中,重要考点为:成本函数和成本曲线。

任务框架图

一、生产者的组织形式和企业理论（★★）

（一）生产者的目标

1. 定义与形式

企业,又称生产者,指能够做出生产决策的单个经济单位,是产品生产过程中的主要组织形式。企业的组织形式主要包括以下 3 种:

（1）个人独资企业;

（2）合伙制企业;

（3）公司制企业。

2. 基本假设

在生产者行为的分析中,通常假设企业的目标为"追求利润最大化"。从长期来看,实现利润最大化是所有企业在竞争中求得生存的关键。具体来讲,

（1）该假设是"经济人假设"在企业生产理论中的具体化表现。

（2）根据经济学家的观点,追求利润最大化并非从事生产和交易活动的唯一动机,原因在于:

① 现代公司制企业中,所有者和经营者分离:从自身利益出发,经营者有可能追求销售收入最大化和销售收入的连续性增长;但也很可能仅着眼于企业的短期利益,同时牺牲企业的长期利益。

② 无法拥有用于计算最大利润的准确信息。信息不完全导致企业的市场需求无法确定,进而使得企业无法了解产量变化所引起的生产成本的变化。最终,企业的经验做法为:实现销售收入的最大化或市场份额最大化,而这些并不等同利润最大化。

(二）企业形成的理论

1. 企业本质

根据美国经济学家科斯在其 1937 年发表的《企业的本质》一书中的观点：企业产生的原因是为了节约市场交易费用或交易成本；企业的本质（显著特征）是市场机制或价格机制的替代物。

2. 企业存在的根本原因

自企业诞生起，企业与市场机制便具备 2 种不同的协调生产和配置资源的方式。与此同时，2 种交易应运而生：

（1）企业外部的市场交易；

（2）企业内部的交易。

这 2 种交易都需要支付交易费用或成本。企业作为一种组织形式，使得一部分市场交易转为内部交易，大幅度降低了所需的契约数量，大大节约交易费用。此处提到的交易费用指围绕契约所产生的成本费用。具体包括：

（1）或有损失：签订契约时，交易双方面临的由偶然因素所带来的损失。这些损失无法写进契约，原因包括：事先不能预见到；事先能够预见到，但内容非常复杂。

（2）签订、监督和执行契约所花费的成本。

3. 信息不完全性

信息的不完全性是导致市场机制和企业的交易费用不同的主要因素。具体表现在：

（1）在市场交易中，信息的不完全性导致契约双方必须设法获取未知信息，以便监督约束对方的行为，这会带来高昂的交易费用。

（2）通过企业这种组织形式，将部分市场交易转到企业内部，从而降低交易费用。

例题 3.1（2018 年真题改编，单选题）

下列因素中，会导致市场机制和企业的交易费用不同的是（　　）。

A. 费用的计量过程不同　　　　　　B. 信息不完全性

C. 费用的含义不同　　　　　　　　D. 信息的差异

【答案】B

【名师解析】导致市场机制和企业的交易费用不同的主要因素在于信息的不完全性。

名师说

此部分的重要结论包括：

（1）企业诞生的条件：企业交易方式伴随的交易费用小于市场交易方式伴随的交易费用；

（2）企业是市场交易费用节约的产物，企业存在的根本原因是：交易成本的节约。

二、生产函数和生产曲线（★）

（一）生产的相关概念

1. 生产

概念：将投入向产出转化的过程。

2. 投入

（1）概念。

投入指在企业生产过程中运用的生产要素。生产要素具有相互可替代性，具体可分为：

① 劳动：在生产活动中，人们所提供的体力和智力的加总。

② 资本：

A. 货币形态：货币资本；

B. 实物形态（资本品或投资品）：厂房、设备等。

③ 土地：

A. 土地本身；

B. 地上和地下的所有自然资源。

④ 企业家才能：在建立、经营管理企业过程中，企业家发挥的各种能力。

（2）分类。

投入可分为可变投入与不变投入：

① 长期来看，所有投入均为可变投入。

② 短期来看，不变投入包括：厂房、设备等资本投入。

3. 产出

作为企业获得销售收入的基础，产出是指生产者向社会提供：

（1）有形的物质产出：食品、机器设备、日常用品等；

（2）无形的服务产出：医疗、信息服务、金融服务、旅游服务等。

（二）生产函数的含义

生产函数用于描述：在技术不变的情况下，一定时期内生产中各种生产要素的数量与最大产量之间的函数关系。生产函数的表达式为：

$$Q=f（X_1, X_2, \cdots, X_N）\tag{3.1}$$

式（3.1）中，Q代表最大产量；X_1，X_2，$\cdots$，X_N代表生产投入的各种生产要素。

关于生产函数，重要的概念包括：（1）生产函数的前提条件：技术不变；（2）生产函数是最大产量与投入要素之间的函数关系；（3）所有企业都有生产函数。

（三）一种可变要素的生产函数及其曲线

1. 定义

一种可变要素的生产函数，又称短期生产函数，用于描述假设其他投入要素恒定，总产量的变化只取决于一种要素的变化。通常，可变要素为劳动量。其表达形式如下：

$$Q=f（L, \overline{K}）\tag{3.2}$$

式（3.2）中，L代表劳动量，属于可变要素；$\overline{K}$代表资本量，属于不变要素。

2. 总产量及其曲线

总产量指用实物单位衡量的、生产出来的总量。如图3.1所示：

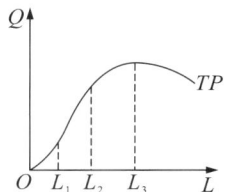

图 3.1 总产量曲线

图 3.1 中，总产量（TP）与劳动投入之间的关系如下：

(1) 劳动投入达到 L_1 前，总产量以递增的速度增加，总产量曲线向上倾斜，并且斜率递增。

(2) 劳动投入在 $L_1 \sim L_3$ 范围内，总产量是以递减的速度增加，总产量曲线向上倾斜，并且斜率递减。

(3) 当劳动投入量为 L_3 时，总产量达到最大值。

(4) 在 L_3 之后继续增加劳动投入，总产量递减。

3. 平均产量曲线

平均产量（AP）指总产量除以总投入的单位数。计算方法如下：

$$AP = \frac{TP}{L} \tag{3.3}$$

4. 边际产量曲线及边际产量递减规律

(1) 定义。

边际产量（MP）：其他投入恒定，每增加一单位的投入导致多生产出来的产量或产出。计算方法如下：

$$MP = \frac{\Delta TP}{\Delta L} \tag{3.4}$$

(2) 边际产量递减规律。

边际产量递减规律，又称边际报酬递减规律，指技术水平和其他投入恒定，在连续追加一种生产要素的投入量的过程中存在着一个临界点。在这一点之前，边际产量递增；超过这一点之后，边际产量递减，直至负值。

5. 三条曲线之间的关系

总产量曲线、平均产量曲线，以及边际产量曲线之间的关系，如图 3.2 所示：

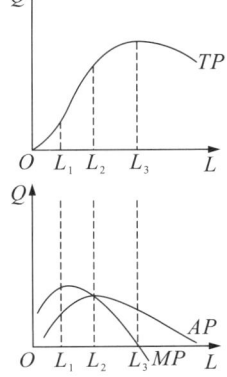

图 3.2 三条曲线之间的关系

由图 3.2 可知：

（1）劳动投入在 L_1 之前，边际产量曲线在平均产量曲线的上方，平均产量递增，边际产量递增且为正数，总产量以递增速度增加。

（2）劳动投入在 L_1~L_2，边际产量开始递减，但边际产量大于平均产量，平均产量仍是递增，总产量以递减速度增加。

（3）边际产量曲线与平均产量曲线相交于 L_2，此时边际产量等于平均产量。

（4）劳动投入在 L_2~L_3，平均产量递减且 L_2 是平均产量的最大值。边际产量小于平均产量，但边际产量仍然为正，总产量仍旧以递减速度增加。

（5）劳动投入在 L_3 时，边际产量为 0，总产量达到最大值。L_3 之后，边际产量降为负值，总产量下降。

（四）规模报酬

1. 含义

规模报酬，又称规模收益，是指在其他条件恒定时，企业内部各种生产要素同比例变化导致的产量变化。只有在长期中，企业才能通过改变全部生产要素的投入来改变生产规模。

2. 类型

根据生产规模和产量变化比例的关系，规模报酬可分为以下 3 类，如表 3-1 所示：

表 3-1 规模报酬的类型

类型	含义	类型与企业规模的关系
规模报酬递增	产量增加的比例>各种生产要素增加的比例	① 当企业规模较小时，扩大生产规模，报酬递增； ② 企业扩大规模后，将生产保持在规模报酬不变的阶段； ③ 如果企业继续扩大生产规模，则规模报酬递减
规模报酬不变	产量增加的比例=各种生产要素增加的比例	
规模报酬递减	产量增加的比例<各种生产要素增加的比例	

> **记忆小窍门**
>
> 关于总产量曲线、平均产量曲线，以及边际产量曲线之间的关系，考生应着重记忆图 3.2 中各曲线的形态，尤其注意 L_1、L_2、L_3 这 3 个关键点。最终结论包括：（1）L_1 时，边际产量最大；（2）L_2 时，平均产量最大；（3）L_3 时，总产量最大。

> **趣味说**
>
> 规模报酬这一理论可以追溯到亚当·斯密的著作《国富论》。亚当·斯密被认为是古典经济学的"开山鼻祖"，也是资本主义经济制度的创立者。他强调自由市场、自由贸易以及劳动分工。其理论体系是一个百科全书式的经济学体系，虽然其间缺乏严谨的逻辑以及存在各种矛盾，但两个多世纪以来，一直对经济实践和经济学的发展带来广泛而深刻的影响。

三、成本函数和成本曲线（★★★）

（一）成本和利润的含义

成本，又称生产费用，指在生产经营过程中企业所承担的物质费用和人工费用。与成本相关的概念包括：机会成本、生产成本、经济利润，以及正常利润。如表3-2所示：

表3-2 成本的相关概念

相关概念	含义
机会成本	当一种生产要素被用于某产品时，生产者放弃了该要素在其他生产用途中使用可以取得的最高收入
生产成本	（1）显成本：企业购买或租用生产要素所实际支付的货币支出； （2）隐成本：企业自身拥有且被用于生产过程的生产要素的总价格； ① 本身拥有并使用的资源的成本：实际上是机会成本； ② 支付和计算方法：从机会成本的角度出发，等于这些要素在其他用途中取得的最高收入
经济利润	① 计算公式： 经济利润（超额利润）= 总收益-总成本 = 总收益-（显成本+隐成本）； ② 企业所追求的最大利润，即最大的经济利润
正常利润	① 等于企业对自己所提供的企业家才能的报酬支付； ② 属于生产成本中的隐成本； ③ 经济利润不包括正常利润

（二）成本函数

1. 成本函数的含义和类型

成本函数用于表示企业总成本与产量之间关系，成本函数可分为：短期成本函数和长期成本函数。二者的区别在于：是否有固定成本和可变成本之分。

（1）短期成本函数：成本可分为固定成本与可变成本。具体函数如下：

$$C=b+f(q) \tag{3.5}$$

式（3.5）中，C代表总成本；b代表固定成本；q代表产量。

（2）长期成本函数：无固定成本，因为长期看一切生产要素都是可变的。具体函数如下：

$$C=f(q) \tag{3.6}$$

2. 短期成本函数分析

关于短期成本函数分析，如表3-3所示：

表 3-3 短期成本函数分析

概念		计算方法
短期成本		$TC = TFC + TVC$ 其中， ① TC 代表短期总成本； ② TFC 代表总固定成本，是不随产量变化的成本，如厂房设备的折旧和管理人员的工资费用； ③ TVC 代表总可变成本，是随产量变动而变动的成本，如原材料、燃料和动力以及工人的工资费用
平均成本	平均总成本	$ATC = \dfrac{TC}{Q}$
	平均固定成本	$AFC = \dfrac{TFC}{Q}$
	平均可变成本	$AVC = \dfrac{TVC}{Q}$
边际成本		$MC = \dfrac{\Delta TC}{\Delta Q}$ 需要注意的是，由于短期内固定成本不随产量的变化而变化，边际成本指产量变动引起的可变成本的变动

（三）成本曲线

1. 总成本、总固定成本和总可变成本曲线
（1）总成本曲线（TC）：
① 产量为 0 时，总成本等于固定成本；
② 总成本随产量增加而逐步上升，但早期以递减的速度上升；
③ 当达到一定产量之后，总成本以递增的速度上升。
（2）总固定成本（TFC）：一条水平直线。
（3）总可变成本曲线（TVC）：
① 从原点出发；
② 早期以递减的速度上升；
③ 后期产量达到一定水平之后，总可变成本以递增的速度增加；
④ TVC 曲线和 TC 曲线的变动规律是一致的。
以上三条曲线，如图 3.3 所示：

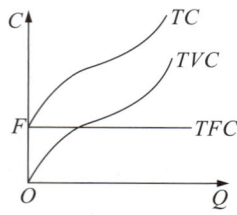

图 3.3　固定成本、可变成本与总成本曲线

2. 平均总成本、平均固定成本、平均可变成本与边际成本曲线

平均总成本、平均固定成本、平均可变成本与边际成本曲线的分析如表3-4所示：

表3-4 平均总成本、平均固定成本、平均可变成本与边际成本曲线

曲线	形态	曲线间关系	
平均固定成本曲线（AFC）	随产量的增加而递减，逐渐向横轴接近	—	
平均总成本曲线（ATC）	① 开始时随产量增加而迅速下降；② 达到M点时ATC最低（与边际成本曲线相交）；③ 在M点后，ATC又随产量增加而上升	MC与ATC交于ATC的最低点M：① M点上，ATC最低：$MC=ATC$；② M点前，ATC下降：$MC<ATC$；③ M点后，ATC上升：$MC>ATC$	均为先下降后上升的曲线：① MC最早达到最低点；② 其次是AVC；③ ATC的最低点出现的最慢，且高于MC及AVC的最低点
边际成本曲线（MC）	① 开始时随产量的增加而迅速下降；② 达到最低点后，便随产量的增加迅速上升；③ 无论是上升还是下降，边际成本曲线的变动都快于平均变动成本曲线	MC与AVC交于AVC的最低点M′：① M′点上，$MC=AVC$；② M′之前，AVC下降：$MC<AVC$；③ M′之后，AVC上升：$MC>AVC$	
平均可变成本曲线（AVC）	① 开始时随产量增加而逐步下降；② 达到M′点时（与边际成本曲线相交）AVC最低；③ 在M′点后，AVC又随产量增加而上升	—	

表3-4中4条曲线的关系，如图3.4所示：

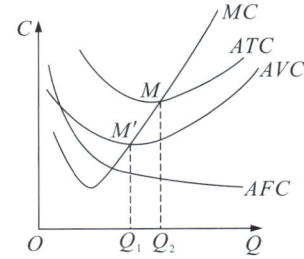

图3.4 平均总成本、平均固定成本、平均可变成本与边际成本曲线

3. 决定短期成本变动的主要因素

决定短期成本变动的主要因素，如表3-5所示：

表3-5 决定短期成本变动的主要因素

因素	影响
生产要素的价格（劳动、资本等）	其他条件恒定，生产要素（工资、原材料、机器设备等）价格提高导致生产成本提高

续表

因素		影响
生产率	劳动生产率	平均产量，每单位劳动的产量或产出	① 生产率 = $\dfrac{总产出}{加权平均投入}$； ② 其他条件恒定，生产率提高导致生产成本下降
	全要素生产率	每单位总投入（劳动和资本）的产量或产出	

例题 3.2（2018 年真题改编，多选题）

关于各种短期成本曲线变动规律的说法，错误的有（　　）。

A. 总固定成本曲线和总可变成本曲线不相交
B. 总成本曲线和总可变成本曲线不相交
C. 总成本曲线和总可变成本曲线的变动规律不同
D. 总成本曲线和总固定成本曲线随着产量增长逐渐靠近
E. 总固定成本曲线和总可变成本曲线的变动规律不一致

【答案】ACD

【名师解析】选项 A，总固定成本曲线和总可变成本曲线相交于某一点。

选项 C，总成本曲线和总可变成本曲线的变动规律一致。

选项 D，由于总固定成本曲线为一条水平线，而总成本曲线逐渐上升，所以总成本曲线和总固定成本曲线随着产量增长逐渐远离。

> **名师说**
>
> 图 3.4 中，各条成本曲线之间的关系属于重要考点，考生需要对各曲线的自身含义、自身形态，以及曲线之间的关系、背后的原理进行详尽掌握。

> **记忆小窍门**
>
> 此部分涉及众多曲线，建议考生首先记忆其名称，其次记忆其图像，再对其背后的规律进行记忆。从名称入手，A 代表 Average，即平均；F 代表 Fixed，即固定；V 代表 Variable，即可变；T 代表 Total，即总体；C 代表 Cost，即成本；M 代表 Marginal，即边际。例如，AVC 代表 Average variable Cost，即平均可变成本。

任务 4　市场结构

任务概述

本任务涉及"第四章 市场结构理论"。

此任务在中级经济师考试中约考查 4 分,分值占比约为 3%。考试题型同时涉及单选题和多选题。

本任务整体难度适中,其中,重要考点为:市场结构的类型、垄断竞争市场和寡头垄断市场中生产者的行为。

任务框架图

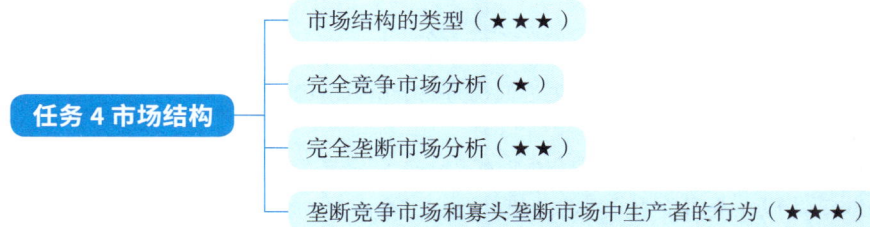

一、市场结构的类型（★★★）

（一）划分市场结构的标准

1. 市场结构的含义

市场结构用于描绘产品或服务的竞争状态与程度。具体来讲,市场结构是一个行业内部以下 3 个状态的综合:

（1）买方和卖方的数量、规模以及分布;

（2）产品差异化的程度;

（3）新企业进入此行业的难度。

2. 划分市场结构的标准

市场类型的划分标准主要包括市场的竞争程度和垄断程度,具体划分标准涉及 3 个因素,如表 4-1 所示:

表 4-1　划分标准的 3 个因素

因素	含义
行业内部生产者（企业）数目	① 一个行业内企业数目多:竞争程度就高,垄断程度低; ② 一个行业内企业数目少:竞争程度就低,垄断程度高

续表

因素	含义
行业内产品的差异程度	垄断竞争市场和完全竞争市场的主要区别
进入市场的障碍	① 进入障碍小：竞争程度高，垄断程度低； ② 进入障碍大：竞争程度低，垄断程度高

依据上述 3 个因素的不同特点，将市场分为：
（1）完全竞争市场；
（2）垄断竞争市场；
（3）寡头垄断市场；
（4）完全垄断市场。

（二）不同类型市场结构的特征

1. 完全竞争市场

（1）概念。

完全竞争市场，又称纯粹竞争，指一种竞争中无阻碍、干扰的市场结构。现实中，完全竞争市场非常罕见。小麦、玉米等农产品市场可近似视为完全竞争市场。

（2）特征。

① 每个买方或卖方均是市场价格的接受者：市场上存在众多的生产者（卖方）与消费者（买方），且生产者（卖方）的生产规模小。因此，他们无法决定市场价格，即对市场价格没有影响力。

② 产品具有同质性：产品之间无质量差别。

③ 市场信息透明：买卖双方均充分了解市场信息。

④ 资源自由流动：资源可自由进入或退出市场。

2. 垄断竞争市场

（1）概念。

垄断竞争市场指垄断与竞争同时存在，但更贴近完全竞争的市场结构。垄断竞争市场常见于现实生活。

（2）特征。

① 生产者与消费者：数量众多；

② 产品具有差别性：**与完全竞争市场的主要区别**；

③ 价格：生产者不再完全作为价格接受者，他们可以在一定程度上控制市场价格；

④ 进入或退出市场难易程度：相对容易、无障碍。

3. 寡头垄断市场

（1）概念。

寡头垄断市场指由少数企业控制某行业供给的市场结构。现实中，汽车、钢铁等工业部门属于寡头垄断市场。

（2）特征。

① 生产者或企业的数量：一个行业中，只有少数几个生产企业；

② 产品差异性：少许的差别或完全相同；

③ 价格：少数几个生产企业可以很大程度上控制市场价格；

④ 进入或退出市场难易程度：比较困难。

4. 完全垄断市场

（1）概念。

完全垄断市场指整个行业具有唯一的供给者。在现实生活中，公用事业、电力、固定电话近似于完全垄断市场。

（2）特征。

① 有唯一的生产者：该生产者是价格的决定者；

② 产品差异性：产品具有独特性，即无合适替代品；

③ 进入或退出市场难易程度：非常困难。

（3）完全垄断的形成条件，如表4-2所示：

表4-2 完全垄断的形成条件

条件	含义
政府垄断	政府对某行业实行完全垄断，如：邮政
原材料控制	因对特殊原材料的独家控制，形成对该资源和产品的完全垄断
专利权	拥有某些产品的专利权，进而形成完全垄断
自然垄断	（1）自然垄断的行业的特征： ① 行业中有且只有1家企业能够进行有效率的生产； ② 1个企业能以低于更多企业的成本为整个市场提供产品。 （2）自然垄断与规模经济关系紧密：规模经济——随着产量的扩大，企业的平均总成本会下降

例题4.1（2018年真题改编，单选题）

关于市场结构的说法，正确的是（　　）。

A. 市场类型划分的标准是市场的垄断程度

B. 区分垄断竞争市场和完全竞争市场的主要因素是市场规模

C. 完全竞争市场上存在价格协议制

D. 每一种市场结构中都有价格歧视

【答案】A

【名师解析】选项B，具有很多的生产者和消费者，是垄断竞争市场与完全垄断市场的相同点。

选项C，价格协议制存在于寡头垄断市场中。

选项D，价格歧视存在于完全垄断市场中。

> **名师说**
>
> 市场结构的类型属于重要考点，考生需要重点掌握划分市场结构的标准，并对不同市场结构之间的差异进行辨析。

> **记忆小窍门**
>
> 市场结构分为4类，其中包括2个竞争与2个垄断。2个竞争分别为：垄断竞争与完全竞争。2个垄断分别为：寡头垄断与完全垄断。但凡出现"完全"，无论是竞争还是垄断，均为"极致"的意思。而"寡头"并非一个"头"，而是"少数"的意思。

二、完全竞争市场分析（★）

（一）行业供求曲线和个别企业的需求曲线

1. 行业

在完全竞争市场上，价格根据整个行业的供给和需求曲线决定，如图4.1所示。

对于整个行业而言，供求曲线表现为：

（1）需求曲线：一条向右下方倾斜的曲线；
（2）供给曲线：一条向右上方倾斜的曲线；
（3）平衡点：2条曲线的交点，对应的价格为整个行业的均衡价格。

2. 个别企业

在完全竞争市场中，个别企业无法决定市场价格，只能按照既定的、由整个行业供给和需求确定的价格。因此，个别企业的需求曲线是一条平行于横轴的水平线，如图4.2所示。

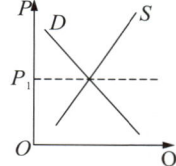
图4.1 完全竞争行业的供求曲线

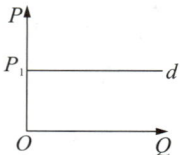
图4.2 完全竞争企业的需求曲线

（二）企业的收益曲线

在完全竞争市场中，企业的总收益、平均收益，以及边际收益如表4-3所示：

表4-3 完全竞争市场的收益

收益	含义	计算
总收益（R）	企业通过出售商品获得的全部收入	$R = P \times Q$
平均收益（AR）	平均一单位商品的收益	$AR = \dfrac{R}{Q}$
边际收益（MR）	销售每增加一单位，总收益的增加量，等于单位产品的价格	$MR = \dfrac{\Delta R}{\Delta Q} = \dfrac{\Delta (P \times Q)}{\Delta Q} = P$

在完全竞争市场中，平均收益与边际收益都等于价格，因此，企业的总收益、平均收益，以及边际收益的曲线，如图4.3和图4.4所示：

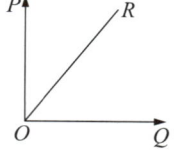
图4.3 完全竞争市场的厂商总收益

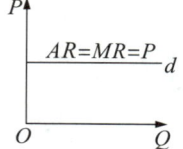
图4.4 完全竞争市场的厂商平均收益与边际收益

(三)企业产量决策的基本原则

在完全竞争市场上,企业作为价格的接受者,实现利润最大化必须要遵守的决策原则为:边际收益 $MR=$ 边际成本 MC。如图 4.5 所示。图 4.5 中,A 满足决策原则,A 对应的产量 Q_1 为最优产量。具体来讲:

(1) 当企业处于盈利时,$MR=MC$ 为利润最大化的均衡条件,此时产量为最优产量;
(2) 当企业处于亏损时,$MR=MC$ 为亏损最小化的均衡条件,此时产量为最优产量;
(3) 短期中,停止生产的临界点或停止点位于:$P=AVC$;
(4) 长期中,企业实现利润最大化的决策原则仍然是 $MR=MC$。

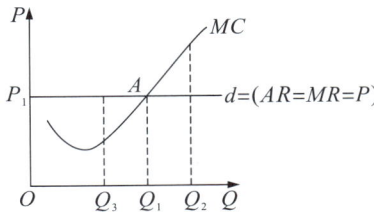

图 4.5 完全竞争市场的企业产量决策

(四)企业的短期供给曲线

一个追求利润最大化的企业,总是按照 $MR=MC$ 的原则来选择最优生产规模:
(1) 当 $MR>MC$ 时,企业扩大产量,供给增加;
(2) 当 $MR<MC$ 时,企业缩小产量,供给减少。

因此,企业的短期供给曲线是:在平均可变成本(AVC)之上的边际成本曲线(MC)。

三、完全垄断市场分析(★★)

(一)行业和企业的需求曲线

在完全垄断市场中,完全垄断企业的需求曲线与行业的需求曲线完全相同,均表现为向右下方倾斜且斜率为负。原因在于:一个行业只存在一个企业,该企业掌握此行业的全部供给。值得注意的是:2条需求曲线完全相同是完全垄断企业和完全竞争市场中企业的重要差异。

(二)企业的收益曲线

在完全垄断市场中,企业的收益曲线(如图 4.6 所示)存在以下特征:
(1) 企业的平均收益 $AR=$ 单位产品的价格 P;
(2) 企业的边际收益 $MR<$ 平均收益 AR,即边际收益曲线(MR)位于平均收益曲线(AR)的下方且比平均收益曲线陡峭。原因是:单位产品价格随着销售量的增加而下降;
(3) 企业平均收益曲线(AR)与需求曲线(DD)重合。

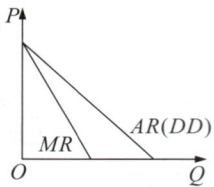

图 4.6 完全垄断企业的需求曲线和收益曲线

（三）企业产量和价格决策的基本原则

完全垄断企业进行产量和价格决策的基本原则：边际收益 MR=边际成本 MC，如图 4.7 所示。

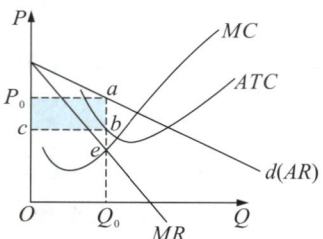

图 4.7 完全垄断企业的产量和价格决策

具体情况如下：

（1）完全垄断企业和完全竞争企业的成本曲线相同。原因在于：生产要素投入和生产过程无差别；

（2）根据 $MR=MC$，确定均衡点 e，进而确定均衡产量（Q_0）和均衡价格（P_0）；平均成本 c 则根据平均总成本曲线（ATC）上的点 b 确认；长方形 $abcP_0$ 为企业的超额利润总和；

（3）完全垄断企业向市场供应的商品数量少，但产品价格高。为了获得超额利润，企业会把价格设置在高于边际成本的水平，且通常限制其供给量；

（4）完全垄断企业无法随意提高价格，因此在价格决策时必须了解市场需求情况；

（5）完全垄断市场上无供给曲线，原因为：关于供给的决策不仅取决于成本，还受需求曲线的约束。

（四）产品定价法则

根据前文所述，企业的边际收益衡量产品销售增加 1 单位时，总收益的增加。计算如下：

$$MR=\frac{\Delta R}{\Delta Q}=\frac{\Delta(P\times Q)}{\Delta Q}=P+Q\times\frac{\Delta P}{\Delta Q} \quad (4.1)$$

根据需求价格弹性公式，计算如下：

$$E_d=\frac{\frac{\Delta Q}{Q}}{\frac{\Delta P}{P}}=\frac{\Delta Q}{\Delta P}\times\frac{P}{Q} \quad (4.2)$$

可得到边际收益、价格和需求价格弹性的关系，计算如下：

$$MR = P + \frac{P}{E_d} \tag{4.3}$$

根据企业利润最大化的条件：$MR=MC$，则存在：

$$P + \frac{P}{E_d} = MC \rightarrow \frac{P-MC}{P} = -\frac{1}{E_d} \tag{4.4}$$

式（4.2）、（4.3）和（4.4）中，E_d 代表需求价格弹性。

值得注意的是，垄断企业索取的价格超过边际成本的幅度，必须受到需求价格弹性的制约：

（1）当 $|E_d|$ 较小时，垄断者可将价格定在较高水平；
（2）当 $|E_d|$ 较大时，垄断者的定价会与边际成本相近。

（五）价格歧视

1. 定义与类型

价格歧视，又称差别定价，指为获取更大的利润，企业对同一产品设置不同的价格。价格歧视的类型，如表 4-4 所示。

表 4-4 价格歧视的类型

收益	含义	举例
一级价格歧视 （完全价格歧视）	① 每一单位产品都根据消费者愿意支付的最高价格进行出售； ② 购买的每一个批量单位的产品，对不同的购买者收取不同的价格； ③ 垄断者占有全部的消费者剩余	① 对支付意愿较低或无保险的低收入病人，医院减免费用； ② 对高收入或有保险的病人，医院收取高价
二级价格歧视 （批量作价）	① 按不同价格出售不同单位产品； ② 每个购买相同数量产品的购买者支付的价格相同； ③ 垄断厂商侵蚀了部分消费者剩余	阶梯电价
三级价格歧视	① 根据不同的需求价格弹性，将消费者进行分组； ② 对不同组的消费者收取不同的价格	假期大学生回家或返校时，铁路部门设置的优惠票价

2. 基本条件与基本原则

（1）实行价格歧视，必须同时满足以下 2 个基本条件：
① 可以根据不同的需求价格弹性，对不同购买者进行分组；
② 市场之间存在有效的隔离，同一产品不可在市场间进行流动。

如果这两个条件能够满足，那么企业就可以通过以下 2 种方式提高总收益：
① 对缺乏弹性的市场，设置较高的价格，实行"少销厚利"；
② 对富有弹性的市场，设置较低的价格，实行"薄利多销"。

（2）基本原则：
① 不同市场的边际收益相等；
② 边际收益等于边际成本。

四、垄断竞争市场和寡头垄断市场中生产者的行为（★★★）

（一）垄断竞争市场上的生产者的行为

1. 企业的需求曲线

垄断竞争市场上企业的需求曲线具有以下特征：

（1）与完全垄断市场上的企业的需求曲线形态相同：均向右下方倾斜。

（2）与完全垄断企业需求曲线的不同：

① 垄断竞争企业需求曲线不是市场需求曲线，而是每一个具体企业的需求曲线；

② 垄断竞争企业具有 2 种需求曲线：

A. 主观需求曲线（预期的需求曲线）：表示在垄断竞争市场上，当某企业调整其产品价格，而其他企业也以同样方式调整价格时，该企业的产品价格和销售量之间的关系。该曲线就具有主观性。

B. 市场份额需求曲线：当某企业降低价格，其他企业会做出相应的产品价格调整措施，导致整个行业的价格和销量的关系变化。换言之，若一个垄断行业有 n 个企业，无论这些企业如何调整市场价格，每个企业的实际销售份额 $=\dfrac{1}{n}\times$ 市场总销售量或总体需求量。

③ 垄断竞争企业的需求曲线比完全垄断企业需求曲线具有更大的弹性。

2. 短期均衡分析

短期均衡分析，可分为短期与长期：

（1）短期。

垄断竞争企业是垄断者。根据向右下方倾斜的需求曲线，垄断竞争企业也具有相同的利润最大化原则，即 $MR=MC$。根据其需求曲线，可以找出与最优产量对应的最优价格。此时，垄断竞争厂商的行为与完全垄断企业的行为类似，短期均衡包括 3 种情景：盈利、利润为零，以及亏损。

（2）长期。

垄断竞争市场没有进入障碍，因此各企业都可对特色产品进行模仿，进而创造出更具特色的产品，最终借助广告效应树立其垄断地位。竞争的结果为：有差别的产品价格下跌。

（二）寡头垄断市场上的定价模型

1. 协议价格制

协议价格制指生产者或销售者之间存在着某种关于市场份额划分的协议，具体表现为：

（1）生产者或销售者之间共同维持一个协议价格，使得行业净收益最大；

（2）通过限制各生产者的产量的方式，使行业边际收益=行业边际成本。

企业联合行动的典型是：卡特尔，即联合起来一起行动的企业集团。世界上最著名的卡特尔是石油生产输出国组织欧佩克（OPEC）。注意，一个卡特尔与完全垄断者的差别如下：

（1）卡特尔很难控制全部市场，因此成员必须考虑其定价对非卡特尔企业的行为的影响；

（2）卡特尔成员可能受到利润驱动而违反协议。

在我国，企业之间实施共谋或卡特尔属于违法行为，反垄断法律法规严格禁止。

2. 价格领袖制

价格领袖制，指某一个在行业中处于支配地位的企业首先确定价格，剩余企业则参考该价格对本企业产品的价格进行调整,保证与前者一致。注意,当领袖企业确定产品价格时,不仅要考虑本企业利益,还需思考整个行业的供需情况。

例题 4.2(2019 年真题改编,单选题)

关于垄断竞争市场上生产者行为的说法,正确的有( )。

A. 企业只能扮演价格接受者
B. 厂商之间往往会实施价格协议制度
C. 企业的需求曲线是水平的
D. 企业的需求曲线是向右下方倾斜的

【答案】D

【名师解析】选项 A,完全竞争市场上,企业只能扮演价格接受者。

选项 B,寡头垄断市场上,厂商之间存在价格协议制度。

选项 C,完全竞争市场上,企业的需求曲线是水平的。

名师说

考生需要重点掌握垄断竞争市场的需求曲线与完全垄断市场上的企业的需求曲线的异同,并对寡头垄断市场上 2 个定价模型进行辨析。

记忆小窍门

关于定价模型,协议价格制强调"协议",即各方遵循同一个条款。价格领袖制强调"领袖",即龙头企业定价,其余企业追随。

趣味说

石油输出国组织,简称"欧佩克"(OPEC),成立于 1960 年 9 月,是一个位于亚洲、非洲、拉丁美洲的石油生产国为协调成员国石油政策、反对西方石油垄断资本的剥削和控制而建立的国际组织。它的宗旨是:协调和统一成员国石油政策,维持国际石油市场价格稳定,确保石油生产国获得稳定收入。最高权力机构为成员国大会,由成员国代表团组成,负责制定总政策,执行机构为理事会,日常工作由秘书处负责处理。另设专门机构经济委员会,以协助维持石油价格的稳定。该组织自成立以来,与西方石油垄断资本坚持斗争,在提高石油价格和实行石油工业国有化方面取得重大进展。

任务 5　生产要素市场、市场失灵与政府干预

任务概述

本任务涉及"第五章 生产要素市场理论"和"第六章 市场失灵和政府的干预"。

此任务在中级经济师考试中约考查 7 分，分值占比约为 5%。考试题型同时涉及单选题和多选题。

本任务整体难度适中，其中，重要考点为：劳动供给曲线、市场失灵的原因与政府对市场的干预。

任务框架图

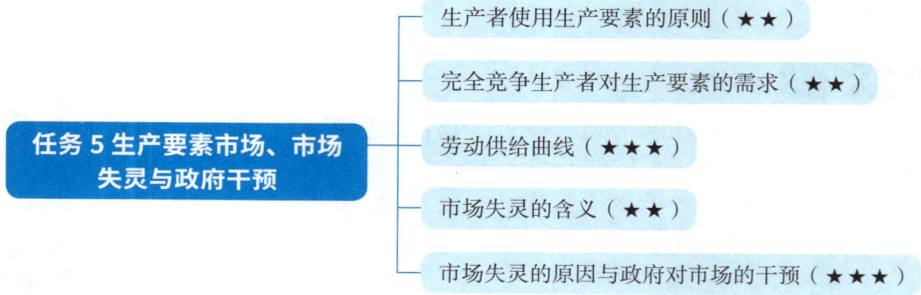

一、生产者使用生产要素的原则（★★）

（一）引致需求

1. 生产要素的含义

生产要素指用于生产物品与劳务的投入，具体包括：
（1）劳动；
（2）资本；
（3）土地；
（4）企业家才能。

2. 生产要素市场与产品市场的异同

生产要素市场与产品市场的异同如下：
（1）相同点。
① 2 个市场上的价格均取决于生产者和消费者的行为。
② 市场在价格形成过程中起到"看不见的手"功能，借此对经济资源进行有效配置。

（2）不同点。

① 生产要素市场：生产者或厂商是需求者；消费者或居民是供给者。

② 产品市场：消费者或居民是需求者；生产者或厂商是供给者。

3. 引致需求的含义

引致需求，又称派生需求，指由消费者对最终商品的需求中派生出的，生产者对劳动、资本、土地等生产要素的需求。换言之，生产者之所以需要某种生产要素，是因为该生产要素可令他们产出消费者希望购买的商品。

4. 引致需求的特征

引致需求具有以下3个特征：

（1）引致需求反映生产要素市场和产品市场之间的联系。

生产者对生产要素的需求量取决于：消费者对产品的需求量。因此，影响生产要素价格的因素包括：

① 消费者需求曲线；

② 生产者在产品市场和生产要素市场上所处的市场状态。

（2）生产者对生产要素的需求属于联合需求。

联合需求，又称为复合需求，指生产者对生产要素的需求具有相互依赖性，即生产最终产品需要各种生产要素共同发挥作用。

联合需求的后果是对每一种生产要素的需求数量，其影响因素包括：

① 全部生产要素的价格；

② 其他生产要素需求数量。

与此同时，生产要素的需求量和价格会对其他生产要素的需求产生影响。

（3）引致需求中，各生产要素之间不仅存在互补性，还存在一定程度的替代性。

（二）使用生产要素的原则

1. 相关概念

与使用生产要素的原则相关的概念，如表5-1所示：

表5-1 与使用生产要素的原则相关的概念

相关概念	含义	计算公式
边际物质产品（MPP）	增加一单位要素投入（ΔL），引发的产量增加（ΔQ）	$MPP=\dfrac{\Delta Q}{\Delta L}$
边际收益产品（MRP）	增加一单位要素使用（ΔL），引发的收益增加（ΔR）	$MRP=\dfrac{\Delta R}{\Delta L}=MPP\times MR$
边际产品价值（VMP）	增加一单位要素投入，引发的价值增加	$VMP=MPP\times P$
边际要素成本（MFC）	增加一单位要素投入（ΔL），引发的成本增量（ΔC）	$MFC=\dfrac{\Delta C}{\Delta L}=MPP\times MC$
平均要素成本（AFC）	平均一单位要素投入的成本	$AFC=\dfrac{C}{L}$

2. 生产者使用生产要素的原则

生产者使用要素的原则是：在一定时间和条件内，企业应根据内部的生产状况和市场情况确定要素的使用量，以便实现利润的最大化，即：$MRP=MFC$。具体来讲：

（1）如果 $MRP>MFC$，则说明：每增加一单位的要素为生产者带来的收益大于带来的成本，因此生产者将增加要素使用，直至 $MRP=MFC$；

（2）如果 $MRP<MFC$，则说明：每增加一单位的要素为生产者带来的成本大于带来的收益，因此生产者将减少要素投入，直至 $MRP=MFC$。

二、完全竞争生产者对生产要素的需求（★★）

（一）生产者的要素供给曲线及要素需求曲线

1. 完全竞争要素市场的含义

完全竞争要素市场指：

（1）要素市场上的参与者是完全竞争的；

（2）要素的供求行为是完全竞争的；

（3）要素的需求者（生产者）在产品市场上是完全竞争的。

2. 完全竞争生产者的要素供给曲线

完全竞争生产者的要素供给曲线：与边际要素成本曲线（MFC）和平均要素成本曲线（AFC）三线合一。如图5.1所示，其中，W_1 代表要素市场价格水平。

原因：在完全竞争的要素市场上，要素的价格是常数，因此 $MFC=AFC=P$。

3. 完全竞争生产者的要素需求曲线

完全竞争生产者的要素需求曲线：与边际收益产品线（MRP）和边际产品价值线（VMP）三线合一。如图5.2所示。

原因包括：

① 完全竞争的要素市场上，$MRP=VMP=P×MP$；

② 生产者使用生产要素的原则是：$MRP=MFC$。这同时也是生产者实现利润最大化的条件，即沿着边际收益产品曲线确定要素使用量。

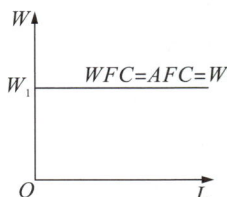

图5.1 完全竞争生产者的要素供给曲线

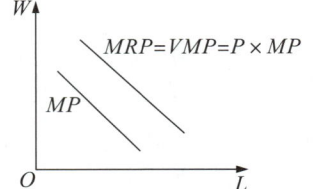

图5.2 完全竞争生产者的要素需求曲线

（二）完全竞争市场的要素需求曲线

在某一价格下，市场要素需求量通常等于该价格下所有生产者需求量的总和。然而，如果所有生产者都依据要素价格变化对产量进行调整，则产品价格会变化，最终导致生产者的要素需求曲线更加陡峭。

三、劳动供给曲线（★★★）

（一）生产要素供给的一般分析

根据前文已知，经济学分析的要素包括：
（1）劳动；
（2）资本；
（3）土地；
（4）企业家才能。
要素的所有者包括：
（1）消费者；
（2）生产者。

当要素供给者仅为消费者时，要素供给数量在一定时间内是固定不变的。因此，消费者必须将其全部时间分配到要素供给和保留自用这2种途径中，即选择劳动或闲暇。

（二）劳动的供给原则

经济学认为劳动的供给和闲暇对于消费者都具有效用和边际效用。

1. 劳动
（1）劳动的效用：劳动为消费者带来收入，因此劳动的效用等于收入的效用。
（2）劳动的边际效用：增加一单位劳动时，效用的增加量。计算方法如下：

$$\frac{\Delta U}{\Delta L}=\left(\frac{\Delta U}{\Delta Y}\right)\times\left(\frac{\Delta Y}{\Delta L}\right) \tag{5.1}$$

式（5.1）中，ΔU代表效用的增加量；ΔL代表劳动的增加量；ΔY代表收入的增加量。因此，$\frac{\Delta U}{\Delta L}$代表劳动的边际效用；$\frac{\Delta U}{\Delta Y}$代表收入的边际效用；$\frac{\Delta Y}{\Delta L}$代表劳动的边际收入。

2. 闲暇

闲暇可以带来直接效用和间接效用。具体来讲：

（1）直接效用：闲暇的边际效用等于增加一单位闲暇时间（Δl）所增加的效用，即$\frac{\Delta U}{\Delta l}$。
（2）间接效用：消费者放弃劳动转而从事教育、劳动、娱乐、休息等。

3. 劳动的供给原则

实现效用最大化是消费者的要素供给的目标。因此，劳动供给原则为：劳动的边际效用$\frac{\Delta U}{\Delta L}$=闲暇的边际效用$\frac{\Delta U}{\Delta l}$。

（三）劳动的供给曲线

消费者的效用是收入和闲暇的函数。因此，经济学家通过消费者的效用函数建立无差异曲线，用于分析消费者的劳动供给曲线。最终，劳动的供给曲线形态为后弯曲线。如图5.3所示：

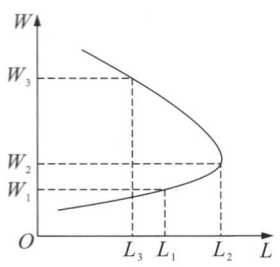

图 5.3　劳动供给曲线

图5.3中，劳动的供给曲线的形态可通过工资增加的替代效应和收入效应来解释。具体如下：
（1）工资增加的替代效应：工资上升，收入增加，消费者用劳动替代闲暇，劳动供给增加；
（2）工资增加的收入效应：工资上升，收入增加，消费者更加富有而追求闲暇，减少劳动供给。
两种效应的关系如下：
（1）如果工资低且收入少，工资上升，替代效应>收入效应，消费者劳动供给增加；
（2）如果工资提高到一定程度，消费者相对富有，替代效应<收入效应，消费者劳动供给减少。

（四）土地、资本的供给曲线

1. 土地的供给曲线
由于土地的数量不会发生变化，因此土地的供给曲线为一条垂直线。
2. 资本的供给曲线
短期内，资本的供给曲线为一条垂直线；长期则为一条后弯曲线。

例题 5.1（2019年真题改编，单选题）
决定劳动供给曲线形状的因素为（　　）。
A. 劳动和闲暇的互补效应
B. 工资和利率的替代效应
C. 工资增加的互补效应
D. 工资和租金的替代效应
【答案】A
【名师解析】劳动供给曲线向后弯曲是由收入效应和替代效应共同决定的，进一步理解即为劳动和闲暇的互补效应。

劳动供给曲线属于重要考点，考生需要着重记忆劳动供给的原则。

四、市场失灵的含义（★★）

（一）帕累托最优状态

1. 一般均衡状态或瓦尔拉斯均衡状态

经济处于一般均衡状态或瓦尔拉斯均衡状态指：

（1）居民实现效用最大化，企业实现利润最大化；

（2）整个经济中的价格体系令所有的商品供求都恰好相等。

2. 资源最优配置

关于资源最优配置，重要的概念包括：

（1）当经济处于一般均衡状态，资源便实现了最优配置；

（2）资源实现最优配置的标准：当一种资源的任何重新分配，都不能让任何人的情况变好，也不让另一个人的情况变坏。换而言之，资源在这种配置下，无法通过重新组合生产和分配令一人或多人的福利增加，而不使其他任何人的福利减少。

3. 帕累托改进

帕累托改进是一种资源重新配置，即在其他人福利水平不发生下跌的情况下，借助重新配置资源使至少一人的福利水平得到提高。因此，社会整体福利因资源重新配置（帕累托改进）而提高。

4. 帕累托最优状态（经济效率）

帕累托最优状态，又称为经济效率，指没有帕累托改进存在的资源配置状态。满足帕累托最优状态则具有经济效率，不满足帕累托状态则缺乏经济效率。

（二）市场失灵的含义

1. 资源配置达到帕累托最优状态的条件

资源配置达到帕累托最优状态的条件包括：

（1）经济主体完全理性；

（2）信息完全；

（3）市场完全竞争；

（4）经济主体的行为不存在外部影响。

若这些条件均不满足，则通常无法实现资源最优配置或帕累托最优状态。

2. 市场失灵

市场失灵，指因为市场机制无法充分地发挥作用，进而造成的资源配置缺乏效率或资源配置失当。

趣味说

> 帕累托最优状态是以意大利经济学家帕累托（Vilfredo Pareto）命名的。除了帕累托最优状态，帕累托法则也是他提出的。帕累托法则，又称80/20法则，最初只限定于经济学领域，后来这一法则被推广到社会生活的各个领域，且深为人们所认同。帕累托法则指在任何大系统中，约80%的结果是由该系统中约20%的变量产生的。例如，在企业中，通常80%的利润来自20%的项目或重要客户；经济学家认为，20%的人掌握着80%的财富；心理学家认为，20%的人身上集中了80%的智慧等。

五、市场失灵的原因与政府对市场的干预（★★★）

（一）垄断

1. 垄断与市场失灵

垄断与市场失灵之间的关系如下：

（1）微观经济学认为，只有完全竞争市场才可以保证：
① 企业长期发展的生产成本最低；
② 市场机制实现资源的有效配置：资源得到充分利用，达到产量最大且价格最低；
③ 消费者获得最大满足。

（2）在不完全竞争市场上，存在以下问题：
① 企业长期发展的生产成本较高；
② 生产者不是完全的价格接受者；
③ 资源已不可能在部门之间自由流动：产量无法达到最大，市场价格无法达到最低；
④ 消费者将不再可能获取最大满足。

（3）不完全竞争市场的普遍存在，市场机制无法充分有效发挥其作用，资源的最优配置无法实现。

2. 政府对垄断的干预

政府对垄断的干预包括：

（1）通过法律手段来限制垄断和反对不正当竞争，如制定《反不正当竞争法》《反垄断法》。目的在于提高保护和促进竞争，并提高资源配置的效率。

（2）政府对垄断行业进行公共管制，主要表现在管制或限制垄断行业的产品、服务的价格或利润率。

（二）外部性

1. 含义

外部性，又称为外部影响，指某人或某企业的经济活动对其他人或其他企业产生了影响，但并没有为此付出任何代价或得到任何利益。

2. 分类

外部性的具体分类，如表 5-2 所示：

表 5-2 外部性的分类

分类标准	类型	含义
经济活动主体	生产的外部性	经济活动主体为生产者的外部性
	消费的外部性	经济活动主体为消费者的外部性
对他人的影响	外部经济（正外部性）	某人或者某企业的经济活动： ① 给社会上其他人带来好处； ② 没有给该人或该企业补偿
	外部不经济（负外部性）	某人或某企业的经济活动： ① 给社会其他人带来损害； ② 该人或该企业却不必对其造成的损害做出补偿

3. 对市场机制运行的影响

由于外部影响的存在，即使是在完全竞争条件下，市场机制也不能有效地进行资源配置，即无法达到帕累托最优状态。

（1）对于产生外部经济的生产者：社会收益=私人收益+外部收益，私人收益小于社会收益，因而缺乏生产积极性，产出水平低于社会最优产出水平，造成产品的供给过少。

（2）对于产生外部不经济的生产者：社会成本=私人成本+外部成本，边际私人成本小于边际社会成本，于是倾向扩大生产，产出水平就会大于社会最优产出水平，造成产品的供给过多。导致超过帕累托最优所要求的产量水平，造成资源配置的无效率配置。如图5.4所示。

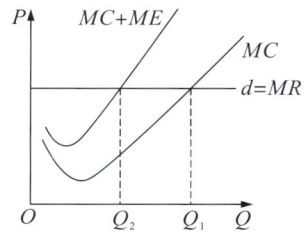

图 5.4 外部不经济导致的市场失灵

图 5.4 中，水平线 $d=MR$ 代表某竞争企业的需求曲线和边际收益曲线，MC 代表私人边际成本曲线，外部不经济的影响为 ME，则社会边际成本=$MC+ME$。

生产上的外部不经济导致社会边际成本>MC，最终使社会边际成本曲线高于私人边际成本曲线。

按照竞争性企业利润最大化条件（$MR=MC$）决定的均衡产量为 Q_1；

按照社会利益最大化条件（社会边际收益=社会边际成本）时决定的均衡产量为 Q_2。

从 $Q_1>Q_2$ 可知：生产的外部不经济造成产品供给过多，超过了帕累托最优所要求的产量水平，表明资源配置的无效。

4. 政府对外部性的干预

消除外部性的方法，如表 5-3 所示：

表 5-3 消除外部性的方法

方法	含义
税收和补贴手段 （传统方法）	① 政府对负外部性的企业可以使用税收手段，使得企业的私人成本等于社会成本，从而使得资源得到更有效的利用； ② 政府对正外部性的企业给予补贴，使私人收益等于社会收益，实现资源的优化配置
合并相关企业 （传统方法）	外部性得以"内部化"
明晰产权 （现代方法）	（1）外部性之所以存在并导致资源配置失当都是由于产权界定不清晰； （2）科斯定理提供一种借助市场机制解决外部性问题的新方法： ① 如果财产权是明确的且交易成本近乎于0，则无论开始时将财产权赋予谁，市场均衡的最终结果永远是有效率的，即可以实现帕累托最优； ② 如果存在交易成本，产权的初始界定在很大程度上会影响经济运行的效率； ③ 重要结论：不同的产权制度导致不同的资源配置效率

(三) 公共物品

1. 含义

公共物品指可以满足社会公共需要的物品。

与公共物品相比，私人物品具有以下 2 个明显的特征：

① 竞争性：其他条件恒定，对于给定的产品，每增加一个人的消费就必然导致另一个人的消费减少。

② 排他性：私人物品在财产所有权上具有独占性。

2. 特征

公共物品的特征包括：

① 非竞争性：消费者对某种公共物品的消费不会对其他人对该公共物品的消费产生影响。

② 非排他性：任何消费者都可以消费公共物品，没有任何消费者会被排斥在外。因此，绝大多数的公共物品消费中都会出现"搭便车"的情况，即某人不进行购买而消费某物品。

3. 分类

公共物品的分类，如表 5-4 所示：

表 5-4　公共物品的分类

类型	含义
纯公共物品	① 具有完全的非竞争性； ② 具有完全的非排他性； ③ 通常凭借纳税间接购买进行被动消费； ④ 消费时无法进行分割； ⑤ 只能由政府来提供
准公共物品	① 具有有限的非竞争性； ② 具有有限的非排他性； ③ 具有一定程度的拥挤性：消费者数量增加到一定水平，可能出现因拥挤导致的消费竞争； ④ 一部分间接购买，一部分直接购买； ⑤ 消费时可以对部分进行分割； ⑥ 政府和私人均可提供

4. 对市场的影响

由于公共物品具有非排他性，因此，与私人物品的需求曲线相比，公共物品的需求曲线具有其特殊性。具体来讲：

（1）私人物品的需求曲线等于个人需求曲线在水平方向（数量）的总和（Q_1+Q_2）。换言之，在一定价格下，私人物品的市场需求等于在该价格下每一个消费者的需求数量之和。如图 5.5 所示。

（2）公共物品的市场需求曲线等于个人需求曲线在纵向（价格）的总和（P_1+P_2）。换言之，市场为一定数量的公共物品所支付的货币量等于该市场上每一个消费者为该公共物品所支付的货币量之和。如图 5.6 所示。

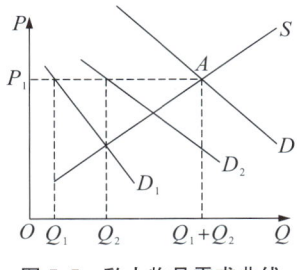
图 5.5 私人物品需求曲线

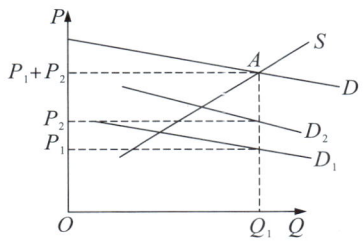
图 5.6 公共物品需求曲线

需要注意的是，纯公共物品与准公共物品的差异如下：

（1）纯公共物品存在非竞争性和非排他性，消费者更容易做出"搭便车"的行为，对公共物品的偏好也会低报或者隐瞒。这会导致消费者的需求曲线通常低于实际水平，进而使得消费者的需求曲线无法加总，同时也无法求出公共物品的最优数量。消费者支付的数量将无法弥补公共物品的生产成本，最终导致市场产量远远低于最优产量。

（2）准公共物品只具有消费的竞争性和排他性之一（有竞争且无排他，或无竞争且有排他）。因此，市场机制可以在一定程度上用于引导资源的配置。

5. 政府对公共物品的干预

政府往往作为公共物品的主要提供者。例如，政府提供国防、治安、消防和公共卫生等。

（四）信息不对称

1. 含义

信息不对称指市场上的买卖双方所掌握的信息不同。信息不对称的表现形式包括：

（1）逆向选择：劣质的商品或劣质的服务驱逐优质商品或优质服务，最终导致市场的萎缩或消失。

（2）道德风险：市场的一方无法了解到另一方的行为，另一方可能采取不利于对方的行为。

2. 对市场的影响

信息不对称会导致：

（1）市场机制无法正常发挥作用；

（2）生产者或消费者都会做出盲目行为；

（3）一些市场无法正常发展。

3. 政府对信息不对称的干预

为了解决因信息不对称所造成的市场失灵，政府的干预包括：

（1）政府对许多商品的说明、质量标准和广告做出法律规定；

（2）政府通过多种方式提供信息服务给消费者。

例题 5.2（2018 年真题改编，单选题）

为了实现帕累托最优状态，政府往往借助财政补贴对具有（　　）的生产者予以帮助。

A. 外部不经济　　　　B. 外部经济　　　　C. 较大的道德风险　　　　D. 逆向选择

【答案】B

【名师解析】政府为消除外部性，对于具有外部经济的企业，应给予财政补贴，使其私人收益等于社会收益。

名师说

市场失灵的原因与政府对市场的干预属于重要考点，考生需要掌握垄断、外部性、公共物品，以及信息不对称这4类原因对市场产生的影响并理解政府不同的处理方法。

记忆小窍门

该任务涉及以下6个曲线图及其具体形态：
（1）完全竞争生产者的要素供给曲线（图5.1）：水平；
（2）完全竞争生产者的要素需求曲线（图5.2）：向右下方倾斜；
（3）劳动供给曲线（图5.3）：后弯曲线；
（4）外部不经济导致的市场失灵（图5.4）：
① 竞争企业的需求曲线和边际收益曲线：水平；
② 私人边际成本曲线和社会边际成本曲线：对勾形；
（5）私人物品需求曲线（图5.5）：向右下方倾斜；
（6）公共物品需求曲线（图5.6）：向右下方倾斜。

任务 6　国民收入与宏观经济模型

任务概述

本任务内容涉及"第七章 国民收入核算和简单的宏观经济模型"。

此任务在中级经济师考试中约考查 3 分，分值占比约为 2%。考试题型同时涉及单选题和多选题。

本任务整体难度适中，其中，重要考点为：国民收入核算。

任务框架图

一、国民收入核算（★★★）

（一）国内生产总值的含义

1. 国内生产总值

国内生产总值（gross domestic product，GDP），指在一定时期内，一个国家（或地区）按市场价格计算的生产活动的最终成果。GDP 是目前世界各国（或地区）普遍使用的衡量经济活动总量的基本指标。

GDP 具有 3 种形态，如表 6-1 所示：

表 6-1　GDP 的 3 种形态

形态	含义
价值形态	增量概念：在一定时期内，全部常住单位生产的全部货物和服务价值与同期投入的全部非固定资产货物和服务价值的差额
收入形态	在一定时期内，全部常住单位创造并分配的初次收入的总和
产品形态	一定时期内，全部常住单位最终使用的货物和服务的价值与货物和服务进口价值的差额

2. 国民总收入

国民总收入（gross national income，GNI），即过去使用的国民生产总值（gross national product，

GNP），指在一定时期内，一个国家（或地区）全部常住单位收入初次分配的最终结果。

3. 国内生产总值与国民总收入的关系

（1）国内生产总值（GDP）与国民总收入（GNI）的关系，如下：

$$国民总收入（GNI）=国内生产总值（GDP）+来自国外的净要素收入 \qquad (6.1)$$

由式（6.1）可知：

① 一国常驻单位从事生产所创造的增加值，在初次分配中存在2个途径：

A. 主要分配给该国的常住单位；

B. 其余分配给非常住单位，形式包括：生产税和进口税（扣除生产和进口补贴）、劳动者报酬，以及财产收入。

② 国外生产创造的增加值中，一部分分配给常住单位，形式包括：生产税和进口税（扣除生产和进口补贴）、劳动者报酬，以及财产收入。进而产生了国民总收入的概念。

（2）国民总收入属于收入概念，国内生产总值属于生产概念。

记忆小窍门

在记忆国内生产总值和国民总收入的过程中，考生需要注意：国内生产总值聚焦的是国家，强调"国家"的地域范围，国民总收入则聚焦的是人，强调"国民"的人员范围。

（二）国内生产总值的计算方法

1. 收入法

收入法指从收入角度出发，通过核算整个社会在一定时期内创造的原始收入，计算GDP。具体计算公式为：

$$收入法增加值=劳动者报酬+固定资产折旧+生产税净额+营业盈余 \qquad (6.2)$$

$$收入法国内生产总值=所有常住单位收入法增加值之和 \qquad (6.3)$$

式（6.2）中涉及的4项收入，如表6-2所示：

表6-2 收入法涉及的4项收入

收入	含义
劳动者报酬	劳动者从事生产劳动应从单位获得的各种形式的报酬，包括： ① 工资总额； ② 福利费； ③ 其他实物形式的劳动报酬； ④ 农户和个体劳动者生产经营所获得的纯收益
固定资产折旧	一定时期内，按规定比率提取的计入生产成本的折旧费，以便弥补固定资产损耗的价值
生产税净额	① 一定时期内，企业向政府缴纳的生产税与生产补贴的差额； ② 生产税（企业的利前税，不包括所得税）：企业从事有关生产、销售和经营活动应缴纳的各种税金、附加费和规费，如销售税金及附加、增值税、企业管理费中各种税金等

续表

收入	含义
营业盈余	① 总产出减去中间投入、劳动者报酬、固定资产折旧和生产税净额后的差额； ② 大致等于营业利润，但必须扣除从利润开支的工资和福利费； ③ 企业从政府处获得的补贴，应计入营业盈余

2. 支出法

支出法从社会最终使用的角度计算国内生产总值。计算如下：

$$支出法国内生产总值=最终消费+资本形成总额+净出口 \tag{6.4}$$

由式（6.4）可知：

（1）最终消费：包括居民消费和政府消费。

（2）资本形成总额：包括固定资本形成和存货增加（不包括金融投资）。

① 固定资本形成是常住单位建造、购置和转入的固定资产扣除销售和转出固定资产后的价值。

② 存货增加包括原材料、燃料库存，生产单位产成品、半成品、在制品库存，销售单位商品库存期末价值减去期初价值的差额。

（3）净出口：一定时期货物和服务出口价值减去进口价值后的差额。

① 出口是本国向国外销售和无偿转让的货物和服务。

② 进口是本国向国外购买和无偿得到的货物和服务。

如果将居民和政府的支出再分开核算，则支出法下的 GDP 包括：

（1）消费支出；

（2）固定投资支出；

（3）政府购买；

（4）净出口。

计算方法如下：

$$GDP=C+I+G+(X-M) \tag{6.5}$$

式（6.5）中，C 代表居民消费；I 代表投资；G 代表政府购买；$(X-M)$ 代表净出口。

 记忆小窍门

GDP 支出法的公式相当重要，可结合拉动经济发展的三驾马车：内需 C、投资 $I+G$、进出口贸易 $(X-M)$ 来理解记忆。

例题 6.1（2019 年真题改编，单选题）

关于国内生产总值的说法，正确的是（　　）。

A. 国内生产总值又称为国民总收入

B. 国内生产总值又称为国民生产总值

C. 国内生产总值是按市场价格计算的一个国家（或地区）在一定时期内生产活动的最终成果

D. 国内生产总值仅具有价值形态

【答案】C

【名师解析】国民生产总值（国民总收入）= 国内生产总值+来自国外的净要素收入；国内生产总值有 3 种形态：价值形态、收入形态和产品形态。

二、宏观经济均衡的基本模型（★）

（一）两部门经济中的储蓄—投资恒等式

两部门经济指：假设经济社会只有消费者（家户）和企业（即厂商），没有政府部门和进出口部门。因此，不存在企业间接税。为了简化分析，暂时不考虑折旧。具体而言：

(1) 从支出的角度看，由于把企业库存的变动作为存货投资，因此，国内生产总值总等于消费（C）与投资（I）之和，即 $Y=C+I$。

(2) 从收入的角度看，国内生产总值等于总收入。总收入一部分用作消费（C），其余部分则作为储蓄（S），即 $Y=C+S$。

根据（1）和（2），得到 $C+I=Y=C+S$，进而得到：$I=S$，即储蓄—投资恒等式。含义为：消费者未用于购买消费品的那部分收入（S）与未归于消费者手中的产品的价值（I）相等。

（二）三部门经济中的储蓄—投资恒等式

三部门经济在两部门经济的基础上加入政府部门。政府的经济活动表现在：
(1) 政府收入：向企业和居民征税；
(2) 政府支出：政府对商品和劳务的购买，以及政府给居民的转移支付。

因此，从支出角度出发，国内生产总值等于消费、投资和政府购买（G）的总和，公式如下：

$$GDP=Y=C+I+G \tag{6.6}$$

从收入角度出发，国内生产总值同样是所有生产要素获得的收入总和，即工资、利息、租金和利润的总和。值得注意的是，总收入除了用于消费和储蓄，必须留有一部分用于纳税。居民和企业既要纳税，同时又获得政府的转移支付收入。因此，税金与转移支付的差额为政府的净收入，即国民收入中归于政府的部分。收入法下，国内生产总值的计算公式如下：

$$GDP=C+I+G=C+S+T=Y \tag{6.7}$$

其中，

$$T=T_0-T_R \tag{6.8}$$

式（6.7）和式（6.8）中，T_0 代表全部税金收入；T_R 代表政府转移支付；T 代表政府净收入。

根据前文，可将三部门经济中，国民收入构成的基本公式概括成：

$$C+I+G=Y=C+S+T \tag{6.9}$$

进而得到：

$$I+G=S+T \tag{6.10}$$

$$I=S+(T-G) \tag{6.11}$$

式（6.11）中，（$T-G$）代表政府储蓄：T 是政府净收入，G 是政府购买性支出，二者差额即政府储蓄。注意，政府储蓄取值可以为正值或负值。该式也表示储蓄（私人储蓄和政府储蓄的总和）和投资的恒等关系。

(三)四部门经济中的储蓄—投资恒等式

四部门经济是在三部门经济的基础上引入一个国外部门,此时国民收入包括消费者(居民)和企业、政府部门和国外部门。

(1)从支出角度出发,国内生产总值是消费支出、投资支出、政府购买支出和净出口的总和。计算公式如下:

$$GDP = C + I + G + (X - M) \tag{6.12}$$

(2)从收入角度出发,国民收入构成的计算公式为:

$$C + I + G + (X - M) = C + S + T \tag{6.13}$$

进而得到:

$$I + G + (X - M) = S + T \tag{6.14}$$

最终简化为:

$$I = S + (T - G) + (M - X) \tag{6.15}$$

式(6.15)中,(M−X)代表外国在本国的储蓄,取值可为正值或负值。该式代表了四部门经济中总储蓄和投资的恒等关系。

例题 6.2(2019 年真题改编,单选题)
如果用 I 表示投资、S 表示储蓄、T 表示税收、G 表示政府购买、X 表示出口、M 表示进口,则四部门经济中储蓄和投资的恒等关系是(   )。
A. $I = S + (T - G) + (M - X)$ B. $I = S + T - G + M$
C. $I = S + (T - G)$ D. $I = S + (M - X)$
【答案】A
【名师解析】四部门经济中储蓄和投资的恒等关系 $I = S + (T - G) + (M - X)$。

三、消费、储蓄和投资(★★)

(一)凯恩斯的消费理论

1. 假设 1:边际消费倾向递减规律
英国经济学家凯恩斯提出边际消费倾向递减规律,该规律指:
(1)消费与收入成正比;
(2)消费支出在收入中的比例不断降低。
边际消费倾向(MPC)指:消费增量与收入增量之比值,具体计算公式为:

$$MPC = \frac{\Delta C}{\Delta Y} \tag{6.16}$$

通常情况下,边际消费倾向的取值范围:0<MPC<1。原因包括:
(1)对于理性人,收入增加,消费通常也随之增加。因此,边际消费倾向大于 0;
(2)增加的消费通常是收入增加的一部分,而非全部。因此,边际消费倾向小于 1。

2. 假设 2：收入是决定消费的重要因素

在假定其他因素不变的条件下，消费是收入的函数，随收入变动而变动。

3. 假设 3：平均消费倾向随收入增加而减少

平均消费倾向（APC）指：消费总量在收入总量中所占的比例。平均消费倾向随着收入的增加而减少。计算公式为：

$$APC = \frac{C}{Y} \tag{6.17}$$

式（6.17）中，平均消费倾向（APC）的取值可能小于、等于或大于 1。

值得注意的是，边际消费倾向（MPC）和平均消费倾向（APC）的关系是：MPC 永远小于 APC。

4. 消费函数

根据以上 3 个假设，若消费和收入之间存在线性关系，则边际消费倾向为固定常数。此时，消费函数的方程为：

$$C = \alpha + \beta Y \tag{6.18}$$

式（6.18）中，α 代表必须的自发消费；β 代表边际消费倾向；βY 代表收入引致的消费。由此可见，消费等于自发消费和引致消费的总和。

消费函数反映在图形上，如图 6.1 所示：

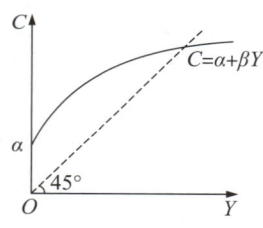

图 6.1 消费函数

> **趣味说**
>
> 像许多伟大的经济学家一样，凯恩斯在大事上十分大胆，敢于冒险使用大量资金以支持一个论点。但在小事上，他非常保守。一次，凯恩斯和一个朋友在阿尔及利亚首都阿尔及尔度假，他们让一群当地小孩为他们擦皮鞋。因为凯恩斯付的钱太少，气得小孩们向他们扔石头。朋友建议他多给点钱了事，而凯恩斯，这个世界上最伟大的经济学家之一，回答道："我不会贬抑货币的价值。"

例题 6.3（2019 年真题改编，多选题）

凯恩斯消费理论的主要假设有（　　）。

A. 边际消费倾向递减　　　　　　　　　B. 收入是决定消费的最重要的因素
C. 平均消费倾向会随着收入的增加而减少　D. 消费取决于家庭所处的生命周期阶段
E. 长期消费函数是稳定的

【答案】ABC

【名师解析】 凯恩斯消费理论的假设包括：边际消费倾向递减；收入是决定消费的最重要的因素；平均消费倾向会随着收入的增加而减少。

（二）莫迪利安尼的生命周期理论

1. 理论与假设

美国经济学家莫迪利安尼提出的生命周期理论认为：各个家庭的消费受到他们在生命周期内所获得的收入和财产的影响，即消费取决于家庭所处的生命周期阶段。

该理论假设人的一生可分为3个阶段：

（1）青年时期：属于工作时期，家庭收入低，消费可能比收入高。此阶段如有稳定工作，则未来收入会提高。

（2）中年时期：属于工作时期，家庭收入增加，用于偿还青年时期的负债并且储蓄以用于养老。

（3）老年时期：属于非工作时期，收入下降，消费过往的财产。

2. 家庭的消费函数

生命周期理论中，家庭的收入包括2项：劳动收入和财产收入。因此，一个家庭的消费函数如下：

$$C = \alpha \times WR + c \times YL \tag{6.19}$$

式（6.19）中，WR 代表财产收入；YL 代表劳动收入；α 代表财富的边际消费倾向；c 代表劳动收入的边际消费倾向。

从家庭的消费函数，可知：

（1）如果人口构成没有发生重大变化，则长期的边际消费倾向是稳定的，消费支出与可支配收入和实际国民生产总值之间存在一种稳定的关系。

（2）如果人口构成比例发生变化，边际消费倾向也会发生变化。例如，如果社会上年轻人和老年人的占比提高，则消费倾向会随之提高；如果中年人口的比例升高，则消费倾向会随之下降。

（三）弗里德曼的持久收入理论

弗里德曼提出的持久收入理论认为：消费者的消费支出并非根据其当前收入决定，而是根据其持久收入决定。与此同时，该理论将人们的收入分为以下2类：

（1）暂时性的收入；

（2）持久性的收入：消费者可预期的长期收入，即在较长时期中可维持的、稳定的收入。

因此，该理论提出：消费是持久性收入的稳定的函数，如下：

$$C_t = c \times YP_t \tag{6.20}$$

式（6.20）中，C_t 代表现期消费支出；c 代表边际消费倾向；YP_t 代表现期持久收入。

（四）储蓄函数

储蓄等于收入与消费的余额，由收入=消费+储蓄，即（$Y=C+S$），得到：

$$S = Y - C \tag{6.21}$$

凯恩斯认为：消费会随着收入增加而增加，但增加的幅度会越来越少，而储蓄的增加幅度则会

越来越多。储蓄函数则用于描述储蓄与收入之间的依存关系,计算如下:

$$S = Y - C = Y - (\alpha + \beta Y) = -\alpha + (1-\beta)Y \tag{6.22}$$

式(6.22)中,(1-β)代表边际储蓄倾向(MPS),计算如下:

$$MPS = \frac{\Delta S}{\Delta Y},\ \text{且}\ 0 < MPS < 1 \tag{6.23}$$

平均储蓄倾向(APS),计算方法如下:

$$APS = \frac{S}{Y} \tag{6.24}$$

从式(6.21)、式(6.22)、式(6.23)和式(6.24)可知:
(1)消费函数和储蓄函数互为补数:二者之和永远等于收入;
(2)$APC + APS = 1$。

(五)投资函数

1. 投资含义

投资指购置物质资本的活动,如购置厂房、设备和存货,以及住房建筑物。换言之,投资活动可形成资产。

值得注意的是,投资通常不包括金融投资,因为金融投资在本质上属于财产所有权的转移,而全社会的资本量并没有发生改变。

2. 决定投资的因素

决定投资的因素包括:
(1)实际利率;
(2)预期收益率;
(3)投资风险;
(4)预期通货膨胀率;
(5)折旧。

3. 实际利率与投资的关系

凯恩斯认为:利息是投资的成本,而决定利息的直接因素则为实际利率。因此,实际利率与投资成反比:如果投资的预期收益率既定,则实际利率越高,投资成本越高,投资就会减少,因此投资是利率的减函数。假设投资和利率之间呈线性关系,则投资函数为:

$$I = I(r) = e - dr \tag{6.25}$$

式(6.25)中,e 代表由于人口、技术、资源等外生变量的变动所引起的自主投资,此项与利率无关;$-dr$ 代表引致投资,随利率的变化呈反方向变化;d 代表利率每变化1个百分点,投资会变化的数量。

（六）投资乘数

1. 含义

乘数，又称为倍数，指一个因素或变量的变化对整个社会经济的影响程度。

投资乘数，指增加一笔投资，当国民经济重新回复到均衡状态后，由此引起的国民收入增加量并不等于此笔初始的投资量，而等于初始投资量的数倍。

2. 计算

投资乘数的计算公式如下：

$$k = \frac{\Delta Y}{\Delta I} = \frac{1}{1-\beta} = \frac{1}{S} \tag{6.26}$$

式（6.26）中，k 代表投资乘数；β 代表边际消费倾向；S 代表边际储蓄倾向。该公式表明：投资乘数（k）为边际储蓄倾向 S 的倒数。

例题 6.4（2019 年真题改编，单选题）

假设一个社会的边际消费倾向 β 为 0.8，则投资乘数 k 等于（　　）

A. 0.2　　　　　B. 1.25　　　　　C. 5　　　　　D. 0.8

【答案】C

【名师解析】$k = \frac{\Delta Y}{\Delta I} = \frac{1}{1-\beta} = \frac{1}{S} = \frac{1}{1-0.8} = 5$。

（七）简单的国民收入决定

在两部门经济中，依据收入永远等于支出的原则，将消费函数、投资函数或储蓄函数代入恒等式，可得到均衡国民收入。

已知两部门经济中由消费和投资构成，假设投资为 $\bar{I}$（常数），可得到：

$$Y = \alpha + \beta Y + \bar{I} \tag{6.27}$$

移项得到：

$$Y = \frac{\alpha + \bar{I}}{1-\beta} \tag{6.28}$$

四、总需求和总供给（★★）

（一）总需求的含义及影响因素

1. 含义

总需求指的是，其他条件恒定不变，一定时间内在给定的价格水平上，一个国家或地区全部经济主体愿意购买的商品总量。

2. 影响因素

总需求的影响因素，如表 6-3 所示：

表 6-3 总需求的影响因素

因素	对总需求的影响	影响方向
利率	利率上升引起企业投资和居民购买住宅和耐用消费品的数量的降低，进而导致总需求减少	反向变化
货币供给量	货币供给量增加导致总需求上升	同向变化
政府购买	政府购买增加导致总需求增加	同向变化
税收	税收的减少使得企业和居民的收入上升，进而导致总需求增加	反向变化
预期	增长预期导致总需求增加： ① 企业对未来具有利润增长的预期，将扩大投资； ② 居民对未来具有收入增长的预期，将增加消费	同向变化
价格总水平	价格总水平下降会导致总需求上升	反向变化

3. 总需求曲线

宏观经济学在说明价格总水平变化时，往往假定其他因素不变，仅对价格总水平与总需求的关系进行分析，因此形成总需求曲线（AD），如图 6.2 所示。

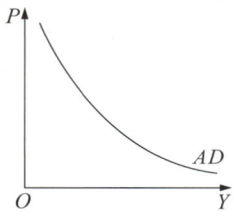

图 6.2 总需求曲线

图 6.2 说明：价格总水平和总需求呈反方向变化。
（1）当价格总水平下降时，总需求扩大；
（2）当价格总水平上升时，总需求减少。

4. 价格总水平对消费、投资和出口需求的影响

总需求曲线向右下方倾斜，其原因将通过分析价格总水平对总需求的各个组成部分（消费、投资和出口需求）进行说明，如表 6-4 所示：

表 6-4 价格水平对消费、投资和出口需求的影响

总需求的构成	效应	影响
消费	财富效应：价格总水平的变动导致居民收入和财富的实际购买力的反向变动，最终导致总需求变动	价格总水平下降→居民的实际购买力提高→消费需求增加
投资	利率效应：价格总水平的变动导致利率变化，利率与投资、消费及总需求的反方向变化	价格总水平上升→人们的货币交易需求增加→利率上升→投资成本上升→投资需求减少且居民住宅投资和消费需求减少
出口	出口效应：价格总水平借助汇率变动，进而影响出口需求的变化，并与总需求成反方向变化	① 固定汇率制度：价格总水平上升→国内产品价格升高→进口产品相对便宜→进口增加且出口减少； ② 浮动汇率制度：价格总水平上升→利率上升→吸引外资流入→本国货币面临升值压力→进口产品价格相对便宜，出口需求相应下降

（二）总供给的含义及影响因素

1. 含义

总供给指的是，其他条件恒定不变，一定时期内在给定价格水平上，一个国家或地区的生产者愿意向市场提供的商品总量。

2. 影响因素

总供给的影响因素，如表6-5所示：

表6-5 总供给的影响因素

因素	影响
价格和成本（基本影响因素）	价格和成本会影响企业利润水平→影响总供给
预期	企业对未来利润的预期下降→企业减少生产→总供给减少
其他因素	技术进步、工资水平变动、能源及原材料价格变动→影响企业利润水平→影响总供给

3. 总供给曲线

总供给曲线表明了，其他因素恒定不变时，总供给与价格总水平变动的关系。决定供给的价格和成本中的工资在短期缺乏弹性（具有粘性），而长期具有灵活可变性。因此，总供给曲线可分为：

（1）长期总供给曲线（LRAS）是一条垂直于横轴的直线；长期总供给只取决于劳动、资本与技术，以及经济体制等因素，但与价格总水平无关。如图6.3所示。

（2）短期总供给曲线（SRAS）是一条向右上方倾斜的曲线。如图6.4所示。

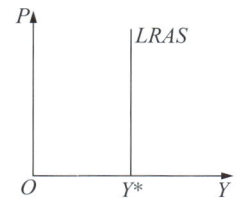
图6.3 长期总供给曲线

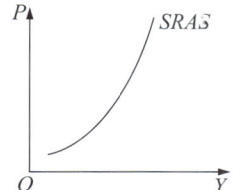
图6.4 短期总供给曲线

4. 总供求模型

总供求模型将总供给曲线和总需求曲线结合起来，用于分析价格总水平的决定过程。具体来讲：

（1）长期：由于总供给曲线呈现垂直形态，因此影响价格总水平的是总需求。如图6.5所示。

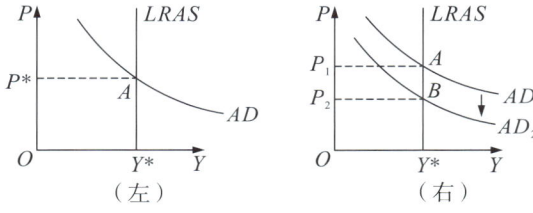
图6.5 长期价格总水平的决定

图 6.5（左）中，A 代表需求变化前的供求均衡点；Y^* 代表均衡产出；P^* 代表均衡价格。图 6.5（右）中，B 代表需求变化后（AD_1 移动到 AD_2）的供求均衡点；Y^* 代表需求变化后的均衡产出；P_2 代表需求变化后的均衡价格。

（2）短期：总供给曲线不变，由于总需求的增长使总需求曲线向右平行移动，导致价格总水平上升，即需求拉动型通货膨胀的基本模型。如图 6.6 所示。

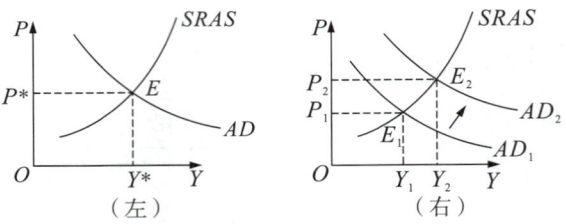

图 6.6　短期价格总水平的决定

图 6.6（左）中，E 代表需求变化前的供求均衡点；Y^* 代表均衡产出；P^* 代表均衡价格。图 6.6（右）中，E_2 代表需求变化后（AD_1 移动到 AD_2）的供求均衡点；Y_2 代表需求变化后的均衡产出；P_2 代表需求变化后的均衡价格。

例题 6.5（2019 年真题改编，多选题）
下列经济因素中，对长期总供给有决定性影响有（　　）。
A. 政府购买　　　　　　　　　　B. 价格总水平
C. 劳动　　　　　　　　　　　　D. 资本
E. 技术
【答案】CDE
【名师解析】本题需注意"长期"，从长期看，价格总水平和政府购买不影响总供给。

任务 7　经济增长与经济发展

任务概述

本任务内容涉及"第八章 经济增长和经济发展理论"。

此任务在中级经济师考试中约考查 3 分，分值占比约为 2%。考试题型同时涉及单选题和多选题。

本任务整体难度适中，其中，重要考点为：经济发展。

任务框架图

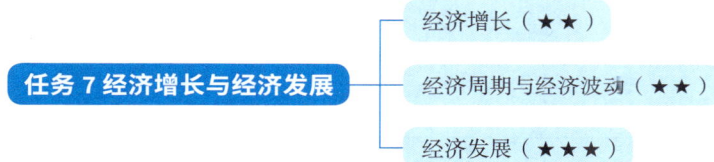

一、经济增长（★★）

（一）经济增长的内涵

1. 含义与计算

经济增长，是指在一定时期内，一个国家或地区与前期相比在总产出层面的增长。其中，总产出通常以国内生产总值（GDP）来计量，一国经济增长速度则以经济增长率进行计量。具体计算如下：

$$G = \frac{\Delta Y_t}{Y_{t-1}} \tag{7.1}$$

式（7.1）中，G 代表经济增长率；ΔY_t 代表本年度经济总量的增量；Y_{t-1} 代表上一年所实现的经济总量。

当使用 GDP 衡量经济增长时，需要注意以下 2 点：

（1）GDP 的计算可以使用现价或不变价格计算。
① 用现行价格计算 GDP：反映一个国家或地区的经济发展规模；
② 用不变价格计算 GDP：用于计算经济增长速度。
（2）经济增长率无法全面反映一个国家或地区经济发展的实际状况。
① 经济增长率标志着一个国家总体经济实力增长速度；
② GDP 衡量总产出，但不包含随着经济增长带来的生态与环境变化影响。

2. 经济增长 vs 经济发展

经济发展包括：

（1）经济增长；

（2）伴随经济增长过程出现的：

① 技术进步；

② 结构优化；

③ 制度变迁；

④ 福利改善；

⑤ 人与自然之间关系的进一步和谐。

因此，经济增长与经济发展的关系是：

① 经济发展的基础是经济增长；

② 经济增长与经济发展不同。

（二）经济增长的决定因素

经济增长的决定因素，如表7-1所示：

表7-1 经济增长的决定因素

因素	含义
劳动的投入数量	劳动投入数量取决于： ① 人口规模； ② 人口结构； ③ 投入的劳动时间
资本的投入数量	最重要制约因素是资本利用率： ① 资本包括：机器、设备、厂房等固定资产； ② 生产能力利用率：生产能力利用率提高→资本投入量增加
劳动生产率	（1）计算方法： ① 一定时间内每个劳动者所生产的GDP； ② 单位劳动时间内生产的GDP； （2）劳动生产率的提高→经济的增长
资本的效率 （投资效益）	① 含义：单位资本投入数量所能产生的GDP； ② 资本的效率提高→经济增长

（三）经济增长因素分解的模型

1. 两因素分解法

两因素分解法假定其他因素不变，将经济增长率按两因素（劳动和劳动生产率）进行分解。计算方法如下：

$$G_Q = G_H + G_P \tag{7.2}$$

式（7.2）中，G_Q代表经济增长率；G_H代表工作小时数的增加率；G_P代表每小时产出的增加率。

2. 三因素分解法

三因素分解法将经济增长根据三个因素（劳动投入、资本投入和全要素生产率）进行分解。已知生产函数如下：

$$Y_t = A_t F(L_t, K_t) \tag{7.3}$$

式（7.3）中，Y_t 代表 t 时期的总 GDP；A_t 代表 t 时期的技术进步水平；L_t 代表 t 时期的劳动投入量；K_t 代表 t 时期的资本投入量。

根据三因素分解法，经济增长率可进行如下分解：

$$G_Y = G_A + \alpha G_L + \beta G_K \tag{7.4}$$

式（7.4）中，$G_Y = \frac{\Delta Y}{Y}$ 代表 t 时期的经济增长率；$G_A = \frac{\Delta A}{A}$ 代表 t 时期的技术进步增长率；$G_L = \frac{\Delta L}{L}$ 代表 t 时期的劳动增长率；$G_K = \frac{\Delta K}{K}$ 代表 t 时期的资本增长率；α 代表 t 时期的劳动产出弹性；β 代表 t 时期的资本产出弹性；$\alpha + \beta = 1$，且 α 和 β 的取值均大于 0 且小于 1。

对式（7.4）进行等式变换，可得到技术进步率。技术进步率，又称"索罗余值""全要素生产率"（TFP），指将劳动、资本等要素投入数量等因素对经济增长率的贡献扣除之后的余额，即技术进步因素对经济增长的贡献份额。全要素生产率的计算如下：

$$G_A = G_Y - \alpha G_L - \beta G_K \tag{7.5}$$

例题 7.1（2019 年真题改编，单选题）
为反映一个国家或地区经济发展规模，GDP 使用（　　）进行计算。
A. 不变价格　　　B. 现价　　　C. 评估价格　　　D. 虚拟价格
【答案】B
【名师解析】通常情况下，用现价 GDP 可以反映一个国家或地区的经济发展规模，用不变价 GDP 可以计算经济增长速度。

经济增长中，经济增长因素分解（两因素和三因素）所涉及的公式属于重要考点，考生需要掌握具体计算方法。

二、经济周期与经济波动（★★）

（一）经济周期的含义和类型

1. 含义

经济周期，又称商业循环，指随着经济增长的总体趋势，总体经济活动出现的规律性扩张和收缩。具体来讲：
（1）经济周期是总体经济活动，而非个别的部门或个别的经济总量指标；
（2）经济周期需要通过经济总量指标进行反映，包括：
① GDP 指标；
② 就业指标；

③ 金融市场指标等。

2. 类型

经济周期的类型，如表7-2所示：

表7-2 经济周期的类型

经济周期分类标准	具体类别
按照周期波动时间长短	① 长周期（长波循环或康德拉耶夫周期）：周期长度平均为50~60年； ② 中周期（大循环或朱格拉周期）：周期长度平均约为8年，对经济运行影响较大且较为明显； ③ 短周期（小循环或基钦周期）：周期长度平均为3~5年
按照经济总量绝对下降或相对下降	古典型周期：经济运行处在低谷时的经济增长为负增长
	增长型周期：处在低谷时的经济增长率为正值，即经济总量只是相对减少而非绝对减少。我国的经济周期属于增长型

（二）经济周期的阶段划分和阶段特征

1. 扩张阶段

扩张阶段，经济增长速度不断提高，投资连续增长，产量扩大，市场需求旺盛，就业机会增加，企业利润、居民收入、消费水平均提高。然而，这个过程通常会面临通货膨胀。扩张阶段包括：

（1）复苏阶段：扩张阶段的初期；

（2）繁荣阶段：扩张阶段的后期。

2. 收缩阶段

收缩（衰退/萧条）阶段，经济增长速度的持续下降，投资活动减少，生产发展放缓、停滞或下降，产品销量和就业机会减少，失业率升高，企业利润缩水、亏损、破产企业的数量升高，居民收入和消费水平下降。

（1）谷底：紧缩阶段的最低点；

（2）峰顶：扩张阶段的最高点。

经济周期通常包括为2个阶段，如图7.1所示。

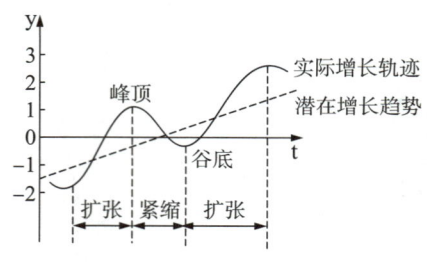

图7.1 经济周期的阶段

改革开放以来，我国经济运行呈现的总趋势为：持续、高速增长。我国的经济周期存在以下特点：

① 增长型经济周期；

② 波动幅度不大。

以上特点说明：

① 我国政府对经济运行的调控能力在不断加强；
② 市场机制配置资源的优越性。

（三）导致经济波动的因素

导致经济波动的因素，如表 7-3 所示：

表 7-3　导致经济波动的因素

因素	含义
投资率的变动	投资增加→经济增长
消费需求的波动	消费需求不足→经济增长率下降
技术进步的状况	技术进步快→经济增长的速度较高
预期的变化	人们对未来经济增长的预期乐观→增加消费和投资→推动经济增长
经济体制的变动	计划经济下，国有企业存在"预算软约束"→投资需求增长过快→经济过热
国际经济因素的冲击	全球化背景下，少数国家出现经济衰退→其他国家经济波动
大规模疫情等因素的冲击	2019 年底的新冠疫情重创了世界经济→引起经济波动

（四）分析和预测经济波动的指标体系

分析和预测经济波动的指标，如表 7-4 所示：

表 7-4　分析和预测经济波动的指标

指标类型	含义	举例
一致指标 （同步指标）	用于综合地描述总体经济的状态：指标的峰谷出现的时间与总体经济运行的峰谷出现的时间一致	① 工业总产值； ② 固定资产投资额； ③ 社会消费品零售总额
先行指标 （领先指标）	可预测总体经济运行的轨迹	① 制造业订货单； ② 股票价格指数； ③ 广义货币 M_2
滞后指标	确定总体经济运行中已经出现的峰谷	① 库存； ② 居民消费价格指数

例题 7.2（2018 年真题改编，单选题）

沿着经济增长的总体趋势，总体活动出现的有规律的扩张和收缩被称为（　　）。
　　A. 经济萧条　　　　　B. 经济增长　　　　　C. 经济周期　　　　　D. 经济波动
【答案】C
【名师解析】经济周期又称商业循环，是指总体经济活动沿着经济增长的总体趋势而出现的有规律的扩张和收缩。

名师说

经济周期在扩张阶段与收缩阶段的特征属于重要考点，考生需要重点辨析。

经济周期部分的内容，建议考生先借助图形（图7.1）进行理解，再掌握每一个阶段的特征。

经济周期的类型很多，如基钦周期、朱格拉周期、库兹涅茨周期，以及康波周期等。具体来讲，基钦周期一般为3~4年，主要考虑商品库存的变化；朱格拉周期一般为10年左右，主要考虑设备投资；库兹涅茨周期则是达到了20年左右，主要考虑房地产等建筑行业；最长的则是康波周期，它长达60年左右，基本上伴随一个人一生起落，更有"人生发财靠康波"一说。

三、经济发展（★★★）

（一）经济发展的内涵

1. 含义

经济发展，指发展中国家或地区的人民生活水平不断提高，与此同时物质资本和人力资本的增长和技术进步。

2. 经济发展的构成

经济发展包括：经济增长、经济结构变化，以及社会结构的变化。具体的变化包括：

（1）产业结构的连续优化；

（2）城市化进程的逐步推行；

（3）广大居民生活水平的连续提高；

（4）国民收入分配状况的逐渐改善。

需要注意的是：

（1）经济发展的核心：人民生活水平的持续提高；

（2）经济发展的基本内容：以人为本；

（3）经济发展的重要内容：可持续发展，即"既满足当代人的需要，又不对后代人满足其需要的能力构成危害的发展"。该思想就是要正确处理经济增长和资源、环境、生态保护之间的关系，使它们之间保持协调和谐的关系。

（二）"十三五"期间经济社会发展的主要目标和基本理念

2015年10月，党的十八届五中全会通过的《中共中央关于制定国民经济和社会发展第十三个五年规划的建议》明确提出"十三五"时期经济社会发展的主要目标和基本理念。

1. "十三五"主要目标

（1）经济保持中高速增长；

（2）人民生活水平和质量普遍提高；

（3）国民素质和社会文明程度显著提高；

（4）生态环境质量总体改善；

（5）各方面制度更加成熟更加定型。

2. "十三五"基本理念

"十三五"基本理念，如表7-5所示：

表7-5　"十三五"基本理念

理念	具体内容
创新	创新是引领发展的第一动力，包括： ① 理论创新； ② 制度创新； ③ 科技创新； ④ 文化创新
协调	① 协调是持续健康发展的内在要求； ② 重点促进城乡区域协调发展，促进经济社会协调发展，促进新型工业化、信息化、城镇化、农业现代化同步发展； ③ 增强国家硬实力的同时注重提升国家软实力，不断增强发展整体性
绿色	① 绿色是永续发展的必要条件和人民对美好生活追求的重要体现； ② 必须坚持节约资源和保护环境的基本国策，坚持可持续发展； ③ 坚定走生产发展、生活富裕、生态良好的文明发展道路； ④ 加快建设资源节约型、环境友好型社会，形成人与自然和谐发展的现代化建设新格局； ⑤ 推进美丽中国建设，为全球生态安全做出新贡献
开放	① 开放是国家繁荣发展的必由之路； ② 必须顺应中国经济深度融入世界经济的趋势，奉行互利共赢的开放战略，坚持内外需协调、进出口平衡、引进来和走出去并重、引资和引技引智并举，发展更高层次的开放型经济； ③ 积极参与全球经济治理和公共产品供给，提高中国在全球经济治理中的制度性话语权，构建广泛的利益共同体
共享	① 共享是中国特色社会主义的本质要求； ② 必须坚持发展为了人民、发展依靠人民、发展成果由人民共享，做出更有效的制度安排，使全体人民在共建共享发展中有更多获得感，增强发展动力，实现共同富裕

(三)《十四五规划纲要》的主要目标、任务和战略措施

《中华人民共和国国民经济和社会发展第十四个五年规划和2035年远景目标纲要》（简称《十四五规划纲要》）是指导我国"十四五"时期（2021年至2025年）及今后15年国民经济和社会发展的纲领性文件，它体现了三个新，即新发展阶段、新发展理念、新发展格局。

① 新发展阶段：开启全面建设社会主义现代化国家新征程。
② 新发展理念：贯彻创新、协调、绿色、开放、共享的新发展理念。
③ 新发展格局：构建以国内大循环为主体，国内国际双循环相互促进的新发展格局。

(1) 2035年远景目标。

我国将基本实现社会主义现代化，包括经济、社会、政治、文化和生态文明等各个方面。

(2) "十四五"时期经济社会发展的主要目标。

经济发展取得新成效、改革开放迈出新步伐、社会文明程度得到新提高、生态文明建设实现新进步、民生福祉达到新水平、国家治理效能得到新提升。

(3) 构建新发展格局。

加快构建以国内大循环为主体、国内国际双循环相互促进的新发展格局。其核心内容：坚持扩大内需的战略基点，加快培育完整内需体系，把实施扩大内需战略同深化供给侧结构性改革有机结合，以创新驱动、高质量供给引领和创造新需求，加快构建以国内大循环为主体、国内国际双循环相互促进的新发展格局。

任务 8　价格水平、失业与国际贸易

任务概述

本任务涉及"第九章 价格总水平和就业、失业"和"第十章 国际贸易理论和政策"。

此任务在中级经济师考试中约考查 8 分，分值占比约为 6%。考试题型同时涉及单选题和多选题。

本任务整体难度适中，其中，重要考点为：失业与经济增长及价格总水平的关系、国际贸易政策。

任务框架图

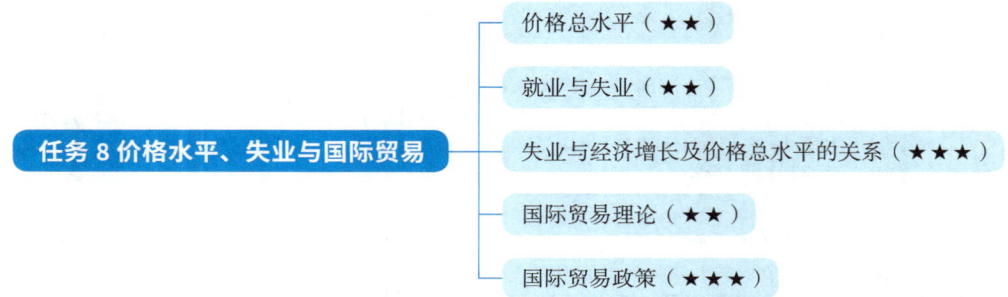

一、价格总水平（★★）

（一）价格总水平的含义和度量

1. 含义

价格总水平，又称一般价格水平，指一定时期内，一个国家或地区全社会中的各个类别商品和服务价格变动情况的平均或综合。

2. 度量

世界各国或地区在度量价格总水平时，常使用的 2 个方法是：

（1）编制各种价格指数。具体内容包括：

① 目标：用于反映报告期与基期相比商品价格水平的变化趋势和变化程度的相对数。其中，价格总指数，又称为价格指数，用于反映价格总水平变动。

② 我国情况：采用居民消费价格指数（CPI）作为衡量价格总水平变动的基本指标。

（2）计算国内生产总值缩减指数（GDP deflator）。

（二）决定价格总水平变动的因素

1. 货币供给量、货币流通速度和总产出

（1）费雪方程式描述了货币供应量、货币流动速度、价格总水平与商品交易数量的关系，具体如下：

$$MV = PT \tag{8.1}$$

得到：

$$P = \frac{MV}{T} \tag{8.2}$$

式（8.1）和式（8.2）中，M 代表一定时期内的货币供应量；V 代表货币流通速度；P 代表价格总水平；T 代表各类商品的交易数量。

根据式（8.2），P 的值取决于 M、V 和 T 这 3 个因素的相互关系。具体来讲：
① M 由模型之外的因素决定；
② 在一定时期内，V 相对稳定；
③ 在一定时期内，T 的增长相对稳定。

因此，价格的变动主要取决于 M 的变动。

（2）价格总水平的决定方程，具体如下：

$$\pi = m + v - y \tag{8.3}$$

式（8.3）中，π 代表价格总水平变动率或通货膨胀率；m 代表货币供给量的变动率；v 代表货币流通速度变动率；y 代表 GDP 的变动率。

根据式（8.3），π 的值取决于 m、v 和 y 这 3 个因素的相互关系。具体来讲：
① 在其他因素恒定的情况下，货币供给量增长，价格总水平上升；
② 在其他因素恒定的情况下，总产出增长，价格总水平下降；
③ 在其他因素恒定的情况下，货币流通速度加快，价格总水平上升。

2. 总需求和总供给

价格总水平取决于总需求和总供给的比例关系：
（1）价格总水平和总需求呈反方向变动。
① 价格总水平下降时，总需求扩大；
② 价格总水平上升时，总需求减少；
（2）期限问题：
① 长期：总供给变动与价格总水平无关；
② 短期：总供给和价格总水平同向变动。

价格总水平是由总需求和总供给共同决定的。
（1）如果总需求增长快于总供给的增长：价格总水平可能上升；
（2）如果总需求增长慢于总供给的增长：价格总水平可能下降。

（三）价格总水平变动的经济效应

1. 价格总水平变动对工资的影响

由于存在价格总水平的波动，因此，工资可分为：

(1) 名义工资：当下的货币形式表现的工资；
(2) 实际工资：剔除了价格变动影响后的工资。
名义工资与实际工资的关系，具体如下：

$$实际工资变动率 = \frac{名义工资变动率}{价格总水平变动率} \tag{8.4}$$

根据式（8.4）可知，实际工资的变动：
(1) 与名义工资的变动成正比；
(2) 与价格总水平变动成反比。在价格总水平下降过程中，如果存在以下情况之一，则实际工资就会上升：
① 名义工资保持不变；
② 名义工资下降幅度小于价格下降幅度。

2. 价格总水平变动对利率的影响

由于存在价格总水平的变动，利率可以分为：
(1) 名义利率（市场利率）：银行当下规定和发布的利率；
(2) 实际利率：扣除了价格水平变动影响因素的利率。
名义利率与实际利率的关系，具体如下：

$$i = r - \pi \tag{8.5}$$

式（8.5）中，i 代表实际利率；r 代表名义利率；π 代表价格总水平变动率。

根据式（8.5）可知：
(1) 实际利率取决于名义利率与价格总水平变动率的差额；
(2) 名义利率恒定时，实际利率与价格总水平变动成反比；
(3) 价格总水平恒定时，名义利率与实际利率相等；
(4) 名义利率低于价格总水平上涨率时，实际利率为负数。

3. 价格总水平变动对汇率的影响

瑞典经济学家卡塞尔于1922年提出购买力平价理论，该理论认为：
(1) 两国货币购买力之比决定两种货币的汇率；
(2) 货币购买力是价格总水平的倒数。
因此在本质上，汇率由两国价格总水平变动之比决定。
按照该理论，在两个国家的模型中：
(1) 本国的价格总水平上涨率>外国的价格水平上涨率→本国货币就会贬值→以本币表示的汇率必然上升；
(2) 在一定条件下，价格总水平的变动→汇率的变动→一个国家的进出口产品价格变化→净出口和总供求关系。

4. 价格总水平变动的间接效应

价格总水平变动的间接效应，主要包括：
(1) 对企业生产经营决策的影响；
(2) 对收入分配结构的影响；
(3) 对经济增长的影响，具体如下：
① 一定程度的通货膨胀可促进经济增长，但此作用是暂时的；

② 短期内，没有被市场主体预期到的价格变动才可能促进经济增长；
③ 剧烈的、大幅度的价格变化不利于经济增长；
④ 一定程度的通货紧缩可能不利于经济增长。

价格水平变动对工资的影响、对利率的影响、对汇率的影响属于重要考点。考生需要进行重点辨析。

二、就业与失业（★★）

（一）就业和失业的含义及统计

1. 就业的含义

就业，指人们在一定年龄段内从事的为获取报酬或经营收入而进行的活动。具体可从3个方面界定就业：

（1）就业者的条件：一定的年龄；

（2）收入条件：获得劳动报酬或经营收入；

（3）时间条件：每周工作时长。

2. 失业的含义

失业，指有劳动能力和就业意愿的人目前不从事带来报酬或收入的工作的现象。

按照国际劳工组织的统计标准，在一定期间内（如一周或一天），所有在规定年龄内属于下列情况的均属于失业人口：

（1）没有工作；

（2）具备工作能力，当前若有就业机会，则可以工作；

（3）正在寻找工作的过程中。

3. 我国的就业和失业的含义

在我国，与就业和失业有关的概念包括：

（1）就业人口：16周岁以上，从事一定社会劳动且取得劳动报酬或经营收入的人员。

（2）城镇就业人口：在城镇地区从事非农业活动的就业人口。

（3）城镇登记失业人员满足以下全部条件：

① 非农业户口；

② 在劳动年龄段内（16岁至退休年龄）；

③ 具备劳动能力；

④ 无业而要求就业；

⑤ 在当地就业服务机构进行失业登记。

4. 就业和失业水平的统计

（1）发达国家的失业率与就业率。

在发达国家，失业率可用于反映一个国家或地区劳动力资源利用状况。失业率属于重要指标，具体计算如下：

$$失业率 = \frac{失业总人数}{民用劳动力总人数} \times 100\% \tag{8.6}$$

就业率指就业人口与民用成年人口总数的比率，具体计算如下：

$$就业率 = \frac{就业人口}{民用成年人口总数} \times 100\% \tag{8.7}$$

（2）我国的失业率。

我国政府部门计算和公布的就业和事业水平方面的指标有两个：城镇调查失业率和城镇登记失业率。二者的区别如表 8-1 所示：

表 8-1　城镇调查失业率和城镇登记失业率的区别

项目	城镇调查失业率	城镇登记失业率
就业失业人员定义	采用国际劳工组织推荐的国际标准： ① 就业人员：为取得收入，在调查周内工作 1 小时以上的人员或由于休假等原因在职未上班的人员； ② 失业人员：当前无工作，正在寻找工作的人员	① 就业人员：城镇单位就业人员、城镇单位的不在岗职工、城镇私营业主、个体户主、城镇私营企业和个体就业人员之和； ② 失业人员：有劳动能力，有就业要求，处于无业状态，并在公共就业和人才服务机构进行失业登记的城镇常住人员
统计范围	16 周岁及以上常住人口，不考虑其户籍所在地和类型	劳动年龄内（16 岁至退休年龄）的城镇常住人口

5. 自然失业率

（1）含义。

自然失业率，指劳动力市场供求处于均衡状态，价格总水平处于稳定状态的失业率。换言之，从较长期的变动趋势来看，某一个国家或地区总是存在一个正常的失业率水平。

（2）不同经济学家对自然失业率定义。

① 弗里德曼：自然失业率指经济处于充分就业状态时的失业率；

② 斯蒂格里茨：自然失业率是通货膨胀率为零时的失业率。

由于自然失业率与通货膨胀有关，因此目前将自然失业率称为"非加速通货膨胀失业率"（Non-Accelerating Inflation Rate of Unemployment，NAIRU），该失业率也属于重要的宏观经济概念。

（二）失业的类型

失业具有多种类型，如表 8-2 所示：

表 8-2　失业的类型

大类	大类含义	子类	子类含义
自愿失业	① 劳动者不愿意接受现行的工资水平，宁愿选择不工作； ② 工资水平下降，劳动者自愿退出劳动力队伍	摩擦性失业	① 劳动者找到最适合自己的偏好和技能的工作需要一定的时间造成的失业； ② 劳动者变换工作过程中出现的失业
		结构性失业	产业结构调整造成的失业

续表

大类	大类含义	子类	子类含义
需求不足型失业 （非自愿失业、 周期性失业）	（1）劳动者在现行工资水平下找不到工作； （2）总需求相对不足→减少劳动力派生需求； （3）与经济周期相联系： ① 经济运行处于繁荣与高涨阶段，失业率比较低； ② 经济运行处于衰退和萧条阶段，失业率比较高。 （4）需求不足型失业是宏观经济研究关注的重点		

关于就业与失业，考生需要着重掌握失业率的计算以及失业的类型。

（三）我国的就业和失业问题

1. 二元结构的定义

二元结构，是指采用现代技术的现代部门和采用传统技术的传统部门并存的经济结构，即现代工业部门和传统农业部门并存。该结构常常被发展中国家经济体系所采用。

2. 我国的经济结构带来的就业和失业问题

我国处于从二元经济结构向现代化经济转型的进程中，城镇化程度还有待提高，农村富足劳动力会向城镇转移。

3. 政府措施

政府在解决失业问题时，常用的措施包括：

（1）提高人民生活水平的重要途径（构建社会主义和谐社会的重要方面）：努力扩大就业，减少失业，使劳动力资源得到更加充分的利用；

（2）保持经济长期稳定增长，不断创造就业岗位，加快体制改革和结构调整，加快发展教育，积极推进新型城镇化以及实施新的就业模式和提出新的就业观念。

（3）健全公共服务体系，为劳动者和企业免费提供政策咨询、职业介绍等服务；提升劳动者的就业创造能力。

三、失业与经济增长及价格总水平的关系（★★★）

（一）奥肯定律

奥肯定律，又称奥肯法则，由美国经济学家阿瑟·奥肯在20世纪60年代初提出。该定律描绘了美国产出与失业之间的一个数量相关关系，如下：

$$\frac{(y-y^*)}{y^*}=-2(u-u^*) \tag{8.8}$$

式（8.8）中，y 代表实际 GDP；y^* 代表潜在的 GDP；u 代表实际失业率；u^* 代表自然失业率。

奥肯定律的结论包括：

（1）相对于潜在的 GDP（即一个经济体在充分就业状态下所能实现的 GDP），实际 GDP 每下降 2 个百分点，失业率就会上升 1 个百分点。

（2）相对于自然失业率（即充分就业状态下的失业率），失业率每提高 1 个百分点，实际 GDP 就会相对于潜在的 GDP 下降 2 个百分点。

（3）经济增长和就业正相关，因此政府应当将促进经济增长作为降低失业率的主要方法。

（二）就业弹性系数

就业弹性系数，是指一定时期内，一个国家或地区的劳动就业增长率与经济增长速度的比值，即经济增长变化 1 个百分点对应的就业数的变化百分点数。具体计算如下：

$$E_e = \frac{E}{Y} \tag{8.9}$$

式（8.9）中，E_e 代表就业弹性系数；E 代表就业增长速度；Y 代表经济增长速度。

就业弹性的变化会受到产业结构等因素的影响：若第三产业或服务业在国民经济中所占比例较大，则就业弹性就较高。

（三）菲利普斯曲线

菲利普斯曲线是分析宏观经济问题的重要工具，该曲线用于描绘通货膨胀与失业或经济增长之间的关系。

最初，菲利普斯曲线用于反映失业率与货币工资率之间的变化关系：失业率越低，工资增长率越高。

20 世纪 60 年代，美国经济学家萨缪尔森和索洛用简单的菲利普斯曲线反映通货膨胀率和失业率之间的替代关系，如图 8.1 所示。图 8.1 中，纵轴 π 代表通货膨胀率；横轴 U 代表失业率。

（1）当失业率降低时，通货膨胀率就会趋于上升；

（2）当失业率上升时，通货膨胀率就会趋于下降。

因此，政府进行决策时有两个选择：

（1）用高通货膨胀率换来低失业率；

（2）用高失业率换来低通货膨胀率。

美国经济学家弗里德曼的观点是：通货膨胀预期的存在和变动导致通货膨胀和失业替代关系仅在短期内存在，长期内是无法存在的。因此，长期的菲利普斯曲线是一条和横轴垂直的直线。如图 8.2 所示。

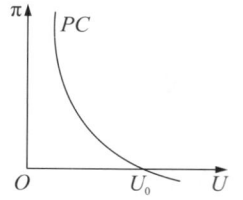

图 8.1 简单的菲利普斯曲线

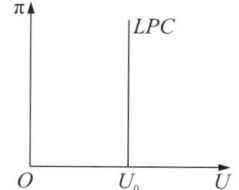

图 8.2 长期的菲利普斯曲线

例题8.1（2019年真题改编，单选题）

关于菲利普斯曲线的说法，错误的是（　　）。

A. 简单的菲利普斯曲线是一条描述通货膨胀率与失业率之间相互关系的曲线
B. 从长期看，菲利普斯曲线是一条和横轴垂直的直线
C. 菲利普斯曲线在短期和长期都具有相同的意义
D. 弗里德曼的观点，通货膨胀和失业之间所谓的替代关系只在短期内才是可能的

【答案】C

【名师解析】按照美国经济学家弗里德曼的观点，通货膨胀和失业之间的所谓替代关系只在短期内才是可能的，而在长期内则是不存在的。

> **名师说**
>
> 奥肯定律、就业弹性系数，以及菲利普斯曲线均属于重要考点。考生务必掌握其各自的含义、计算公式、结论，以及短期和长期菲利普斯曲线的图形差异。

> **记忆小窍门**
>
> 对于菲利普斯曲线的相关概念，考生可通过图8.1和图8.2进行记忆。
> （1）两个图中，横轴均为失业率，纵轴均为通货膨胀率。因此，菲利普斯曲线描绘的是通货膨胀率与失业率之间的关系；
> （2）图中，短期为向右下倾斜的曲线，说明二者大致呈反向变动，即二者具有替代关系；
> （3）长期菲利普斯曲线与横轴垂直，因此替代关系不存在。

四、国际贸易理论（★★）

（一）国际贸易理论的演变

国际贸易理论的演变，如表8-3所示：

表8-3　国际贸易理论的演变

理论	提出者	观点
绝对优势理论	亚当·斯密（18世纪）	① 各国在生产技术上的绝对差异导致在劳动生产率和生产成本的绝对差异，这是国际贸易和国际分工的基础； ② 各国应该集中生产并出口具有绝对优势的产品，而进口不具有绝对优势的产品，其结果是可以节约社会资源，提高产出水平
比较优势理论	大卫·李嘉图（19世纪）	① 决定国际贸易的因素是两个国家产品的相对生产成本； ② 只要两国之间存在生产成本上的差异，即使其中一方处于完全的劣势地位，国际贸易仍会发生，而且贸易会使双方获得收益； ③ 两个国家都出口本国具有比较优势的产品，则双方都可以从国际贸易中获益

续表

理论	提出者	观点
赫克歇尔—俄林理论（要素禀赋理论，H—O模型）	赫克歇尔和俄林（20世纪初）	① 各国的资源条件不同，也就是生产要素的供给情况的不同，是国际贸易产生的基础； ② 各国应该集中生产并出口那些能够充分利用本国充裕要素的产品，进口那些需要密集使用本国稀缺要素的产品。国际贸易的基础是生产资源配置或要素储备比例上的差别； ③ 通过国际贸易，会出现要素价格均等化趋势
规模经济贸易理论（当代贸易理论）	克鲁格曼（20世纪60年代）	① 解释相似资源储备国家之间和同类工业品之间的双向贸易现象； ② 该理论认为：大规模的生产可以降低单位产品的生产成本，实现国际分工的规模效益，是现代国际贸易的基础

如表 8-2 所示，传统的贸易理论通常存在以下 3 个特点：

(1) 不考虑生产规模的变化，或假设规模报酬不变；

(2) 假设各国生产的产品都是同质的；

(3) 国际市场是完全竞争的。

> 大卫·李嘉图于 1772 年 4 月 18 日出生在伦敦城。李嘉图的父亲是个富裕的证券经纪人，他的父亲有钱可以请任何他喜欢的家庭老师来给他讲课。在他 12 岁的时候，他就被父亲派到荷兰留学，而那时候的荷兰是全球商业最发达的地区。两年后，李嘉图回到英国，开始下海，跟父亲经商。
>
> 如果是这样一路走下去，英国不过又多了个天才的证券经纪人而已。然而，李嘉图却爱上了一个跟自己家的宗教信仰不同的姑娘。父亲坚决不同意这门亲事，年轻气盛的李嘉图跟老父亲闹翻。21 岁那年，父亲将李嘉图逐出家门。
>
> 李嘉图只好独立经营。他已经在证券交易界摸爬滚打了七年，所以，已经有了自己的朋友圈子，在这些朋友们的帮忙下，他的事业很快就上了正轨。短短几年时间，他就已经发财致富。据说，在他去世时，他的资产大约价值 70 万镑（如果折合成现在的货币，可能价值数千万美元），每年还有 2.8 万镑的收入。他的一个得意之作是在滑铁卢战役前 4 天，成功地买进大量政府债券，结果英军打败拿破仑，他大赚了一笔。

（二）影响国际贸易的因素

影响出口的因素，如表 8-4 所示：

表 8-4　影响出口的因素

影响出口贸易的因素	作用机制
自然资源的丰裕程度	自然资源越充裕，越能通过增加出口来获得外汇收入
生产能力和技术水平	一国生产能力和技术水平越高，出口产品的附加值也越高，这会增加出口商品的数量，并增加出口额

续表

影响出口贸易的因素	作用机制
汇率水平	① 如果一国货币汇率下跌，即对外贬值，则外币兑换本币的数量就会增加，这意味着外币购买力的提高和本国商品、劳务价格的相对低廉；可能使出口商在不减少收益的情况下，降低出口商品价格，增加出口，同时也有利于增加本国旅游收入及其他劳务收入； ② 如果一国货币汇率上升，即对外升值，则外币兑换本币的数量就会减少，这意味着外币购买力的下降和本国商品、劳务价格的相对较贵；可能使出口商在不减少收益的情况下，提高出口商品价格，减少出口，同时也不利于增加本国旅游收入及其他劳务收入
国际市场需求水平和需求结构变动	在世界经济出现不景气的情况下，由于国际市场需求不旺，各国的出口贸易都可能因此而减少

影响进口的因素，如表 8-5 所示：

表 8-5　影响进口的因素

影响进口贸易的因素	作用机制
一国的经济总量和总产出水平	① 一般情况下，一国的经济总产出水平越高，经济总量，例如，GDP 的规模越大，对自然资源和投资品的需求就越大，其进口贸易额就越大； ② 总产出水平较高的国家，居民的收入水平和与此联系的消费水平也较高，消费需求或消费偏好的差异较大，会促进该国进口贸易的扩大
汇率水平	① 如果一国货币汇率上升，即货币升值，则用本币表示的进口商品价格就会下跌，本国居民对进口商品的需求会增加，就要扩大进口； ② 如果一国货币汇率下降，即货币贬值，则用本币表示的进口商品价格就会上升，本国居民对进口商品的需求会下降，就要缩减进口
国际市场商品的供给情况和价格水平的高低	在国际市场上，如果商品紧缺，导致价格大幅度上升，会使得进口贸易受到影响

五、国际贸易政策（★★★）

（一）政府对进出口贸易的干预方式

政府对进出口贸易进行干预的目的包括：
（1）保护国内产业免受国外竞争者的损害；
（2）维持本国的经济增长和国际收支平衡。
1. 政府对进口贸易的干预
政府对进口贸易的干预措施包括：
（1）关税限制（关税壁垒）：通过征收高额进口关税限制外国商品进口。
（2）非关税限制（非关税壁垒）：通过进口配额制、自愿出口限制、歧视性公共采购、技术标准和卫生检疫标准等方式设置限制。具体包括：
① 进口配额：一国在一定时期内，对某些产品的进口数量和金额进行直接限制。
② 自愿出口限制：在进口国的要求或压力下，商品出口国自愿对某些商品在一定时期内的出口数量或出口金额进行限制。
③ 歧视性公共采购：根据本国有关法律制度，给一国政府给予国内的供应商优先获得政府公共

采购订单的措施。该措施本质上属于对外国供应商的歧视。

2. 政府对出口贸易的干预

为了刺激出口增加，政府主要采取出口补贴对出口贸易进行干预，具体分为：

（1）直接补贴；

（2）间接补贴：出口退税、出口信贷等。

（二）倾销与反倾销

1. 倾销的含义

倾销，指出口商以低于正常价值的价格向进口国销售商品，并且因此给进口国的相关产业造成损害的一种行为。根据WTO的相关规定，产品正常价值的确定标准包括：

（1）原产国标准：按相同（类似）商品在正常交易过程中出口国国内销售的可比价格确定；

（2）第三国标准：按相同（类似）商品在正常交易过程中出口国向第三国出口的最高可比价格确定；

（3）生产成本加费用：按同类产品在原产国的生产成本加上合理销售费、管理费、一般费用和利润确定。

2. 倾销的类型

倾销的类型，如表8-6所示：

表8-6 倾销的类型

类型	含义
掠夺性倾销	① 目的：在国外市场上排除竞争对手、获取超额垄断利润； ② 做法：出口企业在短期内以不合理的低价向该市场销售产品；一旦竞争对手被排除，再重新提高产品销售价格
持续性倾销	① 目的：出口企业为长期占领市场，实现利润最大化； ② 做法：无限期的持续以低价向国外市场出口产品
隐蔽性倾销	① 出口企业按国际市场的正常价格出售产品给进口商； ② 进口商则以倾销性的低价在进口国市场上抛售； ③ 亏损部分由出口企业予以补偿
偶然性倾销	出口国国内存在大量剩余产品，以倾销方式向国外市场抛售达到处理这些产品的目的

3. 倾销的影响

倾销的影响，如表8-7所示：

表8-7 倾销的影响

受影响的对象	具体影响
进口国	① 倾销挤占进口国相同产品生产商的市场份额，阻碍进口国相关产业发展； ② 倾销向进口国市场的生产者和消费者传递误导性的价格信号，扭曲进口国市场秩序； ③ 发达国家新兴产业产品倾销抑制发展中国家新兴产业的建立和发展
出口国	① 倾销引发出口国国内相似产品生产厂商的过度价格竞争，扰乱出口国市场秩序； ② 为弥补在出口倾销中带来的损失，倾销企业往往利用出口国市场需求弹性小的状况来维持较高的垄断价格，损害出口国消费者的利益

续表

受影响的对象	具体影响
对第三国	当进口国市场上存在第三国同类产品竞争，倾销会导致进口国对第三国产品的需求下降，使得第三国在进口国的市场份额减少

4. 反倾销

反倾销，指进口国针对价格倾销这种不公平的贸易行为而采取的抵消不利影响的行为，即一种贸易救济措施。反倾销的手段通常是征收反倾销税，具体来讲：

（1）反倾销税的税额不得高于所裁定的倾销幅度；

（2）反倾销税的纳税人是倾销产品的进口商，且出口商不得直接或间接替进口商承担反倾销税；

（3）根据世界贸易组织规定，对出口国某一产品征收反倾销税必须符合以下要求：

① 存在事实：此产品存在着以低于正常价值水平进入另一国市场的事实。

② 重大损失：倾销对某一成员国的相关产业造成重大损失。

③ 因果关系：损害与低价倾销之间存在因果关系。

例题8.2（2019年真题改编，单选题）

国际贸易中存在的倾销类型不包括（　　）。

A. 掠夺性倾销　　　　　　　　B. 偶然性倾销

C. 持续性倾销　　　　　　　　D. 强制性倾销

【答案】D

【名师解析】在国际贸易中存在的倾销类型包括掠夺性、偶然性、持续性、隐蔽性四种倾销类型。

国际贸易政策属于重要考点，考生需要关注倾销的类型和倾销的影响。

关于倾销类型，考生可根据4个类型的对应关系进行记忆：

（1）"偶然性"与"持续性"强调时间长短不同，前者具有偶发性，后者无限期存在。

（2）"掠夺性"与"隐蔽性"中，低价销售的主体不同，前者是出口商以低价销售，后者是出口商以正常价销售，但进口商以低价销售。

因此，考生只要记住"时间"和"低价销售主体"这2个概念，即可对4类倾销进行辨析。

第二部分 财政

考情分析

"第二部分 财政"在中级经济师考试中分值占比约为15%。在整个考试中难度较大。主要介绍了财政职能、财政支出、财政收入、税收制度、财政预算、财政管理体制和财政政策的相关知识。考试题型同时涉及单选题和多选题。

本部分共7个任务。任务9内容涵盖"第十一章 公共物品与财政职能";任务10内容涵盖"第十二章 财政支出";任务11内容涵盖"第十三章 财政收入";任务12内容涵盖"第十四章 税收制度";任务13内容涵盖"第十五章 政府预算";任务14内容涵盖"第十六章 财政管理体制";任务15内容涵盖"第十七章 财政政策"。

本部分框架图

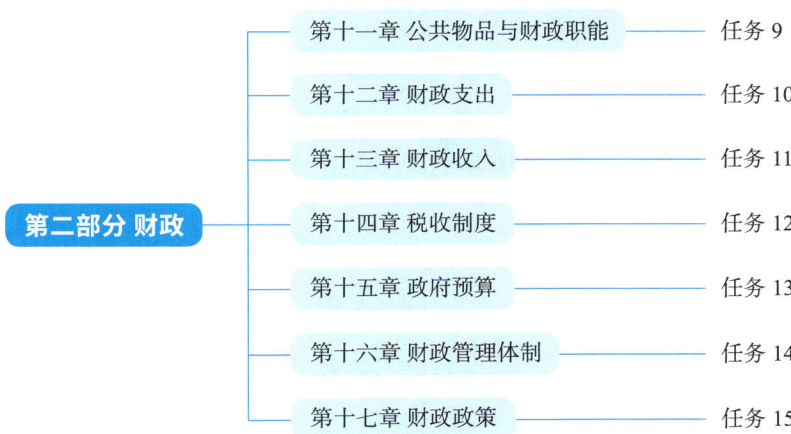

任务 9 公共物品和财政职能

任务概述

本任务涉及"第十一章 公共物品与财政职能"。涉及内容：公共物品的特征及需求显示、公共物品的融资与生产、财政的基本职能、公共选择等。

此任务在中级经济师考试中约考查 2 分，分值占比约为 1.5%。

本任务整体难度较小，且重点突出。重要考点为：公共物品的融资与生产、财政的基本职能，以及公共选择。

任务框架图

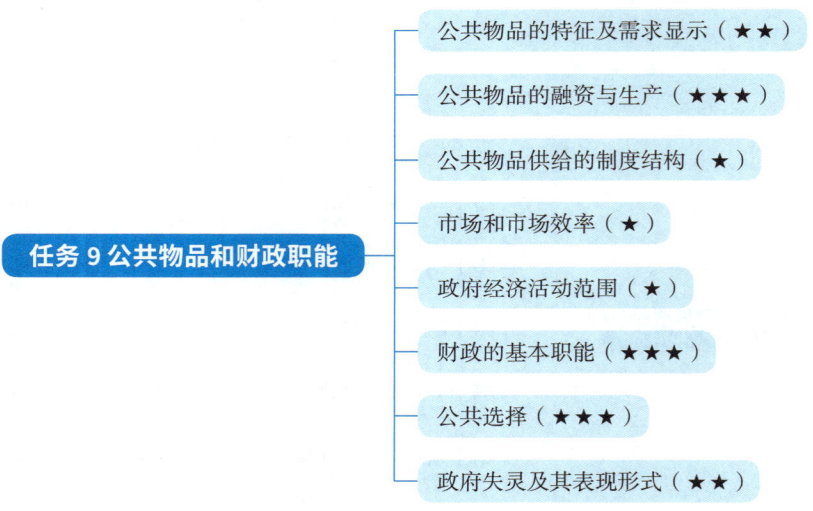

一、公共物品的特征及需求显示（★★）

（一）公共物品的定义及特征

定义：增加一个人对该物品消费的同时，并不会减少其他人对该物品消费的一类物品。由美国经济学家萨缪尔森首次提出该定义。

"纯公共物品"两大特征：消费上的非竞争性和非排他性。其中，非竞争性是主要特征，非排他性是派生特征。具体内容，如表 9-1 所示：

表 9-1 "纯公共物品"的特征

特征	含义	结论
非竞争性	公共物品一旦被提供,增加一个人的消费,其边际供给成本为零	集体提供公共物品具有潜在收益
非排他性	公共物品一旦被提供,很难排除额外的消费者,尽管技术上排他是可行的,但成本过高	通过市场机制提供公共物品具有潜在困难

(二) 公共物品的需求显示

私人物品的需求显示是通过<u>自愿的市场交易</u>实现的;公共物品的需求显示是通过具有<u>强制性的政治交易</u>实现的。

例题 9.1 (2018 年真题改编,单选题)
下列有关公共物品和私人物品的需求显示的说法,正确的是(　　)。
A. 公共物品的需求显示是通过自愿市场的私人交易实现的
B. 公共物品的需求显示是通过具有强制性政治交易实现的
C. 私人物品的需求显示是通过非自愿的市场交易实现的
D. 私人物品的需求显示是通过非强制性政治交易实现的
【答案】B
【名师解析】私人物品的需求显示是通过自愿的市场交易实现的,而公共物品的需求显示是通过具有强制性的政治交易实现的。

> 公共物品理论,又称为公共产品理论,最早见于萨缪尔森的《公共支出的纯粹理论》,但之前已有学者提出相关理论。
> 1919 年提出的林达尔均衡是公共产品理论最早的成果之一。
> 萨缪尔森在 1954 年、1955 年分别发表的《公共支出的纯粹理论》和《公共支出理论的图式探讨》中提出并部分解决了公共产品理论的一些核心问题,例如:如何用分析的方法定义集体消费产品?怎样描述生产公共产品所需资源的最佳配置的特征?他在《公共支出的纯粹理论》一文中将公共产品定义为这样一种产品:每一个人对这种产品的消费并不减少任何他人也对这种产品的消费。这一描述成为经济学关于纯粹的公共产品的经典定义。

二、公共物品的融资与生产 (★★★)

公共物品的供给包括公共物品的融资与生产两个方面,公共物品的融资指公共物品的资金来源;公共物品的生产指公共物品由谁负责,如何生产。

(一) 公共物品的融资

公共物品的融资方式包括三种:<u>政府融资、私人融资和联合融资</u>。具体内容,如表 9-2 所示:

表 9-2 公共物品的融资方式

融资方式	含义	特点
政府融资 （强制融资）	政府以强制税收的形式作为公共物品供给的资金提供者	缺点：难以满足社会成员对公共物品的多样化需求
私人融资 （自愿融资）	私人以收费的集体行动自愿提供公共物品	缺点：可能导致公共物品供给数量不足和结构失衡
联合融资	政府通过财政补贴和税收优惠等方式鼓励私人机构提供公共物品	最理想的情况

（二）公共物品的生产

政府生产和合同外包是两种典型的生产方式。具体内容，如表 9-3 所示：

表 9-3 公共物品的生产方式

生产方式	含义
政府生产	代表公众利益的政治家雇佣公共雇员，与他们签订就业合同，在合同中对所需提供的物品或服务做出具体规定（如公务员）
合同外包	政治家首先与私人厂商签约，私人厂商再与其雇员签订劳务合同，按政府的要求完成公共物品或服务的生产任务
其他方式	特许经营、合同委托等

【名师说】

合同外包中，私人签约者可能是营利性的机构，也可能是非营利性的机构。合同外包是公共服务提供私有化的表现。

例题 9.2（2015 年真题改编，多选题）

以下属于公共物品典型生产方式之一的是（　　）。

A. 特许经营　　　　B. 私人经营　　　　C. 合同外包　　　　D. 非营利组织生产

E. 政府生产

【答案】CE

【名师解析】政府生产和合同外包是两种典型的公共物品生产方式。

三、公共物品供给的制度结构（★）

公共物品供给的制度结构包括四个方面：**决策制度、融资制度、生产制度和受益分配制度**。具体内容，如表 9-4 所示：

表 9-4 公共物品供给的制度结构

制度	内容
决策制度 （核心）	何种物品应当被公共提供而不是私人提供？提供多少？

续表

制度	内容
融资制度	由谁为公共物品付费？以何种方式付费？
生产制度	由谁负责公共物品的生产或公共服务的递送？以何种方式生产与递送？
受益分配制度	谁将成为公共物品供给的最终受益者？受益的规模和结构状况如何？

四、市场和市场效率（★）

市场是商品交易的场所，是具有效率的商品交易机制。

"经济学之父"亚当·斯密认为市场规律是"看不见的手"，不需要外在组织的任何干预，市场便可自动达成供需平衡。

市场系统由居民、企业和政府三个相对独立的主体组成。具体内容，如表9-5所示：

表9-5 市场系统中的各主体

主体	内容
政府	① 是公共服务和政治权力机构，通过法律、行政和经济等手段干预市场； ② 为市场提供基础设施、教育以及社会保障等公共物品和准公共物品
居民	是社会生活的基本单位和社会的基本细胞，其基本目标是满足需要并实现效用最大化
企业	是商品生产和商品交换的基本单位，其基本目标是实现利润最大化并扩大再生产

五、政府经济活动范围（★）

政府经济活动范围主要集中于以下5个方面：
（1）提供公共物品或服务。
（2）矫正外部性。
（3）维持有效竞争。
（4）调节收入分配。
（5）稳定经济。

六、财政的基本职能（★★★）

在社会主义市场经济条件下，财政具有三大职能：资源配置、收入分配、经济稳定和发展职能。

（一）资源配置职能

财政的资源配置职能指将一部分社会资源通过财政收支等分配活动，由政府提供公共物品和服务，引导社会资金流向，弥补市场缺陷，最终实现全社会资源配置效率的最优状态。

财政实现资源配置职能的机制和手段主要有：

（1）根据政府职能的动态变化确定社会公共需要的基本范围，确定财政收支占国内生产总值的合理比例，从总量上实现高效的社会资源配置。

（2）优化**财政支出结构**。要正确安排财政支出中的消费性支出和投资性支出的比例、购买性支出和转移性支出的比例，合理安排财政投资支出的规模和结构，保证重点建设资金需要。

（3）为公共工程提供**资金保障**。

（4）政府以**直接投资**、**财政贴息**、**税收优惠**等方式引导和调节社会投资方向，提高社会整体投资效率。

（5）通过对部门**预算制度**、建立国库集中**收付制度**和**绩效评价制度**等体制、机制的改革，提高财政自身管理和运营效率。

（二）收入分配职能

财政的收入分配职能指政府通过**调整国民收入**初次分配结果，以实现**公平收入分配**目标的职能。财政实现收入分配职能的机制和手段主要有：

（1）通过市场和政府的职责分工，明确市场和政府对**社会收入分配**的范围。

（2）加强**税收调节**。通过税收调节进行的收入再分配活动是对全社会范围内的收入进行直接调节。税收具有一定的强制性。

（3）发挥**财政转移支付**作用。通过财政转移支付对收入进行再分配，是将资金直接补贴给地区和个人，对**实现社会公平分配**具有重要作用。

（4）发挥**公共支出**的作用。通过公共支出提供**社会福利**（如公共卫生防疫福利设施与服务、保障性住房）等进行收入分配，受益对象具有广泛性和普遍性。

（三）经济稳定和发展职能

1. 概念及四大目标

财政经济稳定和发展职能是通过财政活动影响生产、消费、投资和储蓄等方面来实现稳定和发展经济的目的。

财政行使经济稳定和发展职能的目标：**充分就业**、**物价稳定**、**经济增长和国际收支平衡**。

2. 机制和手段

财政行使经济稳定和发展职能的机制和手段有以下四种：

（1）通过保持社会**总需求和总供给**的基本平衡，稳定**物价**和**经济发展**，实现**充分就业**和**国际收支平衡**。

（2）通过**税收**、**财政补贴**、**财政贴息**、**公债**，调节社会投资需求水平，影响就业水平，稳定经济增长；通过财政直接投资，调节社会经济结构，改善社会有效供给能力。

（3）通过**税收**等调节**个人消费水平和结构**。

（4）财政加大对节约资源能源、环保、科技、文化、卫生、教育事业的投入，完善社会保障制度建设等，以实现经济和社会的**协调健康发展**。

名师说

财政的收入分配职能和经济稳定和发展职能，都涉及了税收调节这一机制手段，具体区分如下：收入分配职能中的税收调节，主要利用的是所得税及财产税这两大税种，意在实现收入分配公平；经济稳定和发展职能中的税收调节，主要利用的是消费税，意在实现国内外消费水平和消费结构的完善。

> **记忆小窍门**
>
> 财政的三大职能对应的各个机制手段较多，建议考生通过三大职能的最终目的进行理解记忆。资源配置职能的最终目的可理解为"钱要花在刀刃上"；收入分配职能的最终目的都要落在"收入"二字上；经济稳定和发展职能的最终目的一般是宏观层面追求大方向上的总供求平衡。

例题 9.3（2019 年真题改编，多选题）

下列关于财政实现其职能的机制和手段的说法，错误的有（　　）。

A．经济稳定和发展职能包括：通过税收调节个人消费水平和结构
B．资源配置职能通过包括：税收优惠引导和调节社会投资方向
C．收入分配职能包括：通过建立改革绩效评价制度提高财政自身管理运营效率
D．资源配置职能包括：通过个人所得税将个人收入调节到合理水平
E．收入分配职能包括：通过财政转移支付改变社会分配不公

【答案】CD

【名师解析】选项 C 错误，通过建立改革绩效评价制度提高财政自身管理运营效率，属于资源配置职能。

选项 D 错误，通过个人所得税将个人收入调节到合理水平，属于收入分配职能。

七、公共选择（★★★）

公共选择是关于"政府失灵"的理论，用于研究个人（包括投票人、政治家、官僚）在政治场景和公共选择中的行为，产生于二十世纪四五十年代的美国。

公共选择理论包括三大理论基石，分别是：

（1）**个人主义方法论**。个人是做出选择和实施行动的主体，并非政党、省份、国家等机构组织。

（2）**"经济人"假设**。和市场环境中的个人一样，政治场景中的个人也都是自利、理性和效用最大化者。政治人在一定的政治激励与约束下，会最大化自身利益，而不是公众利益。

（3）**作为一种交易的政治过程**。

例题 9.4（2018 年真题改编，多选题）

下列选项中，属于公共选择的理论基石有（　　）。

A．孔多塞规则　　　　　　　　　B．"经济人"假设
C．个人主义方法论　　　　　　　D．作为一种交易的政治过程
E．官僚理论

【答案】BCD

【名师解析】公共选择的三大理论基石包括个人主义方法论、"经济人"假设和作为一种交易的政治过程。

八、政府失灵及其表现形式（★★）

常见的政府失灵表现为以下五个方面：

1. 选民"理性的无知"与"理性的非理性"

作为公共物品需求者和投票者,即使公共物品供给数量和质量及其成本分担和每个人的切身利益相关,个人也可能不会通过投票来传达对公共物品的需求信息。

"理性的无知" 指理性的选民不指望自己的一票能够对选举结果产生什么影响,所以没有动力花费时间和成本去搜索有关选举的信息。

"理性的非理性" 指选民即使拥有必要的信息,但由于手中的一票对于选举结果无足轻重,所以也不愿意投入时间和精力,并不会充分利用这些信息。

2. 政治家(政党)选票极大化

政治家(政党)也是追求自我利益的"经济人",他们之所以提出符合选民意愿的纲领或提案,只是为了获得私利和再次当选,并不是基于选民的利益而行动。

3. 投票循环

投票循环又称"孔多塞悖论",通过考察当代民主制度中最常见的简单多数投票规则发现,在一些情况下会出现投票循环现象,即投票过程没有结果。

4. 官僚体系无效率

官僚机构中的个人同样是自利的"经济人",也将会利用其自身所掌握的资源和权力,来谋求自我利益最大化。

尼斯坎南的官僚理论解释了官僚体系缺乏效率的原因。其中官僚机构呈现以下两个特点:

(1) 在给定需求约束和成本约束条件下,官僚体系会最大化本部门的总预算。

(2) 官僚机构(行政部门及其公务人员)负责生产某种公共物品与服务(或其组合),以与其服务对象(立法机构或其中间投票人)的预算拨款相交换。

5. 利益集团与寻租

在政治场合中,一些活跃的小集团,往往拥有比那些大规模集团更大的政治影响力,导致利益集团作为一种政治参与力量,对于公共政策的形成和运行起着不可忽视的作用。

> 政府失灵的五个表现形式中,考生在区分选民的"理性的无知"和"理性的非理性"时,只需要看选民是否掌握了关键信息,没有信息就属于"理性的无知",掌握了信息但不好好利用,属于"理性的非理性"。

例题 9.5(2014 年真题改编,单选题)

根据尼斯坎南关于官僚理论的模型中,官僚在给定需求和成本约束条件下,会( )本部门的总预算。

A. 最小化　　　　B. 最大化　　　　C. 平滑　　　　D. 平均

【答案】B

【名师解析】在给定需求和成本约束条件下,官僚体系会最大化本部门的总预算。

任务 10　财政支出

任务概述

本任务涉及"第十二章 财政支出",涉及内容:财政支出的分类、财政支出规模、支出规模增长理论、财政支出绩效评价等。

此任务在中级经济师考试中约考查 5 分,分值占比为 4%。考试题型同时涉及单选题和多选题。

本任务整体难度适中,其中,重要考点为:财政支出的分类、财政支出规模增长理论。

任务框架图

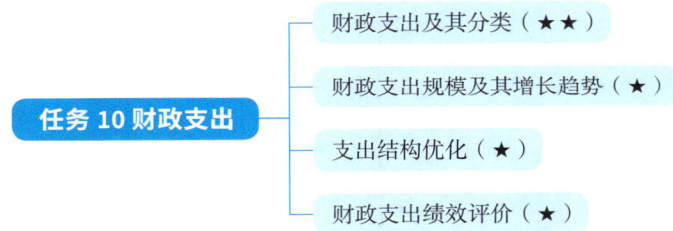

一、财政支出及其分类(★★)

(一) 如何理解财政支出数据

财政支出是政府行为活动的成本,指政府取得为履行职能所需的商品和劳务所进行的支付。
一般情况下,通过以下三个方面理解财政支出数据:
(1) 财政支出规模,指财政支出总额占国内生产总值之比。
(2) 财政支出结构,指各类支出占财政支出的比重。
(3) 财政支出的经济性质,指各项财政支出的具体经济构成。

(二) 财政支出分类方法

1. 适用于编制政府预算的统计分类
(1) 财政支出功能分类:按照政府提供的公共物品的产出性质分类,反映政府职能活动。
(2) 财政支出经济分类:按政府生产公共物品的成本投入分类,反映支出的具体用途。

按支出功能分类的含义更倾向于钱到底拿来做什么了，比如是用来办教育还是用来发展国防。

按支出经济分类的含义更倾向于钱是怎样花出去的，即办教育的钱是用于发工资，还是用来翻修校舍、购买教学设备。

《政府财政统计手册》中，财政支出按功能分为十大类：
（1）一般公共服务；
（2）国防；
（3）公共秩序和安全；
（4）经济事务；
（5）环境保护；
（6）住房和社会服务设施；
（7）医疗保健；
（8）娱乐文化和宗教；
（9）教育；
（10）社会保护。

2. 根据交易的经济性质分类

（1）购买性支出：政府为履行职能购买商品和劳务所发生的费用，包括消费性支出和投资性支出。

（2）转移性支出：政府依法向受益者拨付资金，在这个过程中并不获得商品和劳务。在此过程中，政府可以重新分配其他社会主体的购买力和社会财富。

例题 10.1（2019 年真题改编，单选题）

能更明细地反映政府支出活动，且可以从微观层面追踪政府支出的去向与具体用途的财政支出分类方法是（　　）。

A. 财政支出用途分类　　　　　　　　B. 财政支出经济分类
C. 财政支出性质分类　　　　　　　　D. 财政支出类别分类

【答案】B

【名师解析】本题考查财政支出分类方法。从某种意义上讲，支出经济分类是对政府支出活动更为明细的反映。利用这一分类体系下的统计数据，能够从微观层面清晰地追踪政府财政支出的去向和具体用途。

购买性支出更偏向于资源配置，转移性支出更偏向于收入再分配。

(三) 中国的政府支出分类改革

1. 中国传统的政府支出分类

2007年之前，中国一直沿用计划经济体制下的支出分类体系。

（1）按支出功能，分为五大类：经济建设费、社会文教费、国防费、行政管理费和其他支出。

（2）按支出用途，分为若干项目，如基本建设支出，流动资金，挖潜改造资金和科技三项费用，地质勘探费，工业、交通、商业等部门事业费，支援农村生产支出和各项农业事业费，文教科学事业费，抚恤和社会救济费，国防费，行政管理费，价格补贴支出等。

上述分类方法的不足：分类标准不统一，既无法全面反映政府职能，也难以反映支出的经济性质；既不利于细化预算编制、强化预算约束，也难以做国际比较。

2. 政府支出分类改革

改革目标：适应市场经济条件下转变政府职能、建立财政体系的总体要求，逐步形成一套既适合我国国情又符合国际通行做法的较为规范合理的政府收支分类体系。

具体科目设计目标：体系完善、反映全面、分类明细、口径可比、便于操作。

支出功能分类科目设类、款、项三级。

一般公共预算支出功能分类科目为：一般公共服务支出、外交支出、国防支出、公共安全支出、教育支出、科学技术支出、文化旅游体育与传媒支出、社会保障和就业支出、社会保险基金支出、卫生健康支出、节能环保支出、城乡社区支出、农林水支出、交通运输支出、资源勘探信息等支出、商业服务业等支出、金融支出、援助其他地区支出、自然资源海洋气象等支出、住房保障支出、粮油物资储备支出、国有资本经营预算支出、灾害防治及应急管理支出、预备费、其他支出、转移性支出、债务还本支出、债务付息支出、债务发行费用支出。

> 近几年来，我国财政收入大幅增长，但各地区财力差距仍然过大，怎样运用有限的财力资源更高效地提供公共产品是各地政府的当务之急。在公共产品中，教育、医疗卫生、社会保障、环境保护与民生息息相关，是体现人民生活质量的重要方面。民生类公共产品的供给属于地方政府的职责，然而，由于我国地方政府的职能定位的不到位，公共产品的供给存在普遍的短缺现象。地方政府需要在有限资金约束的前提下，尽最大可能发展经济的同时提供公共产品。在现实中，中央政府对地方政府的行为通过一系列指标进行考核，并成为决定升迁调转的重要参考因素，但是考核指标大体是一些更容易观察的项目，如财政收入、工业产值等指标，且经济增长对于地方政府来说，相当于增加了可支配的资源。

二、财政支出规模及其增长趋势（★）

（一）衡量财政支出规模的指标

财政支出规模指一个财政年度内政府通过预算安排的财政支出总额。它是衡量一定时期内政府满足公共需要能力、支配社会资源的多少的重要指标。

衡量财政支出规模使用两大指标，如表10-1所示：

表 10-1 衡量财政支出规模的指标

指标	内容
绝对规模指标	政府在预算年度的财政支出总和
相对规模指标	一般用财政支出规模与其他经济变量的关系反映。我国常用两种测量方法： （1）财政支出占当年国内生产总值的比重； （2）中央财政支出占当年全国财政支出的比重

> **名师说**
>
> 财政支出占国内生产总值的比重，反映了政府干预经济的程度。中央财政支出占全国财政支出的比重，反映了中央政府对地方政府的控制程度。财政支出的发展趋势一般是财政支出占国内生产总值的比重不断上升，而中央财政支出占全国财政支出的比重相对稳定。

（二）财政支出规模变化的指标

（1）财政支出增长率：表示当年财政支出比上年同期财政支出增长的百分比，用 ΔG（%）表示。其公式为：

$$\Delta G(\%) = \frac{\Delta G}{G_{n-1}} = \frac{G_n - G_{n-1}}{G_{n-1}} \tag{10.1}$$

式（10.1）中，ΔG 代表当年财政支出比上年的增（减）额；G_n 代表当年财政支出；G_{n-1} 代表上年财政支出。财政支出增长率反映了财政支出增长趋势。

（2）财政支出增长的弹性系数：财政支出增长率与国内生产总值增长率之比，用 E_g 表示。其公式为：

$$E_g = \frac{\Delta G(\%)}{\Delta GDP(\%)} \tag{10.2}$$

式（10.2）中，ΔG（%）代表财政支出增长率；ΔGDP（%）代表国内生产总值增长率。

（3）财政支出增长的边际倾向：国内生产总值每增加一个单位时，财政支出增加的数量，用 MGP 表示。其公式为：

$$MGP = \frac{\Delta G}{\Delta GDP} \tag{10.3}$$

式（10.3）中，ΔG 代表财政支出增长量；ΔGDP 代表国内生产总值增长量。

（三）工业化国家财政支出规模的历史趋势

20 世纪，各工业化国家的财政支出规模先是持续增大，后来渐渐稳定在相对较高的水平上。20 世纪初期，各工业化国家财政支出占国内生产总值比重较低，因为政府干预范围很小，财政职能是资源配置。世界大战期间，为筹集战争费用，国防支出大幅上升。二战后至 60 年代，凯恩斯主义流行，各工业国家的财政支出大幅上升。70 年代的经济"滞胀"的出现，各国又开始重新思考国家在各个活动领域的职能。90 年代以来，部分国家开始减小政府规模。2008 年金融危机爆发，工业化国家财政支出占国内生产总值的比重又有所上升。

(四) 财政支出规模增长的理论解释

各国经济学家从不同角度解释了财政支出增长的现象,以下为著名的财政支出增长理论:

1. 瓦格纳——"政府活动扩张法则"

瓦格纳认为财政支出规模不断扩大是社会经济发展的客观规律。随着工业化进程的加快,社会经济发展,对政府活动的需求增加,因此财政支出增长。

2. 皮考克和魏斯曼——"梯度渐进增长理论"

该理论认为,英国财政支出增长是阶梯式的,非连续的,公共支出水平正常情况下随税收增长而逐渐上升。在发生战争、危机或自然灾害等突变时,公共支出急剧上升,但危机过后,公共支出水平下降,但一般不低于原公共支出水平。该理论认为公共支出增长的内在原因是公众可以忍受税收水平的提高,外在原因是社会经济发展的突变,带来财政支出急剧增加,同时公众可忍受的税收水平也因社会动荡而提高。

3. 马斯格雷夫——"经济发展阶段增长理论"

马斯格雷夫认为财政支出规模的变化是随着不同时期财政支出作用的变化而变化的。

> **名师说**
>
> 经济发展初期基础设施落后,制约了经济社会发展,政府部门增加投资,兴建基础设施。此时,政府投资占比较大。经济发展中期,私人投资大幅上升,政府投资占比重下降。经济成熟阶段,民众追求生活质量,要求政府提供更好的环境、交通、通信和教育等。此时,政府投资在总投资中的比重又进一步提高。

4. 鲍莫尔——"非均衡增长理论"

该理论将国民经济部门区分为生产率不断提高与提高缓慢两大类别,即进步部门和非进步部门。二者差异来自技术和劳动的作用不同。进步部门中,技术起决定作用;非进步部门中,劳动起决定作用。政府部门属于人力密集的非进步部门,其规模会随着进步部门工资率的增长而增长。若要维持两部门均衡增长,政府支出只能增加。生产率偏低的政府部门规模必然越来越大,其支出必然会快速增长。

5. 公共选择学派

该学派分别从选民、政治家、官僚行为及民主制度的特征等方面解释政府支出规模。

(1) 选民:通常具有"财政幻觉",更加关心财政支出带来的好处,而忽略可能增长的税收负担,往往主动投票支持更大的财政支出规模。

(2) 政治家:为了获得选民的支持和投票,以扩大财政支出作为竞选手段,但控制支出时,很难压缩支出巨大的长期项目和法律规定的权利项目。

(3) 官僚机构:为最大化部门和个人的权利与利益,提出规模较大的预算。

(4) 民主制度:不同利益方为了使符合自我利益的方案能够通过,彼此间"互投赞同票",从而扩大了预算总规模。

三、我国的财政收支矛盾与支出结构优化（★）

改革开放以来，我国经济持续高速发展，财政收入迅速增长，财政支出也随之快速增加。同时，财政支出结构也不断调整优化。

（一）财政支出总量快速增长，支出结构有所调整

随着社会主义市场经济的发展，政府对经济管理的职能向间接和宏观管理转变，财政支出也随之逐步由经济建设向提供公共物品和服务转变。

主要表现为：

（1）用于经济建设的投资，从一般性生产经营领域转向基础设施、交通、原材料、农业等制约经济发展的重点行业；

（2）财政对教育、科学技术、文化、卫生医疗、社会保障和就业、环境保护等方面和中西部地区、少数民族地区等区域的投入增长较快，有力支持重大战略的实施。

（二）我国财政支出结构存在的问题

长期以来，我国财政制度存在的主要问题是政府承担的资源配置职能范围过广、比例过大，干扰了市场的运行，而应当承担的再分配功能受到挤压。从财政支出结构上，具体表现为：

（1）购买性支出占比长期偏大，转移性支出处于较低的水平；

（2）投资性支出占财政支出的比重虽略有下降，但仍处于较高的水平；

（3）社会性支出的比重逐步上升，但数量和质量都有待进一步提高。

（三）优化我国财政支出结构

根据"十三五"规划纲要的要求，我国财政支出结构不断进行优化：

（1）严格控制一般性开支。坚持勤俭办事业，严格控制一般性开支，降低行政成本。

（2）优化转移支付结构。提高一般性转移支付的规模和比例，规范与严格控制专项转移支付。

（3）大力支持教育事业发展。教育公平是社会公平的重要体现，逐步提高财政性教育经费比重，使财政性教育经费支出占国内生产总值比例达到4%。

（4）大力支持医疗卫生事业发展。财政通过增加对基本医疗卫生体系的投入、支持新型农村合作医疗制度、完善城市社区卫生服务体系、支持基本医疗保险等方式积极支持医疗卫生事业。

（5）大力支持社会保障和就业工作。按照广覆盖、保基本、多层次、可持续方针，逐步提高社会保障支出占比，加快社会保障体系建设，稳步提高社会保障水平。

（6）大力支持生态环境建设。财政加大对循环经济和"绿色经济"的支持，加快建设资源节约型和环境友好型社会。

四、财政支出绩效评价（★）

（一）财政支出绩效评价的含义

财政支出绩效指财政支出目标完成所取得的效果、影响及其效率。

财政支出绩效评价是运用考核方法、量化指标及评价标准，对部门绩效目标的实现程度及预算执行结果进行综合性考核和评价。建立财政支出绩效评价体系的核心是把现代市场经济的理念融入财政预算支出管理中，强调财政支出及目标与结果的关系，约束政府和部门行为，进而保障目标实现。

财政支出绩效评价的主体是政府及其财政部门，对象是使用财政资金的部门或机构，内容是公共委托——代理事项。

财政支出绩效评价时，应遵循"3E"原则：

（1）经济性：关注投入和整个过程中的成本，在达到质量合格的条件下，耗费的资源最小化；

（2）效率性：支出是否有效率，以一定的投入取得最大的产出，或者以最小的投入取得一定的产出；

（3）效果性：期望结果与实际结果之间的关系。

（二）财政支出绩效评价的内容与方法

1. 目的与原则

实施部门预算支出绩效评价的目标：通过对部门绩效目标的综合评价，合理配置资源，优化支出结构，规范预算资金分配，提高资金使用效益和效率。

实施部门预算支出绩效评价的原则：

（1）统一领导原则；

（2）分类管理原则；

（3）客观公正原则；

（4）科学规范原则。

2. 内容与方法

部门预算支出绩效评价主要内容：制定明确、合理的财政支出绩效目标，建立科学规范的绩效评价指标体系，部门为完成绩效目标所采取的管理措施，对绩效目标的实现程度及效果实施考核与评价，运用评价结果提高预算编制、执行和管理水平。

部门预算支出绩效评价方法：定性与定量结合，主要方法包括：

（1）比较法：比较绩效目标与结果、历史情况与评价期情况、不同部门和地区同类支出等方面，综合分析绩效目标完成情况；

（2）因素分析法：分析影响目标、结果及成本的内外因素，综合分析绩效目标完成情况；

（3）公众评价法：对无法直接使用指标评价效果的支出，通过专家评估、公众问卷及抽样调查，对绩效完成情况进行打分，根据评分分值衡量绩效目标完成情况；

（4）成本效益分析法：对比一定时期内的支出与效益，评价绩效目标完成情况。

3. 指标选择的原则

绩效评价指标的合理性是绩效评价的关键，指标选择的原则包括：

（1）相关性原则；

（2）可比性原则；

（3）重要性原则；

（4）经济性原则。

(三) 绩效评价范围与重点拓展

强化支出责任和效率意识，逐步将绩效管理范围覆盖各级预算单位和所有财政资金，将绩效评价重点由项目支出拓展到部门整体支出和政策、制度、管理等方面，加强绩效评价结果应用，将评价结果作为调整支出结构、完善财政政策和科学安排预算的重要依据。

任务 11　财政收入

任务概述

本任务涉及"第十三章 财政收入",涉及内容:财政收入的含义与分类、税收、税负转嫁、国债等。

此任务在中级经济师考试中约考查 4 分,分值占比约为 3%。考试题型同时涉及单选题和多选题。

本任务整体难度适中,其中,重要考点为:财政收入的含义与分类、税收及税负转嫁。

任务框架图

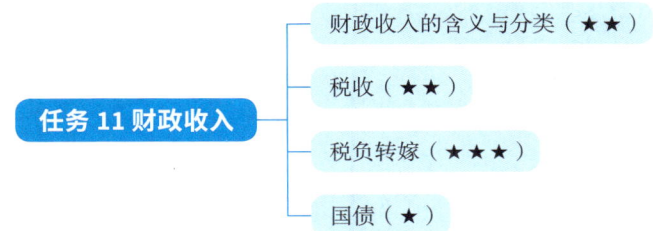

一、财政收入的含义与分类（★★）

（一）财政收入及其分类

1. 含义

财政收入,指政府为实施公共政策、提供公共物品与服务而筹集的资金的总和,是衡量政府财力的重要指标。

2. 政府收入的分类

政府主要收入来源:税收、社会缴款、赠与收入和其他收入。

政府一般公共预算收入科目分为四类:税收收入、非税收入、债务收入、转移性收入。其中,非税收入包括专项收入、行政事业性收费收入、罚没收入、国有资本经营收入、国有资源有偿使用收入、捐赠收入、政府住房基金收入和其他收入。

3. 财政收入的口径

财政收入的口径具体可分为:

（1）最小口径:仅包含税收收入;

（2）小口径:包括税收收入和纳入财政预算的非税收入,这是最为常用的口径;

（3）中口径:财政预算收入加社会保障缴费收入;

(4) 大口径：全部政府收入。

（二）财政集中度与宏观税负

1. 财政集中度及其度量

财政集中度，也称宏观税负，指国家通过各种形式，从国民经济收支环流中截取并运用的资金占国民经济总量的比重。

宏观税负的口径，从小到大分别是：

(1) 税收收入占 GDP 的比重；

(2) 财政收入占 GDP 的比重；

(3) 财政收入加政府性基金收入、国有资本经营预算收入、社会保障基金收入后的合计占 GDP 的比重。

2. 当前我国的宏观税负水平及其合理性评估

我国全部政府收入包括财政收入、政府性基金收入、国有资本经营预算收入和社会保障预算收入。我国税收收入占 GDP 的比重并不高，2016 年为 17.5%。

二、税收（★★）

（一）税收的含义

税收是国家为实现其职能，凭借其政治权力，依法参与单位和个人的财富分配，强制、无偿地取得财政收入的一种形式。

税收的内涵包括：

(1) 税收的征收主体是国家，客体是单位和个人；

(2) 税收的征收目的是为满足国家实现其职能需要，满足社会公共需要；

(3) 税收征收的依据是法律，凭借的是政治权力；

(4) 征税的过程是物质财富从私人部门单向、无偿地转移给国家；

(5) 从税收征收的直接结果看，国家通过税收取得了财政收入。

（二）税收的特征

(1) 强制性：政府以社会管理者的身份，凭借政治权力，通过法律形式对社会产品实行强制征收。强制性体现为税收分配关系建立的强制性和税收征收过程的强制性。

(2) 无偿性：政府向纳税人进行的是无须偿还的征收。无偿性体现为政府无须向纳税人直接付出任何报酬和税收不再直接返还给纳税人。无偿性是税收本质的体现，是区分税收收入与其他财政收入的重要特征。

(3) 固定性：国家通过法律形式预先规定了课税对象、税基及税率等要素，纳税双方无权任意更改纳税标准。

例题 11.1（2018 年真题改编，单选题）

以下不属于税收特征的是（　　）。

A. 安全性　　　　B. 强制性　　　　C. 无偿性　　　　D. 固定性

【答案】A

【名师解析】本题考查税收的基本特征。税收包括三个特征：强制性、无偿性和固定性。

（三）拉弗曲线与征税的限度

拉弗曲线是对税率与税收收入之间关系的描述，基本含义是保持适度的宏观税负水平是促进经济增长的一个重要条件。在税率较低时，税收收入随税率的增加而增加，但继续提高边际税率并超过一定的限度，将会抑制经济增长，使税收收入下降。

三、税负转嫁（★）

（一）税负转嫁的方式

税负转嫁指纳税人在缴纳税款后，通过各种途径将税收负担全部或部分转移给他人的过程。此时，纳税人和负税人是不同人。

税负转嫁的方式主要有以下 6 种：

（1）前转（顺转）：纳税人将其所纳税款通过提高商品价格的方法，向前转移给商品的购买者，是最典型和最普遍的税负转嫁形式。

（2）后转（逆转）：纳税人通过压低购入商品或生产要素进价的方式，将税收转给商品或生产要素供给者。

（3）混转（散转）：纳税人既可以把税负转嫁给供应商，又可以把税负转嫁给购买者，是前转和后转的混合方式；或者将一部分税负转嫁，自己消化另一部分税负。

（4）消转：纳税人用降低征税物品成本的办法使税负从新增利润中得到抵补。消转实际上没有对税负进行转嫁，而是纳税人自己负担了税负。

（5）旁转（侧转）：纳税人将应负担的税负转嫁给购买者或者供应者以外的其他人负担。

（6）税收资本化（资本还原）：生产要素购买者将所购买的生产要素未来应当缴纳的税款，通过从购入价格预先扣除（压低生产要素购买价格）的方法，向后转嫁给生产要素的出售者。

> **名师说**
>
> 税负后转与税收资本化对比：二者表面上都是通过压低购入价格将税负转嫁给卖方；但是二者转嫁媒介和转嫁方式不同。税收后转借助一般消费品，在商品交易时发生一次性税款的一次性转嫁；而税收资本化借助资本品，在商品交易后发生预期历次累计税款的一次性转嫁。

> 税收资本化主要发生在土地和收益来源较具永久性质的政府债券等资本物品的交易中。其实质是现在承担未来的税收。典型例子是对土地交易的课税。
>
> 例如，政府征收土地税，土地购买者便会将预期应缴纳的土地税折入资本，将税负转嫁给土地出售者，从而表现为价格下降。此后在名义上由土地购买者按期交税，但实际上税负由土地出售者负担。

（二）影响税负转嫁的因素

1. 应税商品供给与需求的弹性

决定税负转嫁状况的关键因素。一般由纳税人和其他人各自负担一定比例，比例大小取决于商品的供给与需求弹性。若需求弹性较大，供给弹性较小，税负将主要由纳税人自己承担；若需求弹性较小，供给弹性较大，税负将主要由其他人承担。

2. 课税商品的性质

对生活必需品课税，其需求弹性小，故税负容易转嫁。对非生活必需品课税，其消费并非必不可少，需求弹性大，故税负不易转嫁。

3. 课税与经济交易的关系

与经济交易无关而直接对纳税人征税不容易转嫁，如对企业和个人征收所得税；通过经济交易过程而间接对纳税人征税容易转嫁，如对商品或劳务征收的消费税。

4. 课税范围的大小

课税范围越广泛，越不容易产生替代效应，需求缺乏弹性，税负容易转嫁。反之，则不易转嫁。

四、国债（★）

（一）国债的基本含义

国债指一国中央政府，依据有借有还的信用原则取得的资金来源，是一种有偿形式的非经常性财政收入。

国债的产生需要具备两个条件：

（1）经济方面，商品货币经济要发展到一定水平，社会存在比较充裕的闲置资金和比较健全的信用制度；

（2）财政方面，国家财力不充裕，存在财政困难，有资金和经济上的需要。

国债特征：自愿性、有偿性和灵活性。国债有政府信用的担保、风险小，因此也被称为"金边债券"。

（二）国债的种类

从国债的构成分类，可分为：

（1）按国债发行的地域：内债与外债。

内债指国内债务，指政府向境内法人或自然人举借的债务。外债是指国外债务，是政府向外国政府、国际金融机构和境外自然人或法人举借的债务。

（2）按债务时间长短：短期国债、中期国债和长期国债。

短期国债指通常 1 年以内的政府债务，如国库券。中期国债指 1 年以上 10 年以内的政府债务。长期国债期限通常在 10 年以上。

（3）按利率变动情况：固定利率国债与浮动利率国债。

固定利率国债的利率在发行时确定，发行后不再调整变动。浮动利率国债的利率可以根据物价指数或市场利息率的变动情况进行调整。

（4）按是否在证券市场流通：上市（流通）国债与非上市（流通）国债。

上市（流通）国债可以在证券市场上自由买卖和转让，多为中短期国债。非上市（流通）国债则不能在证券市场上流通转让，多为长期国债。

（5）按国债债务本位：货币国债与实物国债。

货币国债指以货币为债务本位发行的国债，政府举借归还的都是货币。实物国债是以实物为债务本位发行的国债。

例题 11.2（2019 年真题改编，单选题）

以下不属于国债特征的是（　　）。

A. 具有较强的安全性　　　　　　B. 具有收益性
C. 具有流动性　　　　　　　　　D. 风险较大

【答案】D

【名师解析】本题考查国债的特征。国债是安全性极高的债券，因此选项 D 风险较大这种说法不正确。

> 实物国债可以避免因货币贬值给债权人带来损失，一般在高通货膨胀时期采用。我国 1950 年发行的"人民胜利折实公债"就属于实物国债。

> 通常国债都是长期资本市场的金融工具，但国库券特殊，属于货币市场的工具。

（三）国债的政策功能

国债的政策功能包括：

（1）弥补财政赤字。与向央行借款、增加税收等方式相比，发行国债弥补财政赤字对经济产生的副作用相对较小，一般不会导致通货膨胀，且具有迅速性、灵活性和有效性。

（2）筹集建设资金。外部性很强的大型公共物品通常由政府投资，但其投资规模大、周期长，可通过发行国债方式筹集资金。

（3）调节货币供应量和利率。国债是最基础的金融资产，被称为"有利息的钞票"。不少国家通过发行、买入和卖出短期国债，调节货币供应量和利率。

（4）调控宏观经济。通过发行国债，政府可以增加财政投资。

（四）国债的负担与限度

国债负担可以从四个方面来分析：

（1）认购者负担：

国债作为认购者收入使用权的暂时让渡，会对其行为产生一定影响，因此国债发行应考虑债权人的应债能力。

（2）债务人负担（政府负担）：

债务是有偿的，到期要还本付息，借债的过程也就是国债负担的形成过程。因此，政府发行国债应考虑偿债能力。

（3）纳税人负担：

国债最终要依赖税收偿还，成为纳税人的负担。因此，马克思说国债是一种延期的税收。

（4）代际负担：

国债本息若由当代人偿还，它就是当代人的债务负担。但若某些长期国债的偿债期较长，它就会转化为下一代甚至下几代人的负担。

国债限度是指政府发行国债时，考虑国债负担后，决定的一个适度的规模。衡量国债绝对规模有三个指标：

（1）国债余额，即历年累积债务的总规模；

（2）当年发行的国债总额；

（3）当年到期需还本付息的国债总额。

考察一国国债的限度，还要考察国债的相对规模，衡量国债相对规模有两大指标：

（1）国债负担率，指国债累计余额占国内生产总值的比重。国际公认的国债负担率的警戒线为发达国家不超过60%，发展中国家不超过45%。

（2）债务依存度，指当年债务收入与财政支出的比例关系。国际公认的债务依存度警戒线为15%~20%之间。

（五）李嘉图等价定理

李嘉图等价定理认为，当满足某些条件时，政府无论是用债券还是税收筹资，其效果都是相同的。表面上看，税收和债券筹资方式并不相同，但是政府的任何债券发行都体现着将来的偿还义务，会导致未来更高的税收。李嘉图认为国债的发行会助长政府的浪费心理，因此反对发行国债。

随着国家干预主义的兴起，李嘉图关于国债有害的观点逐渐被反驳抛弃，取而代之的是国债有益论的观点。

主张发行国债的理由：国债可以弥补财政赤字，可以直接影响人们的消费与投资，可以为中央银行的公开市场业务提供更多的操作工具。当有效需求不足时，国债可以防止经济萧条、实现充分就业、促进经济繁荣、增加收入。

（六）国债制度

国债制度指为了管理国债的发行、偿还和交易过程，调节经济活动，以法律和政策形式确立的一系列规章制度。

国债制度的构成：

1. 国债发行制度

国债发行制度是关于国债的发行、企业和个人认购事项的规定。

名师说

国债发行制度由国债发行条件和方式共同组成。

国债发行条件包括国债种类、发行日期、发行权限、发行对象、发行数额、票面金额、发行价格、利息率、利息支付方式以及国债流动性和安全性等的规定。

国债发行方式主要有公募招标方式、承购包销方式、直接发售方式、"随买"发行方式。

2. 国债偿还制度

我国国债偿还方式主要有抽签分次偿还法、到期一次偿还法、转期偿还法、提前偿还法和市场购销法等。

3. 国债市场制度

国债市场制度指以国债为交易对象而形成的供求关系的总和。

根据交易层次可分为国债发行和流通市场。国债发行市场又称一级市场,主要参与者包括中央政府、中介机构和投资购买者。国债流通市场又称二级市场,指已发行的国债交易场所,主要是为投资者提供转让变现的机会。

国债流通市场分为证券交易所、场外交易市场(包括柜台市场和店头市场)。证券交易所内进行的国债交易按成交订约和清算期限划分,如表 11-1 所示:

表 11-1 国债市场交易方式

交易方式	含义
现货交易方式	买卖双方谈妥后立即交割
回购交易方式	债券持有人在卖出一笔债券的同时,与买方签订协议,承诺在约定期限后以约定价格购回该笔债券
期货交易方式	以国债期货合约为交易对象的交易方式。 国债期货合约指双方就将来某一特定时刻、按某一特定价格,购买或出售一定数量的国债。 国债期货合约的基本要素:期限、价格、数量和标的国债
期权交易方式	交易双方为限制损失或保障利益而订约,在特定时间内按照协定价格买进或卖出相应国债的交易方式,也可以放弃买进或卖出权利

(七) 国债市场的功能

国债市场具有两个功能:
(1) 实现国债的发行和偿还。
(2) 调节社会资金的运行。

(八) 加强政府性债务管理

1. 我国政府性债务的分类与规模

政府性债务分为:政府负有偿还责任的债务、政府负有担保责任的债务和政府可能承担一定救助责任的债务。2015 年,全国地方政府债务余额限额为 16 万亿元,2014 年末全国地方政府债务余额为 15.4 万亿元。

2. 中央政府债务管理制度

实行余额管理,其余额限额根据累计赤字和应对当年短收需发行的债务等因素确定。

3. 地方政府债务管理制度

(1) 建立规范的地方政府举债融资机制。

(2) 地方政府举债规模的报批。

(3) 对地方政府债务实行规模控制和分类管理。

(4) 严格限定政府举债程序和资金用途。

(5) 债务风险预警及化解机制建立。

(6) 建立考核问责机制。

任务 12　税制

任务概述

本任务涉及"第十四章 税收制度"。涉及内容：税制要素、税收分类、增值税、所得税等。

此任务在中级经济师考试中约考查 6 分，分值占比约为 4.3%。考试题型同时涉及单选题和多选题。

本任务整体难度较大，其中，重要考点为：税制要素、税收分类，以及增值税。

任务框架图

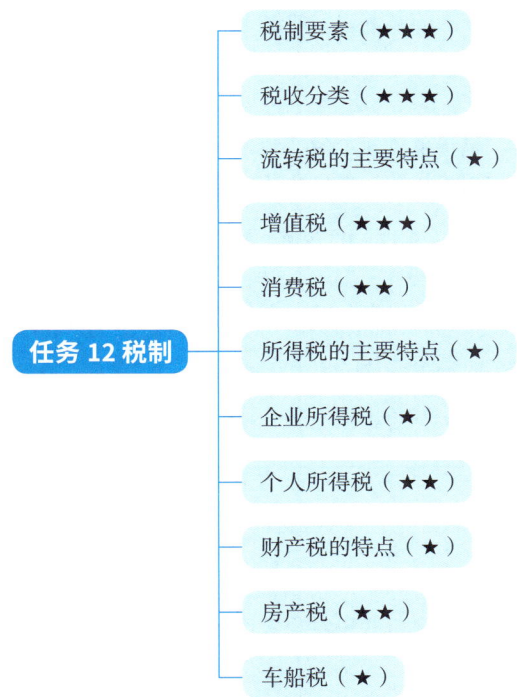

一、税制要素（★★★）

税制要素，是指构成一国税收制度的一些主要因素，具体包括纳税人、课税对象、税率、纳税环节、纳税期限、减税和免税、违章处理、纳税地点等。

纳税人、课税对象和税率是税制的基本要素。

（一）纳税人的相关概念

1. 纳税人

纳税人，即纳税主体，是指直接负有纳税义务的单位和个人。纳税人可能是自然人，也可能是法人。与纳税人相关的两个概念是负税人和扣缴义务人。

2. 负税人

负税人，是指最终负担税款的单位和个人。在实际生活中，纳税人和负税人可能不一致，这要看在纳税过程中是否发生了税负转嫁。如个人所得税、企业所得税等，税收实际上由纳税人自己负担，税负并未发生转嫁，纳税人本身就是负税人。又如增值税、消费税等，税收虽然由纳税人缴纳，但实际上是由别人负担的，税负发生了转嫁，此时纳税人和负税人不一致。

3. 扣缴义务人

扣缴义务人，是指法律、行政法规规定负有代扣代缴、代收代缴税款义务的单位和个人。扣缴义务人可以是企业、机关、社会团体、民办非企业单位、部队、学校，或是个体工商户、个人合伙经营者和其他自然人。扣缴义务人的义务由法律基于行政便宜主义而设定，是法定义务。

（二）课税对象

课税对象，即征税客体，是指税法规定的征税的目的物。不同税种间相互区别的主要标志是课税对象。与课税对象相关的概念是税源、税目和计税依据。具体内容如表12-1所示：

表12-1 税源、税目和计税依据

概念	含义
税源	税收的经济来源或最终出处，总是以收入的形式存在
税目	税法规定的课税对象的具体项目，反映具体的征税范围，代表征税的广度
计税依据（课税标准）	计算应纳税额的依据，规定了如何确认和度量课税对象，以计算税基。两种主要的计税依据为：计税金额（从价税）、计税数量（从量税）

（三）税率及其他相关概念

1. 税率

税率，是指税法规定的应征税额与课税对象之间的比例，是计算应征税额的标准，税收制度的**中心环节，体现了征税的深度**。

税率可分为比例税率、定额税率（固定税额）和累进（退）税率。具体内容如表12-2所示：

表12-2 比例税率、定额税率与累进（退）税率

税率类型	含义
比例税率	对于同一课税对象，不论其数量大小都按同一比例征税，税率不随课税对象数量的变动而变动
定额税率	按课税对象的一定计量单位规定固定税额
累进（退）税率	税率随着课税对象的增大而提高（降低）

2. 纳税环节

纳税环节,是指在国民收入与支出过程中,按照税法规定应当缴纳税款的环节。

3. 纳税期限

纳税期限,是指纳税人发生纳税义务后,按照税法规定应该向国家缴纳税款的期限。

4. 减税和免税

减税,是指对应纳税额减少征收一部分税款。

免税,是指对应纳税额全部免征。

5. 违章处理

违章处理,是指当纳税人发生违反税法的行为时,税务机关对纳税人采取的处罚性措施。违章处理是税收**强制性**特征的体现。

6. 纳税地点

纳税地点,是指纳税人应当缴纳税款的地点。纳税地点和纳税义务发生地并不总是一致的,如分公司与总公司不在同一地点,那么分公司的利润应该在**总公司**汇总纳税。

> 以上税制要素中需要重点掌握纳税人、课税对象和税率三大基本要素,其中需特别明确纳税人和负税人的概念区分,纳税人只是负有纳税义务,不一定负担税款,负税人不一定负有纳税义务,但却是最终负担税款的人。

例题 12.1 (2019 年真题改编,单选题)

纳税人,是指直接负有纳税义务的(　　)。

A. 单位和个人　　　　　　　　　B. 法人

C. 自然人　　　　　　　　　　　D. 扣缴义务人

【答案】A

【名师解析】纳税人即纳税主体,是指直接负有纳税义务的单位和个人。

二、税收分类(★★★)

税收可以按课税对象、课税标准、税收与价格的关系、税负能否转嫁、管理及使用权限进行分类。

(一)税收按课税对象分类

税收按照**课税对象**主要分为**流转税(又称商品和劳务税)、所得税和财产税**等。它们的课税对象及主要的税种,如表 12-3 所示:

表 12-3　税收的分类(课税对象)

分类	课税对象	举例
流转税	商品交换和提供劳务的流转额	增值税、消费税
所得税	纳税人的所得额	个人所得税、企业所得税

续表

分类	课税对象	举例
财产税	各种财产	房产税、车船税、契税
行为税	某些特定经济行为	印花税、城市维护建设税
资源税	从开发和利用国家自然资源取得级差收入的单位和个人	资源税、土地使用税

（二）税收按课税标准分类

税收按照**课税对象的标准**分为**从价税**和**从量税**，它们的计税依据如表12-4所示：

表12-4 税收的分类（课税标准）

分类	计税依据	举例
从价税	价格	增值税、所得税
从量税	数量、重量、容量、体积等	部分消费税（如啤酒、汽油等）

例题12.2（2019年真题改编，单选题）

从量税的计税依据不包括（　　）。

A. 数量　　　　　B. 体积　　　　　C. 重量　　　　　D. 里程

【答案】D

【名师解析】从量税是指以课税对象的数量、重量、容量或体积为计税依据的税收。

（三）税收按与价格的关系分类

按税收**与价格的关系**可以分为**价内税和价外税**，如表12-5所示：

表12-5 税收的分类（其与价格的关系）

分类	是否构成商品或劳务价格	举例
价内税	是	消费税、零售环节的增值税
价外税	否	零售之前环节的增值税

记忆小窍门

　　我们在国外买东西时，大家会发现购物小票上会标有价格和税额，但是国内的小票上往往就没有，这是因为我国对消费税实行**价内税**，消费税已经包含在物价当中了。

（四）税收按能否转嫁分类

按税负**能否转嫁**划分为**直接税**和**间接税**，如表12-6所示：

表 12-6 税收的分类（税负能否转嫁）

分类	税负能否转嫁	举例
直接税	否	所得税、财产税
间接税	能	各种流转税

（五）税收按管理使用权限分类

按税收**管理权限和使用权限**划分为**中央税、地方税、中央和地方共享税**。它们的管辖课征者如表 12-7 所示：

表 12-7 税收的分类（管理使用权限）

分类	管辖课征者	举例
中央税	中央	消费税、关税
地方税	地方	契税、房产税、耕地占用税、城镇土地使用税、车船税等
中央和地方共享税	中央和地方	增值税、个人所得税、企业所得税

三、流转税的主要特点（★）

（一）含义

流转税的课税对象有两类：一类是**商品流转额**，也就是商品的销售额。另一类是**非商品流转额**，是指各种劳务收入或服务性行业的收入额。

（二）流转税的特点

流转税的特点包括：

（1）**课征普遍**。流转税的征税范围比较广泛。既包括第一产业和第二产业的商品销售收入，也包括第三产业的服务业的营业收入，税源比较充足。

（2）流转税的**计税依据为商品和劳务的流转额或交易额**，其不受生产、经营成本和费用的影响，可以保证国家能够取得可靠、稳定的财政收入。

（3）**简便易行**。流转税普遍采用比例税率，计算征收较为简单，容易被纳税人所接受。

基于上述特点，流转税成为我国的主要税种，其收入占税收收入的 60% 以上。

例题 12.3（2016 年真题改编，多选题）

下列税种中，不属于流转税的有（　　）。

A. 房产税　　　　　B. 车船税　　　　　C. 增值税　　　　　D. 个人所得税

E. 消费税

【答案】ABD

【名师解析】流转税是我国税收收入中的主体税种，主要的流转税有增值税、消费税等。

四、增值税（★★★）

（一）含义与特点

1. 含义

增值税是以单位和个人生产经营过程中取得的<u>增值额</u>为课征对象的一种税。

2. 特点

（1）不重复征税，具有<u>中性税收</u>的特征。
（2）逐环节征税，逐环节扣税，<u>最终消费者</u>是全部税款的承担者。
（3）税基广阔，具有征收的<u>普遍性和连续性</u>。

税收中性是在市场经济下产生和发展的一种税收理论观。它是指国家征税使社会所付出的代价以税款为限，尽可能不给纳税人或社会带来其他的额外损失或负担；国家征税应避免干扰市场经济的正常运行，特别是不能让税收超越市场而成为资源配置的决定因素。

3. 优点

（1）能够平衡税负，促进公平竞争；
（2）既便于对出口商品退税，又可以避免对进口商品征税不足；
（3）在组织财政收入上具有稳定性和及时性；
（4）在税收征管上可以互相制约，交叉审计。

（二）类型

增值税按照允许扣税的范围，国际上一般分为3种类型，每种类型的扣税范围及特点如表12-8所示：

表12-8 增值税的类型

类型	定义	特点
消费型	允许扣除购入固定资产中所含税款	课税对象只限于消费资料
收入型	允许扣除固定资产折旧中所含税款	课税对象相当于国民收入
生产型	不允许扣除固定资产中所含税款	课税对象相当于国民生产总值，一定程度上重复征税

我国自2009年1月1日起，实行"消费型"增值税。

(三) 征税范围和纳税人

1. 增值税的征税范围

增值税征税范围包括货物的生产、批发、零售和进口四个环节。随着"营改增"试点行业的扩大，增值税还覆盖了销售服务、无形资产或者不动产。增值税实行凭专用发票抵扣税款的制度。

2. 增值税的纳税人

增值税的纳税人为凡在我国境内销售货物或者提供加工、修理修配劳务，销售服务、无形资产或者不动产，以及进口货物的单位和个人。

增值税纳税人分为一般纳税人和小规模纳税人。除国家税务总局另有规定外，一般纳税人一经认定，不得转为小规模纳税人。两类纳税人的适用情形如表12-9所示：

表12-9 增值税纳税人的适用范围

纳税人类型	要求/适用范围
一般纳税人	① 年应税销售额（包括免税销售额）超过财政部、国家税务总局规定的小规模纳税人标准（除按规定不办理一般纳税人资格认定的情形外），应当向主管税务机关申请一般纳税人资格认定； ② 有固定的生产经营场所； ③ 按照国家统一的会计制度规定设置账簿，根据合法、有效凭证核算，能够提供准确的税务资料
小规模纳税人	① 年应税销售额（包括免税销售额）符合财政部、国家税务总局规定的小规模纳税人标准； ② 个体工商户以外的其他个人； ③ 选择按小规模纳税人纳税的非企业性单位； ④ 选择按照小规模纳税人纳税的不经常发生应税行为的企业

(四) 税率与征收率

增值税的税率适用于一般纳税人。目前有基本税率0、6%、9%和13%共四档税率，它们的适用范围如表12-10所示：

表12-10 增值税的类型

税率	适用范围
0	出口货物（另有规定除外）；符合规定的跨境销售服务、无形资产
6%	提供增值电信服务、金融服务、生活服务以及除不动产租赁以外的现代服务、除转让土地使用权之外的销售无形资产
9%	销售或者进口农产品、自来水、暖气、石油液化气、天然气、食用植物油、冷水、热水、煤气、居民用碳制品、食用盐、农机、饲料、农药、农膜、化肥、沼气、二甲醚、图书、报纸、杂志、音像制品、电子出版物； 提供交通运输、邮政、基础电信、建筑、不动产租赁服务，销售不动产，转让土地使用权
13%	除上述列举的销售或进口货物；提供有形动产租赁服务，提供加工、修理修配劳务和应税服务等

（五）计税方法

一般纳税人与小规模纳税人缴纳增值税的方式有所不同。他们各自的计税方法如表 12-11 所示：

表 12-11　增值税的计税方法

分类	计税方法
一般纳税人	① 应纳税额=销项税额-进项税额 ② 销项税额=销售额×税率 ③ 进项税额为购货发票中允许扣除的增值税
小规模纳税人	应纳税额=销售额×征收率
进口货物	应纳税额=组成计税价格×税率

> 1917 年，美国耶鲁大学经济学教授亚当斯（T S Adams）就提出了具有现代增值税雏形的想法，最早提出了增值税的概念。
>
> 1954 年，时任法国税务局局长助理的莫里斯·洛雷积极推动法国增值税制的制定与实施，被誉为增值税之父。增值税能够有效地解决传统流转税的重复征税问题，因此迅速地被世界其他国家采用。20 世纪 60 年代，仅有不到 10 个国家开征增值税，截至 2011 年 3 月，世界上约有近 160 个国家和地区实行征收增值税，收入之和约占全球税收总收入的 20%。

例题 12.4（2018 年真题改编，多选题）
下列纳税人提供的服务中，增值税税率为 9% 的是（　　）。
A. 交通运输服务
B. 建筑服务
C. 居民用碳制品
D. 生活服务
E. 基础电信服务
【答案】ABCE
【名师解析】纳税人销售或者进口包括粮食在内的农产品、自来水、暖气、石油液化气、天然气、食用植物油、冷气、热水煤气、居民用煤炭制品、食用盐、农机、饲料、农药、农膜、化肥、沼气、二甲醚、图书、报纸、杂志、音像制品、电子出版物等征收 9% 的增值税。提供交通运输、邮政、基础电信、建筑、不动产租赁服务，销售不动产，转让土地使用权，税率也为 9%。

五、消费税（★★）

（一）含义

我国自 1994 年开始设置消费税。它是对特定消费品和消费行为征收的一种税。消费税的平均税率比较高，主要用来调整产品结构、引导消费方向、保证财政收入。

（二）征税范围和纳税人

消费税实行列举征税，其征税范围是征税目录中列示的消费品。

消费税的纳税人为在中华人民共和国境内生产、委托加工和进口应税消费品的单位和个人。

（三）税目和税率

消费品按产品列举税目。我国征收消费税的消费品共有15类，包括：烟、酒、高档化妆品、贵重首饰及珠宝玉石、鞭炮焰火、成品油、摩托车、小汽车、高尔夫球及球具、高档手表、游艇、木制一次性筷子、实木地板、电池和涂料。

消费税税率采用比例税率和定额税率两种基本形式。

消费税多为比例税率，税率1%~56%；啤酒、黄酒和成品油采用定额税率；白酒、卷烟等采用定额税率与比例税率结合的计税办法。

（四）计税方法

消费税的计税方法有从价定率、从量定额以及复合计税（将从价定率与从量定额混合在一起）。白酒、卷烟采用复合计税方法。

六、所得税的主要特点（★）

（一）含义

所得税是以所得为课税对象的税种的总称。它包括企业所得税和个人所得税。

（二）特点

所得税有3个特点，如表12-12所示：

表12-12 所得税的特点

特点	说明
税负相对比较公平	税额取决于所得，符合"量能负担"； 起征点、免税额和扣除项目可以减轻或消除低收入者的负担
单环节征收，不存在重复征税	税额不易转嫁，也不会影响商品价格
税源可靠，收入具有弹性	税源随经济增长而扩大
	实行累进税率，收入有弹性
	能适应经济发展周期变化，是一种"内在稳定器"

七、企业所得税（★）

（一）含义

企业所得税是对境内的企业和组织，就其所得征收的一种税。

《中华人民共和国企业所得税法》于2007年3月16日经全国人民代表大会通过，自2008年1月1日起施行，并于2017年进行了修正。

（二）纳税人

企业所得税的纳税人是在中华人民共和国境内的一切企业和其他取得收入的组织。但个人独资企业、合伙企业不适用企业所得税法。

（三）税率

企业所得税税率为25%。

非居民企业在中国境内未设立机构、场所的，或者虽设立机构、场所，但取得的所得与其所设机构、场所没有实际联系的，应当就其来源于中国境内的所得缴纳企业所得税，适用税率20%。

（四）应纳税所得额

应纳税所得额=年度收入总额-不征税收入-免税收入-各项扣除-允许弥补的以前年度亏损

（五）应纳税额

应纳税额=应纳税所得额×适用税率-企业所得税法规定的税收优惠减免和抵免税额

（六）征收管理

居民企业纳税地点为企业的登记注册地，但登记注册地在境外的，以实际管理机构所在地为纳税地点。另有规定的除外。

在境内设立了不具有法人资格的营业机构的居民企业，在缴纳所得税时，应当汇总计算。

企业所得税按纳税年度计算（公历1月1日至公历12月31日）。

八、个人所得税（★★）

（一）含义

个人所得税是对个人所得征收的一种税。

（二）纳税人

纳税人为所得人，扣缴义务人为支付所得的单位或者个人。

纳税人需要向扣缴义务人提供纳税人识别号。纳税人识别号为身份号码（如有）。如没有公民身份证号码，税务机关将赋予其纳税人识别号。

个人所得税的纳税人分为居民个人和非居民个人。它们的适用条件和缴纳个税要求如表12-13所示：

表12-13 个人所得税的纳税人

纳税人	适用条件	缴纳个税要求
居民个人	在中国境内有住所，或者无住所而一个纳税年度内在中国境内居住累计满183天	依法以其境内外所得纳税
非居民个人	在中国境内无住所又不居住，或者无住所而一个纳税年度内在中国境内居住累计不满183天	依法按其境内所得纳税

个人所得税的纳税年度为公历1月1日至12月31日。

（三）课税对象

个人所得税的课税对象共有9项。居民个人和非居民个人在缴纳个人所得税时的要求如表12-14所示：

表12-14 个人所得税的课税对象

课税对象	居民个人	非居民个人
工资、薪金所得	属综合所得；计算税费时按纳税年度合并计算	按月或按次分项计算个人所得税
劳务报酬所得		
稿酬所得		
特许权使用费所得		
经营所得	计算税费时分别计算	
利息、股息、红利所得		
财产租赁所得		
财产转让所得		
偶然所得		

（四）税率

个人所得税的适用税率有3种情况，如表12-15所示：

表12-15 个人所得税的税率

所得	适用税率
综合所得	3%~45%（超额累进税率）
经营所得	5%~35%（超额累进税率）
利息、股息、红利所得，财产租赁所得，财产转让所得，偶然所得	20%（比例税率）

（五）应纳税额

个人所得税应纳税额=应纳税所得额×适用税率

个人所得税应纳税所得额的计算如表 12－16 所示：

表 12－16 应纳税所得额的计算

所得	计算方法
居民个人的综合所得	① 纳税年度收入−60 000 元−专项扣除−专项附加扣除 ② 劳务报酬所得、稿酬所得、特许使用费所得以收入×（1−20%）计算，稿酬收入在此基础上减按 70% 计算
非居民个人的工资、薪金所得	每月收入额−5 000 元
经营所得	纳税年度收入总额−成本−费用−损失
财产租赁所得	① 不超过 4 000 元的，减除费用 800 元 ② 超过 4 000 元的，减除 20% 的费用
财产转让所得	收入−原值−合理费用
利息、股息、红利所得和偶然所得	每次收入额

名师说

如果居民小王在 2020 年 9 月拿到了 5 000 元的稿费，则他的应纳税所得额为 5 000×(1−20%)×70%＝2 800（元）。

（六）扣除

扣除包括专项扣除和专项附加扣除，具体内容如表 12－17 所示：

表 12－17 专项扣除和专项附加扣除

专项扣除	专项附加扣除
基本养老保险	子女教育支出
基本医疗保险	继续教育支出
失业保险	大病医疗支出
住房公积金	住房贷款利息支出
其他情形	住房租金
	赡养老人支出
	其他情形

（七）免税和减税的情形

1. 免税

免征个人所得税的情形如下：

（1）省级人民政府、国务院部委和中国人民解放军军以上单位，以及外国组织、国际组织颁发的科学、教育、技术、文化、卫生、体育、环境保护等方面的奖金；

（2）国债和国家发行的金融债券利息；

（3）按照国家统一规定发给的补贴、津贴；

（4）福利费、抚恤金、救济金；

（5）保险赔款；

（6）军人的转业费、复员费、退役金；

（7）按照国家统一规定发给干部、职工的安家费、退职费、基本养老金或者退休费、离休费、离休生活补助费；

（8）依照有关法律规定应予免税的各国驻华使馆、领事馆的外交代表、领事官员和其他人员的所得；

（9）中国政府参加的国际公约、签订的协议中规定免税的所得；

（10）国务院规定的其他免税所得。

2. 减税

可以减征个人所得税的情形如下：

（1）残疾、孤老人员和烈属的所得；

（2）因自然灾害遭受重大损失的。

（八）征收管理

1. 依法申报

应当依法办理纳税申报的情形如下：

（1）取得综合所得需要办理汇算清缴；

（2）取得应税所得没有扣缴义务人；

（3）取得应税所得，扣缴义务人未扣缴税款；

（4）取得境外所得；

（5）因移居境外注销中国户籍；

（6）非居民个人在中国境内从两处以上取得工资、薪金所得；

（7）国务院规定的其他情形。

扣缴义务人应当按照国家规定办理全员扣缴申报，并告知纳税人其个人所得和已扣缴税款等信息。

个人所得税纳税要求具体如表 12–18 所示：

表 12–18　个人所得税的纳税要求

课税对象	要求
居民个人取得综合所得	① 按年计算个人所得税； ② 有扣缴义务人的，由扣缴义务人按月或按次扣预缴税款； ③ 需要办理汇算清缴的，于取得所得的次年 3 月 1 日至 6 月 30 日内办理

续表

课税对象	要求
非居民个人取得工资、薪金所得，劳务报酬所得，稿酬所得和特许权使用费所得	① 有扣缴义务人的，由扣缴义务人按月或按次代扣代缴； ② 不办理汇算清缴
纳税人取得经营所得	① 按年计算个人所得税； ② 月度或季度终了后 15 日内报送纳税申报表，并预缴税款； ③ 在取得所得的次年 3 月 31 日前办理汇算清缴
纳税人取得利息、股息、红利所得，财产租赁所得，财产转让所得和偶然所得	① 按月或按次计算个人所得税； ② 有扣缴义务人的，由扣缴义务人按月或者按次代扣代缴税款

2. 其他要求

对纳税人的其他要求如下：

（1）没有扣缴义务人的，应当取得所得的次月 15 日内报送纳税申报表，并缴纳税款。

（2）纳税人取得应税所得，扣缴义务人未扣缴税款的，纳税人应当在取得所得的次年 6 月 30 日前，缴纳税款。

（3）税务机关通知限期缴纳的，纳税人应当按照期限缴纳税款。

（4）居民个人从中国境外取得所得的，应当在取得所得的次年 3 月 1 日至 6 月 30 日内申报纳税。

（5）非居民个人在中国境内从两处以上取得工资、薪金所得的，应当在取得所得的次月 15 日内申报纳税。

（6）纳税人因移居境外注销中国户籍的，应当在注销中国户籍前办理税款清算。

（7）扣缴义务人每月或者每次预扣、代扣的税款，应当在次月 15 日内缴入国库，并向税务机关报送扣缴个人所得税申报表。

（8）纳税人办理汇算清缴退税或者扣缴义务人为纳税人办理汇算清缴退税的，税务机关审核后，按照国库管理的有关规定办理退税。

例题 12.5（2018 年真题改编，单选题）

关于个人所得税的说法，正确的是（　　）。

A. 个人所得税的税率实行超额累进税率

B. 个人所得税的课税对象包括个体工商户的生产、经营所得

C. 居民纳税人一定在我国境内有住所

D. 非居民纳税人在我国境内一定不居住

【答案】B

【名师解析】个人所得税根据所得类别不同，分别实行超额累进税率和比例税率，选项 A 的说法错误。居民纳税是在中国境内有住所，或者无住所而一个纳税年度内在中国境内居住累计满 183 天的个人，选项 C 的说法错误。非居民纳税人是在中国境内无住所又不居住，或者无住所而一个纳税年度内在中国境内居住累计不满 183 天的个人，选项 D 说法错误。

九、财产税的特点（★）

（一）含义

财产税是对所有以财产为课税对象的税种的总称。我国的财产税包括房产税和车船税等。
财产税是地方政府财政收入的主要来源。

（二）特点

财产税的优点和缺点如表 12-19 所示：

表 12-19 财产税的优缺点

优点	缺点
符合税收的纳税能力原则	存在一定的不公平性
税源充分且稳定	收入弹性较小
具有收入分配功能	会降低投资者的投资积极性，一定程度上阻碍资本的形成
属于直接税，不易转嫁	

十、房产税（★★）

（一）纳税人和征税对象

纳税人是拥有房屋产权的单位和个人。
房产税的征税对象是房屋。
征税范围为城市、县城、建制镇和工矿区的房屋。征税范围不包括独立于房屋之外的建筑物。

（二）计税依据和税率

计税依据和税率如表 12-20 所示：

表 12-20 房产税计税依据和税率

方式	计税依据	税率
从价计征	房产余值（原值减除 10%~30%）	1.2%
从租计征	房产租金收入（不含增值税）	12%

（三）征收管理

1. 纳税义务发生时间

房产税的纳税义务发生时间如表 12-21 所示：

表 12 - 21 房产税纳税义务发生时间

征税对象	纳税开始时间
用于生产经营的原有房产	自生产经营当月起
用于生产经营的自行新建房屋	自建成次月起
委托施工建设的房屋	自验收手续办理次月起
购置新建的商品房	自交付使用次月起
购置的存量房	自房屋权属证书签发次月起
纳税人出租、出借的房产	自交付出租、出借房产次月起
房地产开发企业自用、出租、出借自己建造的商品房	自房屋使用或交付次月起

> **记忆小窍门**
> 除用于生产经营的原有房产，其他都是自相关程序完成的次月起开始缴纳房产税。

2. 纳税地点

房产税的申报纳税地点是**房产所在地**的税务机关。

3. 纳税期限

房产税实行**按年计算、分期缴纳**。

> **趣味说**
> 欧洲中世纪时，就已经有了名目繁多的房产税，如"窗户税""灶税""烟囱税"等，这类房产税大多以房屋的某种外部标志作为确定负担的标准。
> 在中国，《周礼》中提到的"廛布"可以说是我国房产税的雏形。唐朝的"间架税"则开创了直接对房屋征税的先例，只是由于它增加了民众的税负，在开征不到一年后就停止征收了。

十一、车船税（★）

（一）纳税人

车船税的纳税人是属于《车船税法》所附《车船税税目税额表》范围的车辆、船舶的所有人或者管理人。

（二）计税依据

车船税的计税依据如表 12 - 22 所示：

表 12-22 车船税的计税依据

课税对象		计税依据
车	乘用车	排气量
	客车	载客人数
	摩托车	辆
	其他车辆	整备质量
船	机动船舶	净吨位
	游艇	艇身长度

车辆购置税、燃油消费税、车船税虽然都与乘用车有关，但征收的原因各不相同，因此不存在重复征税的问题。

任务 13　政府预算

任务概述

本任务涉及"第十五章 政府预算"。涉及内容：政府预算的原则、职能、分类、职权划分、体系、编制与执行制度等。

此任务在中级经济师考试中约考查 3 分，分值占比约为 2.1%。考试题型同时涉及单选题和多选题。

本任务整体难度较大，其中，重要考点为：政府预算的含义、分类、职权划分、预算体系、编制制度、预算制度。

任务框架图

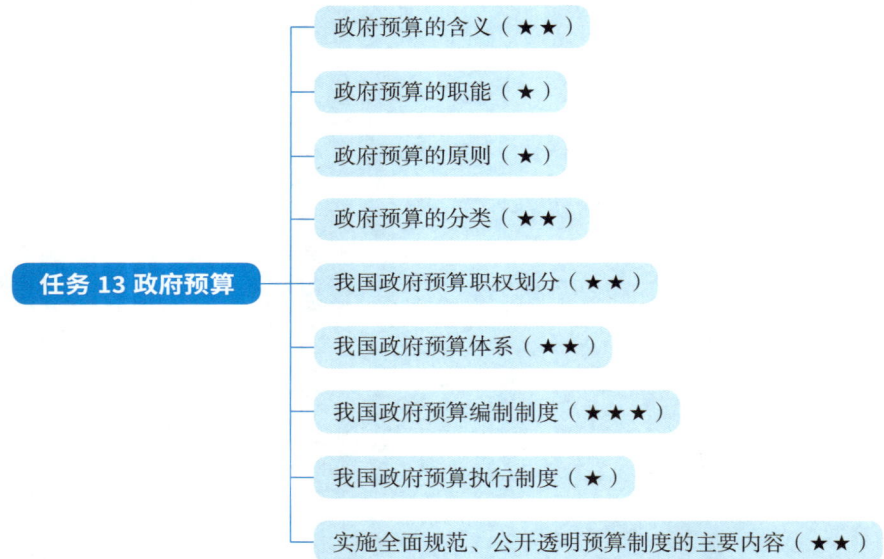

一、政府预算的含义（★★）

政府预算是指具有法律规定和制度保证的、经法定程序审核批准的政府年度财政收支计划。

具体含义包括技术、政治、本质 3 个方面的内容，如表 13-1 所示：

表 13-1　政府预算的含义

方面	具体内容
技术	① 在形式上，政府预算是政府的工作计划； ② 在内容上，政府预算是财政部门管理财政资金的活动，是政府理财的主导环节

续表

方面	具体内容
政治	① 反映政府的选择； ② 反映支出上的优先权； ③ 反映政府准备购买的公共物品和服务及其成本
本质	政府预算是国家和政府意志的体现

政府预算制度最早出现在英国。1832 年，英国法律规定，财政大臣每年必须向国会提交"财政收支计划书"并由国会批准，标志着政府预算制度的真正建立。

12 世纪初，英王约翰即位前后，英格兰经历了严重的通货膨胀，王室财政陷于极度的困难之中。在这样的财政背景下，约翰王仍然不断扩军备战，进行无休止的财政榨取，使得国王与贵族之间的矛盾不断激化，从而导致 1215 年的贵族反叛。1215 年 6 月 19 日，英王约翰与反叛贵族签署《大宪章》。《大宪章》首次将"非赞同毋纳税"和"无代表权不纳税"等预算原则以法律形式确立下来，标志着英国政府预算制度早期形成阶段的开始。

中国的预算制度最早出现于晚清。康有为在戊戌变法期间，主张仿效西方，实行预算公开。光绪皇帝采纳了他的意见，诏令改革财政，编制预算，但是因为变法失败，最后并没有施行。1911 年 11 月，清政府公布了《重大信条十九条》，其中规定："本年度之预算，未经国会决议者，不得照前年度预算开支，又预算案内，不得有既定之岁出，预算案外，不得为非常财政之处分"。《重大信条十九条》是中国历史上的第一部宪法，也让中国第一次有了可以制约最高政治权力——财政权力的预算制度。

二、政府预算的职能（★）

政府预算具有三大职能：
（1）反映政府部门的活动；
（2）监督政府部门收支运作的情况；
（3）控制政府部门的支出。

三、政府预算的原则（★）

政府预算的原则包括 6 个方面，具体内容如表 13-2 所示：

表 13-2　政府预算的原则

原则	具体内容
完整性	① 包括所有的财政收入和支出； ② 包括政府所有的财政活动

续表

原则	具体内容
统一性	① 预算科目统一； ② 计算口径、程序统一； ③ 预算填列和编制统一
可靠性 （谨慎性）	① 收入预算编制要可靠、完整； ② 支出预算安排要真实、可靠
合法性	① 预算活动按照法定程序进行； ② 预算的成立、执行中的调整和执行结果都须经立法机关审查批准
公开性	① 公开预算内容及其执行情况，少数涉及国家秘密的信息除外； ② 公开政府财政收支计划的制定、执行、执行中的调整、决算与评估的过程
年度性	政府预算起讫时间通常为一年，称为预算年度

预算年度有**历年制**和**跨年制**两种，它们的含义和实行国家如表 13-3 所示：

表 13-3　预算年度

预算年度	含义	实行国家	时间
历年制	1月1日至同年12月31日	中国、德国、法国、韩国、意大利、巴西等	1月1日至同年12月31日
跨年制	每年某月某日至下一年相应日期的前一日止，中间共计12个月，但跨越两个年份	美国、泰国	每年10月1日至次年9月30日止
		英国、日本、印度、加拿大、新加坡	每年4月1日至次年3月31日止
		澳大利亚、瑞典	每年7月1日至次年6月30日止

四、政府预算的分类（★★）

政府预算可以按**编制形式**、**编制依据**、**预算作用时间**、**收支平衡状况**、**是否直接反映经济效益**、**管理层级**进行分类。

（一）按编制形式分类

政府预算按**编制形式**分类，可以分为**单式预算**和**复式预算**。

1. 单式预算

将政府财政收支汇集编入**一个**总预算之内，形成**一个收支项目安排对照表**叫作单式预算。

单式预算的优缺点如表 13-4 所示：

表 13-4　单式预算的优缺点

优点	① 能清晰反映收支全貌，有利于公众监督； ② 便于编制，易于操作
缺点	没有区分各项收支的经济性质

2. 复式预算

将财政收支按收入来源和支出性质，分别编制**两个或两个以上**的预算，形成**两个或两个以上**的收支对照表,叫作复式预算。

复式预算分为经常预算和资本预算。二者的收入来源和支出不同,如表13-5所示:

表13-5 经常预算与资本预算

预算	收入来源	支出
经常预算	税收	行政事业项目
资本预算	国债收入	经济建设项目

复式预算的优点有:

(1) 区分了收支的经济性质和用途,有利于合理设置预算收支结构;

(2) 政府可以灵活运用资本性投资和国债等手段,进行宏观调控。

复式预算的缺点是预算的编制和执行较复杂。

单式预算和复式预算的区别在于预算编制的数量。

(二) 按预算编制依据的内容和方法分类

政府预算按预算编制依据的内容和方法,可以分为增量(基数)预算和零基预算。

1. 增量预算

增量预算是指在以前预算年度基础上,加以调整,形成新预算年度的财政收支计划指标。增量预算也叫基数预算。

增量预算是一种传统的预算方法,可以保持收支指标的连续性。

2. 零基预算

零基预算是指在设定新预算年度的财政收支指标时,不考虑以前年度财政预算的执行情况。

零基预算不是指一切都要重新开始,而是对已有项目进行重新审定和安排。

零基预算可以克服财政收支指标刚性增长,提高预算支出效率。

(三) 按预算作用时间分类

政府预算按预算作用时间可以分为年度预算和多年预算。

1. 年度预算

年度预算按一个年度安排财政收支。年度预算容易产生年度内合理、中长期不合理的单项决策。

2. 多年预算

多年预算涉及多个年度,一般采用逐年递推或滚动形式进行编制,因此也叫滚动预算或中期预算。

多年预算可以弥补年度预算的不足,合理安排财政收支,加强宏观调控有效性。

多年预算一般不需要经过国家权力机关批准,不具有法律效力,但要提交国家权力机关作为审议年度预算的参照。

(四) 按收支平衡状况分类

政府预算按预算收支平衡状况可以分为平衡预算和差额预算。

平衡预算是指预算收入与预算支出基本相等。略有差异也视为平衡。

差额预算是指预算收支差额较大，包括：

(1) 盈余预算，即收入大于支出；

(2) 赤字预算，即支出大于收入。

(五) 按预算项目是否直接反映经济效益分类

政府预算按项目是否直接反映经济效益可以分为投入预算、绩效预算和规划—项目预算。它们的内容如表 13-6 所示：

表 13-6 投入预算、绩效预算、规划—项目预算

预算	内容
投入预算	根据预算控制支出，要求按预算用途和金额使用资金
绩效预算	在预算中设定绩效指标，并用量化指标衡量成绩和完成工作情况
规划—项目预算	运用成本—效益和成本—有效性分析，比较不同规划和活动，拟定最优决策

(六) 按预算管理层级分类

政府预算按预算管理层级可以分为中央预算和地方预算。

中央预算是指中央政府的预算，地方预算是指由地方各级政府预算组成的预算，我国省以下各级政府预算称为地方预算。它们的组成内容如表 13-7 所示：

表 13-7 中央预算和地方预算

预算	组成内容
中央预算	中央各部门预算、中央对地方税收返还和转移支付、地方向中央上解收入等
地方预算	本级各部门预算、上级政府对下级政府税收返还和转移支付、下级政府向上级政府上解收入等

与中国不同，一些国家实行三级政府预算。比如，美国实行联邦、州、地方三级政府预算，预算组织为管理与预算办公室；德国实行联邦、州、地方三级政府预算，预算组织为财政部；日本实行中央、都道府县、市町村三级政府预算，预算组织为大藏省。

政府预算可以按编制形式、编制依据、作用时间、收支平衡状况、是否直接反映经济效益、管理层级进行分类，其分类方法如表 13-8 所示：

表 13-8　政府预算的分类

分类方式	分类内容
编制形式	① 单式预算；② 复式预算
编制依据	① 增量预算；② 零基预算
作用时间	① 年度预算；② 多年预算
收支平衡状况	① 平衡预算；② 差额预算
是否直接反映经济效益	① 投入预算；② 绩效预算；③ 规划—项目预算
管理层级	① 中央预算；② 地方预算

例题 13.1（2017 年真题改编，单选题）

关于政府多年预算的说法，不正确的是（　　）。

A. 多年预算无须经过国家权力机关批准
B. 多年预算一般不具有法律效力
C. 多年预算每 3~5 年编制一次
D. 编制多年预算一般采取逐年递推或滚动的形式

【答案】C

【名师解析】多年预算是指对连续多个年度（一般为 3~5 年）的财政收支进行预测、规划或规定的一种财政计划形式。编制多年预算一般采取逐年递推或滚动的形式，即多年预算每年编制一次，每次向前滚动一年。

五、我国政府预算职权划分（★★）

（一）含义

政府预算职权是指政府预算方针政策、预算管理法律法规的制定权、解释权和修订权，政府预算、决算的编制和审批权，预算执行，预算调整和监督权等。

（二）具体内容

《预算法》（2014 年修订）规定了立法机关、各级政府、政府财政主管部门和预算执行部门、单位的预算管理职权。

1. 立法机关的预算管理职权

立法机关的预算管理职权包括**各级人民代表大会**的职权和**各级人民代表大会常务委员会**的职权。

各级人民代表大会的预算管理职权如表 13-9 所示：

表 13-9　各级人民代表大会的预算管理职权

级别	预算管理职权
全国人民代表大会	① 审查中央和地方预算草案及预算执行情况报告； ② 批准中央预算和中央预算执行情况报告； ③ 改变或撤销全国人民代表大会常务委员会关于预算、决算的不适当决议
县级以上地方各级人民代表大会	① 审查本级总预算草案及本级总预算执行情况报告； ② 批准本级预算和本级预算执行情况的报告； ③ 改变或者撤销本级人民代表大会常务委员会关于预算、决算的不适当的决议； ④ 撤销本级政府关于预算、决算的不适当的决定和命令
乡、民族乡、镇的人民代表大会	① 审查和批准本级预算和本级预算执行情况的报告； ② 监督本级预算执行； ③ 审查和批准本级预算的调整方案； ④ 审查和批准本级决算； ⑤ 撤销本级政府关于预算、决算的不适当的决定和命令

各级人民代表大会常务委员会的预算管理职权如表 13-10 所示：

表 13-10　各级人民代表大会常务委员会的预算管理职权

级别	预算管理职权
全国人民代表大会常务委员会	① 监督中央和地方预算的执行； ② 审查和批准中央预算的调整方案； ③ 审查和批准中央决算； ④ 撤销国务院制定的同宪法、法律相抵触的关于预算、决算的行政法规、决定和命令； ⑤ 撤销省、自治区、直辖市人民代表大会及其常务委员会制定的同宪法、法律和行政法规相抵触的关于预算、决算的地方性法规和决议
县级以上地方各级人民代表大会常务委员会	① 监督本级总预算的执行； ② 审查和批准本级预算的调整方案； ③ 审查和批准本级政府决算； ④ 撤销本级政府和下一级人民代表大会及其常务委员会关于预算、决算的不适当的决定、命令和决议

2. 各级人民政府的预算管理职权

各级人民政府的预算管理职权如表 13-11 所示：

表 13-11　各级人民政府的预算管理职权

级别	预算管理职权
国务院	① 中央预算与地方预算收入和支出项目的划分； ② 规定地方向中央上解收入、中央对地方返还或者给予补助的具体办法。 以上报全国人民代表大会常务委员会备案
各级人民政府	① 编制本级预算草案； ② 向本级人民代表大会报告本级总预算草案； ③ 组织本级总预算执行； ④ 决定本级政府预备费动用； ⑤ 编制本级预算调整方案； ⑥ 监督本级各部门和下一级人民政府的预算执行； ⑦ 改变或者撤销本级各部门和下一级人民政府关于预算方面的不恰当的决定或命令； ⑧ 向本级人民代表大会及其常务委员会报告本级总预算的执行情况；

3. 各级政府财政部门的预算管理职权

(1) 编制本级预算草案；

(2) 组织本级总预算的执行；

(3) 提出本级预备费动用方案；

(4) 编制本级预算的调整方案；

(5) 定期向本级人民政府和上一级财政部门报告各级预算的执行情况；

(6) 编制本级决算草案。

4. 各级政府业务主管部门的预算管理职权

(1) 制定本部门预算具体执行办法；

(2) 编制本部门预算草案；

(3) 组织和监督本部门预算的执行；

(4) 定期向本级政府财政部门报告预算的执行情况；

(5) 编制本部门决算草案。

5. 各单位的预算管理职权

(1) 负责编制本单位的预算、决算草案；

(2) 上缴预算收入、安排预算支出；

(3) 接受政府财政、审计等有关部门的监督。

6. 审计机关的预算管理职权

《中华人民共和国审计法》规定，各级审计机关应当对如下收支的真实、合法和效益进行审计监督：

(1) 各级人民政府及其部门的财政收支；

(2) 国有金融机构和企业事业组织的财务收支；

(3) 其他依照规定应当接受审计的财政收支。

例题 13.2（2013 年真题改编，多选题）

根据《中华人民共和国预算法》，县级以上各级人民代表大会常务委员会的预算管理职权不包括（　　）。

A. 审查和批准本级政府预算

B. 审查和批准本级预算调整方案

C. 编制本级政府预算草案

D. 审查和批准本级政府预备费动用

E. 审查和批准本级政府决算

【答案】ACD

【名师解析】县级以上各级人大常委会有权监督本级总预算的执行；审批本级预算的调整方案，本级政府决算；撤销本级政府和下一级人大常委会关于预算决算不适当的决定、命令和决议。

六、我国政府预算体系（★★）

我国政府预算体系包括一般公共预算、政府性基金预算、国有资本经营预算和社会保险基金预算。

（一）一般公共预算

1. 含义

一般公共预算是指政府凭借国家政治权力，以社会管理者身份进行的收支预算，其目的主要是保障和改善民生、维持国家行政职能、保障国家安全等。

我国每年统计公布的财政收入、财政支出、财政赤字的数字，就是指一般公共预算。

2. 收支内容

一般公共预算包括收入和支出两个方面。

一般公共预算收入包括**税收收入**和**非税收收入**，它们的构成内容如表13-12所示：

表13-12 一般公共预算收入的构成

一般预算收入	构成内容
税收收入	增值税、消费税、企业所得税、个人所得税、资源税、城市维护建设税、房产税、印花税、城镇土地使用税、土地增值税、车船税、船舶吨税、车辆购置税、关税、耕地占用税、契税等
非税收收入	专项收入、行政事业性收费收入、罚没收入、国有资本经营收入、国有资源（资产）有偿使用收入和其他收入等

一般公共预算支出，可以按支出功能和支出经济性质进行分类，具体内容如表13-13所示：

表13-13 一般公共预算支出的构成

分类标准	包括内容
支出功能	一般公共服务、外交、国防、公共安全、教育、科学技术、文化体育与传媒、社会保障和就业、社会保险基金支出、医疗卫生、环境保护、城乡社区事务、农林水事务、交通运输、工业商业金融等事务、其他支出和转移性支出
支出经济性质	工资福利支出、商品和服务支出、对个人和家庭的补助、对企事业单位的补贴、转移性支出、赠与、债务利息支出、基本建设支出、其他资本性支出、贷款转贷及产权参股、其他支出

（二）政府性基金预算

1. 政府性基金

政府性基金是向公民、法人和其他组织无偿征收的，用于支持特定公共基础设施建设和公共事业发展，具有专项用途的财政资金。政府性基金项目由财政部审批，重要的政府性基金项目须报国务院审批。

2. 政府性基金预算

政府性基金预算的收入来源主要有：

（1）向社会征收基金、收费；

（2）出让土地；

（3）发行彩票等。

政府性基金预算的支出主要有：

（1）专项用于支持特定基础设施的支出；

（2）专项用于社会事业发展的支出。

政府性基金预算的特点是**专款专用**。其管理原则是以收定支、专款专用、结余结转下年继续使用。

3. 政府基金预算流程

政府基金预算程序如下：

（1）使用单位编制年度政府性基金预决算，逐级汇总报同级财政部门审核；

（2）各级财政部门审核汇总后，编制本级政府年度政府性基金预决算草案，经同级人民政府审定后，报同级人民代表大会或其常务委员会审查批准；

（3）财政部汇总中央和地方政府性基金预决算，形成预决算草案，经国务院审定后，报全国人民代表大会审查批准。

财政部每年都向社会公布政府性基金项目目录，以接受社会监督。

（三）国有资本经营预算

1. 含义

国有资本经营预算是国家以所有者身份对依法取得的国有资本收益进行分配而发生的各项收支预算。该预算制度的核心是调整国家和国有企业的分配关系。

2. 预算的构成

国有资本经营预算的收入主要包括：

（1）国企的利润、股利、股息；

（2）国有产权（股权）转让收入、清算收入等。

国有资本经营预算的支出主要用于：

（1）补充重要企业的资本金；

（2）弥补国企的改革成本。

3. 编制原则

国有资本经营预算的编制原则是：

（1）统筹兼顾，适度集中；

（2）相对独立，相互衔接；

（3）分级编制，逐步实施。

4. 收取比例

国有资本收益收取比例分为五类，具体内容如表 13-14 所示：

表 13-14 国有资本收益收取比例

收取比例	举例
税后利润的 25%	烟草企业
税后利润的 20%	石油石化、电力、电信、煤炭等资源垄断性行业企业
税后利润的 15%	钢铁、运输、电子、贸易、施工等一般竞争性行业企业
税后利润的 10%	转制科研院所、邮政集团公司等
0	中国储备粮总公司、中国储备棉总公司等政策性公司

国有资本经营预算**支出按照预算收入安排，不列示赤字**。

国有资本经营预算制度的优点有：

（1）可以完善国有企业收入分配制度；

（2）提高宏观调控能力；

（3）推进国有经济布局和结构的战略性调整。

（四）社会保险基金预算

1. 含义

政府通过**社会保险缴款**、**一般公共预算安排**和其他方式筹集资金，将其专项用于**社会保险**的收支预算，叫作社会保险基金预算。

2. 指导思想和原则

社会保险基金预算的指导思想是**科学发展观**。

社会保险基金预算的原则有：

（1）依法建立，规范统一；

（2）统筹编制，明确责任；

（3）专项基金，专款专用；

（4）相对独立，有机衔接；

（5）收支平衡，留有结余。

3. 编制范围

社会保险基金预算按**险种**分别编制，包括企业职工基本养老保险基金、城乡居民基本养老保险基金、失业保险基金、城镇职工基本医疗保险基金、居民基本医疗保险基金、工伤保险基金、生育保险基金等。

4. 编制方法

社会保险基金收入预算和支出预算编制时考虑的因素如表13－15所示：

表13－15　社会保险基金预算编制方法

预算	考虑因素
收入预算	① 统筹地区上年度基金预算执行情况； ② 本年度经济社会发展水平预测； ③ 社会保险工作计划
支出预算	① 统筹地区本年度享受社会保险待遇人数变动； ② 经济社会发展状况； ③ 社会保险政策调整； ④ 社会保险待遇标准变动等

5. 编报和审批

全国社会保险基金的**预算草案**和**决算草案**都是由**人力资源社会保障部**汇总编制，**财政部**审核后，由财政部和人力社会保障部联合向国务院报告。

6. 执行和调整

社会保险基金预算**不得随意调整**。如因特殊情况确需调整时，应当编制**社会保险基金预算调整方案**。

> **名师说**
>
> 一般公共预算、政府性基金预算、国有资本经营预算、社会保险基金预算的收入来源各不相同，具体差异如表13-16所示：
>
> 表13-16 预算收入来源
>
> | 预算 | 收入来源 |
> | --- | --- |
> | 一般公共预算 | 能够统筹安排使用的资金 |
> | 政府性基金预算 | 专款专用的资金 |
> | 国有资本经营预算 | 国有资本经营收益 |
> | 社会保险基金预算 | 一般性税收、社会保障费等 |

例题13.3（2019年真题改编，多选题）

关于政府性基金预算的说法，不正确的有（   ）。

A. 政府性基金预算也属于政府预算的范畴
B. 政府性基金预算的结余不得结转下年使用
C. 政府性基金预算的收入具有指定用途、专款专用的特征
D. 政府性基金预算是政府通过向社会征收基金、收费以及出让土地、发行彩票等方式取得
E. 政府性基金预算由全国人民代表大会常务委员会审批

【答案】BE

【名师解析】政府性基金预算的管理原则是以收定支、专款专用、结余结转下年继续使用，选项B说法错误；政府性基金项目由财政部审批，重要的政府性基金项目须报国务院审批，选项E说法错误。

七、我国政府预算编制制度（★★★）

一般情况下，我国通过"预算法"的形式来确定政府预算制度。我国的预算编制制度包括<u>部门预算制度</u>和<u>预算外资金的预算管理</u>两个方面。

（一）部门预算制度

1. 含义

由基层单位编制，然后逐级向上汇报、审核、汇总，再经财政部门审核，提交立法机关依法批准年度财政收支计划的制度，叫作部门预算制度。部门预算制度是财政预算管理的基本形式。

2. 编制方法和流程

部门收入采用<u>标准收入预算法</u>，内容如下：

（1）调查国民经济运行情况和重点税源，建立数据库；

（2）选取财政收入相关指标，建立标准收入预算模型，确定修正系数，编制标准收入预算。

部门支出采用<u>零基预算法</u>，具体做法如表13-17所示：

表 13 - 17　部门支出预算

部门支出	方式
基本支出	① 实行定员定额管理； ② 按照工资福利标准和编制定员逐人核定人员支出预算； ③ 按部门性质、职责、工作量差别等划分档次，制定标准定员定额体系，逐部门核定日常公用支出预算
项目支出	① 先进行科学论证和排序； ② 优先安排急需可行的项目

部门预算实行**自下而上**的编制方式、"**两上两下**"的编制程序，具体流程如图 13.1 所示：

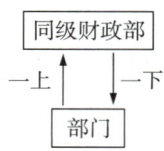

一上：编制预算建议数，上报同级财政部门；
一下：财政部门审核预算建议数，汇总后报同级政府，经批准后向各部门下达预算控制限额。

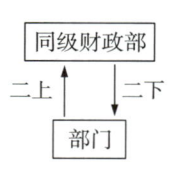

二上：根据下达的预算控制，编制部门预算草案，上报同级财政部门；
二下：审核预算草案，汇总成本级预算草案和部门预算草案，经政府审批，提交本级人民代表大会审议，经批准后一个月内向本级各部门批复预算，各部门在批复后 15 日内批复所属单位，并负责执行。

图 13.1　部门预算流程

3. 意义

建立部门预算制度的意义有：
（1）实行综合预算，统一了预算分配权，加强了预算的透明性；
（2）通过加强结余资金管理和绩效评价，提高了财政资源配置效率；
（3）让部门作为预算主体，有利于促进部门和行业事业发展；
（4）预算程序严密，规范了管财、理财、用财行为。

（二）将预算外资金纳入预算管理

1. 预算安排

自 2011 年 1 月 1 日起，中央部门预算外收入全部纳入国库，由财政预算或政府性基金预算安排支出，具体内容如表 13 - 18 所示：

表 13 - 18　中央部门预算外收入管理

收入	预算管理方式
交通运输部集中的航道维护收入	政府性基金预算
中央部门收取的主管部门集中收入、国有资产出租出借收入、广告收入、捐赠收入、回收资金、利息收入等	一般预算管理，使用时专款专用

中央各部门各单位的教育收费作为本部门的事业收入，纳入财政专户管理。
预算外收入纳入预算管理后，全部预算外收支科目都应被取消。

2. 意义

将预算外资金纳入预算管理的意义有：

（1）将过去分散管理的资金纳入预算管理，使财政预算更完整，更能发挥财政宏观调控的作用；

（2）使预算分配制度更完善；

（3）加强了对预算外资金的监督，有利于预防腐败。

例题13.4（2019年真题改编，单选题）

部门预算采取自下而上的编制方式，编制程序实行（　　）的基本流程。

A．"两上两下"   B．"一上一下"
C．"四上四下"   D．"三上三下"

【答案】A

【名师解析】部门预算采取自下而上的编制方式，编制程序实行"两上两下"的基本流程。

八、我国政府预算执行制度（★）

预算执行制度包括国库集中收付制度和政府采购制度。

（一）国库集中收付制度

1. 内容

我国自2001年起实施国库管理制度改革，它的主要内容有：

（1）在国库单一账户中运作所有财政性资金；

（2）对政府财政收入分别实行直接缴库和集中汇缴制度，所有收入都通过代理银行直接上缴至国库或财政专户；

（3）财政部门通过国库单一账户体系直接支付或授权各部门支付到个人、用款单位或者商品供应商和劳务提供者。

2. 意义

建立国库集中支付制度的意义有：

（1）加强了对预算执行的监督和控制；

（2）提高了预算执行管理信息的透明度；

（3）加强了宏观调控。

（二）政府采购制度

1. 含义

各级国家机关、事业单位和团体组织，使用财政性资金采购集中采购目录中的或采购额标准以上的货物、工程和服务的行为，叫作政府采购。

2. 方式

政府采购的方式有以下几种：

（1）集中采购与分散采购相结合，集中为主，分散为辅；

（2）公开招标与非公开招标相结合；

（3）委托采购与自行采购相结合。

九、实施全面规范、公开透明预算制度的主要内容（★★）

建立全面规范、公开透明预算制度的主要内容有如下 9 个方面：

（一）建立健全预算编制、执行、监督相互制约、相互协调机制

（二）完善政府预算体系

完善政府预算体系的内容主要包括：
(1) 明确各种预算的收支范围。包括一般公共预算、政府性基金预算、国有资本经营预算、社会保险预算；
(2) 建立定位清晰、分工明确的政府预算体系；
(3) 将政府的收支全部纳入预算管理；
(4) 加大一般公共预算、政府性基金预算、国有资本经营预算的统筹力度；
(5) 完善社会保险基金预算编制制度。

（三）建立跨年度预算平衡机制

1. 含义

各类预算的平衡机制内容如表 13-19 所示：

表 13-19 预算平衡机制

预算	超收	短收
中央一般公共预算	用于冲减赤字； 补充预算稳定调节基金	① 调入预算稳定调节基金； ② 削减支出或增列赤字； ③ 发行国债
地方一般公共预算	用于化解政府债务； 补充预算稳定调节基金	① 调入预算稳定调节基金或其他预算资金； ② 削减支出
政府性基金预算	结转下年安排	削减支出
国有资本经营预算	结转下年安排	削减支出

除上述措施外，各级政府还可以采用如下方法：
(1) 省级政府：报本级人民代表大会或其常务委员会批准后增列赤字，报财政部备案，在下一年度预算中进行弥补。
(2) 市、县级政府：申请上级临时补助，在下一年度归还。

（四）实施中期财政规划管理

财政部门会同各部门研究编制 3 年滚动财政规划。

（五）全面推进预算绩效管理

（六）建立政府资产报告制度

政府资产包括行政事业单位使用资产、政府经管资产、企业国有权益等。

政府资产报告通常包括**政府资产报表**和**政府资产分析报告**两部分。

(七) 建立权责发生制政府综合财务报告制度

我国实行**政府会计准则体系**和**权责发生制政府综合财务报告制度**。
在各部门财务报告的基础上，各级政府财政部门需要编制政府综合财务报告。
政府综合财务报告主要包括政府资产负债表、收入费用表、报表附注、报告分析等。

(八) 建立财政库底目标余额管理制度

1. 含义
在科学预测国库现金流的基础上，设定确保财政支出支付需求的最低目标余额，运用安全短期投融资工具，使库底资金的目标余额保持稳定的制度，叫财政库底目标余额管理制度。

2. 主要内容
财政库底目标余额管理制度的内容主要有：
（1）建立现金流预测制度；
（2）完善国库现金管理银行账户、资金清算及核算体系；
（3）健全完善国库现金管理投融资运行机制；
（4）完善国库现金管理风险监控管理机制。

(九) 推进预算、决算公开

预算、决算公开的内容如下：
（1）政府预算、决算支出按"项"公开，专项转移支付预算、决算按项目、地区公开；
（2）部门预算、决算按"基本支出""项目支出"公开。

例题 13.5（2017 年真题改编，单选题）
财政库底目标余额管理的主要内容不包括（　　）。
A. 建立国库现金流量预测制度
B. 完善国库集中支付制度
C. 完善国库现金管理银行账户、资金清算及核算体系
D. 健全完善国库现金管理投融资运行机制

【答案】B
【名师解析】建立财政库底目标余额管理制度的主要内容包括：
（1）建立国库现金流量预测制度；
（2）完善国库现金管理银行账户、资金清算及核算体系；
（3）健全完善国库现金管理投融资运行机制；
（4）完善国库现金管理风险监控管理机制。

任务 14　财政体制

任务概述

本任务涉及"第十六章 财政管理体制"。涉及内容：财政管理体制的含义、内容、类型、分税制财政管理体制的内容等。

此任务在中级经济师考试中约考查 2 分，分值占比约为 1.4%。考试题型同时涉及单选题和多选题。

本任务整体难度较大，其中，重要考点为：财政管理体制的内容、分税制财政管理体制的内容。

任务框架图

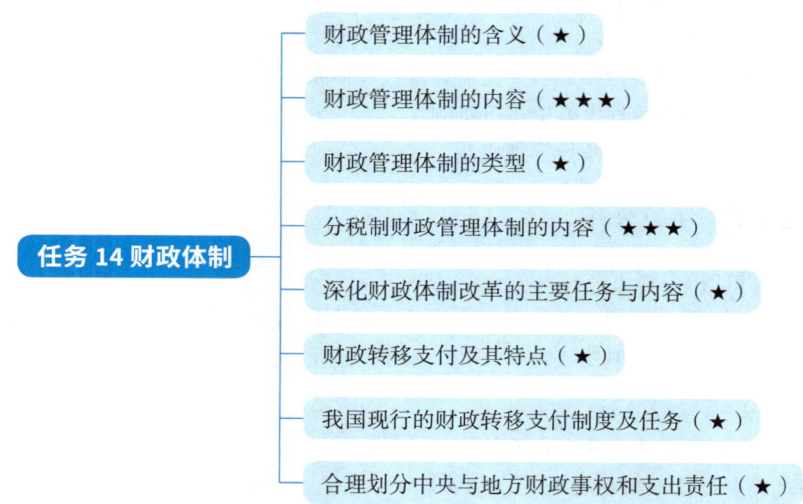

一、财政管理体制的含义（★）

财政管理体制是指国家管理和规范中央与地方政府之间以及地方各级政府之间划分财政收支范围和财政管理职责与权限的一项根本制度。

财政管理体制有广义和狭义之分，各自包含的内容如表 14-1 所示：

表 14-1　广义与狭义的财政管理体制

财政管理体制	包含内容
广义	① 政府预算管理体制； ② 税收管理体制； ③ 公共部门财务管理体制等
狭义	政府预算管理体制

财政管理体制的中心环节是政府预算管理体制。它规定了如下内容：
(1) 各级政府间的财力划分；
(2) 预算资金使用的范围、方向和权限。

二、财政管理体制的内容（★★★）

（一）财政分配和管理机构的设置

我国的财政管理机构分为五级，每级财政部门内部又设置不同业务分工的机构。五个级别分别为：
(1) 中央；
(2) 省（自治区、直辖市）；
(3) 设区的市（自治州）；
(4) 县（自治县、不设区的市、市辖区）；
(5) 乡（民族乡、镇）。

（二）政府间事权及支出责任的划分

政府间事权和支出责任的划分一般遵循4条原则，每条原则的划分依据和具体内容如表14-2所示：

表14-2 政府间事权与支出责任划分原则

原则	划分依据	具体内容
受益原则	公共产品和服务的受益范围	① 全国范围内受益的事权划归中央政府；② 区域范围内受益的事权划归地方政府；③ 受益范围涉及多个区域的事权，相关地区协商承担或者受益地区共同承担
效率原则	产品的配置效率	由效率更高的政府来提供
区域原则	公共产品和服务的区域性	① 全国性公共产品和服务的事权划归中央，如外交、国防事务等；② 具有区域性特征的事权划归地方政府，如社会治安、城市供水、公园事务等
技术原则	公共产品和服务的规模大小、技术难易程度	① 规模大、技术高的由中央政府负责，如三峡工程、青藏铁路等；② 规模小、技术难度低的由地方政府负责

例题14.1（2015年真题改编，单选题）

同层级的政府间事权及支出责任划分的原则不包括（　　）。
A. 受益原则　　　　B. 效率原则　　　　C. 恰当原则　　　　D. 区域原则

【答案】C

【名师解析】财政管理体制作为划分各级政府间财政关系的根本制度，其依据是政府职能界定和政府间事权划分。政府间财政支出划分是财政管理体制的基础性内容。政府间事权及支出责任划分一般遵循以下重要原则：受益原则、效率原则、区域原则、技术原则。

（三）政府间财政收入的划分

决定政府间财政收入划分的主要标准是税种属性。政府间财政收入划分的原则有 4 条，具体内容如表 14－3 所示：

表 14－3　政府间财政收入划分原则

原则	具体内容
集权原则	收入**份额较大**的税种划归**中央**政府
效率原则	① **流动性强**的收入划归**中央**政府； ② **流动性不强**、地方政府了解基本信息的收入划归**地方**政府
恰当原则	① **调控功能较强**的税种划归**中央**政府； ② 体现**国家主权**的收入划归**中央**政府
收益与负担对等	**收益与负担能够直接对应**的收入，一般作为**地方**政府收入

收入结构与支出结构的非对称性安排，即收入结构划分以中央政府为主，支出结构划分则以地方政府为主，**是政府间财政收支划分的基本特征**。

例题 14.2（2018 年真题改编，单选题）
政府间财政收入划分的原则不包括（　　）。
A．集权原则　　　　　　　　　　　B．效率原则
C．恰当原则　　　　　　　　　　　D．收入与支出非对称原则
【答案】D
【名师解析】政府间财政收入划分遵循的原则包括集权原则、效率原则、恰当原则以及收益与负担对等原则。收入与支出结构的非对称性安排是政府间财政收支划分的基本特征。

（四）政府间财政转移支付制度

转移支付制度可以协调中央政府和地方政府间的财政关系，具体内容请见后文。

三、财政管理体制的类型（★）

（一）财政管理体制模式

财政管理体制分为**财政联邦制模式**和**财政单一制模式**。
1. 财政联邦模式
联邦制国家实行"州余权主义"，即州有权对宪法中未指明或者未列举的联邦权属之外的事务进行立法和实施。
联邦制下，联邦（中央）和州（地方）之间权力关系有如下特点：
（1）二者是互相平等独立的；
（2）二者都直接对公民行使权力；
（3）二者在宪法规定的事务上相互协调。
在联邦制模式下，政府间的财政联系主要依靠**分税制和转移支付**制度实现。实行联邦制的国家

有美国、加拿大、德国、澳大利亚、俄罗斯、墨西哥、印度等。

2. 财政单一制模式

在财政单一制模式下，财政管理体制实行中央和地方各级政府由中央统一领导，按照事权、财权财力的划分，统一财政预算和分级管理。

在财政单一制模式下，地方政府的自主性较小。实行财政单一制的国家有法国、英国、意大利、日本、韩国等。

（二）我国管理体制的发展

我国自新中国成立以来，一直实行统收统支、高度集中的财政管理体制。我国在1980—1993年历经了3次"包干型"财政管理体制改革，不同期间实行的体制及具体内容如表14-4所示：

表14-4 "包干型"财政管理体制

时间	体制	具体内容
1980—1984	划分收支、分级包干	① 明确中央和地方的收支范围； ② 以1979年预算收支执行数为基础，计算地方预算收支的包干基数； ③ 核定地方上缴比例、调剂收入分成比例和定额补助数，原则上5年不变
1985—1987	划分税种、核定收支、分级包干	① 按税种划分各级预算收入； ② 按隶属关系划分中央与地方预算支出
1988—1993	包干财政体制	实行收入递增包干、总额分成、总额分成加增长分成、定额上解、定额补助等包干办法

从1994年起，我国取消了包干制，实行分税制财政管理体制。这次改革标志着我国财政管理体制改革从放权让利进入制度创新的新阶段。

四、分税制财政管理体制的内容（★★★）

（一）分税制财政管理体制的含义

在中央和地方政府之间，将国家的全部税种进行划分，从而确定中央财政和地方财政收入范围的财政管理体制，叫作分税制财政管理体制。

我国自1994年起实行分税制财政管理体制。

（二）分税制财政管理体制的主要内容

1. 支出责任划分

中央政府与地方政府事权的范围及具体内容如表14-5所示：

表14-5 事权划分范围及内容

支出责任	中央财政支出	地方财政支出
范围	① 国家安全、外交和中央国家机关运转所需经费； ② 调整国民经济结构、协调地区发展、实施宏观调控所需支出； ③ 中央直接管理的事业发展支出	① 本地区政权机关运转所需支出； ② 本地区经济社会发展所需支出
具体内容	① 国防、武警经费； ② 外交支出； ③ 中央级行政管理费； ④ 中央统管的基本建设投资； ⑤ 中央直属企业的技术改造和新产品试制经费； ⑥ 地质勘探费； ⑦ 中央安排的农业支出； ⑧ 中央负担的国内外债务的还本付息支出； ⑨ 中央负担的公检法支出； ⑩ 文化、教育、卫生、科学等各项事业费支出	① 地方行政管理费； ② 公检法经费； ③ 民兵事业费； ④ 地方统筹安排的基本建设投资； ⑤ 地方企业的技术改造和新产品试制经费； ⑥ 地方安排的农业支出； ⑦ 城市维护建设费； ⑧ 地方文化、教育、卫生等各项事业费及其他支出

例题14.3（2019年真题改编，单选题）

关于现行中央地方支出责任的划分，不正确的是（　　）。

A. 公检法经费由地方财政承担　　　　B. 民兵事业费由地方财政承担
C. 地质勘探费由地方财政承担　　　　D. 外交支出由中央财政承担

【答案】C

【名师解析】公检法经费、民兵事业费属于地方财政支出，地质勘探费和外交支出由中央财政承担。

2. 收入划分

中央政府与地方政府收入划分的依据及具体内容如表14-6所示：

表14-6 中央与地方收入划分依据及内容

收入	中央收入	中央与地方共享收入	地方收入
依据	维护国家权益、实施宏观调控所需的税种	同经济发展直接相关的主要税种	适合地方征管的税种
具体内容	① 关税； ② 海关代征消费税和增值税； ③ 消费税； ④ 各银行总行、各保险公司总公司等集中缴纳的收入（如利润和城市维护建设税）； ⑤ 证券交易印花税； ⑥ 车辆购置税； ⑦ 出口退税； ⑧ 船舶吨税； ⑨ 未纳入共享范围的中央企业所得税； ⑩ 中央企业上缴的利润等	① 增值税中央与地方**各享**50%； ② 纳入共享范围的企业所得税和个人所得税中央分享60%，地方分享**40%**； ③ 资源税按不同的资源品种划分，海洋石油资源税为中央收入，其余资源税为地方收入	① 地方企业上缴利润； ② 城镇土地使用税； ③ 城市维护建设税（不含各银行总行、各保险公司总公司集中交纳的部分）； ④ 房产税； ⑤ 车船税； ⑥ 印花税（不含证券交易印花税）； ⑦ 耕地占用税； ⑧ 契税； ⑨ 烟叶税； ⑩ 土地增值税； ⑪ 国有土地有偿使用收入等

3. 分税制财政管理体制改革的主要成效

我国分税制财政管理体制改革主要成效有：

(1) 建立了财政收入的稳定增长机制。分税制财政体制解决了包干体制下"一省一制"等问题，增强了中央财政的资源配置、宏观调控的能力，调动了地方政府发展经济、增加收入的积极性。
(2) 中央财政收入比重有所提高，增强了中央政府宏观调控能力。
(3) 促进了产业结构调整和资源优化配置。

五、深化财政体制改革的主要任务与内容（★）

（一）现行财政体制的问题

现行财政体制的问题有：
(1) 事权与支出责任划分不清晰，财力与事权不匹配；
(2) 转移支付制度不完善，支付结构不合理；
(3) 地方政府性债务增长快，收入相较于支出增长速度慢。

（二）财政体制改革的方向

财政改革的方向包括完善事权和支出责任划分、收入划分两个方面，它们的具体内容如表 14－7 所示：

表 14－7 财政体制改革的内容

改革方向	具体内容
完善事权和责任划分	① 适度加强中央事权； ② 明确中央与地方共同事权； ③ 明确区域性公共服务为地方事权； ④ 调整中央和地方的支出责任
明确收入划分	① 将周期性强、再分配作用强、税基流动性较大、税基分配不均衡、易转嫁的税种划为中央税，或中央份额多； ② 将受益性和区域性特征明显、不直接对宏观经济产生重大影响的税种划分为地方税，或地方份额多； ③ 培育地方主体税种，形成稳定税源

六、财政转移支付及其特点（★）

（一）含义

财政转移支付是指通过垂直的（上一级财政流向下一级财政）资金流动，实现上级对下级政府的补助，或同级地区间的资金流动。

经济学家庇古在 1928 年发表的《财政学研究》中最早提出了"转移支付"的概念。

庇古是英国著名经济学家，剑桥学派的主要代表之一。他在青年时期进入剑桥大学学习历史，后来受当时英国著名经济学家马歇尔的影响，转学经济学。毕业后担任过英国伦敦大学杰文斯纪念讲座讲师和剑桥大学经济学讲座教授。他被认为是剑桥学派领袖马歇尔的继承人。当时他年仅31岁，是剑桥大学历来担任这个职务最年轻的人。

他由于《财富与福利》（后称《福利经济学》）一书而被西方经济学界奉为福利"经济学之父"，成为福利经济学的创始人。他还提出要根据污染所造成的危害程度对排污者征税，用税收来弥补排污者生产的私人成本和社会成本之间的差距，使两者相等。这种税被称为"庇古税"。

（二）作用

财政转移支付制度的作用有：
（1）稳定地方政府的收入来源；
（2）均衡各地方公共服务水平；
（3）调节地方财政支出，加强国家宏观调控。

（三）特点

财政转移支付的特点有 5 个方面：
（1）完整性；
（2）对称性，转移支付的财力要与事权职责需求相对应；
（3）科学性；
（4）统一性和灵活性相结合；
（5）法制性。

七、我国现行的财政转移支付制度及内容（★）

（一）财政转移支付的分类

财政转移支付可以分为均衡拨款和专项拨款两类。具体适用范围如表 14-8 所示：

表 14-8　财政转移支付的分类

类别	适用范围
均衡拨款	地方事权范围的支出项目
专项拨款	① 中央委托事务； ② 共同事权事务； ③ 效益外溢事务； ④ 符合中央政策导向事务

> **名师说**
>
> 美国是分权国家的代表,但美国没有建立一般性转移支付制度,联邦政府的转移支付全部以专项和分类转移支付方式进行。
>
> 日本是单一制国家,它每年的地方交付税(均衡拨款)比国库支出金(专项拨款)高。

(二) 我国现行的财政转移支付制度

我国现行的财政转移支付有一般性转移支付和专项转移支付两种,它们的作用和具体内容如表14-9所示:

表14-9 我国财政转移支付的分类

类别	作用	具体内容
一般性转移支付	① 弥补地方政府财力缺口; ② 实现地区间公共服务均衡	① 均衡性转移支付; ② 民族地区转移支付; ③ 县级基本财力保障机制奖补资金; ④ 调整工资转移支付; ⑤ 农村税费改革转移支付; ⑥ 资源枯竭城市转移支付
专项转移支付	① 实现特定的宏观政策; ② 对委托地方政府代理的事务进行补偿; ③ 对中央地方共同承担事务进行补助	① 教育; ② 医疗卫生; ③ 社会保障; ④ 支农等公共服务领域

> **名师说**
>
> 一般性转移支付中的均衡转移支付是指参照**标准财政收入和标准财政支出**的差额,按照公平公正的原则进行的转移支付。其中,标准财政收入和支出的计算标准如表14-10所示:
>
> 表14-10 标准财政收入和支出的计算标准
>
> | 项目 | 计算标准 | 目标 |
> | --- | --- | --- |
> | 标准财政收入 | 工业增加值 | ① 衡量各地收入能力;
② 反映政府收入努力程度 |
> | 标准财政支出 | 各地总人口、面积、海拔、温度、距离、少数民族人口比重等 | — |

(三) 税收返还

我国自1994年起实行税收返还制度。

中央对地方税收返还包括增值税定额返还、消费税定额返还、所得税基数返还和成品油价格与税费改革税收返还。

名师说

税收返还，指的是政府按照国家有关规定采取先征后返（退）、即征即退等办法向企业返还的税款，属于以税收优惠形式给予的一种政府补助。

（四）规范财政转移支付制度的任务

我国现在推进转移支付制度改革的目标有如下 3 点：
（1）均衡地区间基本财力；
（2）以地方统筹安排使用的一般性转移支付为主体；
（3）一般性转移支付和专项转移支付相结合。
具体的措施如表 14 - 11 所示：

表 14 - 11　规范财政转移支付制度的内容

措施	具体内容
完善一般性转移支付的稳定增长机制	① 增加一般性转移支付规模和比例，重点增加对革命老区、民族地区、边疆地区、贫困地区的转移支付； ② 通过一般性转移支付调节因中央出台的减收增支政策形成的地方财力缺口
清理、整合、规范专项转移支付项目	① 减少转移支付项目，归并重复交叉的项目，取消竞争性领域专项和地方资金配套，控制引导类、救济类、应急类专项； ② 保留的项目中，属于地方事务且数额相对固定的，划入一般性转移支付； ③ 根据需要及时清理专项转移支付项目

八、合理划分中央与地方财政事权和支出责任（★）

国务院于 2016 年 8 月印发了《国务院关于推进中央与地方财政事权和支出责任划分改革的指导意见》，其中提出了总体要求、划分原则以及主要内容。

（一）总体要求

总体要求有如下 5 点：
（1）坚持中国特色社会主义道路和党的领导；
（2）坚持财政事权由中央决定；
（3）坚持有利于健全社会主义市场经济体制；
（4）坚持法治化规范化道路；
（5）坚持积极稳妥统筹推进。

（二）划分原则

划分原则有如下 5 点：
（1）体现基本公共服务受益范围；
（2）兼顾政府职能和行政效率；

(3) 实现权、责、利相统一；
(4) 激励地方政府主动作为；
(5) 做到支出责任与财政事权相适应。

（三）主要内容

主要内容有**推进中央与地方财政事权划分、完善中央与地方支出责任划分**以及**加快省以下财政事权和支出责任划分**。

1. 推进中央与地方财政事权划分

推进中央与地方财政事权划分的具体内容包括以下 4 点：
(1) 适度加强中央的财政事权；
(2) 保障地方履行财政事权；
(3) 减少并规范中央与地方共同财政事权；
(4) 建立财政事权划分动态调整机制。

2. 完善中央与地方支出责任划分

完善中央与地方支出责任划分的具体内容有如下 3 点：
(1) 中央的财政事权由中央承担支出责任；
(2) 地方的财政事权由地方承担支出责任；
(3) 中央与地方共同财政事权区分情况划分支出责任。

3. 加快省以下财政事权和支出责任划分

省级政府要参照中央做法，结合当地实际，按照财政事权划分原则合理确定省以下政府间财政事权。

任务 15　财政政策

任务概述

本任务涉及"第十七章 财政政策",涉及内容:财政政策的功能与目标、工具与类型、财政乘数等。

此任务在中级经济师考试中约考查 5 分,分值占比约为 4%。考试题型同时涉及单选题和多选题。本任务整体难度适中,其中,重要考点为:财政政策的工具、财政政策的分类。

任务框架图

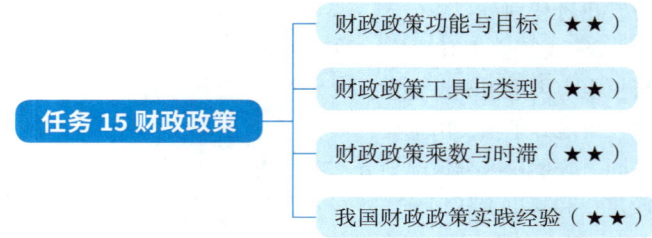

一、财政政策功能与目标（★★）

（一）财政政策的含义

财政政策指政府为实现预期宏观调控目标,对财政收支进行调整的措施,财政政策由预算政策、税收政策、支出政策、国债政策等组成。

（二）财政政策的功能

1. 导向功能

财政政策通过对财政的分配和管理调整人们的利益,从而改变企业和个人的经济行为,指引经济运行。财政政策不仅要提出明确的调控目标,而且要通过利益机制引导经济行为。

2. 协调功能

协调功能体现在对社会经济发展中,在地区、行业间出现的失衡情况进行协调和制约。

3. 控制功能

控制功能指政府通过财政政策调节企业和居民等市场经济主体的经济行为,实现对经济社会的有效控制。如对高档奢侈品征税,引导消费方向。

4. 稳定功能

稳定功能指政府通过财政政策,调整社会总需求和总供给,实现总供求的总量和结构平衡,促进国民经济又好又快发展。比如，经济过热、通货膨胀时，政府可以通过减少财政支出、增加税收，以此控制总需求，降低通货膨胀。

（三）财政政策的目标

财政政策目标指政府制定和实施财政政策要达到的预期目的。财政政策的目标包括促进充分就业、物价基本稳定、国际收支平衡和经济稳定增长。

1. 促进充分就业

充分就业是衡量资源充分利用的一个指标，通常用失业率表示。失业率高，表明社会经济资源的大量闲置，不仅生产规模下降，还会引发社会问题。因此，控制失业率是财政政策的主要目标之一。

2. 物价基本稳定

经济快速发展往往伴随着整体物价上升，但高通胀会引起国民财富再分配，扭曲资源配置。与之相反，严重的通货紧缩使得生产能力和资源闲置，失业率上升。

3. 国际收支平衡

国际收支平衡指经常项目收支、资本项目流入流出的差额之和为零。国际收支情况反映了对外交往情况和经济稳定程度。

> **名师说**
>
> 国际收支平衡表由三部分组成：
> （1）经常项目亦称贸易项目，是一国的商品和劳务的进口和出口；
> （2）资本项目是指一国资本的流入和流出；
> （3）误差和损漏项目。
> 经常项目平衡即贸易平衡，指商品和劳务的进口等于出口；若出口大于进口，称为顺差；若出口小于进口，称为逆差。
> 资本项目平衡是指资本流入等于资本流出。若资本流入大于资本流出，资本项目有盈余，反之则有赤字。
> 一国国际收支反映其对外交往情况，及其经济稳定程度。若出现逆差，表明其他国家对该国储备的索取权增加，削弱了该国的储备地位。若国际收支长期不平衡，其外汇储备不断减少，外债增加，国民收入增长率下降。

4. 经济稳定增长

经济稳定增长是指一国或地区，经济发展速度和水平保持稳定。经济稳定增长取决于生产要素投入的增长和生产要素的技术进步程度。可以理解为经济持续增长即人力、物力、财力等社会资源能够支持经济可持续增长。但一定要注意防止出现过分行政干预刺激的经济增长，因为这将引发如环境污染加重、通货膨胀严重、能源紧张等一系列经济社会问题。财政政策要通过引导劳动、资本、技术等各项生产要素的合理配置，实现经济持续稳定增长。

> 2020上半年我国国内生产总值456 614亿元，和去年同期相比下降1.6%。分季度看，一季度同比下降6.8%，二季度增长3.2%。我国疫情防控形势持续向好，复工复产复商复市加快推进，上半年我国经济先降后升，二季度经济增长由负转正，主要指标恢复性增长，经济运行稳步复苏，基本民生保障有力，市场预期总体向好，社会发展大局稳定。

二、财政政策工具与类型（★★）

（一）财政政策的工具

财政政策工具是指用以达到财政政策目标的各种财政手段，如预算、税收、公债、公共支出、政府投资和财政补贴等。

1. 预算政策

财政收支的规模及其差额是财政调节经济作用的主要表现。当总供给大于总需求时，预算应扩大支出规模、通过一定赤字来扩大社会总需求；当总供给小于总需求时，预算应缩小支出规模、通过一定盈余来抑制社会总需求；当总供给与总需求基本平衡时，应保持预算收支规模的基本平衡。

2. 税收政策

繁荣时期，政府应提高税率、减少税收优惠，增加税收，从而减少企业和个人可支配收入，抑制过度投资和消费需求，降低总需求。萧条时期，政府应降低税率、增加税收优惠，从而减少税收，增加企业和个人可支配收入，鼓励投资和消费，增加社会总需求。税收也是实行公平收入分配政策的重要手段。

3. 公债政策

公债是政府实施宏观调控的重要政策工具。公债发行中通过不同期限，不同种类的设计对经济运行扩张或紧缩产生影响。另外，通过调整国债发行利率影响市场利率的变化，可以对经济运行产生影响。

4. 公共支出政策

公共支出政策主要包括狭义的购买性支出和转移性支出。狭义的购买性支出是政府进行日常行政事务活动所需要的商品和劳务支出。转移性支出是财政资金无偿、单方面转移的支出，包括政府补助支出、捐赠支出和债务利息支出。

5. 政府投资政策

政府投资指财政用于资本项目建设性支出，形成各种类型的固定资产。政府投资是政府实施宏观调控、调节市场失灵的必要手段。政府通过调整投资规模，影响总需求和未来总供给。通过调整政府投资方向，可以对经济结构进行调节，促进资源合理配置和产业结构优化。

6. 财政补贴政策

经济过热时，政府可减少补贴使企业和个人可支配收入减少，抑制投资和消费需求，实现经济平稳回落；萧条时期，政府可增加财政补贴使企业和个人可支配收入增加，鼓励投资和消费，拉动经济增长。同时，财政补贴还可以提高低收入群体的可支配收入水平，是实行公平收入分配政策的重要手段。

(二) 财政政策的类型

1. 自动稳定的财政政策和相机抉择的财政政策

根据财政政策调节经济周期的作用，财政政策可以划分为自动稳定的财政政策和相机抉择的财政政策。

自动稳定的财政政策指经济系统本身存在一种内在的、无需政府采取其他干预行为就可自动调节经济运行的机制，也称为"自动稳定器"。

"自动稳定器"主要表现在两方面：

（1）累进所得税的自动稳定政策。

萧条时期，个人收入和企业利润降低，符合纳税条件的个人和企业减少，税收会自动减少，防止个人消费和企业投资过度下降，从而反经济衰退。经济过热时期，其作用机理正好相反。

（2）政府福利支出的自动稳定机制。

经济衰退时，符合领取失业救济和各种福利的人数增加，政府转移支付自动增加，从而有利于抑制消费下降，防止衰退。繁荣时期，其作用机理正好相反。

相机抉择的财政政策指政府根据经济运行状况，主动灵活地选择不同类型的反经济周期的财政政策工具。

> **名师说**
>
> 相机抉择财政政策包括汲水政策和补偿政策。汲水政策是指萧条时期进行公共投资，增加社会总需求。补偿政策指政府有意识地从当时经济状态的反方向调节经济变动的财政政策，以达到稳定经济波动的目的。萧条时期，政府通过增加财政支出、减少财政收入等政策来提升总需求，刺激经济增长；相反，繁荣时期，为抑制通胀，政府通过增加财政收入、减少财政支出等政策来抑制和减少社会过剩需求。

2. 扩张性财政政策、紧缩性财政政策和中性财政政策

根据对国民经济总量和结构调节的不同功能，财政政策可以分为：

（1）扩张性财政政策：通过财政收支变化，增加社会总需求的政策。在社会总需求不足情况下，通常采取扩张性财政政策，通过减税、增加支出等手段扩大总需求。

（2）紧缩性财政政策：通过财政收支活动来减小总需求的政策，通过增加税收、减少财政支出等手段，减少社会总需求。

（3）中性财政政策：在经济稳定增长时期，政府通过实施财政收支基本平衡的财政政策，既不扩张也不紧缩，以保持经济的持续稳定发展。

三、财政政策乘数与时滞（★★）

（一）财政政策乘数

财政政策乘数被用来研究财政收支变化对国民收入的影响，包括税收乘数、政府购买支出乘数和平衡预算乘数。

1. 税收乘数

国民收入变动与引起这种变动的税收变动的比率，即税收乘数，用K_T表示：

$$K_T = \frac{国民收入变动率}{税收变动率} = -\frac{b}{1-b} \quad (15.1)$$

式（15.1）中，b代表边际消费倾向，下同。

税收乘数的特点和作用：

（1）税收乘数K_T为负数，表示税收与国民收入二者的增减反方向变动。税收增加减少社会总需求，减少国民收入。

（2）国民收入减少量是税收增量的$b/(1-b)$倍，即税收的增减将会成倍影响社会总需求。

2. 政府购买支出乘数

国民收入变动与引起这种变动的政府购买变动的比率，即政府购买支出乘数，用K_G表示：

$$K_G = \frac{国民收入变动率}{政府购买支出变动率} = \frac{1}{1-b} \quad (15.2)$$

政府购买支出乘数的特点和作用：

（1）政府购买支出乘数K_G为正数，表示购买支出与国民收入二者的增减同方向变动。政府购买支出增加，国民收入增加。

（2）国民收入增加量是政府购买性支出增加量的$1/(1-b)$倍。

（3）购买性支出乘数大于税收乘数，即相较于减税，增加财政支出对经济增长的作用更大。

3. 平衡预算乘数

平衡预算乘数指政府收入和支出同时以相等数量增加或减少时，对国民收入的影响程度，用K_b表示：

$$K_b = \frac{国民收入变动率}{政府购买支出变动率（或税收变动率）} = \frac{\Delta Y}{\Delta G (\Delta T)} = \frac{1-b}{1-b} = 1 \quad (15.3)$$

记忆小窍门

平衡预算乘数表明，即使增加税收也会减少国民收入，但如果同时等额增加政府支出，国民收入也会以支出增加的数量增加。因此政府实行的平衡预算政策仍具有扩张效应，其效应等于1。在考试的时候，无论题干给出的边际消费倾向等于多少，最后得出的政府平衡预算乘数都是1。

例题15.1（2018年真题改编，单选题）

某国的边际消费倾向为0.8，那么该国的税收乘数为（　　）。

A. 4　　　　　　B. -4　　　　　　C. 5　　　　　　D. -5

【答案】B

【名师解析】本题考查税收乘数的计算。税收乘数=-b/（1-b），其中b是边际消费倾向，本题中为0.8，带入可得税收乘数为-4。

(二) 财政政策时滞

财政政策的实施一般会产生下列 5 种时滞，依次为认识时滞、行政时滞、决策时滞、执行时滞以及效果时滞，如表 15-1 所示：

表 15-1 财政政策时滞分类表

时滞的类型	含义
认识时滞	从经济现象发生变化到决策者对这种需要调整的变化有所认识所经过的时间
行政时滞	财政部门在制定采取何种政策之前对经济问题进行调查研究所耗费的时间
决策时滞	财政部门将分析的结果提交给立法机关审议通过所需要的时间
执行时滞	政策议案经立法机关批准后交付有关单位付诸实施所需要的时间
效果时滞	政策正式实施到已对经济产生影响所需要的时间

【名师说】

上述 5 种时滞中，又可分为内在时滞和外在时滞。认识时滞和行政时滞，一般被称为内在时滞，指行政当局从发现问题到采取措施所需的时间。决策时滞、执行时滞和效果时滞被称为外在时滞，指当局采取措施到措施对经济产生影响的时间。

例题 15.2（2018 年真题改编，多选题）

以下选项中属于外在时滞的是（　　）。

A. 认识时滞　　　　　B. 行政时滞　　　　　C. 决策时滞　　　　　D. 执行时滞

E. 效果时滞

【答案】CDE

【名师解析】本题考查时滞的分类。认识时滞和行政时滞，一般被称为内在时滞。决策时滞、执行时滞和效果时滞被称为外在时滞。

第三部分 货币与金融

考情分析

"第三部分 货币与金融"在中级经济师考试中的分值占比为15%~20%。在整个课程体系中的位置居中,难度中等偏上,所涉及的知识深刻且全面。考试题型同时涉及单选题和多选题。

本部分共5个任务:任务16内容涵盖"第十八章 货币供求与货币均衡";任务17内容涵盖"第十九章 中央银行与货币政策";任务18内容涵盖"第二十章 商业银行与金融市场";任务19内容涵盖"第二十一章 金融风险与金融监管";任务20内容涵盖"第二十二章 对外金融关系与政策"。

本部分框架图

```
                            ┌── 第十八章 货币供求与货币均衡 ── 任务16
                            │
                            ├── 第十九章 中央银行与货币政策 ── 任务17
                            │
第三部分 货币与金融 ─────────┼── 第二十章 商业银行与金融市场 ── 任务18
                            │
                            ├── 第二十一章 金融风险与金融监管 ── 任务19
                            │
                            └── 第二十二章 对外金融关系与政策 ── 任务20
```

任务 16　货币供求与均衡

任务概述

本任务涉及"第十八章 货币需求与货币均衡"。涉及内容包括：货币需求的概念、货币需求的理论、货币供给、货币供给机制、货币均衡，以及通货膨胀。

此任务在中级经济师考试中约考查 5 分，分值占比约为 4%。考试题型同时涉及单选题和多选题。

本任务整体难度适中，其中，重要考点为：货币需求理论、货币供给、货币供给机制，以及通货膨胀。

任务框架图

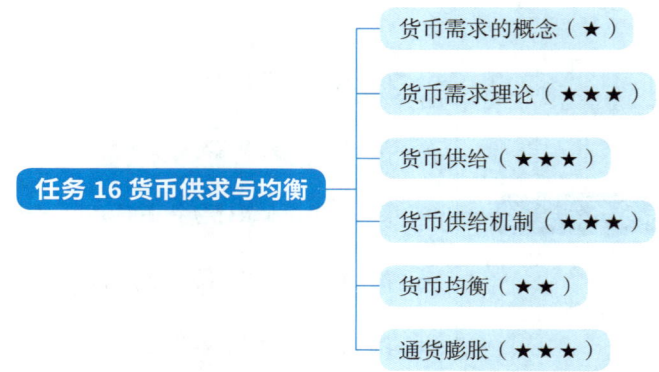

一、货币需求的概念（★）

（一）货币需求

1. 货币需求的含义

货币需求指在给定的收入和财富范围内，社会各经济主体**能够并愿意**持有货币的数量。

2. 货币需求的特征

货币需求具有客观性、有效性、派生性，以及经济性这 4 个特征，如表 16－1 所示：

表 16－1　货币需求的特征

特征	含义
客观性	货币需求属于客观需求，而**不属于主观需求**
有效性	货币需求是由**货币需求能力**和**货币需求愿望**共同决定的有效需求

续表

特征	含义
派生性	① 货币需求具有派生性，派生于人们对生产与交换商品、持有财富的需求； ② 货币具有流通手段、支付手段和贮藏手段等职能
经济性	货币需求是一种经济需求

（二）货币需求量

货币需求量是指一定期限和空间范围内，社会中各经济部门对货币的客观需求量。后文将通过货币需求理论详细解答：需要货币的原因；货币需求的决定因素；货币需求与实际经济活动的关系。

货币需求由"能力"和"意愿"共同构成，二者缺一不可。这个知识点常在题目中出现，考生需要重点掌握。

二、货币需求理论（★★★）

（一）传统货币数量说

1. 费雪的现金交易数量说

费雪的现金交易数量说来自于 1911 年美国经济学家费雪撰写的《货币购买力》。书中提到的著名的费雪方程式（又被称为"交易方程式"）如下：

$$MV = PT \tag{16.1}$$

式（16.1）中，M 代表货币量，是最活跃的因素，会频繁地主动变动；V 代表货币流通速度，由制度因素决定，在短期内难以改变，视为常数，长期不受 M 变动影响；P 代表物价水平，随着 M 的变动而被动地变动；T 代表商品和劳务的交易量，取决于资本、劳动和自然资源供给状况，以及生产技术水平等非货币因素，大体上是稳定的，长期不受 M 变动影响。

费雪的现金交易数量说的结论是：物价水平由货币量决定。

欧文·费雪是美国公认的最杰出的经济学家之一，是货币主义和计量经济学的创始人，美国第一位数理经济学家。由于对货币数量论和宏观经济学的贡献，他被称为"第一代货币主义者"。

费雪通过发明可显示卡片指数系统取得专利，创办了一家获利颇丰的可显示指数公司，后来该公司与竞争对手合并为斯佩里·兰德公司。乐观的费雪在 20 世纪 30 年代大危机前，通过借款购买兰德公司股份，以及大量小盘成长性股票，他的股票市值曾一度超过 1 000 万美元，使其成为历史上最富有的经济学家，远远超过了大名鼎鼎的约翰·梅纳德·凯恩斯，甚至被誉为"华尔街的先知"。当时，他认为美国股市并未被完全高估，并把股票市场的兴旺视为美国长期繁荣的"新时代"的反映。但是，大危机爆发后，他的股票成为废纸，据说，损失为 800~1 000 万美元。

例题 16.1（2019 年真题改编，单选题）

由费雪提出的现金交易数量说所反映的理论观点是（　　）。

A. 货币流通速度受货币供应量变动的影响　　B. 商品和劳务的交易量通常波动性很大

C. 货币量大体上是稳定的，偶尔会被动变动　　D. 货币量决定物价水平

【答案】D

【名师解析】选项 A，货币流通速度：由制度因素决定，长期不受货币量变动的影响。

选项 B，商品和劳务的交易量大体上稳定，长期不受货币量变动的影响。

选项 C，货币量是最活跃的因素，频繁地主动变动。货币量决定物价水平。

2. 剑桥学派的现金余额数量说

剑桥学派的代表人庇古于 1917 年在英国发表了《货币的价值》一文。该文提出并详细论述了剑桥方程式，如下：

$$\pi = \frac{K \cdot Y}{M} \tag{16.2}$$

式（16.2）中，π 代表货币价值，即货币购买力，是物价指数的倒数；Y 代表总资源，即总收入；K 代表总资源中愿意以货币形式持有的比重，相当于交易方程式中货币流通速度的倒数；$K \cdot Y$ 代表真实货币需求；M 代表名义货币供给。

剑桥学派的现金余额数量说的**结论**包括：

（1）货币供求的数量关系决定货币的价值；

（2）其他因素不变，货币量与物价水平成正比，与货币价值成反比。

两种传统货币数量说的异同点，如表 16-2 所示：

表 16-2　两种传统货币数量说比较

学说	公式	结论	异同点
费雪的现金交易数量说	$MV=PT$	物价水平由货币量决定	（1）相同点： 本质是一致：试图说明物价和货币价值的升降取决于货币量的变化 （2）不同点： ① 剑桥学派认为货币需求是以人们的手持现金来表示的，既包括交易媒介的货币，又包括贮藏货币； ② 剑桥学派将 K 解释为人们的持币量与支出总量的比例
剑桥学派的现金余额数量说	$\pi = \dfrac{K \cdot Y}{M}$	① 货币供求的数量关系决定货币的价值； ② 其他因素不变，货币量与物价水平成正比，与货币价值成反比	

20 世纪上半叶，英国经济学家庇古曾经讲过一个著名的火车与庄稼的故事：在一片肥沃的农田里，绿油油的麦苗仿佛厚实的地毯，农民丰收在望。一条铁路刚好穿越这片农田，每当火车飞驰而过时，以煤和木柴为燃料的蒸汽机车喷出的火星溅落到铁路两旁的庄稼上，给农民造成了损失。但是铁路公司并不用向农民赔偿，因为法律规定铁路公司可以使用蒸汽机。农民不能分享铁路公司赚取的利润，却要承担火车带来的稻谷损失。因此庇古得出结论：在这个故事中，市场机制并没有实现资源配置最优，这就是市场失灵。他主张由政府干预来解决市场失灵，比如，向铁路公司收税，补贴给农民。庇古的学说在经济学界有很大影响，他的这个故事也被后来的经济学家们广泛引用，不断阐发。然而后来人们发现，火车造成农田损失的故事根本不存在。事实上，铁路两旁的禾田非但没有因为火车经过受到损失，反而地价上涨，因为火车将吃稻的飞鸟都吓跑了。

名师说

对于传统货币数量说，题目常出现对于两个理论的结论、公式，以及对公式变量的解读，考生需要进行重点掌握。

（二）凯恩斯的货币需求理论

在 1936 年出版的经济学经典《就业、利息和货币通论》中，凯恩斯提出了自己的货币需求理论。

凯恩斯认为：经济主体需要货币是源于"流动性偏好"。流动性偏好是指人们更愿意持有具有完全流动性的货币，而非其他缺乏流动性的资产。这种思想源于货币可以用于应付日常的、临时的或投机的需要。

1. 影响流动性偏好的 3 种动机

影响流动性偏好的动机有 3 种，分别为：交易动机、预防动机，以及投机动机，如表 16-3 所示：

表 16-3　影响流动性偏好的 3 种动机

动机	含义
交易动机	① 人们为进行日常交易而产生的持有货币的愿望； ② 此种动机源于收入和支出的时间上的错配
预防动机	人们为应付各种紧急情况而产生的持有货币的愿望； 例如，应付失业、疾病、企业周转等意外的需要
投机动机	人们根据市场利率变化的预期持有货币，目标在于从利率的不确定性中获利

2. 凯恩斯货币需求函数

凯恩斯货币需求函数建立在两个假设之上：

（1）未来具有不确定性；

（2）收入是短期资产。

凯恩斯的货币需求函数：

$$L = L_1(Y) + L_2(i) \tag{16.3}$$

式（16.3）中，$L_1 = L_1(Y)$ 代表交易动机和预防动机所构成的交易性需求，此类需求由获得收入的高低决定，是国民收入的增函数；$L_2 = L_2(i)$ 代表投机动机所构成的投机需求，投机需求由利率的高低决定，此类需求是利率的减函数。

3. 流动性陷阱

凯恩斯货币需求理论的另一重要概念是"流动性陷阱"。流动性陷阱是指当利率水平降到足够低时，货币需求会无限地增大，原因在于人们的流动性偏好。如图 16.1 所示：

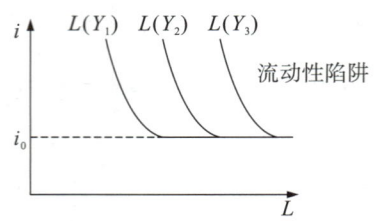

图 16.1 流动性陷阱

杜克大学的胡佛教授曾经这样回忆凯恩斯："1934 年，在华盛顿的一家酒店的房间中，当我正准备与凯恩斯共进晚餐时，他善意地讽刺了我在搁架上挑选毛巾从而避免弄乱其他毛巾时的小心谨慎。他用胳膊一扫，一下就将两三条毛巾扫到了地板上。他开玩笑地说道，与你非常谨慎地避免浪费相比，我对于美国经济更加有用，因为通过弄乱这些毛巾可以刺激就业。"这个故事符合凯恩斯的一贯观点：弄乱毛巾，酒店就需要雇更多服务员来整理，进而可以促进更多人就业。

例题 16.2（2018 年真题改编，多选题）

凯恩斯的货币需求理论的观点是（　　）。

A. 流动性偏好是指人们更愿意持有具有完全流动性的货币，而非其他缺乏流动性的资产
B. 影响流动性偏好的动机包括：交易动机、预防动机，以及投资动机
C. 投机所构成的投机需求由获得的收入高低决定，是国民收入的增函数
D. 流动性陷阱是指当利率水平降至足够低时，货币需求会无限地增大
E. 未来具有不确定性是凯恩斯货币需求函数的前提假设

【答案】 ADE

【名师解析】 选项 B，影响流动性偏好的动机包括：交易动机、预防动机，以及投机动机。

选项 C，由交易动机和预防动机所构成的交易性需求，由获得的收入高低决定，是国民收入的增函数。投机动机所构成的投机需求由利率的高低决定，是利率的减函数。

关于凯恩斯货币需求理论，题目经常考查该理论的别名（流动性偏好理论）、结论、3 种动机、需求函数的解读，考生需要进行重点掌握。

（三）弗里德曼的现代货币数量说

1. 基本思想

延续剑桥学派的理论，弗里德曼认为人们持有货币的原因有两个：

（1）交换的需求；

（2）货币代表财富。

他的学术思想为：货币数量说是**货币需求理论**，而不是关于产出、货币收入或物价水平的理论。

2. 影响货币需求的因素

弗里德曼的现代货币数量说中，影响货币需求的因素有3个：

（1）财富总额与其构成。

① 财富总额：恒久性收入与货币需求成正比。恒久性收入是指将当前收入和过往收入加权计算出来的收入。

② 财富构成：人力财富的比例与货币需求成正比。人力财富与非人力财富的比例。人力财富是指未来的收入能力。非人力财富是指物质财富。人力财富会不断转化为非人力财富，其转化过程造就货币需求。

（2）各类资产的预期收益率及其机会成本。

① 非货币资产的预期收益率与货币需求成反比。非货币资产的预期收益率越高，持有货币的机会成本越大，人们对货币的需求越少。

② 物价水平与货币需求成反比。通货膨胀导致货币实际价值下跌，人们会减少持有货币。

（3）其他因素。

不属于前两个因素，但影响货币需求的随机因素。

3. 货币需求函数

$$\frac{M}{P}=f\left(y_p,\ w;\ r_m,\ r_b,\ r_e,\ \frac{1}{P}\cdot\frac{dP}{dt};\ u\right) \quad (16.4)$$

式（16.4）中，M 代表货币量；P 代表物价水平；y_p 代表恒久性收入；w 代表非人力财富占总财富的比例；r_m，r_b，r_e 分别代表存款、债券和股票的预期名义收益率；$\frac{1}{P}\cdot\frac{dP}{dt}$ 代表物价水平的预期变动率；u 代表随机因素的影响总和。

趣味说

"天下没有免费的午餐"这句话最早由经济学大师弗里德曼提出来。它原本的含义是，即使不用付钱吃饭，人们还是要为吃饭这一行为付出代价的。这是因为，这顿饭的时间原本可以用来做其他事情，比如谈一笔不错的生意。然而，由于时间花费在了吃饭这件事上，也就失去了做生意带来的财富。实际上，此处讲的是机会成本的概念，即人们为了得到某种东西而所要放弃的一些东西的最大价值。

名师说

弗里德曼的现代货币数量说中，影响货币需求的因素，特别是恒久性收入与货币数量之间的关系，以及货币需求函数的解读属于常考点，考生需要进行重点掌握。

> **记忆小窍门**
>
> 式（16.4）中，7 个自变量按照从左至右的顺序可分为 3 组，分别对应影响货币需求的 3 个因素。
>
> 第 1 组：y_p 与 w 均属于影响货币需求的因素（1）财富总额与其构成。
>
> 第 2 组：r_m，r_b，r_e，$\frac{1}{P} \cdot \frac{dP}{dt}$ 均属于影响货币需求的因素（2）各类资产的预期收益率及其机会成本。其中，m 代表货币（money）、b 代表债券（bond）、e 代表股票（equity）。
>
> 第 3 组：u 属于影响货币需求的因素（3）其他因素。

三、货币供给（★★★）

（一）货币供给的概念

货币供给与货币需求是两个相对的概念。货币供给是指一国或货币区的银行系统向经济体供应货币的过程，目标是<u>满足该经济体的货币需求</u>。

货币供给分析包括 2 个部分：

(1) 货币供给机制：侧重货币的创造过程；

(2) 货币供给决定：侧重分析决定货币供应量的因素。

（二）货币供应量

货币供应量是指经济流通中的货币数量。在数量上，货币供应量与流通中的货币量<u>相等</u>，二者的关系为一一对应。

（三）货币供给层次划分

1. 基本原则

(1) 货币的形态。

① 流通中的现金；

② 银行体系的各种存款；

③ 各种票据及其他信用工具，这些信用工具可作为货币替代物参与流动。

(2) 货币的流动性。

货币的流动性是指各种货币资产转化为通货或现实购买力的能力。不同形态的货币流动性不同。根据资产的流动性，货币可被划分为不同的层次。

2. 我国的货币供给层次划分

自 1994 年以来，中国人民银行（中央银行）按季度向社会公布货币供应量统计监测指标。具体来讲，我国的货币供应量指标被分为 3 个层次，如表 16-4 所示：

表 16-4 我国的货币供给层次

层次	含义	构成	特征
M_0	流通中的货币	企业事业单位、个人、机关团体、非存款类金融机构所持有的硬币和现钞总和，即通常情况下的现金	M_0的流动性最强
M_1	M_0+单位活期存款	① 流通中的货币和单位活期存款之和； ② M_1是我国的**狭义货币供应量**	M_1是中央银行重点调控对象
M_2	M_1+单位定期存款+个人存款+其他存款（财政存款除外）	① M_1、单位定期存款、个人存款、其他存款这4者的总和； ② 单位定期存款、个人存款、其他存款被称为准货币； ③ M_2是我国的**广义货币供应量**	M_2是研究宏观调控过程中的主要经济变量

例题 16.3（2019年真题改编，多选题）

在我国货币供应量指标中，M_2包括（　　）。

A. 现金　　　　　　　　　　　　B. 单位活期存款

C. 单位定期存款　　　　　　　　D. 个人存款

E. 财政存款

【答案】ABCD

【名师解析】$M_2 = M_1$+单位定期存款+个人存款+其他存款（财政存款除外）

因此，选项 E 错误。

记忆小窍门

随着下角标的数字逐渐增大，M_0、M_1、M_2这三者所覆盖的范围逐渐增加。其中，M_0仅包括流通中的货币，流动性最高。M_1同时包括M_0和相对流动性更高的单位活期存款。最终，M_2涵盖的内容最广泛，因而代表我国的广义货币供应量。

（四）社会融资规模

1. 概念

社会融资规模于2010年的中央经济工作会议首次提出，2011年开始由中央银行发布该类数据。社会融资规模的概念包括定义、作用，以及构成，如表 16-5 所示：

表 16-5 社会融资规模的概念

定义	社会融资规模是指实体经济（即非金融企业和住户）在一定时期内（每月、每季度或每年）从金融体系获得的资金总额
作用	反映： ① 金融与经济关系； ② 金融对实体经济资金支持的总量指标
构成	与传统贷款指标不同，社会融资规模包括： ① 实体经济从银行业获得的融资； ② 实体经济从证券业和保险业获得的融资

2. 社会融资规模统计指标

社会融资规模统计指标包括表内业务、表外业务、直接融资,以及其他方式,如表 16-6 所示:

表 16-6 社会融资规模统计指标的构成

构成	含义	金融工具
表内业务	金融机构通过表内业务向实体经济提供的资金支持	① 人民币贷款; ② 外币贷款
表外业务	金融机构通过表外业务向实体经济提供的资金支持	① 委托贷款; ② 信托贷款; ③ 未贴现的银行承兑汇票
直接融资	实体经济利用规范的金融工具、在正规金融市场所获得的直接融资	① 非金融企业境内股票; ② 企业债券
其他方式	其他方式向实体经济提供的资金支持	① 保险公司赔偿; ② 投资性房地产; ③ 小额贷款公司; ④ 贷款公司

例题 16.4(2019 年真题改编,多选题)
我国社会融资规模统计指标包括(   )。
A. 人民币贷款和外币贷款
B. 委托贷款、信托贷款和未贴现的银行承兑汇票
C. 非金融机构在我国债券市场获得的直接融资
D. 投资性房地产
E. 公司从地下钱庄获取的贷款
【答案】ABCD
【名师解析】选项 E,从地下钱庄取得贷款属于非法融资。

名师说

货币供给部分的常考点包括:M_0、M_1、M_2 分别代表的含义与构成,以及社会融资规模统计指标包含的 4 个部分,考生需要进行重点掌握。

四、货币供给机制(★★★)

(一)中央银行:信用创造货币机制

在不兑现的信用货币制度下,信用创造货币是货币供给机制的重要内容。中央银行的信用创造货币机制,是指中央银行利用自身掌握的货币发行权和信贷管理权,来创造信贷资金来源。

(二)商业银行:扩张信用、创造派生存款机制

1. 基础

商业银行扩张信用、创造派生存款的能力建立在央行发行货币的基础上。具体过程分为 5 个环节:

（1）中央银行增加一笔信用（方式：直接向商业银行发放贷款；在公开市场上购买国债；在外汇市场上购买外汇）；
（2）该笔信用通过不同渠道，增加银行体系的信贷资金来源；
（3）商业银行利用这部分新增信贷资金去发放新的贷款；
（4）发放的新增贷款派生出新增存款；
（5）派生的新增存款又变为商业银行再次发放贷款的资金来源。

2. 三类制约因素

通常情况下，三类因素会影响商业银行体系扩张信用和创造派生存款的能力：

（1）存款准备金。

商业银行所吸收的存款不能全数用于发放贷款或投资于有价证券，必须留有一部分用于：

① 按规定的比例缴存到中央银行的存款准备金；
② 支付清算、头寸调拨或资产运用的备用金。

（2）提取现金的数量。

当存款中的一部分流出银行体系，转化为现金，该部分存款也则失去了扩张信用并创造派生存款的能力。

（3）企事业单位及社会公众缴付的税款。

各类法人单位及居民个人采取的以下2个行为会限制商业银行信用扩张的能力：

① 缴纳税款；
② 购买政府债券。

原因在于：此类行为会使得存款不再属于商业银行的信贷资金来源，进而导致商业银行扩张信用的能力下降。

3. 货币供应量公式

货币供应量公式衡量了货币供应量、基础货币，以及货币乘数之间的关系。具体如下：

$$M = B \cdot K \qquad (16.5)$$

式（16.5）中，B 代表基础货币，是银行体系扩张信用并创造派生存款的基础，包括2个部分：（1）中央银行发行的货币；（2）商业银行在中央银行的存款；K 代表货币乘数，即基础货币的扩张倍数，等于**存款准备金率和货币结构比率之和的倒数**。

其中：

（1）存款准备金率：商业银行在其所吸收的全部存款中需存入中央银行部分所占比重。
（2）货币结构比率：转化为现金及财政存款等所占吸收的全部存款的比重。

例题 16.5（2018年真题改编，多选题）

关于货币供给机制的说法错误的是（　　）。

A. 中央银行具有信用创造货币机制
B. 商业银行可以无限制的创造派生存款
C. 企事业单位及社会公众缴付的税款不会影响商业银行体系扩张信用和创造派生存款的能力
D. 基础货币包括中央银行发行的货币和商业银行在中央银行的存款
E. 货币乘数等于存款准备金率和货币结构比率之和

【答案】BCE

【名师解析】选项B，商业银行创造派生存款的能力有限。

选项C，商业银行体系扩张信用和创造派生存款的能力会受到交存到中央银行的存款准备金、提取现金的数量，以及企事业单位及社会公众缴付的税款的影响。

选项 E，货币乘数等于存款准备金率和货币结构比率之和的倒数。

名师说

在货币供给机制中，题目经常考查中央银行与商业银行各自的拥有的机制、商业银行创造派生存款能力的 3 类制约因素、货币供应量公式的解读，特别是货币乘数的含义，考生需要进行重点掌握。

五、货币均衡（★★）

（一）货币均衡的含义与特征

1. 含义

货币均衡（货币供求均衡）是指在一定时期的经济运行过程中，货币需求与货币供给在动态上保持一致。

2. 货币均衡的 3 个特征

货币均衡的 3 个特征，如表 16－7 所示：

表 16－7　货币均衡的 3 个特征

特征	含义
大致相同而非数量相等	货币均衡是货币供给与货币需求的大体上保持一致，而非货币供给与货币需求在数量上的完全相等
动态过程	货币均衡是一个动态过程：短期内，货币供求可能不一致；长期内，二者是大体一致的
经济总体均衡的反映	现代经济中的货币均衡在一定程度上反映了经济总体的均衡状态

（二）货币失衡

1. 总量性货币失衡

总量性货币失衡是指货币供给在总量上与货币需求发生偏离，其偏离的程度使得货币运行对经济的状态产生影响。具体包含两类情况，如表 16－8 所示：

表 16－8　货币失衡

货币失衡	含义
货币供应量<货币需求量	供给不足的情况。发生频率不高
货币供应量>货币需求量	（1）供给过多。发生频率较高； （2）原因： ① 政府向中央银行透支以融通财政赤字； ② 一味追求经济增长速度而不适当地采取扩张性货币政策刺激经济等； （3）后果：引发严重通货膨胀

2. 结构性货币失衡

（1）含义。

结构性货币失衡是指在总体均衡条件下（货币供给与需求大体一致），货币供给与对应的货币需求在结构上相互不适应。

（2）主要原因。

发生结构性货币失衡的主要原因是社会经济结构不合理。与此同时，结构性货币失衡的主要表现是经济运行中的一些商品、生产要素供过于求，另一些又求过于供，即短缺与滞留同时存在。

（三）货币均衡水平

1. 货币数量与经济增长的关系

经济总体均衡的要求是达到或保持社会总供给与总需求之间的平衡关系。

（1）社会总供给。

社会总供给是以商品价格总额形态表现，即一定时期的国内生产总值（GDP）。

（2）社会总需求。

社会总需求是以货币形态出现，即通过货币的多次周转而实现的社会购买力（MV）。

结论：维持总供给与总需求的均衡关系，必须处理好货币数量与经济增长之间的关系。假定货币流通速度相对稳定，货币供应量应当与GDP **同步增长**。

2. 货币数量与物价上涨的关系

当劳动生产率逐渐提高，单位产品所包含的价值量相对降低的条件下，商品价格却不应下降。

物价自然上涨（剔除通货膨胀影响的物价上涨）的因素：

（1）劳动生产率提高不一致。

不同的部门（技术或劳动密集型程度不同）中，劳动生产率提高的程度不一致，造成"剪刀差"现象。调整方法为：上调劳动密集型产品的价格（原价格低于价值），令价格体系不断合理化，结果必将导致价格总水平上涨。

（2）产品更新和技术进步。

产品的更新换代和技术进步使同类产品的价格自然而然升高，结果依旧导致物价总水平的不断上涨。

综上所述，关于货币数量与物价上涨的关系，存在以下2个**结论**：

（1）货币供应量增长率＝国内生产总值增长率＋物价自然上涨率；

（2）若考虑物价自然上升的因素，流通领域中货币数量的增长应略高于国内生产总值的增长。

例题 16.6（2018真题改编，单选题）

关于货币均衡与失衡的说法错误的是（　　）。

A. 货币均衡是指货币供给与货币需求在数量上的完全相等
B. 货币失衡包括总量性货币失衡和结构性货币失衡
C. 总量性货币失衡中，货币供应量>货币需求量的后果是引发通货膨胀
D. 结构性货币失衡的原因在于社会经济结构不合理

【答案】A

【名师解析】选项A，货币均衡是货币供给与货币需求的大体上保持一致，而不要求货币供给与货币需求在数量上的完全相等。

 **名师说**

货币均衡中，题目经常考查货币均衡的含义与特征，不同类型货币失衡的原因、货币均衡水平与经济增长和物价上涨的关系，考生需要进行重点掌握。

六、通货膨胀（★★★）

（一）通货膨胀的含义

1. 定义

在经济学界，存在多种通货膨胀的定义：

（1）通货膨胀是指一种常见的超额需求：过多货币追逐过少商品；

（2）通货膨胀是指人均货币存量或人均货币所得的普遍上升；

（3）通货膨胀是指由于不能增加就业或产出的货币投入所导致的物价水平处于持续上涨的状态；

（4）在萨缪尔森撰写的《经济学》中，通货膨胀的定义是，在一定时期内，商品和生产要素价格总水平持续不断地上涨；

（5）马克思货币理论中，通货膨胀的定义是在纸币流通条件下，由于纸币的过度发行而引起的纸币贬值、物价上涨的现象。

2. 共同点

多种通货膨胀的定义有 2 个**共同点**：

（1）有效需求大于有效供给；

（2）**物价持续上涨**。

例题 16.7（2018 年真题改编，单选题）

关于通货膨胀的定义，说法错误的是（   ）。

A. 通货膨胀的基本标志是物价上涨

B. 通货膨胀的基本标志是货币供应量下降

C. 萨缪尔森认为通货膨胀是商品和生产要素价格总水平持续不断地上涨

D. 通货膨胀可以理解为一种常见的超额需求

【答案】B

【名师解析】选项 B，通货膨胀的基本标志是物价上涨。

（二）通货膨胀的类型

1. 按照成因分类

（1）需求拉上型通货膨胀。

需求拉上型通货膨胀是指社会总需求的增长幅度超过了社会总供给的增长幅度，进而造成商品和劳务的供给缺乏和物价的持续上涨，最终造成的通货膨胀。

需求拉上型通货膨胀的特征包括自发性、诱发性，以及支持性，如表 16-9 所示：

表 16－9　需求拉上型通货膨胀的特征

特征	含义
自发性	支出的增长相对独立，不受实际的或预期成本增长的影响
诱发性	成本的增长造成工资及其他收入的增加，进而导致消费支出的增加
支持性	为避免失业率上升，政府通过增加支出、采取扩张性财政政策或货币政策的方式增加总需求

（2）成本推进型通货膨胀。

成本推进型通货膨胀是指由于成本自发性的增加而造成的物价上涨，最终导致的通货膨胀。

成本推进型通货膨胀可进一步分为：

① 工资推进型：表现为工资和物价螺旋上升；

② 利润推进型：源于垄断企业为保证其利润目标的实现而进行的市场操纵、人为抬高商品价格的行为。

（3）输入型通货膨胀。

输入型通货膨胀是指由于进口商品价格上升，导致费用增加，进而使物价总水平上涨，最终导致通货膨胀。在本质上，此类通货膨胀来源于通货膨胀的国际性传导机制。

（4）结构型通货膨胀。

结构型通货膨胀造成的原因是经济结构方面的因素变动。另外，即使总供求处于均衡状态，也会引起物价总水平上涨的通货膨胀类型。

2. 按照表现形式分类

1）公开型通货膨胀。

公开型通货膨胀，又称为开放性通货膨胀，来源于物价水平随着货币数量变动而进行自发的波动。物价上涨是通货膨胀的基本标志。

2）抑制性通货膨胀。

抑制性通货膨胀，又称为隐蔽性通货膨胀，是指在国家实行物价管制的情况下，商品供给短缺无法通过物价上涨进行反映，只能表现为人们普遍持币，进而降低了货币流通速度。

（三）通货膨胀的原因

通货膨胀的原因可分为直接原因、主要原因，以及其他原因。如表 16－10 所示：

表 16－10　通货膨胀的原因

原因类型	含义
直接原因	过度的信贷供给
主要原因	（1）财政原因：一国发生财政赤字或推行赤字政策； （2）信贷原因：信用膨胀，即银行信用所供给的货币量大于经济发展对货币数量的客观需求；信用膨胀的原因包括： ① 财政赤字的压力； ② 社会上过热的经济增长要求； ③ 银行自身决策失误
其他原因	① 投资规模过大； ② 国民经济结构：比例上失衡； ③ 国际收支：长期存在顺差

(四) 通货膨胀的治理

1. 紧缩性财政政策

(1) 含义。

紧缩性财政政策主要通过**增加收入减少开支**的方式减少财政赤字，进而对总需求的膨胀进行控制，最终达到治理通货膨胀的目的。

(2) 措施。

① 减少政府支出。

减少政府支出主要包括2个方面：

A. 削减购买性支出：政府投资、行政事业费等；

B. 削减转移性支出：福利支出、财政补贴等。

② 增加税收。

增加税收可以达到以下2个目标：

A. 减少企业和个人的收入，进而减少投资支出和消费支出，最终抑制总需求；

B. 增加政府收入，减少财政赤字所导致的货币超额发行。

③ 发行公债。

政府发行的公债造成"挤出效应"，该效应可挤压民间部门的投资和消费，最终抑制社会总需求。

2. 紧缩性货币政策

(1) 含义。

紧缩性货币政策通过**控制货币供给量**的无限扩张，进而减少社会需求，促使总需求与总供给趋向一致，最终达到治理通货膨胀的目的。

(2) 措施。

紧缩性货币政策主要包括提高法定存款准备金率、提高再贴现率，以及公开市场操作，如表16-11所示：

表16-11 紧缩性货币政策的3种措施

措施	作用机制
提高法定存款准备金率	提高法定存款准备金率可降低商业银行货币创造能力，进而紧缩信贷规模、降低投资支出，最终降低货币供给
提高再贴现率	① 抑制商业银行对中央银行的贷款需求； ② 增加商业银行借款成本，促使商业银行贷款利率和贴现率的提高，贷款成本的增加导致企业减少投资，最终降低货币供给； ③ 影响公众预期：增加储蓄，最终降低通货膨胀压力
公开市场操作	中央银行通过公开市场向商业银行等金融机构出售有价证券的方式紧缩信用并最终减少货币供给

3. 积极的供给政策

(1) 含义。

积极的供给政策强调在治理通货膨胀时，同时关注**供给与需求**两个方面：

① 抑制总需求；

② 刺激生产来增加供给。

（2）措施。

供给学派倡导采用积极的供给政策治理通货膨胀，具体包括 4 个措施：

① 降低税负；

② 降低社会福利方面的开支；

③ 适度增加货币供给以便促进生产；

④ 对规章制度进行精简。

例题 16.8（2019 年真题改编，单选题）

关于通货膨胀的治理，说法错误的是（　　）。

A. 通货膨胀治理可采用紧缩性财政政策、紧缩性货币政策，以及积极的供给政策

B. 提高再贴现率属于通货膨胀治理中的紧缩性货币政策

C. 中央银行在公开市场操作中，通过购买有价证券的方式紧缩信用并最终减少货币供给

D. 积极的供给政策主要通过同时关注供给与需求两个方面来治理通货膨胀

【答案】C

【名师解析】选项 C，在公开市场操作时，中央银行会通过出售有价证券的方式紧缩信用，并最终达到减少货币供给的目的。

> **名师说**
>
> 通货膨胀中，题目经常考查"物价上涨"这一概念。物价上涨是通货膨胀的基本标志，同时也是不同理论中通货膨胀定义的共同点。此外，通货膨胀的类型划分、造成通货膨胀的直接原因、治理通货膨胀的各类措施也属于经常考查的内容，考生需要进行重点掌握。

任务 17　中央银行

任务概述

本任务涉及"第十九章 中央银行与货币政策"。

此任务在中级经济师考试中约考查 5 分，分值占比约为 4%。考试题型同时涉及单选题和多选题。

本任务整体难度适中，其中，重要考点为：中央银行的主要业务、中央银行资产负债表，以及货币政策工具。

任务框架图

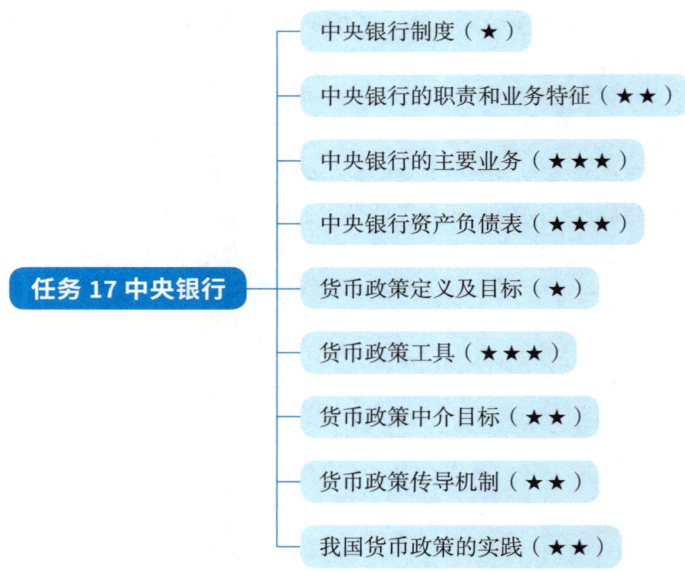

一、中央银行制度（★）

（一）中央银行的定义与职能

1. 定义

与商业银行不同，中央银行（又被称为"货币当局"）地位特殊，是金融中介体系的中心环节。具体来讲，中央银行是：

(1) **发行的银行**；

(2) **银行的银行**；

（3）政府的银行。
因此，中央银行具有双重性质：
（1）银行；
（2）国家行政管理机关。
2. 职能
中央银行具有以下3个主要职能：
（1）制定和执行货币政策；
（2）维护金融稳定；
（3）提供金融服务。

（二）中央银行制度的含义

中央银行制度是指由中央银行代表国家对一国金融业进行管理，同时以中央银行作为核心，商业银行及其他金融机构作为融资媒体的金融体制。

（三）建立中央银行制度的必要性

1. 集中货币发行权的需要

由于当代的银行券已转变为拥有纸币性质的信用货币，银行券发行权的集中转变为货币发行权的集中。货币的发行必须集中在代表国家意志的机构，即代表国家意志的中央银行。

2. 代理国库和为政府筹措资金的需要

中央银行能够不以营利为目的并代表国家意志地办理国库的货币收支业务，接受国库存款和为政府筹措资金。

3. 管理金融业的需要

与一般工商企业不同，银行倒闭所产生的连锁反应会引发金融危机。中央银行与商业银行有业务联系，可集中商业银行现金准备并向商业银行提供信用。因此，中央银行可满足国家管理金融业的需要。

4. 国家对社会经济发展实行干预的需要

当代社会货币经济和信用经济高度发达，中央银行可以通过调节货币供给和控制信用规模的方式有效地影响宏观经济，如实现经济增长、增加就业，以及稳定物价等。

中央银行产生于17世纪后半期，而形成完善的中央银行制度，则在20世纪初。从1656年的瑞典银行到1913年的美国联邦储备体系，经历了260年。在这期间，瑞士、英国、法国、德国、日本、美国等29个国家设立中央银行。在初期，中央银行由普通银行自然演进，逐步集中货币发行，并对一般银行提供服务。1921年—1942年是中央银行制度扩张阶段。这一时期世界各国改组或新设立的中央银行共有43家。新国家的产生、国外的支持、重建币制的需要，以及货币发行的制度化促成了这段时期的扩张。

二、中央银行的职责和业务特征（★★）

（一）职责

中央银行的性质是国家干预经济、调节全国货币流通与信用的金融管理机关。中央银行的职责是，代表国家管理金融，并制定和执行金融方针政策。具体内容包括：利用自身所拥有的基础货币和利率等经济力量对金融和经济活动进行管理、控制和调节。

（二）业务特征

1. 非营利性
中央银行不以营利为目的，其宗旨包括以下3个层面：
（1）以金融调控为己任；
（2）稳定币值；
（3）促进经济发展。
2. 特殊性
中央银行的业务具有特殊性，具体表现为：
（1）不经营一般性银行业务或非银行金融业务；
（2）不对任何个人、企事业单位、社会团体提供担保或直接进行贷款发放；
（3）业务服务对象为：政府部门、商业银行，以及其他金融机构。
3. 独立性
中央银行具有**相对独立性**，具体表现在：制定和执行货币政策时，中央银行不受**其他部门或机构**的行政干预和牵制。

例题 17.1（2018 年真题改编，多选题）
我国中央银行的主要职责包括（　　）。
A. 制定和执行货币政策　　　　　　B. 经营一般性银行业务
C. 对企事业单位提供担保　　　　　D. 维护金融稳定
E. 对金融和经济活动进行管理
【答案】ADE
【名师解析】选项 B，中央银行不经营一般性银行业务或非银行金融业务。
选项 C，中央银行不对任何个人、企事业单位、社会团体提供担保或直接进行贷款发放。

三、中央银行的主要业务（★★★）

（一）货币发行业务

货币发行，是指一国货币当局投放现金的业务。货币发行是中央银行的主要业务，具体包括：独家控制货币的发行，并根据经济运行情况合理调节市场流通中货币的数量，最终达到币值稳定的目标。在我国，中国人民银行是法定唯一的货币发行机构。

(二) 对银行的业务

中央银行对银行的业务主要包括 3 个类型：**集中准备金、最后贷款人、全国清算**，如表 17-1 所示：

表 17-1 中央银行对银行的业务

业务类型	含义
集中准备金	中央银行以法律形式规定了缴存中央银行的存款准备金比率，并通过存款准备金对商业银行及其他金融机构进行管理
最后贷款人	中央银行的信贷业务主要包括： ① 接受商业银行提交的有价证券作为抵押物而向商业银行提供的**再抵押放款**； ② 为商业银行贴现商业票据的**再贴现**； ③ 为商业银行提供再贷款
全国清算	中央银行是全国金融业的清算中心，原因包括： ① 各商业银行都向中央银行缴存存款准备金，并在中央银行开立往来账户； ② 各商业银行之间可通过该账户办理非现金结算； ③ 全国清算业务为中央银行的主要中间业务

例题 17.2（2019 年真题改编，单选题）

中央银行借贷业务不包括（　　）。

A. 为商业银行提供再贷款　　　　　　　　B. 为商业银行贴现商业票据的再贴现
C. 向商业银行提供的再抵押放款　　　　　D. 管理外汇和黄金储备

【答案】D

【名师解析】选项 D，管理外汇和黄金储备属于中央银行对政府的业务，不属于中央银行对银行的业务中的借贷业务。

(三) 对政府的业务

中央银行对政府的业务主要包括 6 个类型：**代理国库、代理国家债券发行、对国家提供信贷支持、保管外汇和黄金储备、制定并监督执行有关金融管理法规，以及代表政府参加国际金融组织并出席国际会议**，如表 17-2 所示：

表 17-2 中央银行对政府的业务

业务类型	含义
代理国库	中央银行是政府的总会计和总出纳，具体职责包括： ① 接受各级国库存款； ② 执行国库签发的支票办理转账手续或现金付款
代理国家债券发行	中央银行代理国家发行债券以及还本付息事宜
对国家提供信贷支持	中央银行为国家提供信贷支持，手段包括： ① 直接为国家财政提供贷款； ② 购买国债
保管外汇和黄金储备	中央银行代理政府： ① 交易和储备黄金和外汇； ② 进行黄金和外汇交易，以达到补充国际储备或保值等目标

续表

业务类型	含义
制定并监督执行有关金融管理法规	中央银行负责监管商业银行以及其他金融机构，保证金融稳定并促进社会经济发展
代表政府参加国际金融组织并出席国际会议	中央银行代表政府： ① 从事国际金融活动； ② 代表签订国际金融协定； ③ 充当政府的顾问； ④ 提供经济金融情报和决策建议

例题 17.3（2017 年真题改编，单选题）

关于中央银行对政府的业务的说法，错误的是（　　）。

A. 代理国家债券发行

B. 保管外汇和黄金储备

C. 制定并监督执行有关金融管理法规

D. 全国清算

【答案】D

【名师解析】选项 D，全国清算属于中央银行对银行的业务，而不属于中央银行对政府的业务。

中央银行的主要业务属于重要考点，考生需要重点辨析对银行业务与对政府业务之间的区别。

中央银行的主要业务大致分为 3 类：货币发行业务、对银行业务，以及对政府业务。考生可着重记忆内容较少的对银行业务（集中准备金、最后贷款人、全国清算），便于快速锁定或排除部分选项。

四、中央银行资产负债表（★★★）

中央银行的资产负债表可以反映概括其履行的各类职能。虽然各国金融制度、信用方式等存在差异，但各国中央银行的资产负债表的基本组成部分大致相似。

以中国人民银行为例，其资产负债表如表 17-3 所示：

表 17-3　中央银行的资产负债表

资产	负债
国外资产（外汇、货币黄金）	储备货币（货币发行、其他存款性公司存款）
对政府债权	不计入储备货币的金融性公司存款
对其他存款性公司债权	发行债券

续表

资产	负债
对其他金融性公司债权	国外负债
对非金融性部门债权	政府存款
其他资产	自有资金
—	其他负债
总资产	总负债

表17-3中,资产方与负债方的主要构成如下:

(1) 资产方:

① 中央银行在国际上代表国家管理外汇、货币黄金及其他国外资产,因此形成资产方的外汇、货币黄金及其他国外资产;

② 作为国家的银行,中央银行在对政府业务中形成列于资产方的对政府债权;

③ 作为银行的银行,中央银行向银行等金融机构提供贴现及放款,形成资产项目。

(2) 负债方:

① 作为一国通货的唯一发行主体,中央银行负债方的主要项目为储备货币;

② 作为银行的银行,中央银行集中商业银行等金融机构的准备金,从而形成自身负债项目;

③ 作为国家的银行,中央银行在对政府业务中形成负债方中的接受政府存款。

例题 17.4(2019年真题改编,多选题)

关于货币当局资产负债表的说法,正确的有( )。

A. 自有资金属于负债方

B. 外汇、货币黄金属于资产方中的国外资产项目

C. 储备货币是资产方的主要项目

D. 不计入储备货币的金融性公司存款列入资产方

E. 发行债券列入负债方

【答案】ABE

【名师解析】选项C,储备货币是负债方的主要项目。

选项D,不计入储备货币的金融性公司存款列入负债方。

> **名师说**
>
> 中央银行资产负债表属于重要考点,考生需要明确资产方与负债方的项目构成,特别需要记忆的包括:外汇储备、货币黄金,以及对政府债权属于资产方;储备货币与发行债券属于负债方。

> **记忆小窍门**
>
> 根据资产与负债的定义,中央银行的资产是指中央银行在一定时点上所拥有的各种债权。中央银行的负债是指金融机构、政府、个人和其他部门持有的对中央银行的债权。考生可站在中央银行的角度,根据定义对资产方和负债方进行辨析。

五、货币政策定义及目标（★）

（一）定义

货币政策是指一国金融当局制定和执行的通过货币供应量、利率或其他中介目标来影响宏观经济运行的手段。货币政策属于金融政策的一部分，通常包括3个方面：
（1）政策目标；
（2）实现目标所运用的政策工具；
（3）预期达到的政策效果。

（二）目标

货币政策的目标是指解决宏观经济问题的策略。具体而言，货币政策的目标体系由4部分构成，分别是：稳定物价、经济增长、充分就业，以及平衡国际收支，如表17-4所示：

表17-4 货币政策的目标

目标	含义	作用
稳定物价	保持物价总水平稳定	物价稳定是国内社会经济生活安定的基础
经济增长	国内生产总值：保持较高的增长速度、不停滞，且无负增长	经济增长是针对国民经济发展的宏观经济目标
充分就业	劳动力充分得到就业的状况	充分就业是宏观经济政策的基本目标之一
平衡国际收支	一国国际收支净额，即净出口与净资本流出的差额为零	出现顺差或逆差会导致： ① 黄金、外汇储备变动，影响国内货币流通的稳定； ② 造成本国货币的对外汇价发生变动，影响本国的进出口贸易

值得注意的是，在实际经济生活中难以保持4个政策基本目标之间的统一。因此在一定时期内，一国通常选择其中一个或两个目标作为侧重点。根据《中国人民银行法》第3条规定："货币政策目标是保持货币币值稳定，并以此促进经济增长。"由此可见，这一政策要求同时抑制物价上涨幅度和维持适度的经济增长率。

六、货币政策工具（★★★）

（一）一般性货币政策工具

1. 法定存款准备金率
（1）含义。
法定存款准备金率是指根据法律规定，商业银行等将其吸收的存款和发行的票据存放在中央银行的最低比率。存放在中央银行的形式是不兑现货币。
（2）效用。
法定存款准备金率对商业银行的信用扩张能力、对货币乘数具有调节作用。具体效用链条为：

中央银行采取紧缩政策，提高法定存款准备金率，导致货币乘数减少，进而降低了存款货币银行的信用扩张能力，最终达到收缩货币供应量和信贷量的目标。

（3）缺点。

法定存款准备金率政策是货币政策的自动稳定机制，而**非经常性货币政策工具**。原因在于：

① 中央银行一旦调整法定存款准备金率，商业银行可以通过反方向变动其在央行的超额存款准备金，从而抵消法定存款准备金率政策的效果；

② 法定存款准备金率对货币乘数的**作用力很强**；

③ 法定存款准备金率的成效慢、时滞长，原因在于其对货币供应量和信贷量的影响必须通过商业银行的辗转存贷逐级递推才能最终实现。

2. 再贴现

（1）含义。

再贴现是指商业银行持客户贴现的商业票据向中央银行请求贴现，目标在于取得中央银行的信用支持。

（2）效用。

再贴现政策的效用链条为：中央银行提高再贴现率时，商业银行借入资金的成本上升，进而使得基础货币收缩。

（3）优缺点。

① 优点：相比于法定存款准备金率，再贴现工具的弹性较大，**作用力度较为缓和**。

② 缺点：再贴现政策能否获得预期效果取决于商业银行是否采取主动配合态度。原因在于商业银行拥有出售证券、发行存单等其他融资方式，因此，**商业银行掌握再贴现政策的主动权**。

3. 公开市场操作

（1）含义。

公开市场操作是指中央银行在证券市场上公开买卖国债、发行票据的活动。这些证券交易活动对象主要包括：商业银行和其他金融机构。

（2）效用。

公开市场业务的目的在于调控基础货币，进而影响货币供应量和市场利率。

（3）优缺点。

① 优点：与法定存款准备金率政策相比，公开市场操作更具有弹性和优越性。具体表现在以下4点。

A. 公开市场操作通过影响商业银行的准备金，对货币供应量造成**直接影响**；

B. 根据金融市场的变化，中央银行可经常性、连续性地进行公开市场操作；

C. 公开市场操作使得中央银行可以主动出击；

D. 公开市场操作的规模和方向灵活，便于中央银行微调货币供应量。

② 缺点：

A. 金融市场同时具有全国性和独立性；

B. 必须存在其他货币政策工具与之配合。

（二）选择性货币政策工具

传统的三大货币工具属于对货币总量的调节，以达到影响宏观经济的目的。选择性货币政策则是对某些特殊领域的信用加以调节和影响。具体包括：消费者信用控制、不动产信用控制、优惠利

率,以及预缴进口保证金等。最常用的是消费者信用控制和不动产信用控制,如表17-5所示:

表17-5 选择性货币政策工具

工具	含义
消费者信用控制	中央银行控制除不动产以外的各种耐用消费品的销售融资。具体包括: ① 规定分期付款购买耐用消费品的首付最低金额; ② 规定还款最长期限; ③ 规定适用的耐用消费品种类
不动产信用控制	中央银行对金融机构在客户购买房地产等方面放款的限制措施,目标:抑制房地产及其他不动产的交易投机

(三) 直接信用控制

1. 含义

直接信用控制是指中央银行以行政命令或其他方式,从质和量两个方面直接控制金融机构,尤其是商业银行的信用活动。

2. 手段

直接信用控制的手段包括以下4种:

(1) 利率最高限:对存贷款设置最高利率的手段最常用;
(2) 信用配额;
(3) 流动比率;
(4) 直接干预。

(四) 间接信用指导

间接信用指导是指中央银行通过道义劝告、窗口指导等办法对商业银行的信用创造进行间接影响。间接信用指导的优点是较为灵活,其作用前提是:中央银行在金融体系中的地位较高,拥有足够的控制信用的法定权力和手段。关于道义劝告与窗口指导,如表17-6所示:

表17-6 间接信用指导

工具	含义
道义劝告	中央银行利用其声望和地位,采取以下措施: ① 经常对商业银行及其他金融机构发出通告或指示; ② 通过与负责人面谈,劝告金融机构遵守政府政策并自动采取相应措施贯彻政策
窗口指导	① 根据产业情况、物价走势和金融市场动向,中央银行对商业银行提出信贷增减建议; ② **没有法律约束力**,但影响力较大

"美联储"是美国中央银行联邦储备委员会的简称。从1913年至今,美联储一直控制着美国的通货与信贷,起着"最后的借款人"的作用。为了给美国"提供一个更安全、更稳定、适应能力更强的货币金融体系",美联储运用公开市场业务、银行借款贴现率和金融机构法定准备金比率三大杠杆调节经济。

> 关注经济的人对艾伦·格林斯潘都不陌生。他是美联储前任"掌门人",1987 年他由美国前总统里根任命执掌美联储。直到 2005 年,格林斯潘为白宫工作了 18 年,历经里根、布什、克林顿、小布什四位总统,成为美国史上任期时间最长的美联储主席。在金融界,格林斯潘一开口,全球投资人都要竖起耳朵。在 1996 年美国大选前夕,《财富》杂志放在封面的一句口号则是"笨蛋!谁当总统都无所谓,只要让艾伦当美联储主席就成。"

例题 17.5(2018 年真题改编,多选题)
中央银行使用的一般性货币政策工具包括( )。
A. 法定存款准备金率
B. 不动产信用控制
C. 再贴现率
D. 公开市场操作
E. 道义劝告
【答案】ACD
【名师解析】选项 B,不动产信用控制属于选择性货币政策工具。
选项 E,道义劝告属于间接信用指导。

例题 17.6(2019 年真题改编,多选题)
关于货币政策工具的说法,正确的有( )。
A. 法定存款准备金率对货币乘数的作用力很强
B. 再贴现政策发挥作用需要依赖法定存款准备金政策的配合
C. 与法定存款准备金率政策相比,公开市场操作更具有弹性和优越性
D. 消费者信用控制属于直接信用指导
E. 间接信用指导的作用前提是中央银行拥有足够的控制信用的法定权力和手段
【答案】ACE
【名师解析】选项 B,如果没有法定存款准备金率政策配合,公开市场操作就无法发挥作用。
选项 D,消费者信用控制属于选择性货币政策工具。

> **名师说**
> 货币政策工具属于重要考点,常考内容包括:一般性货币政策工具的构成(法定存款准备金、再贴现、公开市场操作)、各类一般性货币政策工具的含义与优缺点。

七、货币政策中介目标(★★)

(一)含义

货币政策的中介目标,又称为货币政策的中间指标、中间变量,是介于货币政策工具变量和货币政策目标变量之间的变量指标。

(二)构成

中央银行选择相应中介指标的原则包括:可控性、可测性和相关性。具体来讲,货币政策中介

目标的变量指标包括：利率、货币供应量、超额准备金或基础货币，以及通货膨胀率。

1. 利率

（1）含义。

货币政策中间目标的利率是指**短期的市场利率**。实际操作中，短期利率的代表有：银行间同业拆借利率和短期国库券利率。

（2）原因。

中央银行能将短期市场利率作为货币政策的中间目标的原因是，短期市场利率具有**可控性、可测性、相关性**，如表17-7所示：

表17-7　短期市场利率的性质

性质	含义
可控性	中央银行通过改变资金供求关系，调整短期市场利率水平，具体措施包括： ① 调整再贴现率； ② 存款准备金率； ③ 在公开市场买卖国债
可测性	短期市场利率与各种支出变量之间存在稳定联系，中央银行可对利率进行定量分析与预测
相关性	短期市场利率的变动对金融机构、企业、居民的资金成本（实际成本和机会成本）产生影响，进而改变其行为，最终完成： ① 收紧或放松银根； ② 抑制或刺激投资

2. 货币供应量

整个社会的货币存量是指可以用作购买商品和支付劳务费的货币总额。与短期市场利率类似，货币供应量也具有可控性、可测性，以及相关性，如表17-8所示：

表17-8　货币供应量的性质

性质	含义
可控性	① 流通中的货币（M_0）：由中央银行直接控制； ② 狭义货币供应量（M_1）与广义货币供应量（M_2）：中央银行可通过控制M_0、调整准备金率及其他措施间接进行控制
可测性	中央银行可随时对货币供应量进行数量测算和分析，数据来源： ① 中央银行的资产负债表； ② 商业银行的资产负债表； ③ 非银行金融机构的资产负债表
相关性	中央银行只要控制住了货币供应量，就能控制一定时期的社会总需求，从而有利于实现货币政策目标

3. 超额准备金或基础货币

（1）超额准备金。

① 效用：超额准备金对商业银行的资产业务规模有直接决定作用。

② 缺点：超额准备金由商业银行的意愿和财务状况决定，货币当局测度和控制的难度较高。

（2）基础货币。

基础货币是构成货币供应成倍数伸缩的基础，是比较理想的中介目标。原因在于基础货币：

① 满足可测性与可控性的要求；

② 数值清晰；
③ 数量易调控。

4. 通货膨胀率

通货膨胀目标制是指中央银行设定并盯住一个合适的通货膨胀率水平，具体操作如下：

（1）如果通货膨胀率处于正常范围：通过参考利率、货币供应量等指标状况，制定适合的货币政策；

（2）如果通货膨胀率超出正常范围：将控制通货膨胀作为货币政策的主要任务，同时暂停对其他项目的调节。

例题 17.7（2018 年真题改编，单选题）

将基础货币作为货币政策中介目标的主要原因是（　　）。

A. 它满足可测性与可控性的要求
B. 它与各种支出变量有着稳定可靠的关系
C. 它对商业银行的资产业务规模有直接决定作用
D. 只要控制住了它，中央银行就能控制一定时期的社会总需求

【答案】A

【名师解析】选项 B，短期市场利率与支出变量有着稳定可靠的关系。

选项 C，超额准备金对商业银行的资产业务规模有直接决定作用。

选项 D，只要控制住了货币供应量，中央银行就能控制一定时期的社会总需求。

八、货币政策传导机制（★★）

（一）含义

货币政策传导机制是指中央银行通过运用货币政策工具影响中介指示来实现既定目标的传导途径与作用机理。货币传导机制顺畅程度决定货币政策的实施效果。

（二）发展

1. 改革开放前

改革开放前的货币政策传导过程简单、直接。具体传导路径是，中国人民银行总行→中国人民银行分支机构→企业与居民。

2. 20 世纪 90 年代

20 世纪 90 年代，我国初步建立了传导体系：中央银行→货币市场→金融机构→企业与居民。

与此同时，我国初步建立了间接传导机制：政策工具→操作目标→中介目标→最终目标。

（三）传导效率的决定因素

货币政策的有效性取决于传导机制的效率。货币政策传导效率取决于以下 3 个方面：

（1）经济主体能够对货币政策变动作出反应的敏感度；
（2）金融市场发达程度；
（3）利率与汇率的市场化程度。

九、我国货币政策的实践（★★）

（一）2006—2007 年

我国于 2016 年开始实行"十一五"规划，此时国内经济运行面临的问题包括：
（1）经济运行由偏快到过热；
（2）价格由结构性上涨转为通货膨胀明显。
因此，货币政策发生转变：稳健→适度从紧→从紧。

（二）2008—2009 年

2008 年下半年，美国次贷危机急引发国际金融危机，我国经济发展势头急转直下，具体表现为：
（1）出口下滑明显；
（2）部分企业陷入困境；
（3）就业压力显著增加。
因此，货币政策发生转变：从紧→适度宽松。
2009 年下半年，由于内需对经济增长的拉动作用明显增强，中央银行货币政策工具多采用窗口指导、风险提示、公开市场操作等。

（三）2010—2017 年

2010 年宏观政策发生一个重要的变化：中央经济工作会议确定 2011 年实施稳健的货币政策。2011—2017 年，我国连续 7 年实行稳健的货币政策。

（四）2018 年

2018 年 12 月，中央经济工作会议内容如表 17－9 所示：

表 17－9　货币供应量的性质

目标	措施
宏观政策要强化逆周期调节	① 继续实施积极的财政政策和稳健的货币政策； ② 适时预调微调； ③ 稳定总需求
积极的财政政策要加力提效	① 实施更大规模的减税降费； ② 较大幅度增加地方政府专项债券规模
稳健的货币政策要松紧适度	① 保持流动性合理充裕； ② 改善货币政策传导机制； ③ 提高直接融资比重； ④ 解决好民营企业和小微企业融资难、融资贵的问题

（五）2019 年

中央经济工作会议提出：

(1) 稳健的货币政策灵活适度，保持流动性合理充裕。
(2) 货币信贷、社会融资规模增长同经济发展相适应，降低社会融资成本。
(3) 深化金融供给侧结构性改革，疏通货币政策传导机制，增加制造业中长期融资，缓解民营、中小微企业融资难和融资贵的问题。

（六）2020 年

中央经济工作会议提出：
(1) 稳健的货币政策要灵活精准、合理适度。
(2) 保持货币供应量和社会融资规模增速同名义经济增速基本匹配，保持宏观杠杆率基本稳定，处理好恢复经济和防范风险关系。
(3) 多渠道补充银行资本金，完善债券市场法治。
(4) 加大对科技创新、小微企业、绿色发展的金融支持，深化利率汇率市场化改革，保持人民币汇率在合理均衡的水平上的基本稳定。

例题 17.8（2019 年真题改编，多选题）
下列政策措施中，属于 2018 年 12 月中央经济工作会议内容的有（　　）。
A. 宏观政策要强化逆周期调节　　　　B. 宏观政策要适度从紧
C. 积极的财政政策要加力提效　　　　D. 稳健的货币政策要松紧适度
E. 提高间接融资比重

【答案】ACD
【名师解析】选项 B，要求稳健的货币政策要松紧适度。
选项 E，要求提高直接融资比重。

任务 18　商业银行

任务概述

本任务涉及"第二十章　商业银行与金融市场"。

此任务在中级经济师考试中约考查 5 分，分值占比约为 4%。考试题型同时涉及单选题和多选题。

本任务整体难度适中，其中，重要考点为：商业银行的职能与组织形式，商业银行的主要业务，存款保险制度，以及金融市场的结构。

任务框架图

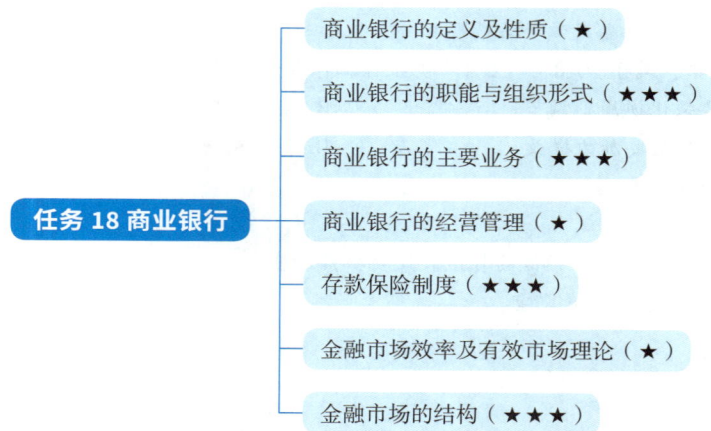

一、商业银行的定义及性质（★）

（一）定义

商业银行，又称为存款货币银行，主要业务包括：工商业存款、放款，并为客户提供多种金融服务。商业银行是金融机构体系中的核心，其地位不能被其他金融机构所替代。

（二）性质

商业银行是最典型的银行，具体表现为：
(1) 以营利为目的；
(2) 主要以吸收存款和发放贷款形式为工商企业或个人提供融资服务；
(3) 办理结算业务的金融企业。
商业银行的本质特征包含 3 个层次：与一般工商企业的异同、与中央银行和政策性银行的异同，以及与非银行金融机构的异同，如表 18-1 所示：

表 18-1　商业银行的性质

比较对象	相同点	不同点
一般工商企业	① 依法设立； ② 依法经营； ③ 照章纳税； ④ 自担风险； ⑤ 自负盈亏	商业银行属于金融企业，具有资金融通职能
中央银行和政策性银行	① 均从事银行业务； ② 均具有银行业的基本特征	（1）商业银行： ① 以营利为目的； ② 经营目标：利润最大化。 （2）中央银行和政策性银行： 一般不以营利为目的
非银行金融机构	① 均为金融机构； ② 均涉及信用业务	（1）商业银行： ① 经营范围宽； ② 业务种类全； ③ 唯一可以面向公众吸收活期存款的金融机构。 （2）非银行金融机构： ① 经营范围窄； ② 经营不完整的信用业务或以非银行信用方式提供资金融通服务

趣味说

银行业最早的发源地是意大利。早在 1272 年，意大利的佛罗伦萨就已出现一家名为巴尔迪的银行。1310 年意大利又出现佩鲁齐银行。而后比较著名的银行是 1580 年设立的威尼斯银行。16 世纪末 17 世纪初，银行由意大利发展至欧洲其他国家，如 1609 年成立的荷兰阿姆斯特丹银行和 1619 年成立的德国汉堡银行等。早期银行贷款的主要对象是政府，放款带有明显的高利贷性质。

二、商业银行的职能与组织形式（★★★）

（一）主要职能

1. 信用中介

信用中介是商业银行**最基本**的职能，具体表现为：
（1）吸收存款：集中社会上的闲置资金；
（2）发放贷款：将集中的资金以贷款方式配置给资金短缺部门；
（3）将货币转化为资本。

2. 支付中介

支付中介使商业银行成为企业的<u>总会计</u>、<u>总出纳</u>，以及社会的总账房。具体表现为：接受企业的委托，为其办理与货币运动有关的技术性业务，如汇兑、非现金结算等。

3. 信用创造

商业银行行使信用创造职能，具体表现为：

（1）商业银行发行信用工具；
（2）满足经济社会对流通手段和支付手段的需要；
（3）进行信用扩张：超出自有资本与所吸收资本的总额。

（二）组织形式

商业银行的组织形式，如表 18－2 所示：

表 18－2　商业银行的组织形式

分类标准	形式	含义
机构设置	单一银行制	① 只有一个单独的银行机构，不设分支机构； ② 美国的许多州立银行采用此制度
机构设置	总分行制	① 在总行之下设有多层次的分支机构； ② 英国银行模式，目前世界各国的商业通常都采用此制度
业务经营范围	专业化	只能经营传统的银行业务： ① 吸收存款； ② 发放短期工商贷款，如商业票据贴现
业务经营范围	综合化	"全能银行制"： 经营所有商业融资业务，为客户提供全方位的金融服务

例题 18.1（2017 年真题改编，单选题）

商业银行最基本的职能是（　　）。

A. 信用创造　　　　B. 信用中介　　　　C. 支付中介　　　　D. 吸收存款

【答案】B

【名师解析】商业银行的主要职能包括：信用中介、支付中介，以及信用创造。其中，信用中介是其基本职能。

 **名师说**

商业银行的主要职能中，基本职能属于最常考查的知识点，考生需要重点记忆。

三、商业银行的主要业务（★★★）

（一）负债业务

1. 含义

负债业务是**构成商业银行资金来源**的业务。商业银行全部资金来源则包括以下 2 个部分：

（1）自有资金（又称为"权益资本"）：商业银行成立时发行股票所筹集的股本、公积金，以及未分配利润。

（2）外来资金：吸收存款（最主要）、向中央银行借款、从同业拆借市场拆借、发行金融债券，以及从国际货币市场借款等。

2. 构成

负债业务主要由吸收存款和借款业务构成，具体如下：

（1）吸收存款。

吸收存款是银行组织资金来源的**主要业务**，是指银行接受存款人存入的货币资金且存款人可以随时或按约定时间支取款项的一种信用业务。吸收存款业务具体可分为以下 4 类：

① 活期存款；

② 定期存款；

③ 储蓄存款；

④ 存款业务创新：可转让支付命令账户。

（2）借款业务。

商业银行的借款业务主要包括以下 5 类：

① 再贴现或向中央银行借款；

② 同业拆借；

③ 发行金融债券；

④ 国际货币市场借款；

⑤ 结算过程中的短期资金占用。

（二）资产业务

1. 含义

资产业务是**商业银行获得收益**的主要业务，是指商业银行将所集中的货币资金加以运用的业务。具体来讲，商业银行所集中的资金可分为 2 部分：

（1）现金和在中央银行的存款：以应付客户提存为目标；

（2）以票据贴现、贷款和证券投资等方式加以运用：以获取收益为目标。

2. 构成

（1）票据贴现。

票据贴现是指银行应客户要求，买进未到付款日期的票据。在形式上，贴现业务是票据的买卖。在本质上，票据贴现属于信用业务，银行通过贴现的方式对票据持有人提供间接贷款。

（2）贷款业务。

贷款在商业银行**资产中占比最高**，是指银行将其所吸收的资金，按一定的利率贷给客户并约定归还期限的业务。按照归还期限、贷款条件，以及用途，贷款可分为多种具体类型，如表 18-3 所示：

表 18-3　商业银行的贷款业务

分类标准	类型	含义
归还期限	短期贷款	期限≤1 年
	中期贷款	1 年<期限≤5 年
	长期贷款	期限>5 年

续表

分类标准	类型	含义
贷款条件	信用贷款	以借款人信誉作为担保
	担保贷款	以特定的抵押品作为担保： ① 保证贷款：如果借款人不能偿还借款，则第三人承诺按约定承担一般保证责任或者连带责任； ② 抵押贷款：以借款人或第三人的财产作为抵押物； ③ 质押贷款：以借款人或第三人的财产作为质押物
用途	资本贷款	投资性质：以设备的更新、改造，或增添固定资产为目的
	商业贷款	生产或经营周转性质：以企业购进原材料和交易商品为目的
	消费贷款	个人贷款：以消费为目的

（3）投资业务。

银行的投资业务是指银行以其资金作为投资而持有各种有价证券。

从银行风险管理角度出发，金融管理当局对商业银行证券投资的范围有诸多规定。具体表现为：

① 规定商业银行只可进行债券业务，不可进行股票买卖；

② 要求银行仅能以其自有资金和盈余中的小部分进行投资业务。

对于实行全能制银行制度的国家，银行可以介入股市，但投资数量有上限规定。

（三）中间业务

1. 含义

中间业务，又称为**无风险业务**，是商业银行作为"支付中介"提供的多种形式的金融服务。具体特点包括：

（1）不使用自有资金；

（2）为客户办理支付和其他委托事项；

（3）从服务中收取手续费。

2. 构成

商业银行的中间业务形式多样，如表18-4所示：

表18-4 商业银行的中间业务

类型	含义
结算业务	商业银行提供转账结算（非现金结算）： 款项划拨、完成货币收付，并向委托人收取手续费
信托业务	商业银行的信托部门根据客户的委托，代替委托单位或个人经营、管理，或处理资金和其他财产，并从中收取手续费： ① 资金信托； ② 财产信托
租赁业务	商业银行以出租人的角色向客户提供租赁形式的业务： ① 融资性租赁； ② 经营性租赁

续表

类型	含义
代理业务	商业银行根据客户委托，以代理人的身份办理双方约定的经济事务，并从中收取手续费；受财政部门的委托，代理发行、兑付国债
咨询业务	商业银行向客户提供以下服务： ① 市场变化情况； ② 利率及汇率变化趋势； ③ 经济预测； ④ 投资项目的可行性论证； ⑤ 企业财务状况分析

例题 18.2（2019 年真题改编，多选题）

关于商业银行资产业务的说法，错误的是（　　）。

A. 负债业务中，贷款业务通常排在首位
B. 按照用途，贷款可分为：资本贷款、商业贷款，以及消费贷款
C. 抵押贷款属于信用贷款
D. 负债业务是构成商业银行资金来源的业务
E. 票据贴现不属于信用业务

【答案】ACE

【名师解析】选项 A，贷款业务在银行资产中的比重一般排在首位。

选项 C，抵押贷款属于担保贷款。除了抵押贷款，担保贷款还包括：保证贷款和质押贷款。

选项 E，票据贴现业务形式上是票据的买卖，实际上是信用业务。

例题 18.3（2019 年真题改编，多选题）

下列贷款中，属于担保贷款的是（　　）。

A. 保证贷款　　　　B. 抵押贷款　　　　C. 长期贷款　　　　D. 商业贷款
E. 质押贷款

【答案】ABE

【名师解析】担保贷款包括：保证贷款、抵押贷款，以及质押贷款。

> **名师说**
>
> 商业银行的主要业务中，考生需要对资产业务、负债业务，以及中间业务具体包含的业务内容进行区分。其中，关于资产业务与负债业务的构成的考查出现频率很高。

> **记忆小窍门**
>
> 考生可通过掌握商业银行资产与负债的定义辨析资产业务与负债业务。具体来讲：
> （1）商业银行的资产是商业银行的资金运用：票据贴现、贷款业务、投资业务能够为商业银行带来收益，因此属于资产业务；
> （2）商业银行的负债是商业银行的资金来源：吸收存款与借款均能为商业银行带来资金，因此属于负债业务。

四、商业银行的经营管理（★）

（一）三个基本原则

商业银行的经营管理具有三大基本原则，如表 18-5 所示：

表 18-5　商业银行的经营管理原则

原则	含义
盈利性原则	在经营资产业务中，银行需要更高的盈利
流动性原则	① 商业银行必须保有一定比例的现金或其他易变现资产； ② 商业银行拥有应对现金提取的能力
安全性原则	在经营放款和投资等业务的过程中，商业银行要能够按期收回本息，尤其要避免本金损失

（二）相关关系

1. 资产盈利性与流动性

商业银行的资产盈利性与流动性呈**负相关关系**。具体原因是：

（1）中长期贷款和证券投资的收益率高，但流动性差；

（2）现金无收益，短期投资的收益率很低，但流动性佳。

2. 资产盈利性与安全性

商业银行的资产盈利性与安全性也**呈负相关关系**。具体原因是：通常风险越高的资产业务，收益更高，但银行经营的安全性更低。

五、存款保险制度（★★★）

（一）概念

1. 定义

存款保险制度是指存款类金融机构根据其吸收存款的数额，按规定的保费率向存款保险机构投保，一旦存款机构发生经营危机引发存款人无法提款时，则由存款保险机构对存款人进行偿付。该制度旨在保护存款人利益、维护银行信用，以及稳定金融秩序。

2. 覆盖范围

存款金融机构包括：

（1）商业银行：含外商独资银行和中外合资银行；

（2）农村合作银行；

（3）农村信用合作社。

被保险的存款包括：

（1）人民币存款；

（2）外币存款。

被保险的存款**不包括**：
（1）金融机构同业存款；
（2）中资银行海外分支机构的存款；
（3）外国银行在中国的分支机构的存款；
（4）投保机构的高级管理人员在本投保机构的存款；
（5）存款保险基金管理机构规定不予保险的其他存款。

（二）组织形式

根据建立存款保险机构的主体不同，存款保险制度分为3种组织形式，如表18-6所示：

表18-6 存款保险制度的组织形式

组织形式	适用地区
政府建立	美国、英国、加拿大
政府与银行界共同建立	日本、比利时
政府支持下银行同业联合建立	德国、法国、荷兰

（三）偿付限额

存款保险实行**限额偿付**，最高偿付限额为**人民币50万元**。具体情况如下：
（1）同一存款人在同一家投保机构所有存款账户的本金和利息之和：
① 小于等于50万元部分，全额赔付；
② 超过50万元部分，从该投保机构清算财产中受偿。
（2）50万元的限额并非固定不变。
根据经济发展、存款结构变化、金融风险状况，中国人民银行与国务院有关部门可以对限额进行调整，经国务院批准后对外公布并执行。

（四）存款保险基金的来源及运用

1. 来源
存款保险基金的来源包括：
（1）投保机构交纳的保费；
（2）在投保机构清算中分配到的财产；
（3）存款保险基金管理机构使用存款保险基金获得的收益；
（4）其他的合法收入。

2. 运用
存款保险基金的运用原则包括：安全、流动、保值增值。运用则限于下列形式：
（1）存放于中国人民银行；
（2）投资于：
① 政府债券；
② 中央银行票据；
③ 信用等级较高的金融债券；

④ 其他高等级的债券。

（3）经国务院批准的其他资金运用形式。

（五）偿付情形

当存款类金融机构发生以下情形之一时，存款人有权要求存款保险基金管理机构在规定的限额以内，利用存款保险基金对存款人的被保险款项进行偿付。具体情形包括：

（1）被接管：存款保险基金管理机构担任投保机构的接管组织；
（2）撤销：存款保险基金管理机构实施被撤销投保机构的清算；
（3）破产：人民法院裁定受理对投保机构的破产申请。

例题 18.4（2019 年真题改编，多选题）
存款保险基金的来源包括（   ）。
A. 投保机构交纳的保费
B. 在投保机构清算中分配到的财产
C. 存款人缴纳的保费
D. 存款保险基金管理机构使用存款保险基金获得的收益
E. 其他的合法收入
【答案】ABDE
【名师解析】存款保险基金的来源包括：①投保机构缴纳的保费；②在投保机构清算中分配的财产；③存款保险基金管理机构运用存款保险基金获得的收益；④其他合法收入。

例题 18.5（2019 年真题改编，多选题）
关于我国存款保险制度的说法，错误的有（   ）。
A. 存款保险实施限额偿付，偿付额度可变
B. 存款保险最高赔付限额为人民币 50 万元，超出存款部分则不予偿付
C. 被保险的存款包括金融机构同业存款
D. 美国、英国、加拿大采用政府与银行界共同建立存款保险制度的形式
E. 存款保险基金可投资于政府债券
【答案】BCD
【名师解析】选项 B，同一存款人在同一家投保机构所有存款账户的本金和利息之和小于等于 50 万元部分，全额赔付；超过 50 万元部分，从该投保机构清算财产中受偿。

选项 C，被保险的存款不包括金融机构同业存款。

选项 D，美国、英国、加拿大采用政府建立存款保险机构的形式。

名师说

存款保险制度属于重点内容，其中，覆盖范围（包括与不包括）、偿付限额的规定（50万元人民币且可变）、存款保险基金的具体来源与运用均属于常考内容，考生需要认真记忆。

六、金融市场效率及有效市场理论（★）

（一）金融市场运行机理

金融市场，是指以金融资产为交易对象而形成的供求关系及其机制的总和。金融交易，是指在金融市场上发生的金融资产所有权变化，引起金融债权、债务的产生和清偿的交易。金融市场的运行是指资金在各市场参与者之间的转移过程。

（二）金融市场效率

金融市场效率，是指金融市场实现金融资源配置这一功能的程度。具体包含2个方面的内容：
（1）金融市场以最低的交易成本向资金需求者提供金融资源的能力；
（2）金融市场的资金需求者利用金融资源为社会提供有效产出的能力。

（三）有效市场理论

1. 有效市场理论的含义
根据美国芝加哥大学著名教授法玛的研究，有效市场同时满足以下2条特征：
（1）市场上的价格完全反映了所有可获得、可利用的信息；
（2）每一种证券价格都永远等于其投资价值。

2. 市场有效性分类
根据信息对证券价格影响的不同程度，市场有效性分为弱型效率、半强型效率、强型效率，如表18－7所示：

表18－7 市场有效性分类

类型	市场效率高低	特征
弱型效率	最低	有关证券的历史信息，如价格、交易量等因素对证券的价格变动没有任何影响
半强型效率	中等	有关证券公开发表的信息，如公司对外公布的盈利报告等对证券的价格变动没有任何影响
强型效率	最高	① 证券价格充分、及时地反映了与证券有关的所有信息； ② 公开发表的信息和内幕信息对证券的价格变动没有任何影响

七、金融市场的结构（★★★）

（一）金融市场分类

金融市场是指资金供给者和资金需求者借助各种金融工具相互融通资金的场所。金融市场的结构，如表18－8所示：

表 18-8　金融市场的结构

分类	功能	子市场
货币市场 （金融工具的期限≤1年）	① 供应短期货币资金； ② 融通短期内资金余缺	同业拆借市场
		票据市场
		短期债券市场
资本市场 （金融工具的期限>1年）	① 供应长期货币资金； ② 满足投资方面的资金需求	股票市场
		长期债券市场
		投资基金市场
外汇市场	属于国际金融市场	—

（二）各子市场的内涵

关于金融市场中子市场的定义与有关内容，如表 18-9 所示：

表 18-9　各子市场的定义与内容

子市场	定义	有关内容
同业拆借市场 （货币市场**主要**组成部分）	① 金融机构之间以货币借贷方式进行短期资金融通活动的市场； ② 在国际货币市场上比较典型和有代表性的同业拆借利率是伦敦银行同业拆借利率（London Interbank Offered Rate，LIBOR）	同业拆借市场的功能： ① 弥补短期资金不足； ② 弥补票据清算的差额； ③ 解决临时性的资金短缺需求； ④ 作为商业银行调控头寸、中央银行宏观调控的工具，原因：资金期限短、流动性高、利率敏感性强，以及交易方便
票据市场	（1）以各种票据为媒体进行资金融通的市场； （2）根据票据的种类，票据市场分为： ① 商业票据市场（主要子市场）； ② 银行承兑票据市场（主要子市场）； ③ 银行大额可转让定期存单市场； ④ 短期以及融资性票据市场	票据市场流动的金融工具包括： （1）银行承兑汇票：银行信用与商业信用的结合； （2）商业票据： ① 以企业间的直接信用作保证的短期无担保证券； ② 发行人一般为信誉高、实力雄厚的大公司； ③ 目的是筹措短期资金或弥补资金缺口； （3）银行大额可转让定期存单： ① 不记名、批发性质； ② 金融商业银行和其他金融机构为了吸引存款而发行的信用工具； ③ 存单的金额由银行确定：通常较大； ④ 利率：可固定或浮动

续表

子市场	定义	有关内容
短期债券市场（流动性在货币市场中是最高）	① 发行和买卖债券的场所； ② 直接融资的市场：不通过银行等信用中介，资金的需求者和供给者直接进行融资的市场； ③ 同时具有货币市场的属性和资本市场属性	（1）按市场组织形式划分为： ① 场内交易市场； ② 场外交易市场； （2）按期限划分为： ① 短期债券（1年期以内）； ② 中期债券（1年至10年）； ③ 长期债券（10年以上）； （3）特征： ① 违约风险小； ② 流动性强； ③ 面额小； ④ 收入免税
股票市场	股票发行和交易的场所： ① 发行市场：一级市场，由上市公司、投资者以及中介机构参与； ② 流通市场：二级市场，活跃的流通市场是发行市场存在的必要条件，参与者为投资者群体	市场组织形式分为： ① 场内交易市场：股票交易所； ② 场外交易市场：柜台交易市场
投资基金市场	集合投资方式： ① 利益共享； ② 风险共担	① 通过发行基金单位，集中投资者的资金； ② 由基金托管人托管，由基金管理人管理和运用； ③ 从事股票、债券、外汇、货币等金融工具投资； ④ 获得投资收益和资本增值，并向基金持有机构进行分配； ⑤ 主要投资：股票和债券； ⑥ 优势：专家理财
金融期货与期权市场（均属于金融衍生产品市场）	（1）金融期货市场： ① 专门进行金融期货交易； ② 有锁定和规避金融市场风险、实现价格发现的功能。 （2）金融期权市场： ① 专门进行金融期权交易； ② 金融期货市场的发展和延伸	金融期权是指买卖双方按成交协议签订合同，允许买方在交付一定的期权费用后，取得在特定时间内，按协议价格买进或卖出一定数量的证券的权利
外汇市场	不同种货币计值的两种票据之间交换的市场	组成部分： ① 中央银行； ② 外汇银行； ③ 外汇经纪商； ④ 客户

 趣味说

1974年6月28日，拥有8亿美元资产的赫斯塔特银行（Bankhaus Herstatt）在遭受4.5亿美元的外汇和其他损失之后，被联邦德国当局关闭。当时包括德意志银行和德累斯顿银行在内的几家联邦德国大银行联合采取了营救行动，但由于缺乏可靠的信息而使营救行动宣告失败。赫斯塔特银行倒闭使外汇现货交易业务的清算机制陷入混乱，其严重的后果就是对国际同业市场造成了严重影响，尤其使意大利和日本的有关银行遭受了极其严重的资金困难。

例题 18.6（2018 年真题改编，多选题）

关于金融市场的结构，正确的有（　　）。

A. 外汇市场属于货币市场
B. 同业拆借市场是货币市场主要的组成部分
C. 短期债券市场具有违约风险小、流动性强的特征
D. 股票市场是商业银行调控头寸、中央银行宏观调控的工具
E. 商业票据市场和银行承兑票据市场构成票据市场的主要子市场

【答案】BCE

【名师解析】选项 A，外汇市场作为国际金融市场的重要组成部分，由于功能特殊，因此不能简单地归类为货币市场或资本市场。

选项 D，同业拆借市场是商业银行调控头寸、中央银行宏观调控的工具。

>  **名师说**
>
> 金融市场的结构属于重要考点，其中，货币市场和资本市场的区别、各个子市场具体含义都属于高频考点。

> **记忆小窍门**
>
> 考生可借助表 18-8、表 18-9 对金融市场的结构部分的内容进行掌握。注意，考生需要着重记忆"主要""最"等关键字涉及的内容。另外，如果出现"短期""票据"，以及"同业"，则通常归类为货币市场，流动性通常较高；如果出现"长期""股票"，以及"基金"，则通常归类为资本市场。

任务 19　金融风险与监管

任务概述

本任务涉及"第二十一章 金融风险与金融监管"。

此任务在中级经济师考试中约考查 4 分，分值占比约为 3%。考试题型同时涉及单选题和多选题。

本任务整体难度适中，其中，重要考点为：金融风险的特征及分类和国际金融监管协调。

任务框架图

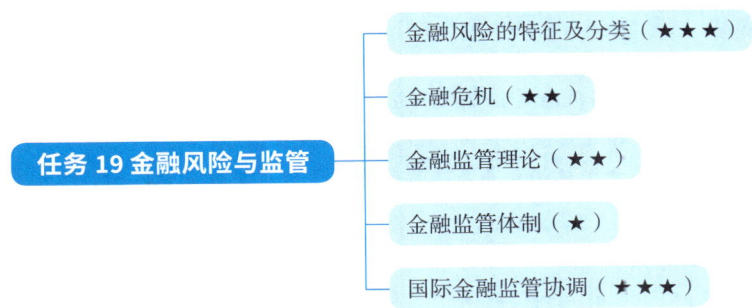

一、金融风险的特征及分类（★★★）

（一）基本特征

金融风险是指金融机构和投资者在货币资金的借贷和运用过程中，各种不确定性因素导致预期收益和实际收益发生偏差、最终引发损失的可能性。金融风险客观存在，无法完全规避。

金融风险具有 4 个基本特征：不确定性、相关性、高杠杆性、传染性，如表 19-1 所示：

表 19-1　金融风险的基本特征

特征	含义
不确定性	金融风险的影响因素很难事前完全把控
相关性	货币的特殊性导致金融机构与经济和社会关系紧密
高杠杆性	① 金融企业负债率偏高和财务杠杆高的特征导致其负外部性大； ② 金融工具的创新和衍生金融工具的运用伴随很高的金融风险
传染性	金融机构具有中介机构职能，导致原始借贷的对应关系分割，任何一方存在风险都会引发其他方的风险，甚至导致行业、区域的金融风险，导致金融危机

(二) 类型

金融风险的类型主要可分为市场风险、信用风险、流动性风险、操作风险，如表 19-2 所示：

表 19-2 金融风险的类型

类型	含义
市场风险	利率、汇率、股价以及商品价格等市场因素的波动而导致的金融参与者资产价值变化的风险
信用风险	借款人或市场交易对手违约而引发损失的风险
流动性风险	资产流动性降低引发的风险
操作风险	金融机构交易系统不完备、管理过失或其他人为过失引发的风险

例题 19.1（2019 年真题改编，单选题）

利率、汇率、股价以及商品价格等市场因素的波动而导致的金融参与者资产价值变化的风险被称为（　　）。

A. 市场风险　　　　B. 信用风险　　　　C. 流动性风险　　　　D. 操作风险

【答案】A

【名师解析】选项 B，信用风险是指借款人或市场交易对手违约而引发损失的风险。

选项 C，流动性风险是指资产流动性降低引发的风险。

选项 D，操作风险是指金融机构交易系统不完备、管理过失或其他人为过失引发的风险。

例题 19.2（2018 年真题改编，单选题）

金融风险的基本特征不包括（　　）。

A. 不确定性　　　　B. 稳定性　　　　C. 相关性　　　　D. 高杠杆性

【答案】B

【名师解析】金融风险的基本特征：不确定性、相关性、高杠杆性，以及传染性。

> **名师说**
>
> 金融风险的特征及分类属于重要考点。其中，金融风险的类型及各类风险的含义属于高频考查的知识点，考生需要重点记忆。

> **记忆小窍门**
>
> 金融风险的类型，可通过下面的例子进行统一记忆。投资者小王通过证券公司的账户购买了 A 公司的债券。
>
> （1）利率变化导致 A 公司债券价格的波动的风险属于市场风险。
>
> （2）A 公司无法按时还本付息的风险属于信用风险。
>
> （3）小王无法及时将 A 公司债券出售变现的风险属于流动性风险。
>
> （4）证券公司系统故障或人为操作失误的风险属于操作风险。

二、金融危机（★★）

（一）概念

1. 定义

金融危机，是指一个或几个国家与地区的全部或大部分金融指标发生急剧、短暂和超周期恶化。金融指标包括：

（1）短期利率；
（2）金融资产；
（3）房地产与商业破产数；
（4）金融机构倒闭数。

2. 特点

金融危机的发生具有以下特点：

（1）频繁性；
（2）广泛性；
（3）传染性；
（4）严重性。

（二）类型

金融危机可分为：债务危机、货币危机、流动性危机、综合危机，如表 19-3 所示：

表 19-3 金融危机的类型

类型	含义
债务危机	（1）债务危机（又称为支付能力危机）：一国债务不合理，无法按期偿还其债务，最终引发的危机。 （2）发生债务危机的国家特征： ① 出口萎缩，外汇主要来源于举借外债； ② 国际债务条件对债务国不利； ③ 债务国缺乏外债管理经验，外债投资效益不高，创汇能力低
货币危机	（1）发生货币危机的国家特征： ① 实行固定汇率制度； ② 实行具有固定汇率制度特征的钉住汇率安排。 （2）原因： 国内经济变化没有相应的汇率调整配合→货币内外价值脱节（本币汇率高估）→投机冲击→外汇市场上本币的抛压增加→最终导致以下结果之一： ① 本币大幅度贬值； ② 金融当局动用大量国际储备干预市场； ③ 大幅度提高国内利率。 （3）相关因素： ① 宏观基本面； ② 市场预期； ③ 制度建设； ④ 金融体系发展情况

续表

类型	含义
流动性危机	① 国内流动性危机： 金融机构资产负债不匹配（"借短放长"）→流动性不足以偿还短期债务→存款者要求银行立即兑现→大规模的"挤兑"风波→危机爆发； ② 国际流动性危机： 一国金融体系中潜在的短期外汇履约义务>短期内可能得到的外汇资产规模→国际流动性缺乏； ③ 一国外汇储备越多，国际流动性越充足，流动性危机发生的可能性则越小
综合危机	现实中的金融危机均为综合性金融危机，分为： ① 外部综合性金融危机； ② 内部综合性金融危机，**金融体系脆弱是发生国家的共同特点**、银行是危机传导的源头

（三）次贷危机

次贷危机（2007年春季开始）是指因美国次级抵押贷款机构破产、投资基金被迫关闭、股市剧烈震荡而导致的金融风暴。次贷危机被分为三个阶段：债务危机阶段、流动性危机阶段、信用危机阶段，如表19-4所示：

表19-4 次贷危机3个阶段

阶段	原因
第一阶段 债务危机阶段	房地产价格下跌、利率上升，导致次级房贷的贷款人无法按时还本付息
第二阶段 流动性危机	债务危机导致相关金融机构流动性不足，无法及时满足债权人的变现要求
第三阶段 信用危机	投资者怀疑建立在信用基础上的金融活动，引发全球范围内的金融恐慌

在美国，有两个名叫"保尔森"的人，他们都曾名噪华尔街，一个是美国前财政部长亨利·保尔森（Henry Paulson），一个是有"对冲基金第一人"之称的对冲基金经理、电影《大空头》（The Big Short）主角的原型约翰·保尔森（John Paulson）。1999年高盛上市后，亨利·保尔森成为了董事长兼首席执行官。在他的带领下，高盛一度成为华尔街最赚钱的投资银行。2006年7月，在时任美国总统布什的再三邀请下，亨利·保尔森就任美国第74任财政部部长。在他的任期中，美国度过了次贷危机最严重的时期。另一边，约翰·保尔森通过两次做空而闻名华尔街。其中，在次贷危机时期，他通过做空美国房地产市场，力压华尔街"老字辈"的索罗斯和西蒙斯等巨鳄，笑傲华尔街。

例题19.3（2019年真题改编，多选题）

关于不同类型金融危机的说法，错误的有（　　）。

A. 发生内部综合性危机的国家的共同特点是金融体系脆弱，危机由股票市场传导至整个经济体系

B. 流动性危机仅限于一国国内发生，不会发生国际间传导
C. 债务危机是指一国债务不合理、无法按期偿还其债务而最终引发的危机
D. 实行固定汇率制度的国家容易存在货币危机
E. 从 2007 年春季开始的美国次贷危机可依次分为信用危机阶段、债务危机阶段、流动性危机阶段

【答案】ABE

【名师解析】选项 A，发生内部综合性金融危机国家的共同特点是金融体系脆弱，危机由银行传导至整个经济。

选项 B，流动性危机是流动性不足引起的，分为国内流动性危机、国际流动性危机。

选项 E，美国次贷危机可依次分为：债务危机阶段、流动性危机阶段，以及信用危机阶段。

三、金融监管理论（★★）

（一）概念

1. 定义

金融监管，又称为金融监督管理，是指为达到稳定货币、维护金融业正常秩序等目的，一国的金融管理部门依照国家法律、行政法规的规定，对金融机构及其经营活动实施外部监督、稽核、检查和对其违法违规行为进行处罚等一系列行为。

2. 特性

银行业监管是金融监管的起点，原因在于银行具有以下 3 个特性：

（1）银行具有期限转换功能：在储蓄与投资相互转化过程中，银行为储户提供短期资产和流动性，同时将储蓄汇总，为投资者提供期限较长的负债和资金，最终实现了期限转换。

（2）银行是支付体系的重要组成部分：银行负责票据的清算，同时降低了交易的费用。

（3）银行具有信用创造和流动性创造功能。

（二）一般性理论

1. 公共利益论

（1）时间：从 20 世纪 30 年代美国经济危机到 20 世纪 60 年代。

（2）地位：正统理论，被经济学家广泛接受。

（3）理论观点：

① 监管是政府对公众要求纠正某些社会个体和社会组织的不公平、不公正和无效率或低效率的一种回应；

② 由于政府的参与能够解决市场的缺陷，因此政府应作为公共利益的代表对市场实施管制以克服市场缺陷，最终带来的公共福利会大于管理成本。

2. 保护债权论

（1）理论观点：金融监管可以保护债权人的利益。债权人是指存款人、证券持有人，以及投保人等。

（2）原因：

① 银行等金融机构存在严重的逆向选择和道德风险等问题；

② 投资者进行监督存在缺陷：

A. 成本高昂；

B. 每一个人都监督则重复多余；

C. 投资者对银行业务缺乏了解且无监督激励；

③ 外部监管可解决"搭便车"行为，如存款保险制度。

3. 金融风险控制论

（1）起源："金融不稳定假说"，即银行的利润最大化目标促使其系统内增加有风险的活动，最终导致系统内的不稳定性。

（2）不稳定性来源于：

① 银行的高负债经营；

② 借短放长；

③ 部分准备金制度。

（3）监管的必要性：

① 多米诺骨牌效应：各种金融资产的流通性使银行体系具备系统性风险和风险的传导性。

② 对比其他行业，金融业的脆弱性和不稳定性更大。

4. 金融全球化对传统金融理论的挑战

20世纪70年代以来，金融监管的特征包括：

（1）强调安全与效率并重；

（2）更加重视对跨国金融活动的风险防范和国际监管的协调。

金融监管的必要性：

（1）金融监管难度加大。

① 信息不对称问题愈加突出：

A. 金融机构跨境扩张；

B. 各类金融工具不断创新；

C. 金融市场的传统分界线越发模糊；

D. 各国金融市场间联系越发密切；

② 监管成本与效率不成正比：金融交易技术和结构复杂化。

（2）金融管理的责任：

① 维护本国金融体系稳定；

② 提高本国金融业的国际竞争力；

③ 不断鼓励本国机构参与国际金融业务活动。

金融监管受到国际上的监管约束，如国际惯例、国际条约和国与国之间的协调。因此，金融监管转变为金融监控，即一种全方位、整体上的对金融业的管理和控制，具体涵盖：

（1）内部监管和外部监管；

（2）管理部门的监督和市场施加的约束。

例题 19.4（2018年真题改编，单选题）

关于金融监管的一般性理论的说法，错误的是（　　）。

A. 银行业监管是金融监管的起点

B. 金融风险控制论来源于"金融不稳定假说"

C. 存款保险制度是公共利益论的实践形式
D. 公共利益论认为政府可以作为公共利益的代表来实施管制以克服市场缺陷

【答案】C

【名师解析】选项C，存款保险制度是保护债权论的实践形式。

四、金融监管体制（★）

（一）分类

金融监管体制是指一国金融管理部门的构成及其分工的有关安排。金融监管体制的分类如表19-5所示：

表19-5 金融监管体制的分类

分类标准	类型	含义
根据银行的监管主体和中央银行的角色划分	以中央银行为重心的监管体制	① 以中央银行为中心，其他机构参与分工的监管体制； ② 美国是典型代表
	独立于中央银行的综合监管体制	① 在中央银行之外，同时设立几个部门分别对银行、证券业和保险金融机构进行监管的体制； ② 中央银行在其中发挥独特作用； ③ 德国是其中的典型代表
从监管客体的角度来划分	综合监管体制	① 将金融业作为一个整体进行监管； ② 监管主体可能对不同类型的金融机构发挥监管职能，全面履行监管的职责，属于功能性监管； ③ 目的是适应金融经营体制从分业转向混业的需要； ④ 英国、瑞士、日本和韩国是典型代表
	分业监管体制	（1）对不同类型的金融机构分别设立不同的专门机构进行监管； （2）中国实行分业监管体制； （3）原因是： ① 实行分业经营体制； ② 金融发展水平不高； ③ 金融监管能力不足

（二）我国的金融监管体制演变

自20世纪80年代以来，我国的金融监管体制逐渐由单一全能型体制转向独立于中央银行的分业监管体制。

新的监管体制下，中央银行将继续发挥其独特的作用，负责维护金融稳定的职能，具体表现为：

（1）扮演最后贷款人，在必要时对高风险金融机构进行救助；

（2）共享监管信息，采取各种措施对系统性金融风险进行防范；

（3）在金融监管方面拥有监督检查权，如直接检查监督权、建议检查权和在特定情况下的全面检查监督权。

中国银行业监督管理委员会和中国保险监督管理委员会二者组建为中国银行保险监督管理委员。其主要职责包括：

(1) 依照法律法规统一监督管理银行业和保险业；
(2) 保护金融消费者合法权益；
(3) 维护银行业和保险业合法、稳健运行；
(4) 防范和化解金融风险；
(5) 维护金融稳定。

五、国际金融监管协调（★★★）

（一）巴塞尔协议的产生与发展

1. 产生原因
（1）直接原因：1974 年美国、英国、德国和阿根廷的国际性银行倒闭事件和国际贷款违约事件。
（2）主要原因：银行经营的风险已经跨越国界，必须要在金融监管上进行国际协调。

2. 发展
1975 年 2 月由国际清算银行发起，巴塞尔监管委员会成立，旨在：
（1）维护成员国利益；
（2）加强监管合作；
（3）统一监管原则和标准。
在巴塞尔协议中，影响最大的是统一资本监管的 1988 年巴塞尔报告、2003 年新巴塞尔资本协议，以及 2010 年巴塞尔协议Ⅲ。

例题 19.5（2019 年真题改编，多选题）
在一系列巴塞尔协议中，影响广泛的不包括（　　）。
A. 1975 年巴塞尔协议　　　　B. 1988 年巴塞尔报告
C. 1992 年巴塞尔建议　　　　D. 2003 年新巴塞尔资本协议
E. 2010 年巴塞尔协议Ⅲ
【答案】AC
【名师解析】在巴塞尔协议中，影响广泛的是统一资本监管的 1988 年巴塞尔报告（又称"旧巴赛尔资本协议"）、2003 年新巴塞尔资本协议，以及 2010 年巴塞尔协议Ⅲ。

（二）1988 年巴塞尔报告

1988 年巴塞尔报告的主要内容是，确认了监督银行资本的可行的统一标准。
1. 资本组成
巴塞尔委员会将银行资本分为核心资本和附属资本。
（1）核心资本（一级资本）包括：**实收资本（普通股）**和**公开储备**。核心资本至少占全部资本的 **50%**。
（2）附属资本（二级资本）包括：**未公开储备、资产重估储备、普通准备金和呆账准备金、混合资本工具，以及长期次级债券**。

2. 风险资产权重

风险资产权重就是根据不同类型的资产和表外业务的相对风险大小，赋予他们不同的权重：**权重越大，表明该资产的风险越大**。具体权重包括：0、10%、20%、50%和100%。

3. 资本标准

到1992年底，所有签约国从事国际业务的银行的资本充足率（资本与风险加权资产的比率）**不得低于**8%。其中核心资本比率**不得低于**4%。

4. 过渡安排

1987年年底到1992年年底为实施过渡期；通过过渡安排保证各家银行在期限内提高资本充足率，保证按时达到最终目标安排。

（三）2003年新巴塞尔协议

在新巴塞尔资本协议中，最引人注目的是推出巴塞尔协议的**"三大支柱"：最低资本要求、监管当局的监督检查，以及市场约束的内容**。

1. 最低资本要求

巴塞尔委员会继承了过去以资本充足率为核心的监管思想，将资本金要求视为最重要的支柱，新协议的资本要求已经发生了重大变化，如表19-6所示：

表 19-6　新协议的资本要求

要求	含义
对风险范畴的进一步拓展	① 银行经营中面临的主要风险依旧以信用风险为主； ② 委员会也开始关注市场风险和操作风险
计量方法的改进	根据银行业务错综复杂的现状，新协议对计量风险和资本的方法进行改进，增强其指导意义和可操作性
鼓励使用内部模型	① 允许有条件的大银行通过建立更精准的风险评估系统提供自身风险评估水平； ② 提出一整套基于内部信用评级的资本计算方法
资本约束范围的扩大	新协议针对组织形式和交易工具等变动提出相应的资本约束对策

2. 监管当局的监督检查

监管当局担3大职责：

（1）对银行资本充足状况进行全面监管；

（2）培育银行的内部信用评估系统；

（3）加快制度化进程。

3. 市场约束

新协议强调以市场力量来约束银行，具体表现为：

（1）通过具备成效的市场奖惩机制，促使银行对资金进行合理有效的分配，从而令银行保持充足的资本水平。

（2）为了确保市场约束的有效实施，应要求银行建立信息披露制度。新协议规定：银行在一年内必须至少披露一次财务状况、重大业务活动，以及风险管理状况。

(四) 2010 年巴塞尔协议Ⅲ

2010 年巴塞尔协议Ⅲ确立了国际银行监管的新标杆，并体现了**监管新思维：微观审慎监管和宏观审慎监管有机结合**。总体要求包括：

(1) 资本监管和流动性监管并重；

(2) 资本数量和质量同步提高；

(3) 资本充足率与杠杆率并行；

(4) 长期影响与短期效应统筹兼顾的总体要求。

1. 强化资本充足率监管标准

2010 年巴塞尔协议Ⅲ的金融监管改革核心：资本监管。具体表现为：

(1) 三个最低资本充足率监管标准。

① 普通股充足率：4.5%；

② 一级资本充足率：6%；

③ 总资本充足率：8%。

(2) 两个超额资本要求。

① 留存超额资本最低为 2.5%：由普通股构成，用于吸收严重经济和金融衰退给银行体系带来的损失。

② 反周期超额资本最低要求为 0~2.5%：银行在信贷高速扩张时期需积累充足的经济资源。

2. 引入杠杆率监管标准

(1) 2011 年初开始，按照 3%的标准（一级资本/总资产）开始监控杠杆率的变化；

(2) 2013 年初开始进入过渡期；

(3) 2018 年正式纳入第一支柱框架。

3. 建立流动性风险量化监管标准

(1) 流动性覆盖率。

① 度量短期压力情境下单个银行流动性状况；

② 目的：提高银行短期应对流动性中断的弹性。

(2) 净稳定融资比率。

① 度量中长期内银行解决资金错配的能力；

② 覆盖整个资产负债表；

③ 目的是激励银行尽量使用稳定的资金来源。

4. 确定新监管标准的实施过渡期

(1) 2011—2018 年：各成员方应在 2013 年之前完成相应的国内立法，为实施新监管标准奠定基础；

(2) 2013 年初：开始实施新的资本监管标准，随后逐步向新标准接轨；

(3) 2015 年初：成员方开始实施流动性覆盖率；

(4) 2018 年初：开始执行净稳定融资比率；

(5) 2018 年底：全面达标。

(五) 巴塞尔协议在我国的实施

2011 年 4 月，中国银监会颁布《中国银行业实施新监管标准的指导意见》，旨在提高银行业审慎监管标准、增强系统重要性银行监管有效性，以便推动巴塞尔协议Ⅲ的实施。

例题 19.6（2018 年真题改编，单选题）

2010 年"巴塞尔协议Ⅲ"强化了银行资本充足率监管标准，新标准实施后，商业银行一级资本充足率应达到（　　）。

A. 4.5%　　　　　　B. 6%　　　　　　C. 8%　　　　　　D. 10.5%

【答案】B

【名师解析】三个最低资本充足率监管标准：① 普通股充足率为 4.5%；② 一级资本充足率为 6%；③ 总资本充足率为 8%。

国际金融监管协调属于重要考点。1988 年巴塞尔报告中的资本组成与资本标准、2003 年新巴塞尔协议的"三大支柱"，以及 2010 年巴塞尔协议Ⅲ中强化资本充足率的各项比例要求考查频率很高，考生需要重点记忆。

2010 年巴塞尔协议Ⅲ中，强化资本充足率的部分涉及 3 个常考的比率。普通股充足率：4.5%；一级资本充足率：6%；总资本充足率：8%。从范围上来看，普通股的范围最小，普通股属于一级资本的一部分，而一级资本则是总资本的一部分。由于范围逐渐扩大，因此对应的充足率也逐渐增加。

任务 20　国际金融

任务概述

本任务涉及"第二十二章 对外金融关系与政策"。

此任务在中级经济师考试中约考查 4 分,分值占比约为 3%。考试题型同时涉及单选题和多选题。

本任务整体难度适中,其中,重要考点为:国际货币体系和国际主要金融组织。

任务框架图

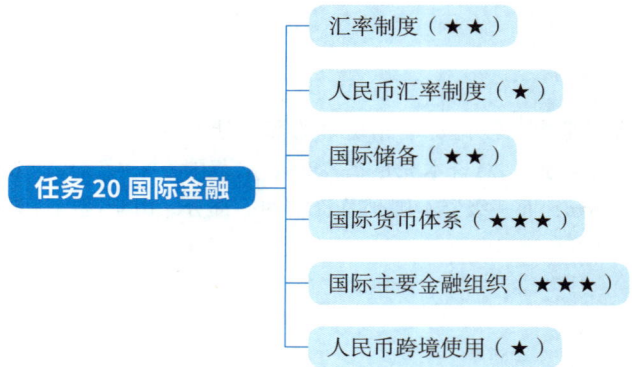

一、汇率制度(★★)

(一) 含义

汇率制度,是指各国基于本国货币汇率变动的基本方式做出的一系列安排或规定。具体包括规定:

(1) 本国货币对外价值;
(2) 汇率的波动程度;
(3) 本国货币与其他货币之间的汇率关系;
(4) 影响干预汇率变动的途径。

(二) 类型

传统上,国际汇率制度分为固定汇率制度和浮动汇率制度两种类型,如表 20-1 所示:

表 20-1　国际汇率制度类型

大类	大类含义	子类	子类含义
固定汇率制度	一国货币受汇率平价的制约，市场汇率只能围绕平价在很小的幅度内上下波动的汇率制度	金本位制度下的固定汇率制度	① 自发的固定汇率制度； ② 铸币平价是各国汇率的决定基础； ③ 黄金输送点是汇率变动的上下限；外汇汇率始终在黄金输送点范围内波动
		布雷顿森林体系下的固定汇率制度	以美元为中心的人为的可调整的固定汇率制度
浮动汇率制度	没有汇率平价的制约，市场汇率随着外汇供求状况变动而变动的汇率制度	① 各国自行安排其汇率； ② 多种汇率安排并存	—

1999年，国际货币基金组织按照汇率弹性从小到大，将各国汇率制度分为：
（1）无单独法定货币；
（2）货币局安排；
（3）传统钉住安排；
（4）水平区间钉住；
（5）爬行钉住；
（6）爬行区间；
（7）事先不公布汇率目标的管理浮动；
（8）独立浮动。

（三）影响因素

一个国家汇率制度的影响因素与具体关系，如表20-2所示：

表 20-2　国际汇率制度的影响因素

影响因素	具体关系
经济的开放程度	高：固定汇率制度； 低：浮动汇率制度
经济规模	大：浮动汇率制度； 小：固定汇率制度
国内的金融市场的发达程度及与国际金融市场的一体化程度	发达程度高+一体化程度高：浮动汇率制度； 发达程度低+一体化程度低：固定汇率制度
进出口贸易的商品结构与地域分布	商品类别+地区集中：固定汇率制度； 商品类别+地区分散：浮动汇率制度
相对通货膨胀率	国内与其他国家一致：固定汇率制度； 国内与其他国家不一致：浮动汇率制度

例题 20.1（2018年真题改编，多选题）
关于汇率制度的说法，错误的有（　　）。
A. 固定汇率制度下各国汇率永远等于铸币平价

B. 国际汇率制度通常分为固定汇率制度和浮动汇率制度
C. 经济开放程度越高，经济规模越小的国家倾向于实行固定汇率制度
D. 固定汇率制度下，外汇汇率始终在黄金输送点范围内波动
E. 相对通货膨胀率不会影响一国汇率制度的选择

【答案】AE

【名师解析】选项A，固定汇率制度下，市场汇率围绕汇率平价在很小的幅度内上下波动。

选项E，相对通货膨胀会影响国家汇率制度的选择。国内通货膨胀率与其他主要国家不一致的国家，更倾向于实行浮动汇率制。

二、人民币汇率制度（★）

（一）制度演变

1994年1月1日，人民币官方汇率与市场汇率并轨，**实行以市场供求为基础的、单一的有管理的浮动汇率制**，并轨时的人民币汇率为1美元折合8.7元人民币。我国公开宣布人民币汇率实行有管理浮动，但因为汇率变动浮动较小，国际货币基金组织将其归类为**传统的（或）事实上的钉住汇率安排**。

2005年7月21日，在主动性、可控性、渐进性原则的指导下，改革人民币汇率形成机制，**实行以市场供求为基础，参考一篮子货币进行调节、有管理的浮动汇率制度**。

2010年6月19日，中国启动人民币汇率改革，**回归参考一篮子货币进行调节的有管理浮动汇率制度**。

（二）管理方法

中国人民银行在每个工作日开市之初公布人民币汇率中间价，而**中间价则根据所有做市商的报价加权平均来确定**。外汇指定银行在规定的浮动范围内确定挂牌汇率对客户买卖外汇。

三、国际储备（★★）

（一）国际储备的含义与构成

1. 含义

国际储备是指为达到弥补国际收支逆差、稳定本国货币汇率和应付紧急支付等目标，一国货币当局所持有的国际间普遍接受的资产。

2. 构成

国际储备由货币性黄金、外汇储备、IMF的储备头寸，以及特别提款权构成，如表20-3所示：

表20-3 国际储备的构成

构成	含义
货币性黄金	① 货币当局作为金融资产而持有的黄金； ② 黄金只能作为潜在的国际储备、而**非真正的国际储备**：货币当局在执行黄金储备职能时不能以实物黄金对外进行支付；

续表

构成	含义
外汇储备	① 货币当局持有的对外流动性资产，主要是银行存款和国库券等； ② 外汇储备是国际储备**最主要的组成部分**，在非黄金储备中占比高达95%以上
IMF的储备头寸	（1）在基金组织的普通账户中，会员国可以自由提取使用的资产； （2）包括： ① 储备档头寸：会员国向基金组织缴纳份额中的25%可自由兑换货币； ② 超储备档头寸：基金组织使用的本币
特别提款权	① 根据会员国缴纳的份额，国际货币基金组织无偿分配的、可供会员国用以归还基金组织贷款和会员国政府之间偿付国际收支逆差的账面资产； ② 根据一篮子货币定值

例题20.2（2017年真题改编，单选题）

关于国际储备类型的说法，错误的有（　　）。

A. 黄金是真正的国际储备
B. 外汇储备是国际储备最主要的组成部分
C. 国际货币基金组织的储备头寸是指会员国在国际货币基金组织的普通账户中会员国自由提取的资产
D. 特别提款权根据一篮子货币定值

【答案】A

【名师解析】选项A，黄金只能算成是潜在的国际储备，而非真正的国际储备。

（二）国际储备的作用

国际储备是一个国家经济地位的象征，可反映该国参与国际经济活动的能力。具体作用包括：
（1）调节国际收支逆差与临时性的国际收支不平衡。
（2）干预外汇市场，保持本国货币汇率稳定。
（3）一个国家对外举债和偿债的根本保证。

（三）国际储备的管理

如前文所述，外汇储备占非黄金储备的95%以上。因此，国际储备的管理实质上是对外汇储备进行管理，包括对外汇储备进行：总量管理、结构管理，以及积极管理。如表20-4所示：

表20-4 外汇储备的管理

管理方法	含义
总量管理	（1）外汇储备规模过低： ① 不能满足其对外贸易和对外经济往来的需要； ② 引起国际支付危机，甚至金融危机。 （2）外汇储备过多： ① 增加持有储备的机会成本：放弃用储备购买商品和劳务； ② 占用基础货币，导致流动性过剩，带来负面影响

续表

管理方法	含义
结构管理	(1) 储备货币的比例安排： ① 含义：各种储备货币在一国外汇储备额中各自所占的比重。 ② 原则：在一定风险的条件下获取尽可能高的预期收益率。 ③ 减少汇率风险的措施： A. 设立与弥补赤字和干预市场所需要的货币保持一致的储备货币结构； B. 实行储备货币多样化。 (2) 确定储备资产流动性结构：考虑流动性和营利性
积极管理	(1) 基本原则：最大限度的获取收益。 (2) 满足流动性和安全性的前提下，提高投资收益的方法： ① 以多余外汇储备单独成立专门的投资机构； ② 拓展外汇储备投资渠道； ③ 延长外汇储备资产投资期限。 (3) 途径：国际储备投资战略转向追求高收益的中长期投资

四、国际货币体系（★★★）

（一）含义

国际货币体系，又称国际货币制度，是指通过国际惯例、协定和规章制度对国际货币关系做出的一系列安排。

（二）内容

1. 确定国际储备资产

为了满足国际支付和国际收支调节的需要：

(1) 国际支付手段所使用的货币；

(2) 国际储备资产的类型。

2. 确定汇率制度

(1) 各国货币间的汇率的决定方法：固定汇率制度或浮动汇率制度；

(2) 货币是否可自由兑换。

3. 确定国际收支调节方式

(1) 国际收支出现失衡时的调节措施；

(2) 各国之间的政策的协调方法。

（三）国际货币体系变迁

国际货币体系的变迁路径为：国际金本位制，布雷顿森林体系，以及牙买加体系。如表 20-5 所示。

表 20－5　国际货币体系变迁

体系	地位	特征
国际金本位制	世界上第 1 个国际货币体系（1821 年前后由英国采用）	（1）由铸币平价决定的汇率构成各国货币的中心汇率：两国货币汇率的基础是铸币平价（两国本位币的含金量之比）。 （2）市场汇率受外汇市场供求关系的影响而围绕铸币水平上下波动： ① 波动幅度为黄金输送点； ② 黄金输送点包括：黄金输入点和黄金输出点，等于铸币平价加减运送黄金的运费。 （3）缺点： ① 价格水平与黄金的供应量相关； ② 政府对经济的干预破坏金本位制度的前提：对经济自由放任
布雷顿森林体系	以美元为中心的国际货币体系	（1）可兑换黄金的美元本位： ① 美元充当了国际储备货币； ② 美元广泛用作国际间的计价手段、支付手段和贮藏手段。 （2）可调整的固定汇率制度：美元与黄金挂钩，其他国家的货币与美元挂钩。 （3）国际收支的调节： ① 短期失衡由国际货币基金组织提供信贷资金解决； ② 长期失衡通过调整汇率平价来解决。 （4）缺点：特里芬难题（维持对美元的信心 vs 保证国际清偿力）
牙买加体系	布雷顿森林体系解体后的国际货币体系改革重建方案	运行特征： ① 多元化的国际储备体系； ② 多种汇率安排并存的浮动汇率体系； ③ 国际收支的调节方式： A. 汇率机制； B. 利率机制； C. 国际金融市场融通； D. 国际货币基金组织：向逆差国提供贷款，指导和监督逆差国和顺差国双方进行国际收支调节

1944 年 7 月，西方主要国家的代表在联合国国际货币金融会议上确立了该体系，因为此次会议是在美国新罕布什尔州布雷顿森林举行的，所以称之为"布雷顿森林体系"。关贸总协定作为 1944 年布雷顿森林会议的补充，连同布雷顿森林会议通过的各项协定，统称为"布雷顿森林体系"，即以外汇自由化、资本自由化和贸易自由化为主要内容的多边经济制度，构成资本主义集团的核心内容。

布雷顿森林体系的建立，促进了战后资本主义世界经济的恢复和发展。因美元危机与美国经济危机的频繁爆发，以及制度本身不可解脱的矛盾性，该体系于 1971 年 8 月 15 日被尼克松政府宣告结束。

例题 20.3（2019 年真题改编，单选题）

关于国际货币体系的变迁的说法，错误的有（　　）。

A. 国际金本位制是世界上第一个国际货币体系

B. 布雷顿森林体系是以美元为中心的国际货币体系

C. 布雷顿森林体系实行的是人为的固定汇率制度

D. 牙买加体系是一个多种汇率安排并存的固定汇率体系

【答案】D

【名师解析】选项 D，牙买加体系是一个多种汇率安排并存的浮动汇率体系。

> **名师说**
>
> 国际货币体系变迁属于重要考点，其中国际金本位制与布雷顿森林体系的考查频率很高。考生需要重点掌握：国际金本位中铸币平价和汇率的波动范围；布雷顿森林体系中美元的作用和其他国家汇率的决定方式。

> **记忆小窍门**
>
> 国际货币体系中，布雷顿森林体系强调"美元"为中心。牙买加体系以 2 个"多"：多元化的国际储备体系；多种汇率安排并存的浮动汇率体系。

五、国际主要金融组织（★★★）

（一）国际货币基金组织

国际货币基金组织（International Monetary Fund，IMF）于 1945 年 11 月成立，是国际货币体系的核心机构，其最高权力机构是国际货币基金组织的理事会。

1. 国际货币基金组织的宗旨与职责

（1）宗旨。

① 增强国际货币领域的合作；

② 促进国际贸易的扩大与平衡发展；

③ 维持汇率的稳定；

④ 维护成员国之间的秩序与汇率安排。

（2）职责。

① 监督成员方及全球的经济、金融发展和相关政策，并向成员方提供相关政策建议；

② 提供贷款给国际收支困难的成员方，并支持其结构调整与政策改革；

③ 提供技术援助给成员方政府和中央银行。

2. 国际货币基金组织的资金来源

（1）成员国缴纳的份额。

① 含义：份额是指成员国认缴的资本金，是国际货币基金组织**主要的资金来源**。

② 构成：加入时认缴的和增资份额。

③ 形式：25%以特别提款权或主要国际货币缴纳；其余 75%的份额以本币缴纳。

④ 份额的作用：

A. 决定成员国应缴的资金；

B. 决定成员国在国际货币基金组织中的**投票权、借款数量，以及特别提款权的分配**。

（2）借款。

借款由一般借款总安排和新借款安排构成。

3. 国际货币基金组织的贷款

国际货币基金组织提供的贷款类型，如表 20－6 所示：

表 20－6　国际货币基金组织的贷款类型

类型	用途
备用安排（普通贷款）	① 最基本、最早设立的一种贷款； ② 解决成员国暂时性国际收支困难； ③ 最高额度为成员国份额的 125%； ④ 拨付期为 12~18 个月
中期贷款	解决成员国因结构缺陷引发的严重国际收支问题
减贫与增长贷款（低息贷款）	帮助面临长期国际收支问题的最贫困成员国
其他贷款	补充储备贷款、应急信贷额度、紧急援助

国际货币基金组织提供的贷款特点包括：

（1）帮助成员国解决国际收支的问题；

（2）贷款附有政策条件；

（3）贷款具有临时性。

2008 年国际金融危机导致一些发达国家陷入主权债务危机。因此，他们成为目前国际货币基金组织贷款救助的主要目标。

国际货币基金组织（英语：International Monetary Fund，简称：IMF）是根据 1944 年 7 月在布雷顿森林会议上签订的《国际货币基金组织协定》，于 1945 年 12 月 27 日在华盛顿成立的。与世界银行同时成立，并列为世界两大金融机构，其职责是监察货币汇率和各国贸易情况，提供技术和资金协助，确保全球金融制度运作正常。2016 年 3 月 4 日，国际货币基金组织表示，将从 2016 年 10 月 1 日起在其官方外汇储备数据库中单独列出人民币资产，以反映 IMF 成员人民币计价储备的持有情况。

（二）世界银行集团

1. 含义

世界银行（World Bank）于 1945 年 12 月成立，是世界银行集团中**成立最早、规模最大**的机构。世界银行理事会是世界银行最高权力机构，行长是世界银行的最高行政长官。

2. 资金来源

世界银行的资金来源，如表 20－7 所示：

表 20-7 世界银行的资金来源

来源	含义
银行股份	各成员国认购的数量取决于该国： ① 经济、财政实力； ② 该国在国际货币基金组织的份额
借款	（1）世界银行的主要资金来源； （2）渠道包括： ① 中短期债券：直接向成员国政府、政府部门或中央银行发行； ② 中长期债券：在国际资本市场上直接发行
转让债权	通过将贷出款项的债权转让给商业银行等私人投资者并收回资金的方式提高贷款资金的周转力
业务净收益	以往业务净收益作为准备金，不分配给股东

3. 世界银行的贷款

（1）世界银行的贷款分为：

① 项目贷款：是世界银行贷款业务的主要组成部分；

② 非项目贷款；

③ 部门贷款；

④ 联合贷款；

⑤ 第三窗口贷款。

（2）世界银行贷款的特点。

① 期限长：最长可达 30 年，宽限期 5 年。

② 贷款实行浮动利率：低于市场利率。

③ 对其资助的项目只提供货物和服务所需要的外汇：占项目总额的 30%～40%；个别项目达 50%。

④ 被称为"硬贷款"：程序严密，审批时间长。

4. 世界银行集团的其他机构

除世界银行外，世界银行集团的一些其他机构，如表 20-8 所示：

表 20-8 世界银行集团的其他机构

机构	职责
国际开发协会	① 向符合条件的低收入国家提供长期优惠贷款； ② 帮助低收入国家发展经济； ③ 提高劳动生产率和改善人民生活水平
国际金融公司	① 为低收入国家的生产性企业提供无需政府担保的贷款和投资； ② 鼓励国际私人资本流向发展中国家； ③ 促进当地资本市场的发展； ④ 支持私营企业的壮大，促进成员国经济发展
多边投资担保机构	① 世界银行集团最年轻的成员； ② 向外国私人投资者提供各类政治风险担保； ③ 向成员方政府提供促进投资的服务，增强其吸引外资能力
解决投资争端国际中心	利用调停或仲裁的方式协助解决外国投资者与东道国之间的投资纠纷

(三) 国际清算银行

1. 宗旨

国际清算银行的宗旨是促进各国中央银行之间合作，为国际金融活动提供额外的便利，并在国际清算中充当受托人或代理人。

2. 国际清算银行的组织机构

国际清算银行以股份公司形式建立，其最高权力机构是股东大会，其经营管理机构是董事会。

3. 国际清算银行的职能与业务

（1）为会员国管理国际储备资产、开办多种银行业务；

（2）将资金参与国际金融市场活动，如购买高质量银行股票或政府短期债券。

例题 20.4（2018 年真题改编，单选题）

国际货币体系的核心机构是（　　）。

A. 国际复兴开发银行

B. 国际货币基金组织

C. 国际清算银行

D. 国际金融公司

【答案】B

【名师解析】国际货币基金组织是国际货币体系的核心机构。

> **名师说**
>
> 国际主要金融组织属于重要考点，考生务必对 3 个组织的职责进行辨析。其中，国际货币基金组织的地位和国际清算银行的组织架构的考查频率较高。

> **记忆小窍门**
>
> 对国际货币基金组织和世界银行的辨析中，考生可从二者的名称入手。国际货币基金组织更强调"基金"的职责，贷款并非援助，需要偿还本息。世界银行则更强调"银行"的职责，是以支持成员国家发展建设为目的，可以给发展中国家或贫穷国家提供低息贷款或援助。

六、人民币跨境使用（★）

（一）概念

跨境人民币业务是指居民（境内机构、境内个人）和非居民（境外机构、境外个人）之间以人民币开展的或用人民币结算的各类跨境业务。

(二) 类型

跨境人民币业务的类型,如表20-9所示:

表20-9 跨境人民币业务的类型

类型	含义
跨境贸易人民币结算	① 经国家允许指定的、有条件的企业在自愿基础上以人民币进行跨境贸易结算; ② 境内企业货币贸易、服务贸易及其他经常项目均可以选择以人民币结算
境外直接投资人民币结算	(1) 境内机构经境外直接投资主管部门核准,使用人民币资金通过设立、并购、参股等方式在境外设立或取得企业或项目所有权、控制权或经营管理权等权益的行为。 (2) 商业银行秉承"事后管理"原则履行如下义务: ① 严格进行交易真实性和合规性的审查; ② 按照规定报送信息; ③ 履行反洗钱和反恐融资义务
外商直接投资人民币结算	境外企业和经济组织或个人可以按照我国相关规定,使用人民币来华开展业务,以及将因减资、转股、清算所得人民币资金汇出境外
跨境贸易人民币融资	(1) 进口贸易融资包括: ① 进口信用证; ② 海外代付; ③ 进口押汇等。 (2) 出口贸易融资包括: ① 打包贷款; ② 出口信用证押汇; ③ 出口托收押汇; ④ 出口信贷。 (3) 商业银行按规定履行对企业融资需求的贸易背景真实性审核义务,且融资金额应以出口企业与境外企业之间的贸易合同金额为限。 (4) 跨境贸易人民币结算项下涉及的居民对非居民的人民币负债不纳入现行外债管理,包括: ① 跨境贸易人民币结算相关的远期信用证; ② 海外代付; ③ 协议付款; ④ 预收延付等。
跨境人民币证券投融资	(1) 境内机构境外发行人民币债券。 (2) 境外机构境内发行人民币债券;发行主体主要为国际开发机构,所募集资金应优先用于向中国境内的建设项目提供中长期固定资产贷款或提供股本资金
双边货币合作	(1) 货币互换协议: ① 货币互换(货币掉期):依据事先约定的协议,交易双方在未来的确定期限内交换不同币种现金流的交易。 ② 主要功能: A. 规避汇率风险; B. 价格发现; C. 管理资产负债; D. 降低融资成本; E. 设计金融产品。

续表

类型	含义
双边货币合作	③ 中央银行开展货币互换的目标： A. 作为应对金融危机的临时措施，如美联储； B. 作为金融危机的常设预防机制，如东盟和中日韩建立的"清迈倡议"； C. 作为深化双方经济金融合作的措施，如中国人民银行与部分国家的货币互换。 （2）本币结算协议：在边境贸易或一般贸易中使用双方本币或人民币进行结算。 （3）边境贸易双边本币结算协议： ① 允许两国本币或仅人民币用于两国边境贸易结算； ② 允许商业银行之间相互开立本地账户并提供结算服务； ③ 允许商业银行在海关备案后跨境调运两国本币现钞； ④ 允许商业银行在边境地区设立两国货币兑换点

第四部分 统计

考情分析

"第四部分 统计"在中级经济师考试中的分值占比为12%~15%。在整个课程体系中的位置居中,难度中等偏上,所涉及的知识深刻且全面。考试题型同时涉及单选题和多选题。

本部分共3个任务:任务21内容涵盖"第二十三章 统计与数据科学"与"第二十四章 描述统计";任务22内容涵盖"第二十五章 抽样调查"与"第二十六章 回归分析";任务23内容涵盖"第二十七章 时间序列分析"。

本部分框架图

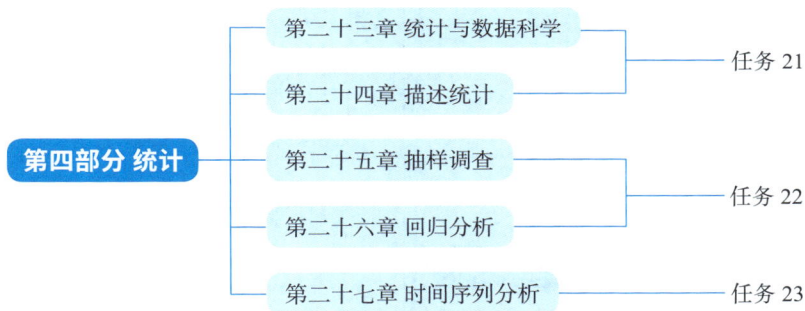

任务 21　数据与描述统计

任务概述

本任务涉及"第二十三章 统计与数据科学"与"第二十四章 描述统计",涉及内容:数据分类、数据来源、统计调查、数据科学与大数据、集中趋势和离散度的测度、分布形态的测度、变量间相关的分析等。

此任务在中级经济师考试中约考查 8 分,分值占比约为 6%。考试题型同时涉及单选题和多选题。

本任务整体难度适中,其中,重要考点为:统计调查、数据科学与大数据、集中趋势的测度,以及变量间的相关分析。

任务框架图

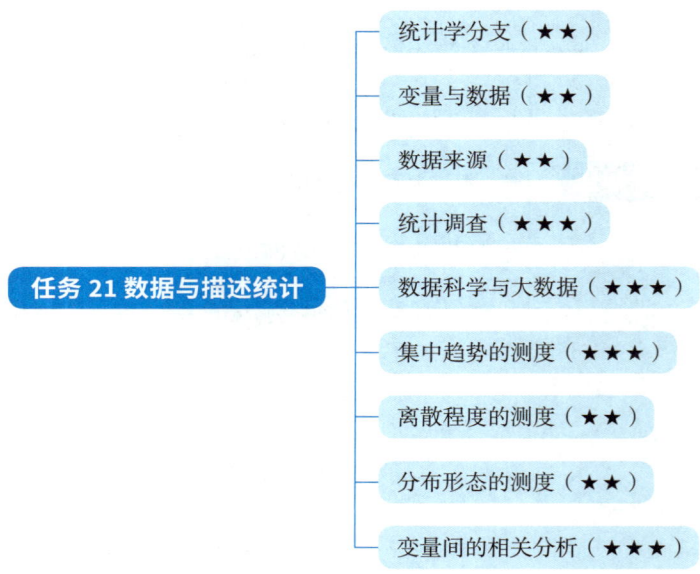

一、统计学分支(★★)

(一)描述统计

1. 含义

描述统计是一种研究数据的收集、整理,以及描述的统计学方法。

2. 内容

(1)取得所需要数据的方法;

(2)利用图表或数学方法对数据进行整理和展示的方法;

(3) 描述数据一般特征的方法。

描述统计的使用非常广泛。例如，收集 CPI 数据，利用统计图表对 CPI 进行展示，并利用增长率计算 CPI 的走势等，最终达到了解与居民生活相关的商品及服务价格水平变动情况的目的。

(二) 推断统计

1. 含义

推断统计是一种研究如何利用样本数据，对总体特征进行推断的统计学方法。

2. 内容

推断统计包括参数估计与假设检验两大类：

(1) **参数估计：利用样本信息对总体特征进行推断**；

(2) **假设检验：利用样本信息判断根据总体构建的假设是否成立**。

推断统计的使用也非常广泛。例如，参数估计中，公司通过随机抽取部分顾客进行调查可对顾客总体满意度进行估计；假设检验中，公司可验证满意度高的客户是否更倾向于成为忠诚客户。

例题 21.1（2019 年真题改编，单选题）

利用样本数据推断总体情况的统计学方法是（   ）。

A. 描述统计　　　　B. 参数估计　　　　C. 假设检验　　　　D. 相关分析

【答案】B

【名师解析】推断统计的内容包括参数估计和假设检验两部分，参数估计是用样本信息推断总体特征。

二、变量与数据（★★）

变量与数据的含义和分类，如表 21-1 所示：

表 21-1　变量与数据的含义和分类

概念	含义	分类	
变量	(1) 变量研究对象的属性或特征； (2) 变量 vs 常数 ① 常数：只有一个固定取值； ② 变量：可以有大于等于 2 个的可能取值	定量变量 （数量变量）	变量的取值是数量，如企业销售额、注册员工数
		定性变量	分类变量：变量的取值是类别，如企业所属行业、员工性别
			顺序变量：变量的取值是类别且有顺序，如员工受教育水平
数据	数据是对变量进行测量、观测的结果，如数值、文字或者图像	定量数据 （数值型数据）	定量变量的观测结果，取值表现为具体的数值，如企业销售额 200 万元
		定性数据	分类数据：分类变量的观测结果，具体表现为类别，可用文字或数字表述。例如，1 表示男性，2 表示女性
			顺序数据：顺序变量的观测结果，表现为类别，可用文字描述或数字描述。例如，1 表示硕士及以上，2 表示本科，3 表示大专及以下

对于不同类型的数据，可以采用不同的统计方法处理和分析：
（1）分类数据：计算出各类别的频率；
（2）数值型数据：计算均值和方差等统计量。

例题 21.2（2019 年真题改编，多选题）
下列变量中，不属于分类变量的有（　　）。
A. 营业收入　　　　　B. 行业类别　　　　　C. 失业人数　　　　　D. 员工性别
E. 学生身高
【答案】ACE
【名师解析】选项 ACE 均属于定量变量。

三、数据来源（★★）

（一）观测数据与实验数据

根据收集方法，统计数据可以分为：观测数据和实验数据。

1. 观测数据

观测数据是指通过直接调查或测量得到的数据。值得注意的是，观测数据的获取条件是：对事物都没有施加人为控制因素。观测数据几乎涵盖了所有与社会经济现象有关的统计数据，如 GDP、CPI，以及房产价格等。

2. 实验数据

实验数据是指在实验中，通过控制实验对象和实验环境收集到的数据。实验数据涵盖了众多自然科学领域的数据，如关于新产品使用寿命或新药疗效的数据。

（二）一手数据和二手数据

站在使用者的角度，统计数据按来源可分为：一手数据与二手数据。

1. 一手数据

一手数据是指来源于直接的调查和科学实验的数据，即直接获取的数据。具体来源包括：调查、观察，以及实验。

2. 二手数据

二手数据是指来源于别人的调查或实验的数据，即间接获取的数据。

例题 21.3（2019 年真题改编，单选题）
通过控制实验对象和实验环境收集到的数据属于（　　）。
A. 一手数据　　　　　　　　　　　　　　B. 二手数据
C. 实验数据　　　　　　　　　　　　　　D. 间接数据
【答案】C
【名师解析】通过控制控制实验对象和实验环境收集的数据属于实验数据，如关于新产品使用寿命或新药疗效的数据等，叫做实验数据。

四、统计调查（★★★）

（一）含义与特征

1. 含义

统计调查是指按照预定的目的和任务，运用科学的统计调查方法，有计划有组织地搜集数据信息资料的过程。

2. 特征

统计调查的特征包括：

（1）统计调查是一种有计划、有方法、有程序的活动；
（2）调查结果的表现是搜集到的数据。

（二）分类

统计调查的分类，如表 21-2 所示：

表 21-2　统计调查的分类

分类标准	类型	内容
按调查对象的范围不同	全面调查	① 全面统计报表； ② 普查
	非全面调查	① 非全面统计报表； ② 抽样调查； ③ 重点调查； ④ 典型调查
按调查登记的时间是否连续	连续调查	① 观察总体现象在一定时期内的数量变化，说明现象的发展过程； ② 目的：了解社会现象在一段时期的总量；如工厂的产品生产，原材料的投入，能源的消耗，人口的出生、死亡
	不连续调查	① 间隔较长的时间而进行的调查； ② 目的：对总体现象在一定时点上的状态进行研究，如生产设备拥有量、耕地面积等

（三）统计调查方式

常用的统计调查方式，如表 21-3 所示：

表 21-3　统计调查的方式

分类标准	含义	特征、分类及应用场合
统计报表	按照国家有关法规的规定，自上而下地统一布置，自下而上地逐级提供的基本统计数据	按调查对象范围，分为： ① 全面报表：大多数统计表的形式； ② 非全面报表

续表

分类标准	含义	特征、分类及应用场合
普查	① 为某一特定目的而专门组织的一次性全面调查； ② 用于了解处于某一时点状态上的社会经济现象的基本全貌	① **一次性或周期性进行**； ② 规定统一的标准调查时间，避免调查数据的重复或遗漏，保证普查结果的准确性； ③ **比较准确、规范化程度较高**，因此可为抽样调查或其他调查提供基本的依据； ④ 适用范围较窄，调查通常为最基本及特定的现象
抽样调查	从调查对象的总体中抽取一部分单位作为样本进行调查，并根据样本调查结果来推断总体特征的一种非全面调查。是实际中应用最广泛的一种调查方式	特征： ① **经济性强**：节省成本，是抽样调查最显著的优点； ② **时效性强**：迅速、及时获得所需要的信息； ③ **适应范围广**：可用于全面调查所不能调查的现象或特别适合特殊现象的调查。如产品质量检验、农产品试验、医药的临床实验等； ④ **准确性高**
重点调查	① 从调查对象的全部单位中挑选出**一部分单位**进行重点调查； ② 调查的标志值来说，重点单位应在总体中占绝大比重	（1）目的：只要求了解基本状况和发展趋势，不要求掌握全面数据； （2）适用：调查少数重点单位就能满足需要时，采用重点调查； （3）案例： ① 为及时了解全国城市零售物价的变动趋势，对全国的几十个大中型城市的零售物价的变化进行调查； ② 为及时了解全国工业企业的增加值和资产总额情况，对全国大中型工业企业进行重点调查即可； ③ 国家统计局实施的全国 5 000 家工业企业联网直报制度
典型调查	有意识选择几个具有典型意义的或有代表性的单位进行的调查	作用： ① 弥补全面调查的缺陷； ② 在一定条件下可用于验证全面调查数据的真实性

例题 21.4（2018 年真题改编，多选题）

抽样调查的特点有（　　）。

A. 经济性强　　　　　　　　　　　B. 时效性强

C. 一次性或周期性进行　　　　　　D. 适应范围广

E. 准确性高

【答案】ABDE

【名师解析】选项 C 是普查的特征，普查是为某一特定目的而专门组织的一次性全面调查，主要用于了解处于某一时点状态上的社会经济现象的基本全貌。普查通常是一次性的或者周期性的。

**名师说**

统计调查的方式属于重要考点，考生需要借助表 21－3 仔细辨析 5 种不同方式之间的区别。其中，普查与抽样调查的含义与特征的考查频率很高。

记忆小窍门

在记忆统计调查的方式时，考生可从生活中熟悉的事物着手。"人口普查"是最熟悉的一种普查，联想到我国 10 年一次的人口普查，可得到普查的特征：周期性与高准确性。另外，"抽样调查"强调抽取样本，样本小于总体，则带来了成本的节约。

五、数据科学与大数据（★★★）

（一）数据科学

1. 含义

数据科学（data science）是指一门通过系统性的研究取得和数据相关知识体系的学科。该学科最早由丹麦的计算机科学领域先驱彼得·诺尔提出。

2. 研究内容

数据科学以数据为研究对象，以获得洞察力和理解力为目标，具体内容包括：

（1）数据的特征与变化规律；

（2）为自然科学和社会科学提供用于解释自然界和人类行为现象与规律的新方法。

3. 涉及范围

数据科学涉及的范围十分广泛，具体包括：

（1）统计学；

（2）机器学习；

（3）计算机科学；

（4）可视化；

（5）人工智能；

（6）领域知识。

（二）大数据

1. 含义

大数据（big data）是指在一定时间范围内，人们无法利用传统软件工具捕捉、管理和处理的数据集合。究其本质，大数据是一种海量、高增长率、多样化的信息资产，新处理模式可使其具有更强的决策力、洞察发现力和流程优化能力。

2. "4V"特征

大数据具有"4V"特征，如表21-4所示：

表 21-4 大数据的"4V"特征

特征	含义
数据量大 （Volume）	（1）当前数据的起始计量单位包括： ① PB（1024 TB）； ② EB（1024 PB，约100万TB）； ③ ZB（1 024 EB，约10亿TB）。 （2）未来数据计量单位是： ① YB（1024 ZB）； ② BB（1024 YB）

续表

特征	含义
数据多样性 （Variety）	大数据类型包括： ① 结构化数据：存储于数据库，可使用二维表结构表达的数据； ② 非结构化数据：数据结构不规则或不完整，无预定义的数据，例如，有格式的办公文档、文本、图片、报表、图像、音频信息、视频信息等； ③ 半结构化数据：介于完全结构化数据和完全非结构化数据之间、具有一定的结构性的数据，如员工简历
价值密度低 （Value）	① 大数据价值密度与数据总量成反比：数据总量越大，价值密度越低； ② 需要经历价值"提纯"：原始数据零散、复杂且多样，可能包含数据噪声和污染
数据的产生和处理速度快 （Velocity）	大数据的处理要遵循"1秒定律"：大数据的智能化与实时性要求提高，严格要求其处理速度

（三）数据挖掘

1. 含义

数据挖掘（data mining）是指，从大量、不完全、包含噪音、模糊且随机的实际应用数据中，提取出有价值的信息与知识的过程。具体的含义包括：

（1）数据来源：真实、大量且含有噪音。

（2）提取的知识：用户感兴趣、可接受、可理解、可运用且仅支持特定的发现问题。

2. 分类

数据挖掘可分为以下两类：

（1）监督学习（有指导学习）：学习和建模目标需求的概念，通过数据探索和模型建立来实现从观察变量到目标需求的有效解释。

（2）非监督学习（无指导学习）：无明确的标识变量描述目标概念，主要任务为探索数据间内在联系和结构。

3. 常用算法

数据挖掘融合了多学科领域的知识，常用的算法如表21-5所示：

表21-5 数据挖掘的常用算法

算法	含义	常用技术	举例
分类	① 一种监督学习； ② 利用已知类别的训练数据建立分类模型； ③ 确定目标对象属于哪个预定的类别； ④ 实现对未来潜在的预测需求	① 决策树分类法； ② 贝叶斯分类法； ③ 关联分类法、支持向量机； ④ 神经网络	① 在邮件系统中分辨出垃圾邮件； ② 在贷款客户中识别出有风险客户
聚类分析	① 一种非监督学习；划分的类未知； ② 根据观察学习来确定数据之间的关系； ③ 将一组数据按照差异性和相似性分为多个类别，令同类的数据相似性尽量大，不同类的数据相似性尽可能小，跨类的数据关联性尽可能低	① 基于划分的方法：k-均值算法； ② 基于分层的方法； ③ 基于密度的方法； ④ 基于网格的方法； ⑤ 基于模型的方法	① 客户细分； ② 文本归类； ③ 结构分组； ④ 行为跟踪

续表

算法	含义	常用技术	举例
关联分析	① 对数据集中反复出现的相关关系和关联性进行挖掘提取； ② 根据一个数据项的出现预测其他数据项的出现	购物篮分析： ① 发现交易数据中不同商品之间的联系规则； ② 让营销商制定更好的营销策略	在电商精准销售中，消费者行为海量数据的关联分析得到广泛应用，对以下部门均有极大效益回报： ① 货品种类； ② 库存； ③ 仓储； ④ 物流； ⑤ 广告业务
趋势与演化分析	统计学的回归分析方法经常用于这类问题的分析	① 数据变化趋势； ② 序列模式分析； ③ 周期性分析； ④ 相似程度分析	① Farecast 系统利用飞行数据预测美国国内航班票价； ② 对冲基金利用 Twitter 数据探究公众情绪，进而预测股票市场； ③ 谷歌利用谷歌网页和 Youtube 搜索量对电影票房进行预测

（四）数据可视化

1. 含义

数据可视化是指，通过图形化手段，对信息进行清晰且有效的传达与沟通，以便帮助用户从数据中发现关系、规律和趋势。

可视化的优势包括：

（1）简单；

（2）表现清晰；

（3）借助人对形状、颜色、运动的敏感度，对信息进行有效传递。

2. 分支

数据可视化包含两个重点分支：

（1）科学可视化：科学可视化的处理对象是科学与工程领域的数据，重点探索以几何、拓扑和形状特征来呈现数据中蕴含的规律。数据包括：

① 包含空间坐标和几何信息的三维空间测量数据；

② 计算机模拟数据；

③ 医学影像数据。

（2）信息可视化：信息可视化的处理对象是非结构化、非几何的抽象数据，如金融交易、社交网络和文本数据。

传统信息可视化与大数据时代信息可视化的区别在于：

① 传统的信息可视化起源：统计图形学，表现形式通常在二维空间，关注在有限的展示空间使用直观方式表达抽象信息；

② 在大数据时代，信息可视化面临的挑战是，在海量、动态变化的信息空间中帮助人类理解、

挖掘信息并发现知识。

例题 21.5（2020 年新增内容，多选题）

大数据的特征包括（　　）。

A. 数据量大
B. 数据多样性
C. 价值密度低
D. 数据的产生和处理速度快
E. 价值密度高

【答案】ABCD

【名师解析】大数据具有"4V"特征包括：数据量大；数据多样性；价值密度低；数据的产生和处理速度快。

六、集中趋势的测度（★★★）

集中趋势是指一组数据向某一中心值靠拢的程度，反映了一组数据中心点的位置。集中趋势的测度即数据的代表值或中心值。

（一）均值

1. 含义

均值，又称为算术平均数，是指数据组中所有数值的总和除以该组中数值的个数，是集中趋势最主要的测度值，也是一组数据的重心所在。具体来讲，假设一组数据为 X_1，X_2，…，X_n，平均数 $\overline{X}$ 的计算公式为：

$$\overline{X} = \frac{X_1 + X_2 + \cdots + X_n}{n} = \frac{\sum_{i=1}^{n} X_i}{n} \tag{21.1}$$

式（21.1）中，$\overline{X}$ 代表均值，n 代表该组中数值的个数。

2. 特征

（1）均值主要**适用于数值型数据**，但不适用于分类和顺序数据；

（2）**均值容易受到极端值的影响**：极端值的存在会导致均值向极大值或极小值方向偏移，减弱均值对数据组的代表性。

（二）中位数

1. 含义

中位数是指将一组数据**按从小到大或从大到小的顺序进行排列**，位置居中的数值。中位数将数据分为两部分：一半的数据小于中位数，另一半数据大于中位数。具体来讲，假设一组数据从小到大排列为 $X_{(1)}$，$X_{(2)}$，…，$X_{(n)}$，中位数 M_e 的计算公式为：

$$M_e = \begin{cases} X_{\left(\frac{n+1}{2}\right)} & \text{当 } n \text{ 为奇数时} \\ \frac{1}{2}\left[X_{\left(\frac{n}{2}\right)} + X_{\left(\frac{n+2}{2}\right)}\right] & \text{当 } n \text{ 为偶数时} \end{cases} \tag{21.2}$$

2. 特征

（1）中位数适用于顺序数据和数值型数据；不适用于分类数据；

（2）中位数的优点是不受极端值的影响，抗干扰性较强。因此，适于偏斜分布的数值型数据，如收入。

（三）众数

1. 含义

众数是指一组数据中出现次数即频数最多的变量值。

2. 特征

（1）众数适用于描述分类数据和顺序数据；

（2）一些情况下，可能出现双众数、多众数或者没有众数，因而难以描述定量数据的集中趋势。

（四）均值、中位数和众数的比较及适用范围

均值、中位数和众数的比较及适用范围，如表 21-6 所示：

表 21-6 均值、中位数和众数的比较及适用范围

指标	适用范围	优点	缺点
均值	定量变量	① 能够充分利用数据的全部信息； ② 大小比较稳定，受每一个观测值的影响	易受极端值的影响；如果观测值中有明显的极端值，则均值的代表性较差
中位数	① 顺序变量； ② 定量变量，特别是分布不对称的数据	不受极端值的影响	① 没有充分利用数据的全部信息； ② 稳定性差于均值，优于众数
众数	① 分类变量； ② 顺序变量	① 不受极端值的影响； ② 分布明显呈偏态时，众数的代表性更好	① 没有充分利用数据的全部信息； ② 缺乏稳定性； ③ 可能不唯一

例题 21.6（2019 年真题改编，单选题）

下列统计量中，适用于测度分类数据集中趋势的是（　　）。

A. 均值　　　　　B. 方差　　　　　C. 中位数　　　　　D. 众数

【答案】D

【名师解析】均值适用于定量数据的集中趋势测度，中位数适用于定量数据和顺序数据的集中趋势测度，方差是测量离散程度的指标。只有众数能测度分类数据的集中趋势。

> **名师说**
>
> 集中趋势的测度属于重要考点，考生需要掌握均值、中位数与众数的含义与特征，并掌握相应的计算。

> **记忆小窍门**
>
> 通过对名称的理解，考生可迅速辨析 3 个测度指标的特征：均值强调"平均"、中位数强调"位置在中间"、众数强调"众多"。

七、离散程度的测度（★★）

（一）离散程度的测度指标

离散程度反映的是各变量值远离中心值的程度。衡量离散程度的指标包括：
（1）方差；
（2）标准差；
（3）离散系数。
数据的离散水平表明了集中趋势的测度值对一组数据的代表程度：
（1）**数据的离散程度越大，集中趋势的测度值对该组数据的代表性就越差**；
（2）**数据的离散程度越小，集中趋势的测度值对该组数据的代表性就越好**。

（二）方差和标准差

1. 方差的含义

方差是指数据组中各数值与其均值离差平方的平均数，单位是原数据的平方。

实际中，方差是**应用最广泛**的离散程度测度值；**方差越小，则说明数据值与均值之间的平均距离越小，均值的代表性也越好**。

（1）根据总体数据，计算总体方差，常用的 2 个计算公式为：

$$\sigma^2 = \frac{\sum_{i=1}^{N}(X_i - \mu)^2}{N} \tag{21.3}$$

$$S^2 = \frac{\sum_{i=1}^{N}(X_i - \mu)^2}{N-1} \tag{21.4}$$

式（21.3）、式（21.4）中，σ^2 和 S^2 代表总体方差；μ 代表总体均值；N 代表总体规模。

（2）根据样本数据，计算样本方差，公式为：

$$s^2 = \frac{\sum_{i=1}^{n}(X_i - \overline{X})^2}{n-1} \tag{21.5}$$

式（21.5）中，s^2 代表样本方差；$\overline{X}$ 代表样本均值；n 代表样本规模。在有放回的简单随机抽样中，除以 $n-1$ 可以保证样本方差 s^2 是总体方差 σ^2 的无偏估计。

2. 标准差的含义

标准差是方差的平方根，可以度量数值与均值的平均距离，并且与原始数值具有相同的计量单位。

根据样本数据，计算样本标准差，公式为：

$$s = \sqrt{\frac{\sum_{i=1}^{n}(X_i - \overline{X})^2}{n-1}} \tag{21.6}$$

式（21.6）中，s 代表样本的标准差。

3. 方差和标准差的特征

（1）只适用于数值型数据；

（2）易受极端值的影响。

方差与标准差部分，考查内容以概念为主。计算公式较为复杂，通常不作为考试重点。

（三）离散系数

1. 含义

离散系数，又称为变异系数或标准差系数，是标准差与均值的比值。离散系数主要用于比较不同类别数据的离散程度。具体计算公式为：

$$CV = \frac{s}{\bar{X}} \tag{21.7}$$

式（21.7）中，CV 代表离散系数；s 代表样本标准差；$\bar{X}$ 代表样本均值。

2. 离散系数 vs 标准差

离散系数与标准差的差异表现在：

（1）离散系数：

① 消除了测度单位和观测值水平不同的影响；

② 可以直接用于比较变量的离散程度。

（2）标准差：

① 大小与数据的测度单位有关，同时也与观测值的均值大小有关；

② 不能直接用标准差比较不同变量的离散程度。

例题 21.7（2018 年真题改编，多选题）

下列统计量中，适用于测度数据离散程度的有（   ）。

A. 均值　　　　　　B. 标准差　　　　　　C. 离散系数　　　　　　D. 众数

E. 方差

【答案】BCE

【名师解析】选项 A 与选项 D 都是测度集中趋势的指标。

八、分布形态的测度（★★）

（一）分布形态的测度指标

分布形态的测度指标包括：

（1）偏态系数；

（2）标准分数。

（二）偏态系数

偏度是指数据分布的偏斜方向和程度，反映了数据分布对称程度。偏态系数则是测度数据分布偏度的统计量。其具体计算公式为：

$$SK = \frac{n}{(n-1)(n-2)} \sum_{i=1}^{n} \left(\frac{X_i - \overline{X}}{S} \right)^3 \qquad (21.8)$$

式（21.8）中，SK代表偏态系数；s代表样本标准差；$\overline{X}$代表样本均值。

偏态系数的取值范围和含义，如表21-7和图21.1所示：

表21-7 偏态系数的取值范围和含义

取值范围	含义
$SK = 0$	数据的分布是**对称**的
$SK > 0$	分布为**右偏**： ① 取值在0和0.5之间，轻度右偏； ② 取值在0.5和1之间，中度右偏； ③ 取值大于1，严重右偏
$SK < 0$	分布为**左偏**： ① 取值在0和-0.5之间，轻度左偏； ② 取值在-0.5和-1之间，中度左偏； ③ 取值小于-1，严重左偏
$\|SK\|$越大	数据分布的偏斜程度越大

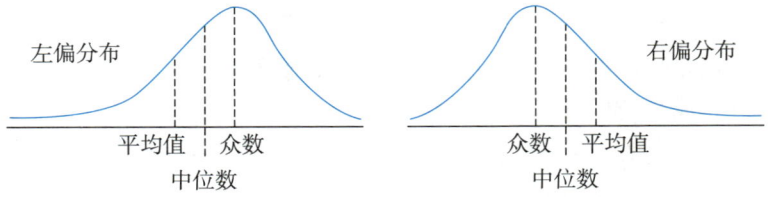

图21.1 左偏与右偏的数据分布

偏态系数的考查内容以概念为主；其计算公式较为复杂，通常不作为考试重点。

（三）标准分数

1. 含义

标准分数是指数值距离均值的相对位置，可用于比较不同变量的取值。具体计算公式为：

$$Z_i = \frac{X_i - \overline{X}}{s} \qquad (21.9)$$

式（21.9）中，Z_i 代表标准分数，s 代表样本标准差；$\overline{X}$ 代表样本均值。

2. 应用

在应用中，当数据服从对称的钟形分布（正态分布）时，可以运用经验法则来判断与均值 $E(X)$ 的距离在特定倍数标准差之内的数据项所占比例。如图 21.2 所示：

（1）约 68% 的数据与平均数的距离在 1 个标准差之内，即标准分数在 [-1，1] 范围内；

（2）约 95% 的数据与平均数的距离在 2 个标准差之内，即标准分数在 [-2，2] 范围内；

（3）约 99% 的数据与平均数的距离在 3 个标准差之内，即标准分数在 [-3，3] 范围内。

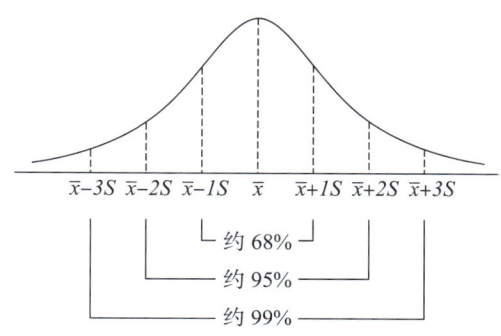

图 21.2 标准分数的应用

 趣味说

高斯是德国数学家、物理学家、天文学家，近代数学奠基者之一，有"数学王子"之称。高斯出生在一个普通家庭，祖父是一个朴实的德国农民，父亲也以种果树为生，母亲则是一个穷石匠的女儿。高斯名下的定理、规律不计其数，但是如果要来排出最有影响力的一项，很多人都认为首选正态分布。这个分布成为许多统计方法的理论基础，人们在数据检测、线性回归、方差判断、回归分析中总是绕不开正态分布的影子。爱因斯坦评价："高斯对于近代物理学的发展，尤其是对于相对论的数学基础所作的贡献（指曲面论），其重要性是超越一切、无与伦比的"。

例题 21.8（2018 年真题改编，单选题）

期末语文考试中，全班学生成绩的均值为 85，方差为 10。某学生在这次期末考试成绩为 87，则该学生成绩的标准分数为（　　）。

A．0. 2　　　　　　B．0. 8　　　　　　C．2. 0　　　　　　D．15. 0

【答案】A

【名师解析】根据标准分数的计算公式：$Z_i = \dfrac{X_i - \overline{X}}{s} = \dfrac{87 - 85}{10} = 0.2$。

 名师说

标准分数部分，考生需要在理解概念的基础上掌握其计算。

九、变量间的相关分析（★★★）

（一）变量之间的相关关系

2个定量变量之间的相关分析，可按照相关的程度、相关的方向，以及相关的形式进行分类。值得注意的是，相关关系并不等于因果关系。相关关系的具体分类和含义，如表21-8所示：

表21-8 变量之间的相关关系分类

分类标准	类别	含义
相关的程度	完全相关	一个变量的取值变化**完全**由另一个变量的取值变化所确定
	不完全相关	介于完全相关和不相关之间；大部分相关现象均属于不完全相关
	不相关	2个变量的取值变化彼此互不影响
相关的方向	正相关	2个变量**同方向变化**：一个变量的取值由小变大，另一个变量的取值也相应地由小变大
	负相关	2个变量**反方向变化**：一个变量的取值由小变大，另一个变量的取值由大变小
相关的形式	线性相关	2个相关变量之间的关系大致呈现为线性关系
	非线性相关	2个相关变量之间的关系不表现为直线的关系，如某种**曲线方程的关系**

（二）两变量的散点图

2个变量之间的相关关系可以用散点图来展示。在散点图中，每个点代表一个观测值，横纵坐标值分别代表两个变量相应的观测值。

（1）2个变量（X，Y）之间完全相关，包括2个方向：完全正线性相关和完全负线性相关。如图21.3所示：

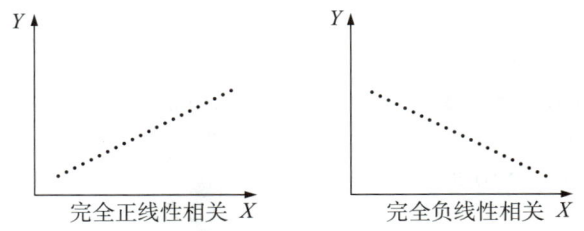

图21.3 完全相关

（2）2个变量（X，Y）之间不完全相关，包括2个方向：正线性相关和负线性相关。如图21.4所示：

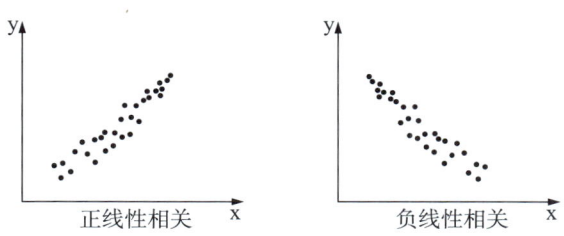

图 21.4　不完全相关

（3）2个变量（X，Y）不存在线性相关，包括2种情况：不相关和非线性关系。如图21.5所示：

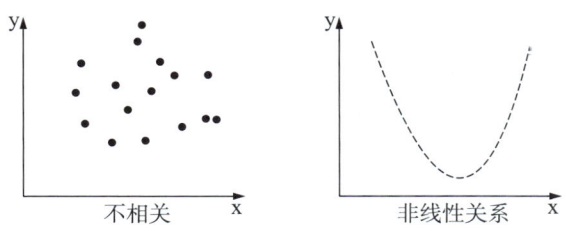

图 21.5　不存在线性关系

（三）相关系数的定义和取值

1. 含义

相关系数用于度量2个变量之间相关关系。最常用的相关系数是 Pearson（皮尔逊）相关系数 r，计算公式如下：

$$r = \frac{\sum_{i=1}^{n}(x_i - \bar{x})(y_i - \bar{y})}{\sqrt{\sum_{i=1}^{n}(x_i - \bar{x})^2 \sum_{i=1}^{n}(y_i - \bar{y})^2}} \tag{21.10}$$

2. 取值与含义

皮尔逊相关系数的取值范围在 [-1, 1] 之间，如表21-9所示：

表21-9　皮尔逊相关系数

相关系数取值	含义
$r=1$	完全正线性相关（图21.3左）
$r=-1$	完全负线性相关（图21.3右）
$0<r<1$	正线性相关（图21.4左）
$-1<r<0$	负线性相关（图21.4右）
$r=0$	不存在线性相关，包括： （1）变量之间没有任何关系（图21.5左）； （2）它们之间可能存在非线性相关关系（图21.5右）

根据实际数据计算出的 r，其取值一般为 $-1<r<1$。在说明2个变量之间的线性关系强弱时，根据经验可将相关程度分为以下几种情况，如表21-10所示：

表 21-10　线性关系强弱

|r| 取值	线性关系强弱
|r|≥0.8	高
0.5≤|r|<0.8	中
0.3≤|r|<0.5	低
|r|<0.3	极弱，可视为无线性相关关系

趣味说

卡尔·皮尔逊（Karl Pearson，1857年3月27日—1936年4月27日）是英国数学家，生物统计学家，数理统计学的创立者，自由思想者，对生物统计学、气象学、社会达尔文主义理论和优生学做出了重大贡献。他被公认是旧派理学派和描述统计学派的代表人物，并被誉为现代统计科学的创立者。

例题 21.9（2018 年真题改编，单选题）
两个变量之间线性相关是指（　　）。
A. 一个变量的取值变化完全由另一个变量的取值变化所确定
B. 2 个变量的取值变化彼此互不影响
C. 2 个变量同方向变化
D. 2 个相关变量之间的关系大致呈现为线性关系
【答案】D
【名师解析】选项 A，一个变量的取值变化完全由另一个变量的取值变化所确定，即完全相关。
选项 B，2 个变量的取值变化彼此互不影响，即不相关。
选项 C，2 个变量同方向变化，即正相关。

名师说

变量的相关分析属于重要考点。其中，完全相关和皮尔逊相关系数数值的含义考查频率较高。

记忆小窍门

在记忆相关关系的类型时，考生可借助图 21.3、图 21.4，以及图 21.5，通过理解每一个图形所对应的相关关系类型，进而快速掌握该部分内容。

任务 22 抽样与回归

任务概述

本任务涉及"第二十五章 抽样调查"与"第二十六章 回归分析",涉及内容:抽样调查的基本概念、概率抽样方法与步骤、估计量和样本量、回归模型、最小二乘法,以及模型的检验和预测等。

此任务在中级经济师考试中约考查 6 分,分值占比约为 4%。考试题型同时涉及单选题和多选题。

本任务整体难度适中,其中,重要考点为:抽样调查的基本概念、估计量和样本量,以及回归分析。

任务框架图

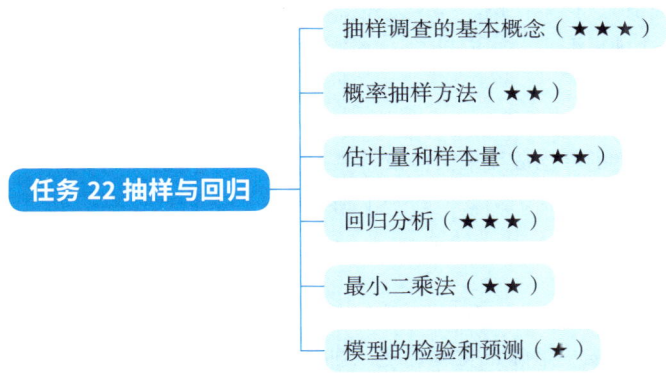

一、抽样调查的基本概念(★★★)

(一)基本概念

1. 总体与总体参数

(1)总体。

总体是指调查对象的全体。总体单元或单位是指组成总体的各个个体。例如,研究某学校学生的成绩,那么总体是该学校所有在校学生,每个在校学生则是总体单元。

(2)总体参数。

总体参数是指总体指标值。其特征包括:

① 未知的常数;

② 根据总体中所有单位的数值计算的;

③ 通过调查想要了解的;

④ 不受样本的抽选结果影响。
常用的总体参数包括：
① 总体总量；
② 总体均值；
③ 总体比例；
④ 总体方差。

例如，研究某学校学生的成绩，那么所有在校学生的平均成绩就是总体参数。

2. 样本与样本统计量

（1）样本。

样本是指总体的一部分，由从总体中按一定原则或程序抽出的部分个体所组成。样本也是一个集合。入样单位是指每个被抽中进入样本的单位。样本量是指样本中包含的入样单位的个数。

例如，按一定原则从所有在校学生中抽取出 400 人的成绩进行调查。这 400 名在校学生的成绩就是样本；抽出的每一名学生的成绩都是入样单位；该样本的样本量是 400。

（2）样本统计量。

样本统计量，又称为估计量，是指根据样本中各单位的数值计算出的对总体参数的估计。常用的样本统计量有样本均值、样本比例、样本方差等。

样本统计量是一个随机变量，它取决于：
① 样本的设计；
② 选入样本的单元所构成的特定组合。

例如，用样本中学生的平均成绩来估计该学校全体在校学生的平均成绩。这里，样本中学生的平均成绩是该学校所有在校学生平均成绩的一个估计量。随着构成样本的成绩不同，计算出的平均成绩也会随之改变。

3. 抽样框

抽样框是指供抽样所用的所有抽样单元的名单，是抽样总体的具体表现。在抽样框中，对每个单位编上一个号码，以便按一定随机化程序进行抽样。抽样框可以有多种形式，常用的有名录框，如企业名录、电话簿、人员名册等。

例如，在校所有学生的名册，就是抽样框。

（二）概率抽样和非概率抽样

1. 概率抽样

（1）含义。

概率抽样是指按照某种事先设计的程序，从总体中依据随机原则抽取部分单元的方法。

（2）特点。

① 以随机原则，按一定概率抽取样本。
② 总体中每个单元被抽中的概率：已知或可计算的。
③ 当使用样本对总体参数进行估计时：
A. 等概率抽样：每个单位被抽中的概率相等；
B. 非等概率抽样：每个单位被抽中的概率不相等。

2. 非概率抽样

（1）含义。

非概率抽样，又称为非随机抽样，是指调查者根据自己的便利或主观判断抽取样本的方法。

（2）特征。

非概率抽样的主要特征为抽取样本时并非依据随机原则。

（3）方法。

① 判断抽样：根据调查目的和对调查对象的认知，人为确定样本单元。

② 方便抽样：依据便利原则，采用"拦截式"调查，降低成本。

③ 自愿样本：自愿接受调查，非抽取，如网上调查。

④ 配额抽样：先将总体划分若干类型，再将样本数额分配到各类型中，最终从各类型中抽取样本。从各类型中抽取样本的方法无严格限制，通常采用方便抽样。

（三）一般步骤

抽样调查的一般步骤，如表 22-1 所示：

表 22-1 抽样调查的一般步骤

步骤	含义
确定调查问题	① 对整体问题的叙述； ② 确定研究问题的具体构成
调查方案设计	① 抽样方案的设计：描述如何抽取样本； ② 问卷设计：将比较抽象的研究问题进行具体化
实施调查过程	① 获得样本单元的调查数据； ② 保证原始数据的质量：需要有效的管理、监控、管理制度，以及措施
数据处理分析	① 对原始数据进行检查、核对； ② 对验收合格的数据进行编码和录入； ③ 对录入的数据进行预处理； ④ 对数据进行统计分析； ⑤ 对总体参数进行估计
撰写调查报告	调查活动的最终成果，是劳动成果的具体展现

（四）误差

误差是指样本估计值和总体参数值之间的差异。误差可分为：

（1）抽样误差；

（2）非抽样误差。

1. 抽样误差

抽样误差是指由于抽样的随机性所导致的、用样本统计量估计总体参数时出现的误差。由于抽到不同的样本，因而对总体的估计就会存在差异。

2. 非抽样误差

非抽样误差是指除抽样误差外，由其他原因引起的样本统计量与总体真值之间的差异。

非抽样误差产生的原因包括：抽样框误差、无回答误差，以及计量误差。如表 22-2 所示：

表 22-2 非抽样误差产生的原因

原因	含义
抽样框误差	由样本框不完善造成；例如，用营业执照作为个体商业的抽样框，但有些商贩属于无照经营
无回答误差	调查人员无法从被调查者那里得到所需要数据。无回答可分为： ① 随机因素造成：被调查者刚好外出； ② 非随机因素造成：被调查者拒绝回答
计量误差	调查所获得的数据与其真值之间不一致造成：调查人员、问卷设计、受访者等原因

例题 22.1（2019 年真题改编，单选题）

一次研究调查中，通过抽样调查来了解某公司员工的平均薪酬情况，全体员工的平均薪酬数值是（　　）。

A. 总体　　　　　　　　　　　　B. 样本

C. 总体参数　　　　　　　　　　D. 样本统计量

【答案】C

【名师解析】总体参数是指总体指标值。因此，全体员工的平均薪酬数值是总体参数。

例题 22.2（2018 年真题改编，单选题）

根据调查目的和对调查对象的认知，人为确定样本单元属于（　　）。

A. 自愿抽样　　　B. 方便抽样　　　C. 判断抽样　　　D. 配额抽样

【答案】C

【名师解析】选项 A，自愿抽样是指自愿接受调查，非抽取，如网上调查。

选项 B，方便抽样是指依据便利原则，采用"拦截式"调查，降低成本。

选项 D，配额抽样是指先将总体划分若干类型，再将样本数额分配到各类型中，最终从各类型中抽取样本。从各类型中抽取样本的方法无严格限制，通常采用方便抽样。

名师说

抽样调查的基本概念属于重要考点。考生需要理解总体与样本、总体参数与样本统计量、概率抽样和非概率抽样。

二、概率抽样方法（★★）

（一）简单随机抽样

1. 含义

（1）有放回简单随机抽样。

有放回简单随机抽样是指先从总体中随机抽出一个样本单位，记录观测结果后将其放回到总体中去，再抽取第二个，如此类推，一直到抽满 n 个单位为止。

该方法较少采用，原因是单位可能被重复抽中，容易造成信息重叠，最终会影响估计的效率。

（2）不放回简单随机抽样。

不放回简单随机抽样是指从包含 N 个单元的总体中逐个随机抽取单元且无放回，即每次都在所有尚未被抽入样本的单元中等概率地抽取下一个单元，直到抽取 n 个单元为止。

该方法的抽样误差更低，原因是每个单位最多只能被抽中一次，不会由于样本单位被重复抽中而提供重叠信息。

2. 优缺点

（1）优点。

① 简单随机抽样是最基本的随机抽样方法，操作简单；

② 每个单位的入样概率相同；

③ 样本估计量形式简单。

（2）缺点。

① 没有利用抽样框更多的辅助信息；

② 影响用样本统计量估计总体参数的效率；

③ 样本的分布可能过于分散；

④ 增加调查过程中的费用和时间成本。

3. 适用条件

（1）抽样框中无可以利用的辅助信息。

（2）调查对象分布的范围较窄。

（3）个体之间的差异较小。

（二）分层抽样

1. 含义

分层抽样是指，先按照某种规则把总体分为不同的层，然后在不同的层内独立、随机地抽取样本。分层随机抽样是指每层中都采用简单随机抽样的分层抽样。

2. 优点

（1）可以同时估计总体参数和各层参数。

（2）便于组织抽样工作，且可以根据层内特点，采用不同的抽样方法。

（3）降低抽样误差：每层都要抽取一定的样本单位，样本在总体中的分布较为均匀。

3. 适用条件

抽样框中有足够的辅助信息，能够将总体单位按某种标准划分到各层之中，实现：

（1）层内差异小：在同一层内，各单位之间的差异尽可能小。

（2）层间差异大：不同层之间各单位的差异尽可能大。

（三）系统抽样

1. 含义

系统抽样是指，先按一定顺序将总体中的所有单元进行排列，在规定范围内随机抽取一个初始单元，然后按事先规定的规则抽取其他的样本单元。

最简单的系统抽样是等距抽样。其步骤如下：

（1）将总体 N 个单位按直线排列，依次编号 1~N。

例如，调查一个学校 4 000 名学生的平均分，将学生进行编号：1~4 000。

（2）根据样本量 n，确定抽样间隔 K，抽样间隔＝N/n≈K，K 为最接近 N/n 的一个整数。

接上例，确定样本量为 40，抽样间隔为 $100\left(\dfrac{4\ 000}{40}\right)$。

（3）在 1~K 的范围内随机抽取一个整数 i，i 位置上的单位为起始单位，往后每间隔 K 抽取一个单位，直至抽满 n。

接上例，在 1~100 号中随机确定 16 号。则抽取的样本的序号为 16；16+100；16+200；16+300；…；16+3 900。

2. 优缺点

（1）优点。

① 操作简便；

② 对抽样框的要求比较简单：只要求总体单位按一定顺序排列，不一定是一份具体的名录清单。

系统抽样的估计效果与总体排列顺序有关：

A. 无关标识排列：排列顺序与调查内容没有联系。例如，调查汽车尾气排放情况，按汽车牌号排列，牌号与尾气排放无关。

B. 有关标识排列：排列顺序与调查内容有关。例如，调查汽车尾气排放，按汽车价格排列，价格与尾气排放量相关。

（2）缺点。

① 方差估计比较复杂，会给计算抽样误差带来困难；

② 系统抽样的估计效果与总体单位排列顺序有关：

A. 按无关标识排列：系统抽样估计与简单随机抽样估计效率类似。

B. 按有关标识排列：系统抽样精度一般比简单随机抽样的精度高。

（四）整群抽样

1. 含义

整群抽样是指，将总体中所有的基本单位按照一定规则划分为互不重叠的群，抽样时直接抽取群。调查抽中群的全部基本单位，不调查未抽中群。

例如，调查某学校在校学生的平均分数，将学生按照所属班级分群，直接抽取班级，入样的班级内所有学生接受调查，没有入样的学生都不调查。

2. 优缺点

（1）优点。

① 实施调查方便，节省费用和时间。

② 简化抽样框编制，抽样时只需要群的抽样框。

（2）缺点。

抽样误差较大：

① 群内差异较小：各单位之间存在相似性。

② 群与群之间的差异较大。

3. 适用情况

对某些特殊群结构进行调查时，采用整群抽样会降低估计误差：

（1）群内各单位之间存在较大差异。
（2）群与群的结果相似。

（五）多阶段抽样

1. 含义

多阶段抽样方法是指大规模抽样调查中，很难一次抽取到最终样本单位，因此往往需要经过大于等于两个阶段才能抽到最终样本单位。

多阶段抽样的具体步骤如下：
（1）从总体中采用随机方法抽取若干个小总体，称为初级单元；
（2）在这些选中的初级单元中随机抽取若干个单位。

在此过程中，如果抽取到接受调查的最终单位之前经过两个阶段抽样，则为二阶段抽样。如果抽取到接受调查的最终单位之前经过三个阶段抽样，则为三阶段抽样。

2. 优缺点

（1）优点：

在大范围的抽样调查中，必须采用多阶段抽样。原因包括：

① 在大范围抽样调查中，难以设置包括所有总体单位的抽样框。由于抽样是分阶段进行的，因此可以分级设置抽样框。

② 多阶段抽样通过在选中的单位中进行再抽选，使得样本的分布相对集中，从而节约调查的人力和财力。

（2）缺点：

① 抽样设计较为复杂。
② 抽样误差的计算较为复杂。

例题 22.3（2019 年真题改编，单选题）

关于分层抽样设计的说法，错误的是（　　）。

A. 不同层间单元的差异尽可能小　　　　B. 同一层内单元间的差异尽可能小
C. 可以同时估计总体参数和各层参数　　D. 降低抽样误差

【答案】A

【名师解析】选项 A，分层抽样中，不同层间单元的差异应尽可能大。

概率抽样方法中，简单随机抽样与分层抽样的含义、优缺点以及适用条件属于常考内容。

三、估计量和样本量（★★★）

（一）估计量的性质

1. 无偏性

无偏性是指样本统计量的数学期望等于被估计的总体参数的值。

对于不放回简单随机抽样，所有可能的样本均值取值的平均值总等于总体均值（样本均值的平均数等于总体均值），则说明样本均值的估计量具有无偏性。

2. 有效性

有效性是指对同一总体参数的两个无偏估计量，拥有更小标准差的估计量更有效。

在同一抽样方案下，对某一总体参数，如果有两个无偏估计量 $\hat{\theta}_1$ 和 $\hat{\theta}_2$。由于样本的随机性，如果 $\hat{\theta}_1$ 的可能样本取值比 $\hat{\theta}_2$ 的样本取值更加集中在总体参数的真值附近，则认为 $\hat{\theta}_1$ 比 $\hat{\theta}_2$ 更有效。此时，$\hat{\theta}_1$ 的标准差小于 $\hat{\theta}_2$ 的标准差。

3. 一致性

一致性是指随着样本量的增大，如果估计量的值可以稳定在总体参数的真值，这个估计量则具有一致性。该估计量被称为"一致估计量"。

（二）抽样误差的估计

假设从总体的 N 个单元中按照不放回简单随机抽样方法抽取 n 个单元作为样本，用 X_1，X_2，…，X_N 表示总体关于变量 X 的 N 个观测值，用 x_1，x_2，…，x_n 表示样本中的 n 个观测值。将样本均值 $\bar{x} = \frac{1}{n}\sum_{i=1}^{n} x_i$ 作为总体均值 $\bar{X} = \frac{1}{N}\sum_{i=1}^{N} X_i$ 的估计量，则估计量 $\bar{x}$ 的方差为：

$$V(\bar{x}) = \left(1 - \frac{n}{N}\right)\frac{S^2}{n} \tag{22.1}$$

式（22.1）中，$V(\bar{x})$ 代表估计量 $\bar{x}$ 的方差；S^2 代表总体方差，计算公式为：

$$S^2 = \frac{1}{N-1}\sum_{i=1}^{N}(X_i - \bar{X})^2 \tag{22.2}$$

影响抽样误差的因素包括：

（1）总体分布：总体单位值之间差异越大，则总体方差越大，抽样误差越大。

（2）样本量：其他条件相同，样本量越大，抽样误差越小。

（3）抽样方式和估计量的选择：分层抽样的估计量方差一般小于简单随机抽样。

（4）有效辅助信息：更多的有效信息可有效降低抽样误差。

实践中，总体方差是未知的，需要用样本方差来估计，因此估计量方差的计算公式转化为：

$$\hat{V}(\bar{x}) = \left(1 - \frac{n}{N}\right)\frac{s^2}{n} \tag{22.3}$$

式（22.3）中，$V(\bar{x})$ 代表估计量 $\bar{x}$ 的方差；s^2 代表样本方差，计算公式为：

$$s^2 = \frac{1}{n-1}\sum_{i=1}^{n}(x_i - \bar{x})^2 \tag{22.4}$$

（三）样本量的影响因素

影响样本量的因素，如表 22-3 所示：

表 22-3 样本量的影响因素

因素	含义
调查的精度	要求的调查精度越高（误差水平越低），所需的样本量就越大
总体的离散程度	总体的离散程度越大，所需要的样本量越大
总体的规模	① 大规模的总体：总体规模对样本量的需求几乎无影响； ② 小规模的总体：总体规模越大，为保证相同的估计精度，样本量也要随之增大（非同比例增大）
无回答情况	无回答率较高的调查中，样本量应大一些，以减少无回答带来的影响
经费的制约	样本量需要在调查经费与调查精度之间进行平衡

【名师说】

估计量和样本量属于重要考点，其中估计量的性质：无偏、有效、一致的含义属于高频考点。

【记忆小窍门】

关于估计量的性质，考生可以均值为例进行记忆。如正文所述，样本均值$\bar{x}$是一个随机变量。因此，如果样本均值$\bar{x}$是无偏的，则表明：虽然一次抽样计算出来的样本均值可能会与总体均值有差异，但总体来说随机变量的期望值等于总体参数。例如，抽样1000万中国人计算出来的平均身高一般不会恰好等于全体中国人的平均身高。但随机变量$\bar{x}$的期望值是等于真实平均身高的。与此同时，如果$\bar{x}$是最有效的样本统计量则表明：尽管抽样1000万中国人计算出来的平均身高可能不会恰好等于全体中国人的平均身高，但是如果进行多次反复抽样，在所有无偏统计量中，$\bar{x}$偏离全中国人真实平均身高的程度最小。

例题 22.4（2019年真题改编，单选题）

随着样本量的增大，如果估计量的值可以稳定在总体参数的真值，这个性质是估计量的（　　）。

A. 无偏性　　　　　B. 一致性　　　　　C. 有效性　　　　　D. 重要性

【答案】B

【名师解析】选项 A，无偏性是指样本统计量的数学期望等于被估计的总体参数的值。

选项 C，有效性是指对同一总体参数的两个无偏估计量，拥有更小标准差的估计量更有效。

选项 D，重要性不是估计量的性质。

四、回归分析（★★★）

（一）概念

1. 定义

回归分析是指根据相关关系的具体情况，选定一个数学模型来近似地表达变量间的依赖关系。

2. 回归模型分类

回归模型是指描述因变量如何依赖自变量和误差项的方程。回归模型的分类如下：

(1) 根据自变量数量：一元回归模型和多元回归模型。
(2) 根据回归模型是否为线性：线性回归模型和非线性回归模型。

（二）一元线性回归模型

一元线性回归是描述 2 个变量之间相关关系的最简单的回归模型，可表示为：

$$Y = \beta_0 + \beta_1 X + \varepsilon \tag{22.5}$$

式（22.5）中，Y 代表因变量；X 代表自变量；β_0 和 β_1 代表模型的参数，$\beta_0 + \beta_1 X$ 代表由 X 的变化而引起的 Y 的线性变化；ε 代表误差项，反映随机因素对 Y 的影响。

回归方程描述因变量的期望如何依赖自变量的方程。一元线性回归方程的形式为：

$$E(Y) = \beta_0 + \beta_1 X \tag{22.6}$$

从图像角度来看，一元线性回归方程是一条直线：
(1) β_0 是回归直线的截距；
(2) β_1 是回归直线的斜率：反映 X 每变动 1 个单位，$E(Y)$ 的变动量。

（三）回归分析与相关分析的关系

1. 联系

回归分析与相关分析之间的联系十分紧密，表现在：
(1) 二者的研究对象相同。
(2) 二者互为补充：
① 相关分析依靠回归分析表明数量相关的具体形式；
② 回归分析需要相关分析来表明数量变化的相关程度；
③ 变量之间应先存在着高度相关，再进行回归分析才有意义。

2. 区别

相关分析与回归分析在研究目的和方法上具有明显的区别，表现在：
(1) 相关分析研究变量之间相关的方向和相关的程度。
(2) 回归分析研究变量之间相关关系的具体形式：
① 对具有相关关系的变量之间的数量关系进行测定；
② 确定相关的数学方程式；
③ 根据数学方程式，使用已知量可推测未知量，是估算和预测的重要方法。

例题 22.5（2019 年真题改编，单选题）
一元线性回归模型与多元回归模型的划分标准是根据（　　）。
A. 自变量的个数　　　　　　　　B. 因变量的个数
C. 模型的个数　　　　　　　　　D. 样本量
【答案】A
【名师解析】根据自变量的多少，回归模型可以分为一元回归模型和多元回归模型。

回归分析属于重要考点，其中一元线性回归模型的考试频率较高，考生需要认真掌握。

五、最小二乘法（★★）

在现实中，模型的参数 β_0 和 β_1 都是未知的。因此需要利用样本数据对其进行估计，采用的估计方法通常为最小二乘法。

最小二乘法是使得因变量的观测值与估计值之间的离差平方和最小来估计 β_0 和 β_1 的方法。估计的回归方程为：

$$\hat{y}_i = \hat{\beta}_0 + \hat{\beta}_1 x_i \quad (i=1, 2, \cdots, n) \tag{22.7}$$

式（22.7）中，$\hat{\beta}_0$ 代表估计的回归直线在 Y 轴上的截距；$\hat{\beta}_1$ 代表估计的回归直线的斜率。

根据最小二乘法，使得：$\sum_{i=1}^{n}(y_i - \hat{y}_i)^2 = \sum_{i=1}^{n}(y_i - \hat{\beta}_0 - \hat{\beta}_1 x_i)^2$ 最小，得到：

$$\hat{\beta}_1 = \frac{\sum_{i=1}^{n}(x_i - \bar{x})(y_i - \bar{y})}{\sum_{i=1}^{n}(x_i - \bar{x})^2} \tag{22.8}$$

$$\hat{\beta}_0 = \bar{y} - \hat{\beta}_1 \bar{x} \tag{22.9}$$

最小二乘法的逻辑，如图 22.1 所示：

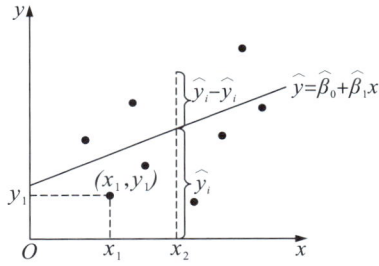

图 22.1 最小二乘法示意图

例题 22.7（2019 年真题改编，单选题）

回归模型 $Y = \beta_0 + \beta_1 X + \varepsilon$ 的最小二乘估计量 $\hat{\beta}_0$ 的表达式是（　　）。

A. $\hat{\beta}_0 = \dfrac{\sum_{i=1}^{n}(x_i - \bar{x})(y_i - \bar{y})}{\sum_{i=1}^{n}(x_i - \bar{x})^2}$

B. $\hat{\beta}_0 = \dfrac{\sum_{i=1}^{n}(x_i - \bar{x})(y_i - \bar{y})}{\sum_{i=1}^{n}(y_i - \bar{y})^2}$

C. $\hat{\beta}_0 = \dfrac{\sum_{i=1}^{n}(x_i - \bar{x})(\bar{y} - y_i)}{\sum_{i=1}^{n}(y_i - \bar{y})^2}$

D. $\hat{\beta}_0 = \bar{y} - \hat{\beta}_1 \bar{x}$

【答案】D

【名师解析】根据最小二乘法：$\hat{\beta}_1 = \dfrac{\sum_{i=1}^{n}(x_i - \bar{x})(y_i - \bar{y})}{\sum_{i=1}^{n}(x_i - \bar{x})^2}$，$\hat{\beta}_0 = \bar{y} - \hat{\beta}_1 \bar{x}$

最小二乘法部分，考生需重点理解其内在逻辑，并熟悉掌握参数的计算公式。

最小二乘法最开始是从天文学和地理测量学领域发展起来的。当时科学家和数学家要为探索时代的地球海洋挑战提供解决方案。1805 年，勒让德（A. M. Legendre）的《计算彗星轨道的新方法》出版，发表了关于最小二乘法的第一个清晰和简明的阐述。1808 年，美国人罗伯特·阿德雷恩（Robert Adrain）也独立制定了最小二乘法分析的思想。这也让他开始受到学界重视。1809 年，高斯（Carl Friedrich Gauss）著作《关于绕日行星运动的理论》出版。在此书中声称他自 1799 年以来就使用最小二乘方法，由此爆发了一场与勒让德的优先权之争。近代学者经过对原始文献的研究，前两人可能独立发明了这个方法。但首先见于书面形式的，还是勒让德。可是，现今教科书和著作中，多把这个发明权归功于高斯。主要原因就是名人效应，高斯有更大的名气。另一个主要原因可能是高斯的正态误差理论对这个方法有非常重要的意义。

六、模型的检验和预测（★）

（一）回归模型的拟合效果分析

1. 决定系数

一般情况下，使用估计的回归方程之前，需要对模型进行检验，其内容包括：

（1）结合经济理论和经验分析回归系数的经济含义是否合理；

（2）对模型进行假设检验；

（3）用决定系数来测度估计的模型对数据的拟合效果。决定系数的计算方法为：

$$R^2 = \frac{\sum_{i=1}^{n}(\widehat{y_i} - \bar{y})^2}{\sum_{i=1}^{n}(y_i - \bar{y})^2} = 1 - \frac{\sum_{i=1}^{n}(\widehat{y_i} - y_i)^2}{\sum_{i=1}^{n}(y_i - \bar{y})^2} \qquad (22.10)$$

决定系数取值与含义，如表 22-4 所示：

表 22-4　决定系数取值与含义

取值	含义
0 到 1 之间	决定系数越接近 1，回归直线的拟合效果越好
1	回归直线可以解释因变量的所有变化
0	回归直线无法解释因变量的变化，即因变量的变化与自变量无关

> **记忆小窍门**
>
> 决定系数说明了回归模型所能解释的因变量变化占因变量总变化的比例，比值越大，则说明解释力越大，拟合效果越好。

2. 回归系数的显著性检验

在大样本假定的条件下，回归系数的最小二乘估计量$\hat{\beta}_0$和$\hat{\beta}_1$渐进服从正态分布，因此可用 t 检验方法验证自变量 X 对因变量 Y 是否有显著影响。t 检验的原理属于反证法，具体步骤为：

（1）原假设$\hat{\beta}_1 = 0$：代表自变量 X 对因变量 Y 没有影响。

（2）在该原假设为真的假定下，基于$\hat{\beta}_1$的抽样分布计算：一次抽样，得到该样本或更极端样本的概率，即 P 值。

（3）如果 $P<0.05$，则说明在 0.05 的显著性水平下，应拒绝原假设，即$\hat{\beta}_1 \neq 0$。说明：自变量 X 对因变量 Y 具有显著的影响。

（二）模型预测

回归分析的一个重要应用就是预测，即利用估计的回归模型预估因变量数值。具体的预测过程为：

（1）将自变量x_i的取值代入式（22.7）中；

（2）计算出的因变量$\hat{y}_i$的值。

>  **名师说**
>
> 模型的检验和预测部分，考生需重点理解决定系数的取值及含义，而具体公式和计算的考查频率并不高。

（三）二元线性回归

二元线性回归是指存在两个自变量的线性回归，即用两个自变量解释因变量。

多元线性回归是指存在两个或两个以上的自变量的线性回归，即用多个自变量解释因变量。随着自变量个数的增加，即使自变量与因变量不存在相关关系，其决定系数R^2也会随之增大。因此，为了避免高估拟合效果，多元回归会对决定系数进行调整，剔除自变量增加带来的影响，形成调整后的R^2。

任务 23　时间序列

任务概述

本任务涉及"第二十七章 时间序列分析",涉及内容:时间序列及其分类、时间序列的水平分析、时间序列的速度分析,以及平滑预算法等。

此任务在中级经济师考试中约考查 3 分,分值占比约为 2%。考试题型同时涉及单选题和多选题。

本任务整体难度适中,其中,重要考点为:时间序列的水平分析和时间序列的速度分析。

任务框架图

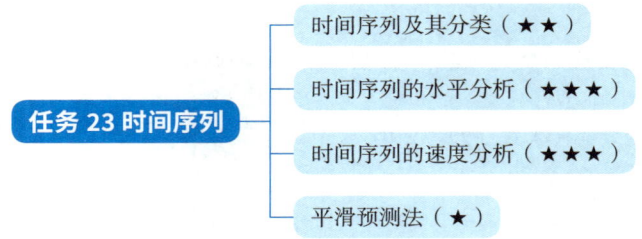

一、时间序列及其分类（★★）

（一）含义

时间序列,又称动态数列,是指根据时间先后顺序,将某一统计指标的数值进行排列后制成的序列。

（二）构成要素

时间序列的构成要素包括:
(1) 被研究现象所对应的时间:年、季、月、日等;
(2) 数量特征的指标值:具有某种性质特征的指标的具体数量。
值得注意的是,同一个时间序列中,各指标值的时间单位往往要求相等。

（三）分类

按照构成要素中统计指标值的表现形式,时间序列可分为:绝对数时间序列、相对数时间序列,以及平均数时间序列。如表 23-1 所示:

表 23-1　时间序列的分类

类型	含义
绝对数时间序列	（1）按时间先后顺序，由绝对数指标值排列后而成的序列。 （2）根据时间特点可分为： ① 时期序列："过程总量"，即现象在一定期间内的情况； ② 时点序列："瞬间水平"，即现象在一瞬间的情况
相对数时间序列	统计指标值为相对数
平均数时间序列	统计指标值为平均数

最早的时间序列分析可以追溯到 7000 年前的古埃及。古埃及人把尼罗河涨落的情况逐天记录下来，从而构成一个时间序列。对这个时间序列的长期观察使他们发现尼罗河的涨落非常有规律，由于掌握了涨落的规律，古埃及的农业迅速发展。这种从观测序列得到直观规律的方法即为描述性分析方法。在经济、金融、工程等领域的发展历程中，时间序列分析方法的应用始终起着重要作用。

例题 23.1（2019 年真题改编，单选题）

"年末资产总额"指标的时间序列属于（　　）。

A．时点序列　　　　　　　　　　B．相对数时间序列
C．平均数时间序列　　　　　　　D．时期序列

【答案】A

【名师解析】时点序列反映现象在一定时点上的瞬间水平。

二、时间序列的水平分析（★★★）

（一）平均发展水平

1．发展水平的相关概念

（1）发展水平。

发展水平是指时间序列中具体时间所对应的指标数值。具体来讲：

① 绝对数时间序列：发展水平表现为绝对数；

② 相对数时间序列：发展水平表现为相对数；

③ 平均数时间序列：发展水平表现为平均数。

（2）最初水平、最末水平，以及中间水平。

① 最初水平：时间序列中第一项的指标值；

② 最末水平：时间序列中最末项的指标值；

③ 中间水平：处于最初水平与最末水平之间的各期指标值。

（3）基期水平和报告期水平。

① 基期水平：基础时期的水平；

② 报告期水平：所要反映与研究的时期的水平。

2. 平均发展水平

平均发展水平，又称为序时平均数或动态平均数，是指对时间序列中各时期发展水平求平均。平均发展水平的作用表现在，概括性地描述现象在某一期间所达到的平均水平。

（1）绝对数时间序列。

绝对数时间序列的平均发展水平计算方法，如表 23 – 2 所示：

表 23 – 2　绝对数时间序列的平均发展水平

大类	子类	平均发展水平
时期序列		简单算术平均，计算如下： $$\bar{y}=\frac{y_1+y_2+\cdots+y_n}{n}$$ 上式中，$y_1,y_2,\cdots,y_n$ 代表各时期的指标值
时点序列	连续时点	① 逐日登记并逐日排列：简单算术平均； ② 指标值发生变动时登记：加权算术平均，计算如下： $$\bar{y}=\frac{y_1 f_1+y_2 f_2+\cdots+y_n f_n}{f_1+f_2+\cdots+f_n}$$ 上式中，$f_1,f_2,\cdots,f_n$ 代表权数，即各对应指标值持续天数
	间断时点	① 间隔时间相等（等距）：2 次简单算术平均，计算如下： $$\bar{y}=\frac{\frac{y_1+y_2}{2}+\frac{y_2+y_3}{2}+\cdots+\frac{y_{n-1}+y_n}{2}}{n-1}$$ ② 间隔时间不等（非等距）：第 1 次简单算术平均，第 2 次加权算术平均，计算方法如下： $$\bar{y}=\frac{\frac{y_1+y_2}{2}f_1+\frac{y_2+y_3}{2}f_2+\cdots+\frac{y_{n-1}+y_n}{2}f_{n-1}}{f_1+f_2+\cdots+f_{n-1}}$$ 上式中，$f_1,f_2,\cdots,f_n$ 代表权数，即间隔时间

（2）相对数或平均数时间序列。

相对数或平均数时间序列属于派生数列，原因是相对数或平均数通常由两个绝对数对比构成。因此，计算思路为：

① 分别求出分子指标和分母指标时间序列的序时平均数；

② 将分子的序时平均数与分母的序时平均数进行对比。

具体计算公式为：

$$\bar{y}=\frac{\bar{a}}{\bar{b}} \tag{23.1}$$

式（23.1）中，$\bar{y}$ 代表相对数或平均数时间序列的序时平均数；$\bar{a}$ 代表分子指标时间序列的序时平均数；$\bar{b}$ 代表分母指标时间序列的序时平均数。

（二）逐期增长量与累计增长量

1. 增长量

增长量是指报告期发展水平与基期发展水平的差额。增长量反映了相比于基期，报告期增加或减少的绝对数量。计算公式为：

$$增长量 = 报告期水平 - 基期水平 \tag{23.2}$$

根据基期的选择不同，增长量可分为：逐期增长量和累计增长量。

（1）逐期增长量。

逐期增长量用前一期作为基期，计算公式为：

$$\Delta_i = y_i - y_{i-1} \ (i = 1, 2, \cdots, n) \tag{23.3}$$

式（23.3）中，Δ_i 代表逐期增长量；y_0 代表时间序列的最初水平；y_1 代表研究范围的起始期水平。

（2）累计增长量。

累计增长量用某一固定时期（通常是时间序列最初水平）作为基期，计算公式为：

$$\Delta_i' = y_i - y_0 \ (i = 1, 2, \cdots, n) \tag{23.4}$$

式（23.4）中，Δ_i' 代表累计增长量；y_0 代表时间序列最初水平（固定时期）。

值得注意的是，同一时间序列中，累计增长量等于相应时期逐期增长量之和。

2. 平均增长量

平均增长量是指时间序列中逐期增长量的序时平均数，它表明现象在一定时段内平均每期增加（减少）的数量。计算公式为：

$$\overline{\Delta} = \frac{\sum_{i=1}^{n}(y_i - y_{i-1})}{n} \ (i = 1, 2, \cdots, n) \tag{23.5}$$

式（23.5）中，$\overline{\Delta}$ 代表平均增长量；n 代表逐期增长量的个数。

由于累计增长量等于相应时期逐期增长量之和，平均增长量的另一种计算方法为：

$$\overline{\Delta} = \frac{y_n - y_0}{N - 1} \tag{23.6}$$

式（23.6）中，N 代表时间序列项数。

例题 23.2（2018 年真题改编，单选题）

关于时间序列水平分析的说法，正确的是（   ）。

A. 累计增长量等于相应时期逐期增长量的加权平均数
B. 累计增长量等于相应时期逐期增长量之和
C. 在时间序列的水平分析中，报告期水平与前一期水平的差是累计增长量
D. 逐期增长量与累积增长量的区别是计量单位不同

【答案】B

【名师解析】选项 A，累计增长量等于相应时期逐期增长量之和。

选项 C，在时间序列的水平分析中，报告期水平与前一期水平的差是逐期增长量。

选项 D，逐期增长量与累积增长量的区别是基期确定方法不同。

> 时间序列的水平分析属于重要考点，考生需要重点辨析累计增长量与逐期增长量的区别与联系。

三、时间序列的速度分析（★★★）

（一）发展速度与增长速度

1. 发展速度

发展速度是指 2 个不同时期发展水平（用相对数形式表示）的比值。发展速度可用于反映报告期水平和基期水平之间的倍数关系或比例关系。计算方法为：

$$发展速度 = \frac{报告期水平}{基期水平} \tag{23.7}$$

根据基期的不同，发展速度可分为：定基发展速度和环比发展速度。如表 23-3 所示：

表 23-3 定基发展速度与环比发展速度

类型	含义	公式	二者关系
定基发展速度	报告期水平与固定时期水平（往往是最初水平）的比值	定基发展速度 $a_i = \frac{报告期水平 y_i}{最初水平 y_0}$ $(i=1, 2, \cdots, n)$	① 定基发展速度等于对应的时期内各个环比发展速度的连续乘积： $\frac{y_n}{y_0} = \frac{y_1}{y_0} \times \frac{y_2}{y_1} \times \cdots \times \frac{y_n}{y_{n-1}}$ ② 2 个相邻的定基发展速度之比等于相应时期的环比发展速度： $\frac{\frac{y_n}{y_0}}{\frac{y_{n-1}}{y_0}} = \frac{y_n}{y_{n-1}}$
环比发展速度	报告期水平与其前一期水平的比值	环比发展速度 $b_i = \frac{报告期水平 y_i}{报告期前一期水平 y_{i-1}}$ $(i=1, 2, \cdots, n)$	

2. 增长速度

增长速度是指报告期增长量与基期水平之间的比值。增长速度反映了报告期相比于基期增长的比例。计算方法为：

$$增长速度 = \frac{报告期增长量}{基期水平} = \frac{报告期水平 - 基期水平}{基期水平} = 发展速度 - 1 \tag{23.8}$$

根据基期的不同，增长速度可分为：定基增长速度和环比增长速度。如表 23-4 所示：

表 23－4　定基增长速度和环比增长速度

类型	含义	公式
定基增长速度	增长量：累计增长量	定基增长速度 = $\dfrac{累计增长量}{基期水平}$ = $\dfrac{报告期水平-基期水平}{基期水平}$ = 定基发展速度-1
环比增长速度	增长量：逐期增长量	环比增长速度 = $\dfrac{逐期增长量}{上期水平}$ = $\dfrac{报告期水平-上期水平}{上期水平}$ = 环比发展速度-1

（二）平均发展速度与平均增长速度

1. 平均发展速度

平均发展速度是指一定时期内各期环比发展速度的序时几何平均数，用于反映现象在一定时期内逐期发展的程度。计算方法为：

$$\overline{b} = \sqrt[n]{b_1 \times b_2 \times \cdots \times b_n} = \sqrt[n]{\dfrac{y_1}{y_0} \times \dfrac{y_2}{y_1} \times \cdots \times \dfrac{y_n}{y_{n-1}}} = \sqrt[n]{\dfrac{y_n}{y_0}} \qquad (23.9)$$

2. 平均增长速度

平均增长速度用于反映现象在一定时期内逐期增长或降低的一般程度。计算方法为：

$$平均增长速度 = 平均发展速度 - 1 \qquad (23.10)$$

（三）速度的分析与应用

1. 应用场合

应使用绝对数进行分析，不宜计算速度的情况：当时间序列中的指标值出现 0 或负数。

2. 速度指标的数值与基数的关系

速度指标的数值与基数的大小存在紧密的联系。由于各期的基数不同，为了正确反映现象增长的快慢，环比增长速度时间序列需要结合水平指标分析。此时，通常利用"增长 1% 的绝对值"来反映在相同增长速度中，不同时间条件下所包含的绝对水平。计算公式为：

$$增长 1\% 的绝对值 = \dfrac{逐期增长量}{环比增长速度} = \dfrac{y_i - y_{i-1}}{\dfrac{y_i - y_{i-1}}{y_{i-1}} \times 100} = \dfrac{y_{i-1}}{100} \qquad (23.11)$$

式（23.11）中，环比增长速度是相对数，一般用百分数表示。因此，推导中分母指标乘以 100，可将其还原为绝对数，以便与分子指标构成比值。

例题 23.3（2019 年真题改编，单选题）
关于时间序列速度分析的说法，错误的是（　　）。
A. 定基增长速度与环比增长速度之间的推算，必须通过定基发展速度和环比发展速度才能得出
B. 定基发展速度等于相应时期内各环比发展速度的连乘积
C. 定基增长速度等于相应时期内各环比增长速度的连乘积
D. 两个相邻时期定基发展速度的比率等于相应时期的环比发展速度
【答案】C
【名师解析】选项 C，定基发展速度等于对应的时期内各个环比发展速度的连续乘积。

> **名师说**
>
> 时间序列的速度分析属于重要考点，考生需要仔细辨析定基发展速度与环比发展速度、定基增长速度和环比增长速度之间的区别，并熟练掌握计算。

> **记忆小窍门**
>
> 关于时间序列的水平分析与速度分析，重要的记忆点如下：
> (1)"增长量"为差额；
> (2)"速度"为比值；
> (3)增长速度=发展速度-1；
> (4)"环比"是当期与上一期的比较；
> (5)"定基"是当期与固定基期的比较。

四、平滑预测法（★）

（一）平滑法的适用情况

平滑法的用途在于"消除"由不规则成分所引起的时间序列中的随机波动。平滑法适用于平稳时间序列的预测，即该时间序列：
(1) 无明显的趋势；
(2) 无明显的循环；
(3) 无明显的季节波动性。
由于平滑法简单易操作且对数据的要求最低，因此常被用来对近期进行精准预测。

（二）分类

平滑法包括：移动平均法和指数平滑法。如表 23-5 所示：

表 23-5 移动平均法和指数平滑法

类型	含义	特征	公式
移动平均法	使用时间数列中最近 k 期数据值的平均数作为下一期的预测值	最近 k 期的观测值对预测值的影响程度相同	$F_{t+1}=\bar{y}_t=\dfrac{Y_{t-k+1}+Y_{t-k+2}+\cdots+Y_{t-1}+Y_t}{k}$ 其中，F_{t+1} 和 $\bar{y}_t$ 代表对时间序列的 Y_t 预测结果；k 代表移动间隔（$1<k<t$）
指数平滑法	利用过去时间序列值的加权平均数作为预测值	指数呈现下降趋势：观测值离预测时期越久远，其权重也变得越小	$F_{t+1}=\alpha Y_t+(1-\alpha)F_t$ 其中，F_{t+1} 和 F_t 分别代表第 $t+1$ 期和第 t 期的指数平滑预测值；Y_t 代表第 t 期的实际观察值；α 代表平滑系数，即权重（$0<\alpha<1$）注：通常可设第 1 期的实际观察值等于第 1 期的预测值

第五部分 会 计

考情分析

"第五部分 会计"在中级经济师考试中分值占比约为15%。在整个考试中难度中等。主要介绍了会计的基本概念、会计循环、会计报表、财务报表分析和政府会计相关知识。考试题型同时涉及单选题和多选题。

本部分共6个任务。任务24、任务25内容涵盖"第二十八章 会计概论";任务26内容涵盖"第二十九章 会计循环";任务27内容涵盖"第三十章 会计报表";任务28内容涵盖"第三十一章 财务报表分析";任务29内容涵盖"第三十二章 政府会计"。

本部分框架图

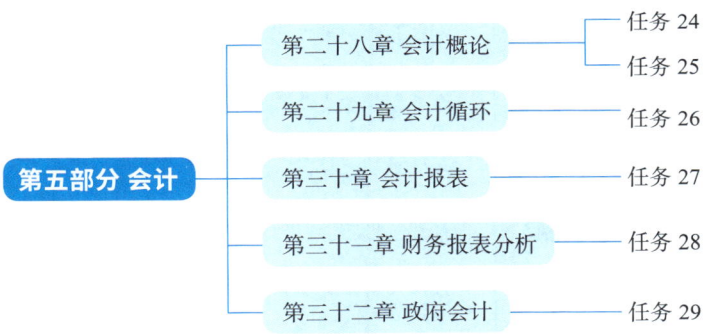

任务 24　会计概述（上）

任务概述

本任务内容涉及"第二十八章 会计概论"的部分知识点，涉及内容包括会计概念、会计对象、会计等式等。

此任务在中级经济师考试中约考查 2~7 分，分值占比约为 1%~5%。考试题型同时涉及单选题和多选题。

本任务整体难度适中，其中，重要考点为：会计的两大基本职能，会计核算的具体内容。

任务框架图

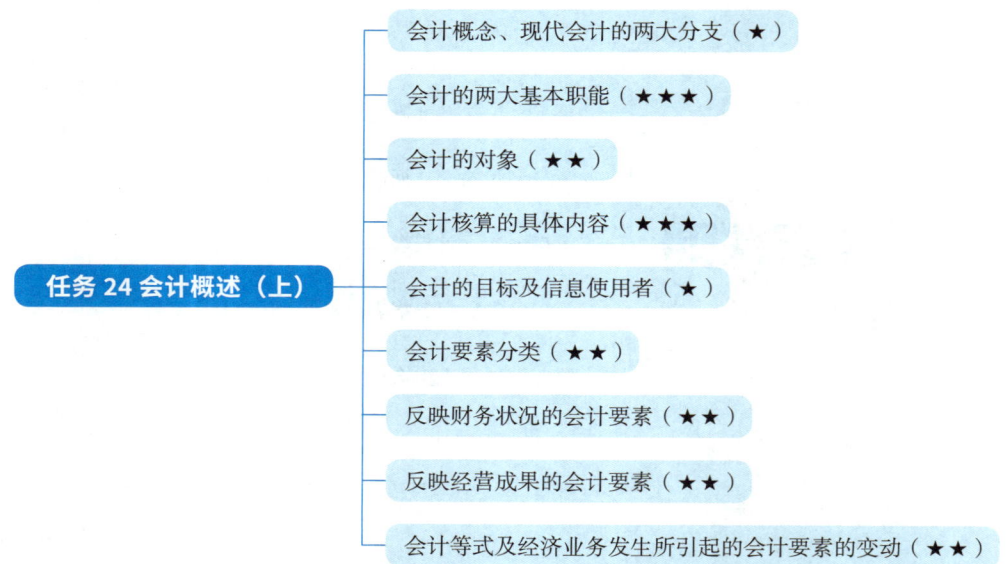

一、会计概念、现代会计的两大分支（★）

会计是以货币为计量单位，对经营主体的全部资金运动进行核算和监督的一种经济管理活动。**现代会计的核心为企业会计**。按照会计信息的提供方向——对外提供还是对内提供，分为**财务会计**和**管理会计**两大分支。其中，**现代会计形成的标志是财务会计与管理会计的分化**。

会计的两大分支及其具体内容，如表 24-1 所示：

表 24-1 会计的两大分支

会计分支	具体内容
财务会计	① 以会计准则为依据； ② 确认、计量、记录、报告企业财务状况、经营成果和现金流量； ③ 主要为外部会计信息使用者（投资者、债权人、政府等）提供信息； ④ 是对过去生产经营活动的客观反映
管理会计	① 从财务会计中分离出来的，在其基础上产生新的信息，服务于内部经营管理等需要； ② 包括：预测分析、决策分析、全面预算、成本控制和责任会计等内容

例题 24.1（2019 年真题改编，单选题）

基于财务会计、统计等其他资料，通过整理、计算等得出一系列新的信息，可以满足内部经营管理等需要的信息处理系统，称为（　　）。

A. 预算会计　　　　B. 财务会计　　　　C. 责任会计　　　　D. 管理会计

【答案】D

【名师解析】利用财务会计、统计及其他有关资料并通过对这些资料进行整理、计算、对比和分析，产生一系列新的信息，服务于企业内部经营管理、决策控制等需要的一套信息处理系统，称为管理会计。

会计的发展可以划分为古代会计、近代会计和现代会计三个阶段。其中，现代会计阶段时间跨度为 20 世纪 50 年代开始到现在。

在现代会计发展期间，会计经历了两个重要的飞跃，一是会计核算手段质的飞跃，现代电子科学技术的发展，促进了会计与之融合，产生了"会计电算化"；二是会计分化为财务会计和管理会计两大分支。1946 年美国第一台电子计算机诞生，1953 年便开始在会计中应用，直到目前，会计和电子计算机得到了充分的融合，有了全面的会计信息管理系统。因此，促成了从传统的财务会计中分离出"管理会计"，这一术语在 1952 年世界会计学会上正式通过。

二、会计的两大基本职能（★★★）

会计具有**核算**和**监督**职能。其中，会计核算职能是最基本的职能，是会计监督的前提；会计监督是会计核算的保证。会计的基本职能，如表 24-2 所示：

表 24-2 会计的基本职能

会计基本职能	职能内容
会计核算	① 会计通过确认、计量、记录、报告，从价值上反映企业**已经发生**或**已完成**的经济活动； ② 特点：**完整性、连续性和系统性**
会计监督	① 利用**预算、检查、考核、分析**等方法，对经营主体的会计核算及其经济活动的真实、完整、合规和有效性进行检查与控制； ② 包括：**事前、事中、事后监督**

例题 24.2（2014 年真题改编，单选题）

在经济事项发生前、经济事项进行当中和经济事项发生以后，会计利用预算、检查、考核、分析等手段，对经济主体的会计核算及经济活动的真实、完整等进行检查与控制，这体现的是会计的（　　）职能。

A. 核算　　　　B. 监督　　　　C. 检查　　　　D. 记录

【答案】B

【名师解析】在经济事项发生前、经济事项进行当中和经济事项发生以后，会计利用预算、检查、考核、分析等手段，对经济主体的会计核算及经济活动的真实、完整等进行检查与控制，体现的是会计的监督职能。

三、会计的对象（★★）

会计的对象就是会计所核算和监督的内容。凡是特定对象能以货币表现的经济活动，都是会计核算和监督的内容。

以从事工业产品生产的企业为例，企业以货币表现的经济活动流程如下，这些活动都是会计的对象。如表 24-3 所示：

表 24-3　会计的对象

循环节点	资金的具体循环过程
资金投入	（1）资金投入是企业资金运动的起点。 （2）资金投入来源： ① 所有者投入的资金（自有）——所有者权益； ② 债权人投入的资金（借入）——负债。 （3）资金投入后，按照用途，又分为流动资产（如货币资金、存货等）和非流动资产（如厂房、机床等）
资金的循环与周转	① 企业将资金运用于生产经营过程，形成资金的循环与周转。 ② 资金循环：资金从货币资金开始，经过供应过程、生产过程和销售过程三个阶段，分别以储备资金、生产资金、成品资金的形态存在，最后又回到货币资金形态。 　货币资金　储备资金　生产资金　成品资金　货币资金 　　　　　　供应过程　　生产过程　　销售过程 ③ 资金周转：上述循环过程周而复始的不断循环
资金退出	① 退出的资金：缴纳税金、偿还债务、向投资者分配股利或利润。 ② 一般情况下，通过资金循环与周转后，资金量增加

例题 24.3（2017 年真题改编，单选题）

在工业企业的资金周转中，企业的成品资金转化为货币资金的过程，属于资金循环中的（　　）过程。

A. 生产　　　　B. 销售　　　　C. 供应　　　　D. 投入

【答案】B

【名师解析】企业的成品资金转化为货币资金是企业的销售过程，通过销售，实现了将商品转化为资金的过程。

四、会计核算的具体内容（★★★）

凡是主体能够以货币表现的经济活动，都是会计核算的内容，也称经济业务事项。

根据《中华人民共和国会计法》（以下简称《会计法》），应当进行会计核算的经济业务事项如下：

（一）款项和有价证券的收付

1. 款项

款项是作为支付手段的货币资金。款项主要包括现金、银行存款以及其他视同现金和银行存款的银行汇票存款、银行本票存款、信用证存款等。

2. 有价证券

有价证券是表示一定财产拥有权或支配权的证券。有价证券包括国债、股票、企业债券等。

款项和有价证券是**流动性最强的**资产。

（二）财物的收发、增减和使用

财物是企业用以进行生产经营活动且具有实物形态的经济资源。

财物包括原材料、包装物、低值易耗品、在产品、库存商品等流动资产以及房屋、建筑物等固定资产。

（三）债权、债务的发生和结算

债权、债务的具体含义及包含内容，如表24-4所示：

表24-4 债权债务的含义及包含内容

项目	含义或范围	具体的含义或范围
债权	含义	是企业收取款项的权利
	范围	主要包括应收账款、应收票据、其他应收款、预付账款等应收及预付款项等
债务	含义	企业承担的需要偿付的现时义务
	范围	主要包括各种借款、应付和预收款及应交款项等

（四）资本的增减

资本是投资者为开展生产经营活动而投入的本金。会计上所说的资本专指所有者的投入资本，包括实收资本和资本公积。

（五）收入、支出、费用、成本的计算

收入、支出、费用和成本的具体内容，如表24-5所示：

表 24-5 收入、支出、费用、成本核算内容

会计要素	具体内容
收入	企业销售商品、提供劳务、让渡资产使用权等日常活动中形成的经济利益总流入
支出	企业所实际发生的各项开支和损失
费用	企业在一定**会计期间**内为销售商品、提供劳务等日常活动所发生的经济利益总流出
成本	企业为生产产品、提供劳务而发生的各项耗费,它与一定种类和数量的产品或某种劳务相联系,**是对象化了的费用**

> 🎓 **名师说**
>
> 费用与成本是相互联系又相互区别的两个概念。费用是按照时间归集的,成本是按照产品对象归集的。

(六) 财务成果的计算和处理

财务成果是企业在一定时期内通过从事生产经营活动,在财务上所取得的成果,表现为盈利或亏损。

(七) 需要办理会计手续、进行会计核算的其他事项

除上述六项经济业务事项外,需要会计核算的其他事项。

例题 24.4(2017 年真题改编,多选题)
根据《中华人民共和国会计法》,属于应当办理会计手续、进行会计核算的经济业务事项有( )。
A. 收付有价证券 B. 财物的使用
C. 企业编制收入预算 D. 债务结算
【答案】ABD
【名师解析】企业发生的能够以货币表现的经济活动,都是会计核算的内容。选项 C,企业编制收入预算属于企业内部的管理行为,不纳入会计核算。

五、会计的目标及信息使用者 (★)

(一) 会计的目标

会计的目标包括以下两点:
(1) 帮助会计信息使用者做出经济决策。向会计信息使用者提供对决策有用的,与企业财务状况、经营成果和现金流量等有关的会计信息。
(2) 反映企业管理层的受托责任履行情况,有助于评价企业的经营管理责任以及资源使用的有效性。
会计信息主要反映了 3 个方面的内容,如表 24-6 所示:

表 24-6 会计信息反映的内容

会计信息	反映的内容
资产负债表	财务状况
利润表	经营成果
现金流量表	现金流量

（二）会计信息的使用者

会计信息的使用者主要包括内部管理人员和外部利益关系人。

（1）内部管理人员，获取会计信息来了解企业，做出相应决策，进行内部管理。

（2）外部利益关系人，是指企业外部与企业有直接或间接相关关系的单位、个人或政府部门。包括投资者、债权人、政府、社会公众及其他使用者（如监管部门、企业职工）。

注意，这里企业职工属于外部利益关系人。

例题 24.5（2014 年真题改编，多选题）

企业会计信息的主要内容大致有三类：有关企业财务状况的信息；有关企业经营成果的信息；有关企业现金流量的信息。这些信息的使用者运用这些信息做出相关决策或改进管理策略等，下列属于会计信息的外部使用者的是（　　）。

A. 政府部门　　　　B. 社会公众　　　　C. 企业董事会　　　　D. 投资者

【答案】ABD

【名师解析】选项 C，企业董事会和管理层属于信息的内部使用者。

六、会计要素分类（★★）

会计要素是会计对象按照交易或事项的经济特征所做的基本分类，是会计核算和监督的具体对象和内容，是组成会计报表的基本单位。

会计要素按照其反映的内容，可以分为：

（一）反映财务状况的会计要素

资产、负债、所有者权益，是组成资产负债表的会计要素，也叫资产负债表要素。

其中，资产是资金的占用形态，反映了资金的用途；负债和所有者权益反映了资金的来源，即资金的取得途径。

（二）反映经营成果的会计要素

收入、费用、利润，是组成利润表的会计要素，也叫作利润表要素。

其中，收入是经济活动中经济利益的总流入；费用是经济活动中经济利益的总流出，收入与费用相配比，即得到经济活动的利润。

例题 24.6 （2014 年真题改编，单选题）

下列选项中，反映企业财务状况的会计要素是（ ）。
A. 资产、负债、收入
B. 收入、费用、负债
C. 资产、负债、所有者权益
D. 资产、收入、利润

【答案】C

【名师解析】企业会计要素包括：（1）反映财务状况的会计要素：资产、负债、所有者权益。（2）反映经营成果的会计要素：收入、费用、利润。

七、反映财务状况的会计要素（★★）

反映企业财务状况的会计要素有资产、负债、所有者权益，它们应当列入资产负债表。

（一）资产

1. 定义

资产是指企业过去的交易或事项形成的由企业拥有或控制的，预期会给企业带来经济利益的资源。

2. 特点

资产的特点有以下三点：

（1）必须是企业拥有所有权或控制权的资源。

（2）必须是直接或间接能为企业带来现金流入和经济利益的资源。例如，无价值的待处理报废品，即使是企业拥有的，由于其不能为企业带来经济利益，也不能作为企业的资产。

（3）必须是现实的资产，而非预期的资产。在未来发生的交易或者事项形成的资源不能作为企业的资产，如计划购买的厂房就不能作为企业的资产。

3. 确认条件

将资源确认为资产，除了要满足资产的定义，还需要同时满足以下条件：

（1）与该资源有关的经济利益很可能流入企业。

（2）该资源的成本或者价值能够可靠地计量。

4. 资产分类

资产按流动性，分为流动资产和非流动资产。

（1）流动资产。

是指预计在一个营业周期中变现、出售或耗用，或者主要为交易目的而持有，或者预计在资产负债表日起一年内（含一年）变现的资产，以及自资产负债表日起一年内（含一年）交换其他资产或清偿负债的能力不受限制的现金或现金等价物。

主要包括：货币资金、交易性金融资产、应收票据、应收账款、预付款项、应收利息、应收股利、其他应收款、存货等。

（2）非流动资产。

非流动资产是指流动资产之外的资产。

主要包括：固定资产、无形资产、长期股权投资等。

（二）负债

1. 定义

负债是指过去的交易、事项形成的，预期会导致经济利益流出企业的现时义务，负债是能以货币计量，需要用资产或劳务偿还的债务。

2. 特点

负债的特点有以下三点：

（1）只能由过去的交易活动或本期经济业务所形成，且必须于未来某一特定时期予以清偿的现时义务。如未来可能形成负债的借款合同，当前不能作为负债。

（2）必须能以货币计量。

（3）必须是现行条件下已承担的，预期都会造成经济利益流出的现时义务。

3. 确认条件

将一项义务确认为负债，除了要符合负债的定义外，还应满足：

（1）与该义务有关的经济利益很可能流出企业。

（2）未来流出的经济利益的金额能够可靠地计量。

4. 负债分类

负债按流动性，可分为流动负债和非流动负债。

（1）流动负债。

流动负债又称短期负债。是指预计在一个正常营业周期中清偿，或者主要为交易目的持有，或者自资产负债表日起一年内（含）到期应予以清偿或者企业无权自主地将清偿推迟至资产负债表日后一年以上的负债。

主要包括：短期借款、应付账款、应付票据等。

（2）非流动负债。

非流动负债指流动负债以外的负债。

主要包括：长期借款、应付债券等。

（三）所有者权益

1. 定义

所有者权益又叫股东权益。是企业的资产扣除负债后剩余的，由企业所有者享有的剩余收益。

2. 来源

所有者权益包括：实收资本（股本）、资本公积、盈余公积、未分配利润等。

所有者权益的来源有：

（1）所有者投入的资本。如实收资本（股本）、资本公积。

（2）直接计入所有者权益的利得和损失。如资本公积。

（3）留存收益等。包括盈余公积、未分配利润。

3. 确认条件

所有者权益的确认主要依赖于资产和负债的确认，其金额也依赖于资产和负债的计量。

(四) 负债与所有者权益的联系和区别

1. 负债与所有者权益的联系

负债与所有者权益均为资产的取得来源，都可以对企业的资产提出索偿要求，它们都体现在企业的资产负债表中。

2. 负债与所有者权益的区别

负债与所有者权益的区别有以下两点：

（1）负债体现了债权人的索偿权，企业使用负债的资金需要还本付息。债权人不参与企业利润分配，在企业清算时享有优先清偿的权利。

（2）所有者权益体现了投资者的索偿权，一般不需还本，也不需要支付利息。投资者参与利润分配，获得投资回报。

> 资产负债表英文：balance sheet——平衡表，每个人的生活就像一张资产负债表。
>
> 我们需要增加无形资产，如平和、宽容、乐观的生活态度，来丰富我们的人生。
>
> 一项资产的获得可以通过另一项资产的减少或者负债的增加来实现：银行存款的增多，意味着其他资产，如辛劳、健康、与家人的团聚时间的减少。
>
> 父母是我们从出生伊始获得的原始资产，相应的长期负债为赡养义务；兄弟姐妹是我们的资产，给我们爱和支持，相应的负债为互为扶持；朋友也是一项重要的资产，相应的负债是互相帮助。资产减去负债，剩余的所有者权益，就像我们人生最初的注册资金。

八、反映经营成果的会计要素（★★）

反映企业经营成果的会计要素有：收入、费用和利润，它们应当列入利润表。

（一）收入

1. 定义

收入是指企业在日常活动中形成的，会导致所有者权益增加的，与所有者投入资本无关的经济利益的总流入。

> 上面的日常活动是指企业销售商品、提供劳务及让渡资产使用权等日常经营活动。
>
> 利得是指由企业非日常活动所发生的、会导致所有者权益增加、与所有者投入资本无关的经济利益的流入。利得既有计入所有者权益的，也有计入当期损益的。

收入和利得主要是通过判断它们是否来源于企业的日常活动而进行区分的。举个例子,一个摆摊卖水果的小贩小王,今天卖水果赚取了1 000元,收摊回家地铁上,一位乘坐自动电梯的老大爷突然摔倒,小王按紧急按钮,帮助了老大爷,获得了老大爷家属给的800元,这一天,小王共获得了1 800元,按照来源区分,1 000元属于日常活动的来源,属于小王的收入,而800元是非日常活动的来源,属于利得。

2. 特点

收入具有以下三个特点:

(1) 应当是企业日常活动中形成的。

(2) 应当会导致企业经济利益的流入,该流入不包括所有者投入资本。

(3) 应当最终会导致所有者权益的增加。

3. 确认条件

将经济利益流入确认为收入,除了要满足收入的定义,还需要同时满足:

(1) 与收入有关的经济利益很可能流入企业。

(2) 该经济利益的流入会导致企业资产增加或者负债减少。

(3) 该经济利益的流入能够可靠计量。

只有本企业经济利益的流入才属于收入,为第三方代收的款项不属于企业收入。

(二) 费用

1. 定义

费用是指企业在日常活动中发生的,会导致所有者权益减少的,与向所有者分配利润无关的经济利益的总流出。

费用通常是为取得营业收入而发生的耗费,表现为资产的减少或负债的增加。

费用是对耗费的计量,不一定表现为当期直接发生的支出,有些支出是通过系统合理地分配而形成的,如固定资产的折旧等。

损失是指由企业非日常活动所发生的、会导致所有者权益减少,与向所有者分配利润无关的经济利益的流出。

损失既有计入所有者权益的,也有计入当期损益的。

2. 特点

费用有以下几个特点：

(1) 应当是企业日常活动中发生的。

(2) 应当会导致经济利益的流出，该流出不包括向所有者分配的利润。

(3) 应当最终会导致所有者权益的减少。

3. 确认条件

将经济利益流出确认为费用，除了要满足费用的定义，还需要同时满足：

(1) 与费用有关的经济利益很可能流出企业。

(2) 该经济利益流出企业的结果会导致企业资产减少或者负债增加。

(3) 该经济利益流出额能够可靠计量。

4. 费用分类

费用有广义费用和狭义费用之分，广义费用包括狭义费用和投资损失、营业外支出和所得税费用。具体分类如表24-7所示：

表 24-7 费用分类

费用	费用分类	具体费用	具体内容	费用细分举例
费用（广义费用）	营业费用（狭义费用）	期间费用	与生产产品无直接关系，属于某一时期耗用的费用，不参与成本计算，直接计入当期损益	财务费用
				管理费用
				销售费用
		制造成本	与生产产品直接有关的费用，应计入产品成本，从销售收入中得到补偿	—
	其他费用		投资损失、营业外支出和所得税费用	

(三) 利润

1. 定义

利润是指企业在一定期间内的经营成果，是企业在生产过程中各种收入扣除各种费用后的盈余，反映了企业的最终经营成果、经营业绩情况，是考核企业业绩的重要指标。

$$利润 = (收入 - 费用) + (直接计入当期利润的利得 - 直接计入当期利润的损失) \quad (24.1)$$

式 (24.1) 中，(收入-费用) 代表企业日常活动的业绩；(直接计入当期利润的利得-直接计入当期利润的损失) 代表企业非日常活动的业绩，是指应该计入当期损益、最终会引起所有者权益发生增减变动的、与所有者投资资本或向所有者分配利润无关的利得和损失。

2. 确认条件

利润的确认主要取决于收入、费用以及利得、损失的确认。

九、会计等式及经济业务发生所引起的会计要素的变动（★★）

(一) 会计等式

资产、负债、所有者权益和收入、费用、利润存在着一定的数量关系，可以用如下的会计等式来反映这种数量关系。

1. 反映资产的归属关系

资产、负债和所有者权益是财产资源的两个方面，必然存在相等的关系，有：

$$资产=负债+所有者权益 \quad (24.2)$$

式（24.2）反映了企业资产的归属关系。企业的总资产来源于债权人的借入资金（负债）和所有者的投入资本（所有者权益），以及分别属于所有者和债权人的、企业在生产经营中所产生的效益和积累。

式（24.2）是资产负债表的编制基础和复式记账法的理论基础。

2. 反映利润的形成过程

在不考虑调整因素，如直接计入当期利润的利得和损失等情况下，有：

$$收入-费用=利润 \quad (24.3)$$

式（24.3）反映了企业利润的形成过程，是利润表的编制基础。

（二）经济业务发生所引起的会计要素变动

经济业务引起会计要素的变动，有以下几种情况，如表24-8所示：

表24-8 会计要素的变动

归类	会计要素变动	具体内容
资产和负债变动	资产↑=负债↑+所有者权益	一项资产和一项负债同时等额增加
	资产↓=负债↓+所有者权益	一项资产和一项负债同时等额减少
资产和所有者权益变动	资产↑=负债+所有者权益↑	一项资产和一项所有者权益同时等额增加
	资产↓=负债+所有者权益↓	一项资产和一项所有者权益同时等额减少
一项会计要素内部变动	（资产1↑+资产2↓）=负债+所有者权益	一项资产增加，另一项资产等额减少，负债和所有者权益要素不变
	资产=（负债1↑+负债2↓）+所有者权益	一项负债增加，另一项负债等额减少，资产和所有者权益要素不变
	资产=负债+（所有者权益1↑+所有者权益2↓）	一项所有者权益增加，另一项所有者权益等额减少，资产和负债要素不变
等式右边会计要素变动	资产=负债↑+所有者权益↓	一项负债增加，另一项所有者权益等额减少，资产要素不变
	资产=负债↓+所有者权益↑	一项负债减少，另一项所有者权益等额增加，资产要素不变

> **记忆小窍门**
>
> 上面的会计要素变动的九种情况，考生可以记忆表24-8的"会计要素变动"一列，通过会计等式即可以全部掌握，不用背诵。

例题 24.7（2018 年真题改编，多选题）

一项经济业务发生后会引起相关的会计要素发生变动，下列关于会计要素变动的情形中，假设其他因素不变，下列情况正确的是（　　）。

A. 一项资产和一项所有者权益同时等额增加。

B. 一项资产和一项负债同时等额减少。

C. 一项资产增加，一项所有者权益同时等额减少。

D. 一项资产增加，一项负债增加，一项所有者权益减少，且减少幅度比负债增加幅度大。

【答案】AB

【名师解析】根据会计恒等式，资产=负债+所有者权益，选项 C 和选项 D 不可能发生。

任务 25　会计概述（下）

任务概述

本任务内容涉及"第二十八章 会计概论"的部分知识点，涉及内容包括会计要素确认、计量的基本原则，会计的基本前提，会计信息质量要求等。

此任务在中级经济师考试中约考查 2~3 分，分值占比约为 1%~2%。考试题型同时涉及单选题和多选题。

本任务整体难度适中，其中，重要考点为：会计要素确认和计量的基本原则，会计的基本前提和信息质量要求。

任务框架图

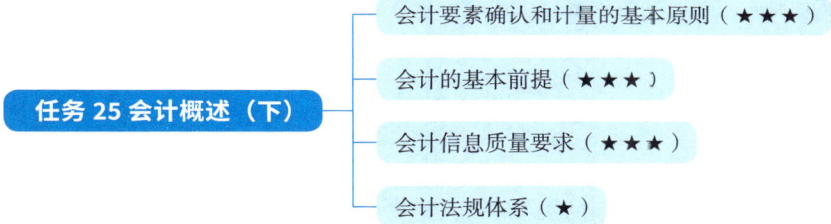

一、会计要素确认和计量的基本原则（★★★）

会计要素确认和计量的原则是会计核算、计量、记录和报告的基础。包括：权责发生制原则、配比原则、历史成本原则、划分收益性支出与资本性支出原则。

（一）权责发生制原则

企业的经济活动是连续进行的，而会计是通过划分会计期间，分期进行会计核算的。因此，企业用来确认一个会计期间的收入、费用，从而确认损益的原则有两种：权责发生制和收付实现制。

1. 含义

权责发生制是指企业**按照收入的权利和支出的义务是否属于本期**来确认收入、费用的入账时间。

2. 具体要求

权责发生制与收付实现制的具体要求，如表 25-1 所示：

表 25-1　权责发生制和收付实现制

原则	含义	适用范围
权责发生制（应计制）	① 当期已经实现的收入和已经发生的/应当负担的费用，不论款项是否收付，都作为当期的收入和费用； ② 不属于当期的收入和费用，即使款项已收付，也不作为当期的收入和费用	① 企业； ② 行政事业单位的财务会计
收付实现制（现金制）	① 当期实际收到款项的收入和当期实际支付款项的费用，都作为当期的收入和费用； ② 上述收入无论是否归属于本期，上述费用无论是否在本期收入中得到补偿，都作为当期的收入和费用	行政事业单位预算会计

例如，某企业1月份收到某厂房1~4月的租金收入4 000元，按照权责发生制，该收入应在1~4月每月分别确认1 000元；根据收付实现制，因为该款项1月收到，所以，1月确认收入4 000元。

记忆小窍门

权责发生制：只要收入和费用当期已经实现或已经发生，即确认为当期的收入和费用，而不考虑现金是否收付。收入或费用的确认以当期实现或当期发生为标准。

收付实现制：只要当期收到或付出现金，该收入或费用就在当期确认。收入或费用的确认以现金收付为标准。

（二）配比原则

1. 含义

配比原则是指对一个会计期间的收入和与其相关的成本、费用应当在该会计期间内确认，并应相互配比，来计算本期损益。

配比方式有两种：

（1）收入与费用之间的因果配比，如主营业务收入与直接成本相配比。

（2）收入与费用之间的时间配比，如广告费、水电煤气费与发生在同一时间的收入相配比。

2. 具体要求

一个会计期间内的各项收入与其相关的成本、费用，应当在同一会计期间内进行确认、计量和记录，不能提前或延后，否则就会造成当期经营成果虚假。

有两种特殊情况：

（1）一切预支款项（先付款但经济事项还未发生）的成本、费用，要递延到相关收入取得时才能确认。

（2）与本期收入有关的一切未来费用，则应在本期内预提，以达到收入费用的配比。

（三）历史成本原则

历史成本原则也叫实际成本原则或原始成本原则。

1. 含义

历史成本原则是指企业的各项财产在取得时应当按照实际成本计量。之后，各项财产如果发生减值，应当按照规定计提相应的减值准备。除法律、行政法规和国家统一的会计制度另有规定者外，企业一律不得自行调整其账面价值。

历史成本原则是以货币稳定为前提的。

2. 优点

历史成本原则的优点有：

（1）取得比较容易、比较客观（正常交易确定的价格或实际交易的价格）；

（2）有原始凭证作证明，便于查证；

（3）有效防止企业随意更改；

（4）会计核算手续简化，不必经常调整账目。

3. 缺点

在该原则下，如果企业的资产发生了较大价值的变化，其账面价值就不能反映资产当前的实际价值，不能提供准确的会计信息。

（四）划分收益性支出和资本支出原则

1. 含义

（1）收益性支出：本期发生的只与本期收益有关的应当在本期已实现的收益中得到补偿的支出。

（2）资本性支出：当期发生的，与当期收益和以后会计期间收益有关的，应当在若干会计期间的收益中得到补偿的支出。

2. 具体要求

划分收益性支出和资本性支出原则的具体要求有：

（1）收益性支出的效益仅惠及**本会计年度**（或**一个营业周期**）。如营业费用、管理费用、财务费用等。

收益性支出作为费用计入利润表。

（2）资本性支出的效益惠及**几个会计年度**（或**几个营业周期**）。如购入固定资产支付的采购价款，固定资产更新改造支出等。

资本性支出应当作为资产列入资产负债表中。该支出通过每期折旧、摊销等逐期转化为各期的费用。

3. 目的

划分收益性支出和资本性支出目的：正确确认企业当期损益。

 名师说

　　如果一笔收益性支出被划分为资本性支出，则少计费用，导致当期净收益虚增和资产价值虚增。如将应计入"管理费用"的研究费用计入了"无形资产"。

　　如果一笔资本性支出被划分为收益性支出，则多计费用，导致当期净收益降低和资产价值偏低。如将应计入"无形资产"的开发费用计入了"管理费用"。

例题 25.1（2018 年真题改编，单选题）

一家企业将当期未收付款项，但已经实现的收入和已经发生的费用确认在当期利润表中，依据的会计确认和计量原则是（　　）。

A. 历史成本原则　　　　　　　　　　B. 配比原则

C. 实质重于形式原则　　　　　　　　D. 权责发生制原则

【答案】D
【名师解析】权责发生制是指凡是当期已经实现的收入和已经发生或应当负担的费用，无论款项是否收付，均应作为当期的收入和费用处理。凡是不属于当期的收入和费用，即使款项已经在当期收付，都不应作为当期的收入和费用。

例题 25.2（2017 年真题改编，多选题）
会计采用历史成本进行计量的主要原因有（　　）
A. 历史成本具有客观性
B. 历史成本具有可比性
C. 历史成本的数据比较容易取得而且可靠
D. 历史成本可以防止企业随意更改
E. 历史成本符合权责发生制原则
【答案】ACD
【名师解析】历史成本的优点有：①取得比较容易、比较客观（买卖时正常交易确定的价格或实际交易的价格）；②有原始凭证作证明，便于查证；③有效防止企业随意更改；④会计核算手续简化，不必经常调整账目。

二、会计的基本前提（★★★）

会计基本前提又称会计基本假设。会计基本前提对会计核算的范围、内容、基本程序和方法做出了限定，保证会计工作的正常进行和会计信息的质量。会计基本前提有 4 个：**会计主体、持续经营、会计分期、货币计量**。

（一）会计主体

1. 含义
会计主体是指会计确认、计量和报告的空间范围。它是会计所服务的特定单位，一般是在经济上独立或相对独立，可以单独进行确认计量的单位。
会计主体必须有独立的资金活动，独立地进行核算，可以独立地编制财务报告。

2. 作用
明确界定会计主体，是会计核算的重要前提，是为了**把会计主体的经济业务与其他会计主体以及投资者的经济业务划分开**。
明确了会计主体后，会计人员站在特定会计主体的立场上，核算该主体的经济活动。

3. 会计主体的范围
会计主体包括：
（1）行政事业单位、企业。
（2）行政事业单位或企业的分支机构、企业内部某个独立的生产车间、可以作为费用报销单位的企业内部职能部门、由多个法人组成的企业集团、合伙企业等。

4. 会计主体与法律主体的关系
会计主体与法律主体的关系有：
（1）一般来说，法律主体必然是会计主体。

（2）会计主体可以是一个独立的法律主体，也可以不是一个独立的法律主体。

（3）会计主体可以是营利性组织，也可以不是营利性组织。

（二）持续经营

1. 含义

持续经营是指企业在可以预见的将来，会按当前的规模和状态持续经营下去，所有的资产正常营运，所有的到期债务正常偿还。不考虑企业停产或破产清算，也不考虑企业大规模削减业务的情况。

2. 作用

在持续经营的前提下，会计人员才可以：

（1）保证资产按照既定用途使用，债务按照既定的合约条件持续偿还。

（2）选择会计政策和会计估计方法。

（3）保持会计信息处理的一致性和稳定性，进行会计分期，并建立如历史成本而非现行成本或清算价格计价、权责发生制等原则。

（4）其他。如将企业的资产和负债区分为流动的和非流动性的。

（三）会计分期

1. 含义

会计分期又叫会计期间，是指把企业持续不断的生产经营过程划分为若干连续的、等距的会计期间，以便分期结算账目，计算盈亏，按期编制会计报表，从而提供有用的会计信息。

会计分期是建立在持续经营基础上的。会计分期一般分为年度和中期。在我国，年度和中期均按公历起讫日期确定。

2. 作用

有了会计分期假设，才有了本期与非本期的区别，产生了前文讲的收付实现制和权责发生制，才能正确贯彻配比原则。

 名师说

会计分期就是在会计工作中为核算生产经营活动或预算执行情况所规定的起讫日期。

（四）货币计量

货币计量是指，企业在进行会计确认、计量和报告时**采用货币为主要计量单位**进行记录，并假定货币的币值保持不变。我国《企业会计准则》规定，企业会计应当以货币计量，一般以人民币为记账本位币。

货币计量假设并不表示货币是会计核算中唯一的计量单位，在会计核算中也会辅以实物数量为单位，对资产的价值进行补充。

> 对企业经济活动的计量,除了可以用货币计量之外,还可以采用多种计量单位,如实物的数量、重量、长度、体积等。
> 设想两家银行,如果选择用实物数量作为计量单位,年末会计报表上会显示:××栋办公楼,××台计算机,××台点钞机……这些以数量为单位的资产,不能准确的表明资产的价值,办公楼位置、占地面积、层数、外观、装修等不同,资产的价值就不同,投资者不能从会计报表上得到有用的信息,自然也就无法选择投资哪家银行了。

例题 25.3(2017 年真题改编,单选题)

关于货币计量这一会计基本前提的说法,正确的是(   )。
A. 我国企业会计准则规定,企业会计应当以货币计量,不能以实物数量等作为计量单位
B. 以货币计量时,对币值是没有要求的
C. 我国企业一般用人民币来计量企业发生的经济业务
D. 企业在进行会计核算时,货币是唯一的计量单位
【答案】C
【名师解析】货币计量是指企业在进行会计确认、计量和报告时采用货币为主要计量单位进行记录,并假定货币的币值保持不变。我国《企业会计准则》规定,企业会计应当以货币计量,一般以人民币作为记账本位币。货币计量的假设不表示货币是唯一的计量单位,有时在会计核算中也辅以实物数量等计量单位。

例题 25.4(2016 年真题改编,多选题)

下列会计概念中,属于会计基本前提的有(   )。
A. 会计信息可靠性   B. 以权责发生制为核算基础
C. 历史成本   D. 会计主体
E. 持续经营
【答案】DE
【名师解析】会计基本前提包括会计主体、持续经营、会计分期、货币计量。

三、会计信息质量要求(★★★)

《企业会计准则》对企业提供的会计信息的质量要求包括:可靠性、相关性、清晰性、可比性、实质重于形式、重要性、谨慎性和及时性。

(一)可靠性

可靠性的要求如下:
(1)**以实际发生的交易或事项**为依据进行会计确认、计量和报告并如实反映符合确认和计量要求的各项会计要素及其他相关信息。
(2)如实反映企业的财务状况、经营成果和现金流量,保证会计信息的可靠、内容完整。
可靠性的含义包括**真实性**和**客观性**两方面。如表 25-2 所示:

表 25-2 真实性和客观性的含义

质量要求	具体内容	含义
可靠性	真实性	会计信息应当确实反映企业实际的财务状况和经营成果
	客观性	对经济业务的记录、核算和报告必须建立在可查证的基础上，以客观事实为依据，项目完整、手续完备，不能凭空编造。如各种原始单据等

（二）相关性

相关性又称有用性，要求企业提供的会计信息应与财务会计报告使用者的经济决策相关。

（三）清晰性

清晰性又称可理解性，要求会计信息清晰、简明、易懂，便于财务报告使用者的理解和使用。

> **趣味说**
>
> 会计其实就是用一系列的数据和必要的文字说明来充分展示企业的财务状况、经营成果和现金流量等信息。

（四）可比性

可比性的要求有两个方面：

（1）同一企业在不同时期发生相同或者相似的交易或者事项，必须采用一致的会计政策，不得随意变更；如确需变更的，应当将变更的情况在附注中说明以便进行不同时期的纵向比较。

（2）不同企业发生的相同或者相似的交易或者事项，应当采用规定的会计政策和会计处理办法，确保会计信息口径一致，以便在不同企业之间可以进行横向比较。

> **名师说**
>
> 可比性包括纵向可比和横向可比。所谓纵向可比就是同一企业在不同时期可比；横向可比就是不同企业之间可以对比。

（五）实质重于形式

要求企业应当按照交易或事项的经济实质和经济现实进行会计确认、计量和报告，而不应当仅仅按照交易或者事项的法律形式为依据。

例如，融资租赁方式租入的固定资产，从经济实质上来说，企业拥有资产的实际控制权，虽然融资租赁资产在法律形式上并不属于企业的资产，但根据实质重于形式的要求，在会计核算上视为企业资产。

（六）重要性

凡是一旦省略和错报该交易或事项，就会影响报表使用者据此作出经济决策的信息就是重要信息。

(1) 重要性要求企业提供的会计信息应当反映与企业财务状况、经营成果和现金流量等有关的**所有重要交易或者事项**。

企业要按照交易或事项的重要程度，采用不同的会计核算方式，如表 25-3 所示：

表 25-3　不同重要性的会计核算方式

交易或事项的重要性	会计核算方式
重要性交易或事项	必须按照规定的方法和程序进行处理，并在财务会计报告中予以充分、准确的披露
次要的交易或事项	在不影响会计信息真实性和不至于误导财务会计报告使用者作出正确判断的前提下，可以适当简化和合并反映

(2) 重要性的**应用**需要依赖职业判断，从项目的**性质**和**金额**大小两方面来判断。一般情况下，对决策者的利益关联度高的和金额占总业务量比重较大的项目应当作为重要项目在财务报表上进行反映。

(七) 谨慎性

谨慎性又称为稳健性，要求企业对交易或者事项进行会计确认、计量和报告时，应当保持应有的谨慎，**不应高估资产或者收益、低估负债或者费用**。

谨慎性具体是指，某一经济业务有多种处理方法可供选择时，应选择采取一种不导致夸大资产、虚增账面利润、扩大所有者权益的方法，对于预计会发生的损失应预估计算入账，对于可能产生的收益则不预计入账。

谨慎性原则的应用并不允许企业设置秘密准备。

> 例如，存货在物价上涨时，采用后进先出法，增加费用支出，减少企业利润。另外，对固定资产采用加速折旧法（前期多计提折旧）、对可能发生的资产损失计提减值准备等。这样更符合谨慎性原则。

(八) 及时性

及时性要求企业对于已经发生的交易或事项，应及时核算，不得提前或者延后。

例题 25.5（2015 年真题改编，单选题）

企业融资租赁租入的固定资产在会计核算上视为企业的资产，这体现了下列的（　　）会计信息质量的要求。

A. 可比性　　　　　　　　　　B. 实质重于形式
C. 及时性　　　　　　　　　　D. 谨慎性

【答案】B

【名师解析】实质重于形式要求企业应当按照交易或事项的经济实质进行会计确认、计量和报告，而不应当仅仅按照交易或者事项的法律形式为依据。根据实质重于形式的要求，融资租赁固定资产从经济实质上，企业拥有资产的实际控制权，在会计核算上视为企业资产。

例题 25.6（2014 年真题改编，单选题）

对影响资产、负债、损益较大的会计事项予以充分、准确的披露，而对次要的会计事项，在不影响会计信息真实性和不至于误导报告使用者作出判断的前提下进行简化或合并反映，这体现了会计信息质量的（　　）要求。

A. 一致性　　　　　B. 重要性　　　　　C. 谨慎性　　　　　D. 及时性

【答案】B

【名师解析】重要性要求企业提供的会计信息应当反映与企业财务状况、经营成果和现金流量等有关的所有重要交易或者事项。对于对资产、负债、损益等有较大影响，并进而影响财务会计报告使用者据以作出合理判断的重要的会计事项必须按照规定的方法和程序进行处理，并在财务会计报告中予以充分、准确的披露；而对于次要的会计事项，在不影响会计信息真实性和不至于误导财务会计报告使用者作出正确判断的前提下，可以适当简化和合并反映。

四、会计法规体系（★）

我国现行的会计法规的构成：以《会计法》为核心，以会计准则、财务规则和会计制度为主要内容。

（一）会计法

《会计法》由全国人大常委会通过，是我国会计工作的**基本法律**，是我国会计法规体系中处于最高层次的法律规范，也是指导会计工作的最高准则。

我国会计法规体系以《会计法》为核心。

（二）会计准则

会计准则是制定会计核算制度和组织会计核算工作的**基本规范**。

企业会计准则是由财政部制定的，它包括基本准则和具体准则。它们的内容，如表 25-4 所示：

表 25-4　基本准则和具体准则的内容

会计准则	设置目的	具体内容
基本准则	是为规范会计确认、计量和报告行为，保证会计信息质量而对会计核算的一般要求和会计核算的主要方面做出原则性规定，为具体准则的制定提供依据	包括： ① 会计核算的一般原则； ② 会计要素准则
具体准则	是对企业各种经济业务的会计处理方法和程序做出具体规定	包括： ① 基本业务准则； ② 特殊业务准则； ③ 特殊行业基本业务准则

【名师说】

会计准则中除了《企业会计准则》之外，还有《事业单位会计准则》《政府会计准则》。二者都是财政部制定的，分别用以规范事业单位和政府会计核算的准则。

(三) 财务规则

财务规则是由财政部制定的一般规则,是为了规范行政单位、事业单位的财务行为,加强行政单位、事业单位财务管理和监督,提高资金使用效益,保障行政单位、事业单位工作任务的完成。

财务规则有《行政单位财务规则》和《事业单位财务规则》。

(四) 会计制度

企业会计制度是为了规范企业的会计核算,真实、完整地提供会计信息,由财政部根据《会计法》及国家有关规定制定的具体会计核算制度。

任务 26　会计循环

任务概述

本任务内容涉及"第二十九章 会计循环",内容包括会计确认、计量、记录和报告。

此任务在中级经济师考试中约考查 2~4 分,分值占比约为 1%~3%。考试题型同时涉及单选题和多选题。

本任务整体难度较高,其中,重要考点为:会计确认、会计计量属性、会计记录的方法、账务处理程序、会计报告的分类。

任务框架图

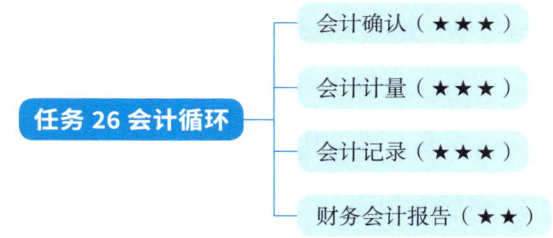

会计信息的生成有**四个环节**:确认、计量、记录和报告。

会计循环是指,按照确认、计量、记录和报告这四个环节循环往复,产生的会计基本程序及相应方法。

一、会计确认(★★★)

(一) 会计确认解决的问题

1. 定义

会计确认是会计数据进入会计系统时确定如何进行记录的过程,即将某一会计事项作为会计要素正式列入会计报表的过程。

2. 会计确认主要解决的问题

会计确认主要解决的问题有:

(1) 确定某一经济业务**是否需要确认**;

(2) 确定该业务应在**何时确认**;

(3) 确定该业务应**确认为哪个会计要素**。

> 会计确认主要是为了判断某一交易或事项：是否确认、什么时候确认、确认成什么。

（二）会计确认的标准

会计确认的一般标准包括：

（1）被确认的项目是通过经济业务活动产生的，其交易性质符合会计要素的要求；

（2）与该项目有关的未来经济利益流入和流出企业的不确定性能明确地评估；

（3）该项目应有可以计量的属性，并能可靠地计量。

例如，确认收入和费用时，需要在"持续经营""会计分期"前提下，按照权责发生制要求来确认。

例题 26.1（2019 年真题改编，多选题）

会计确认的一般标准包括（　　）。

A. 该项目可以可靠地计量

B. 该项目是通过经济业务活动产生的，其交易性质符合会计要素的要求

C. 该项目有公允价值

D. 该项目的未来经济利益流入的不确定性可以被评估

【答案】ABD

【名师解析】会计确认的一般标准包括：① 被确认的项目是通过经济业务活动产生的，其交易性质符合会计要素的要求。② 与该项目有关的未来经济利益流入和流出企业的不确定性能明确地评估。③ 该项目应有可以计量的属性，并能可靠地计量。

二、会计计量（★★★）

（一）定义

会计计量是指为了在会计报表中确认和计量有关会计要素的实际状况而确定其货币金额的过程。**计量问题是会计的核心问题**。会计计量的目的是明确一项经济业务所带来的某一会计要素变化的**数量多少**，以定量的方式，将经济业务导致的会计要素的变化以数字和一定的文字进行表述。

（二）会计计量的属性

会计计量由计量单位和计量属性两个方面构成。会计计量单位主要是以货币为主，各种实物量度为辅。

会计计量两个方面的内容及解释，如表 26-1 所示：

表 26-1 会计计量属性内容及解释

属性	作用及内容		解释
计量单位	计量尺度		货币量度为主，实物量度为辅
计量属性	计量基础	历史成本	又称原始成本，取得资产时实际发生的成本
		重置成本	重新取得同样或功能相当的资产所需的花费。 **适用前提**：资产处于使用状态，且能够继续使用，对所有者具有使用价值
		可变现净值	在日常生产经营中，估计售价扣除完工时估计将要发生的成本、估计销售所需的费用和相关税费后的金额
		现值	在日常生产经营中，预计未来现金流入扣除现金流出后的净额，以合理的折现率折现后的金额
		公允价值	在公平交易中，熟悉情况的交易双方自愿进行资产交换或债务清偿的金额

例题 26.2（2019 年真题改编，单选题）

会计计量的目的是为了（　　）。

A. 确定会计要素记录的方法
B. 确定经济业务发生变化涉及的会计要素变化的数量
C. 选择进行会计要素记录的方法和手段
D. 满足会计信息使用者的需要

【答案】B

【名师解析】会计计量目的是进一步明确一项经济业务所带来的某一会计要素变化的数量，体现会计信息定量化的特点。

三、会计记录（★★★）

会计记录通过账户、会计凭证和账簿等载体，运用复式记账的方法，对确认和计量的结果进行记录，为编制财务会计报告提供会计数据。

会计记录方法主要包括：设置账户、复式记账、填制和审核凭证、登记账簿。

（一）会计记录的方法

1. 设置账户

（1）账户定义和分类。

会计科目是指对会计要素的具体内容进行分类的项目。是对资产、负债、所有者权益、收入、费用和利润六个会计要素的进一步细分。

账户是指根据会计科目设置的，一般以会计科目为名称，具有一定格式和结构，用于分类反映会计要素各项目增减变动情况及其结果的载体。

账户的分类，如表 26-2 所示：

表 26-2 账户的分类

分类依据	具体分类	举例
提供信息的详细程度及其统驭关系	总分类会计账户	应收账款
	明细分类账户	应收账款——××公司

续表

分类依据	具体分类	举例
反映会计要素的具体内容	资产类	银行存款、长期股权投资、固定资产
	负债类	应付账款、长期借款
	所有者权益类	实收资本、盈余公积
	收入类	主营业务收入、其他业务收入
	成本类	主营业务成本
	费用类	财务费用、管理费用、生产成本
	损益类	营业外收入、营业外支出

（2）账户基本结构。

账户结构分为：左方——记账符号为"借"，右方——记账符号为"贷"。

对于资产、成本、费用类账户，借方记增加额，贷方记减少额。

对于负债、所有者权益、收入类账户，借方记减少额，贷方记增加额。

账户中，登记本期增加的金额称为本期增加发生额，登记本期减少的金额称为本期减少发生额，期初余额和本期增加发生额、本期减少发生额相抵后即为期末余额。

收入及费用类账户期末转入"本年利润"账户，因此收入及费用类账户期末无余额。

$$期末余额 = 期初余额 + 本期增加发生额 - 本期减少发生额 \qquad (26.1)$$

对于资产、成本、费用类账户：

$$期末余额 = 期初余额 + 本期借方发生额 - 本期贷方发生额 \qquad (26.2)$$

对于负债、所有者权益、收入类账户：

$$期末余额 = 期初余额 + 本期贷方发生额 - 本期借方发生额 \qquad (26.3)$$

账户的基本结构如图 26.1 所示：

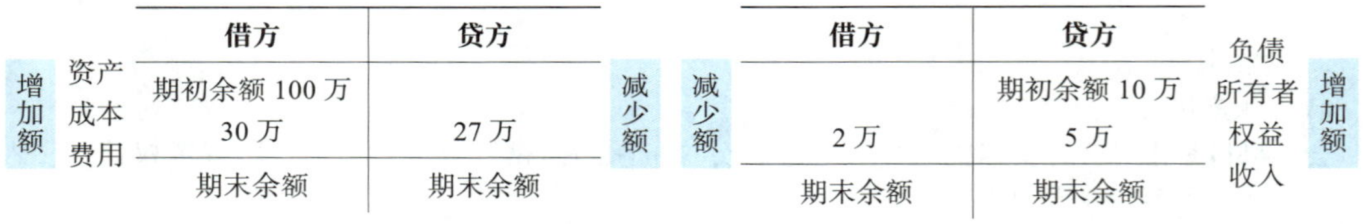

增加额	资产 成本 费用	借方	贷方	减少额	减少额	借方	贷方	负债 所有者 权益 收入	增加额
		期初余额 100 万 30 万	27 万			2 万	期初余额 10 万 5 万		
		期末余额	期末余额			期末余额	期末余额		

图 26.1 账户基本结构

对于图 26.1 左边来说，资产、成本、费用类账户，**借方记增加，贷方记减少**；对于负债、所有者权益、收入类账户，**借方记减少，贷方记增加**。

某企业资产期初余额为 100 万元，本期借方发生额 30 万元，贷方发生额 27 万元，那么本期期末余额 = 100+30-27 = 103（万元）。

某企业负债期初余额 10 万元，本期借方发生额 2 万元，贷方发生额 5 万元，期末余额 = 10+5-2 = 13（万元）。

注：费用和收入类账户期初没有余额。

（1）图 26.2 为企业的财务状况，账户左边借方资产增加，而该资产增加的来源是账户右边贷方的负债和所有者权益的增加。

例如，小明有自有资金 100 万元，从银行贷款 200 万元，买了一套 300 万元的房子，资产增加 300 万元，负债增加 200 万元，所有者权益增加 100 万元。

借方	贷方
资产	负债 所有者权益

图 26.2　资产、负债、所有者权益关系

（2）图 26.3 为企业的经营成果，账户右边贷方收入增加，成本和费用作为收入的抵减项放在账户的左边，本期损益=收入−成本−费用。

接上例，买入该房子后，用于出租，本期租金收入 2 万元，本期维修房子花费 0.5 万元，本期损益=2−0.5=1.5（万元），这 1.5 万元的净利润会导致资产及所有者权益均增加 1.5 万元。

截至本期末，小明的资产余额 300+1.5=301.5（万元），假设小明当期不还房贷，即负债不变，余额 200 万，所有者权益余额 100+1.5=101.5（万元）。

借方	贷方
成本 费用	收入

图 26.3　收入、成本、费用关系

2. 复式记账

复式记账是对每一项经济业务都要以相等的金额，同时计入两个或两个以上的有关账户的一种记账方法。

主要的复式记账法有借贷记账法、收付记账法和增减记账法，其中借贷记账法的使用最为普遍。借贷记账法的特点：

（1）借贷记账法以"借""贷"为记账符号，反映各项会计要素的增减变动情况。如资产借记表示增加，贷记表示减少。

（2）借贷记账法记账规则：**有借必有贷，借贷必相等**。

（3）根据会计等式及借贷记账法的记账规则，为检查账户记录的正确性，可以对账户记录进行试算平衡，有发生额试算平衡法和余额试算平衡法两种。

试算平衡公式：

$$\text{全部账户借方发生额合计}=\text{全部账户贷方发生额合计} \tag{26.4}$$

$$\text{全部账户借方余额合计}=\text{全部账户贷方余额合计} \tag{26.5}$$

记账方法分为单式记账法和复式记账法。单式记账法只记录货币资金和往来款项的变化，复式记账法是通过两个或两个以上的账户记录一笔经济业务。例如，用 1 000 元银行存款购买原材料，在单式记账法下，只记银行存款账户减少 1 000 元，而不记原材料账户的增加；而复式记账法下，不但要记银行存款账户减少 1 000 元，同时要记原材料账户增加 1 000 元。复式记账法更能反映经济业务的来龙去脉。

借贷记账法起源于 13～14 世纪的意大利，当时意大利的佛罗伦萨等沿海城市的海上贸易非常发达，逐渐产生了以借贷资本为业务的金融商，他们吸收闲置资金，然后将这些资金放贷给需要资金的工商业主。金融商对于吸收的闲置资金，记在贷主（creditor）下，表示债务即我欠人的增加；对于借出去的贷款，记在借主（debtor）下，表示自身债权即人欠我的增加，记在账户左方。

后来，"借""贷"两个字就用来分别表示金融商的债权（别人欠我）、债务（我欠别人）及其增减变化了。

3. 填制和审核会计凭证

会计凭证是指记录经济业务、明确经济责任的书面证明。它是登记账簿的依据。**填制和审核会计凭证是会计工作的开始**。

会计凭证按照填制程序和用途可以分为：原始凭证和记账凭证。

（1）**原始凭证**是经济业务发生时取得或填制的，用以证明经济业务的发生或者完成情况，是作为记账原始依据的凭证。

（2）**记账凭证**是依据审核无误的原始凭证，用来确定经济业务应借、应贷的会计科目和金额而填制的，作为登记账簿直接依据的会计凭证。

4. 登记账簿

账簿是用来全面、连续、系统地记录各项经济业务的簿记。登记账簿必须以会计凭证为依据。

登记账簿就是将会计凭证记录的经济业务，序时、分类地计入有关账簿中设置的各个账户。**设置和登记账簿**是联结会计凭证和财务会计报告的**中间环节**。

按照账簿的用途，账簿可分为**序时账簿**、**分类账簿**和**备查账簿**三类。

为了保证会计账簿所提供会计资料的真实、完整，会计人员要定期对账，做到**账证相符**、**账账相符**、**账实相符**、**账表相符**，对账工作**至少每年进行一次**。

（二）账务处理程序

1. 概念

账务处理程序也称为会计核算组织程序，是指对会计数据的记录、归类、汇总、报告的步骤和方法。

基本模式：**原始凭证—记账凭证—会计账簿—会计报表**。目前，我国各经济单位通常采用的主要账务处理程序有五种：
(1) 记账凭证账务处理程序。
(2) 汇总记账凭证账务处理程序。
(3) 科目汇总表账务处理程序。
(4) 多栏式日记账账务处理程序。
(5) 日记总账账务处理程序。

2. 主要的会计账务处理程序

上述五种账务处理程序的具体做法、优缺点比较及适用范围，如表 26-3 所示：

表 26-3　五种账务处理程序优缺点及适用范围

账务处理程序	具体做法	优缺点	适用范围
记账凭证账务处理程序	原始凭证或汇总原始凭证 ↓ 记账凭证 ↓ 总分类账	优点：简单明了，易于理解。总分类账可以较详细地反映经济业务的发生情况。 缺点：登记总分类账的工作量较大	规模较小、经济业务量较少的单位
汇总记账凭证账务处理程序	记账凭证 ↓ 汇总收款凭证、汇总付款凭证和汇总转账凭证 ↓ 总分类账	优点：减轻了登记总分类账的工作，便于了解账户之间的对应关系。 缺点：编制汇总转账凭证的工作量大	规模大、经济业务较多的单位
科目汇总表账务处理程序	记账凭证 ↓ 科目汇总表 ↓ 总分类账	优点：可做到试算平衡，简单易懂。 缺点：不能反映账户对应关系，不便于查对账目	经济业务较多的单位
多栏式日记账账务处理程序	收付款凭证 ↓ 多栏式现金日记账和多栏式银行存款日记账 ↓ 总分类账	优点：减少登记总分类账的工作量。 缺点：如果单位经济业务多，会造成日记账栏目过多，不便于登记	生产经营规模大、经济业务量多，但使用会计科目较少的单位
日记总账账务处理程序	日记账和总分类账结合，设置联合账簿	优点：简单易行。 缺点：会导致账页过长，不便于记账、查阅	经济业务量少，会计科目少的单位

总结：以上账务处理程序的主要区别在于，登记总分类账的依据和方法不同。

例题 26.3（2017 年真题改编，单选题）

按提供信息的详细程度及其统驭关系分类，账户可以分为（　　）。

A. 一般账户和特殊账户
B. 一级账户和二级账户
C. 资产类账户和权益类账户
D. 总分类账户和明细分类账户

【答案】D

【名师解析】账户按照提供信息的详细程度及其统驭关系分为：总分类账户和明细分类账户。

四、财务会计报告（★★）

（一）财务会计报告的概念

财务会计报告又称财务报告，是指企业对外提供的反映企业在**某一特定日期财务状况**和**某一会计期间经营成果、现金流量**等会计信息的文件。

> 表示企业财务状况的是时点报告，反映的是企业在某个时点上的财务数据，如截至2021年1月31日，企业共拥有资产1 000万元。表示企业经营成果的是期间报告，反映的是企业在某一期间共获得的利润，如2021年第一季度，企业的净利润为1 000万元。

（二）财务会计报告的内容

财务会计报告包括：**会计报表**、会计报表附注和其他应当在会计报告中披露的相关信息和资料。其中，会计报表至少应当包括资产负债表、利润表、现金流量表。小企业编制的会计报表可以不包括现金流量表。

（三）会计报表的分类

会计报表可以按照其**反映的经济内容**、**报送对象**、**编制主体**、**时间范围**、**财务活动方式**进行分类。

会计报表的具体分类如表26-4所示：

表26-4 财务报告的分类

分类依据	具体分类	内容
反映的经济内容	反映财务状况的报表	资产负债表反映企业某一特定日期的财务状况
	反映经营成果的报表	利润表反映企业一定会计期间的经营成果
	反映现金流量的报表	现金流量表反映企业一定会计期间的现金或现金等价物流入和流出情况
报送对象	对外会计报表	其种类、格式、编制方法由**财政部制定**，任何单位不得任意增减
	对内会计报表	其种类、格式、内容及编制方法由**企业自行规定**，自行设计
编制主体	个别会计报表	只反映企业本身财务状况、经营情况
	合并会计报表	合并反映母公司和子公司共同的财务状况、经营情况。一般只编制对外会计报表
编制的时间范围	年度会计报表	反映企业年终财务状况、年度经营成果
	季度会计报表	反映季末财务状况、季度经营成果
	月度会计报表	反映月末财务状况、月度经营成果

例题 26.4（2014年真题改编，单选题）
按照报送对象的不同，企业会计报表可分为（　　）。
A. 对外会计报表和对内会计报表
B. 年度会计报表、季度会计报表、月份会计报表
C. 预算报表和决算报表
D. 财务状况报表、经营成果报表和现金流量报表
【答案】A
【名师解析】企业会计报表按照报送对象的不同，可以分为对外会计报表和对内会计报表。

任务 27　会计报表

任务概述

本任务内容涉及"第三十章 会计报表",内容包括会计报表的概念、资产负债表、利润表、现金流量表和会计报表附注。

此任务在中级经济师考试中约考查 4~6 分,分值占比约为 3%~4%。考试题型同时涉及单选题和多选题。

本任务整体难度较高,其中,重要考点为:会计报表的概念和编制要求,资产负债表、利润表、现金流量表的概念、格式和内容,会计报表附注的含义和内容。

任务框架图

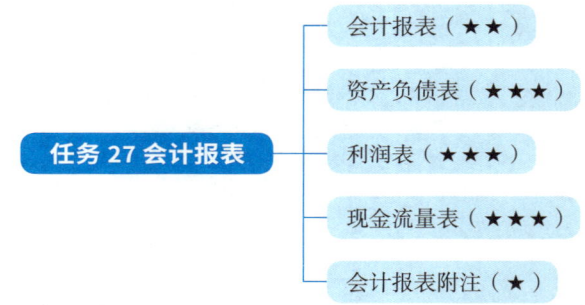

一、会计报表(★★)

(一)会计报表的概念

会计报表是以日常账簿资料为主要依据编制的,总括反映企业财务状况、经营成果和现金流量等会计信息的书面文件。

(1)会计报表是会计核算的最后一个环节,也是会计循环过程的终点。

(2)会计报表是企业对外提供信息的主要形式,是对企业财务状况、经营成果和现金流量的结构性描述。

(3)一套完整的会计报表至少应包括资产负债表、利润表、现金流量表、所有者权益变动表以及财务报表附注。

(二)会计报表的目标和作用

1. 会计报表的目标

编制会计报表的目标是向会计报表使用者提供与企业财务状况、经营成果和现金流量等相关的会计信息，反映管理层受企业所有者所托履行责任的情况，帮助会计报表使用者做出经济决策。

2. 会计报表的作用

会计报表提供的信息可以帮助不同的会计报表使用者，具体如表 27-1 所示：

表 27-1 会计报表的作用

会计报表使用者	作用
投资者、债权人	会计报表是其使用者进行正确投资决策和信贷决策的依据，也是投资者评估企业管理层受托资源的经营管理责任履行情况的依据
管理者	考核和分析企业财务成本计划或预算的完成情况，评价企业经济效益
国家有关部门	可以了解和掌握各部门、各地区的经济运行情况，以便进行宏观调控

（三）会计报表的编制要求

会计报表的编制要求有：

（1）在编制会计报表前应当依法对会计账簿及有关资料进行审核，包括总账、明细账、日记账和其他辅助性账簿。**即对原始资料审核，保证会计报表的质量**。

（2）会计报表的编制应当符合会计法和国家统一会计制度关于会计报表的编制要求、提供对象和提供期限的规定。**即遵守相关法律法规及制度**。

（3）企业编制的会计报表应当**真实可靠**（保障会计报表质量的重要环节）、**全面完整**、**编报及时**、**便于理解**。

（四）会计报表编制前的准备工作

1. 全面财产清查

编制年度会计报表前，应**全面清查资产、核实债务**。如表 27-2 所示：

表 27-2 全面财产清查内容

清查项目	清查内容
资产类清查	应收账款、库存商品等流动资产，房屋、设备等固定资产的**实存数量与账面数量**是否一致，资产的使用情况，是否有报废损失、积压物资等
	投资是否达到预期目的，投资收益正确确认和计量
负债类清查	债务是否存在、拖欠情况及原因

2. 检查会计事项的处理结果

在编制会计报表前，除应做全面财产清查外，还应完成：

（1）检查会计核算是否按照国家统一会计制度的规定进行。

（2）对于国家统一会计制度没有规定的，检查是否按照会计核算的一般原则进行处理，是否合理。

（3）核对会计账簿与会计凭证，内容、金额、记账方向是否一致。

（4）是否按照规定进行结账，结出的会计账簿的余额和发生额是否核对一致。

（5）是否存在因会计差错、会计政策变更等原因需要调整前期或本期相关项目的情况，如有，调整是否合理。

例题 27.1（2015 年真题改编，单选题）

在会计核算工作中，以日常会计账簿资料为主要依据定期编制的，反映企业财务状况、经营成果和现金流量等会计信息的书面文件是（　　）。

A. 预算报告　　　　B. 决算报告　　　　C. 会计凭证　　　　D. 会计报表

【答案】D

【名师解析】会计报表是以日常账簿资料为主要依据编制的，总括反映企业财务状况、经营成果和现金流量等会计信息的书面文件。

二、资产负债表（★★★）

（一）资产负债表的概念和作用

1. 资产负债表的概念

资产负债表属于**静态**报表，反映企业在**某一特定日期的财务状况**。

资产负债表是以"资产＝负债+所有者权益"为基础编制的，列示出企业某一特定日期所拥有或控制的经济资源（资产）、所承担的现时义务（负债）和所有者对净资产的要求权（所有者权益）。

2. 资产负债表的作用

资产负债表的作用有：

（1）为报表使用者提供企业所**拥有或控制的经济资源**及这些经济资源的分布和构成的具体信息。（资金的运用）

（2）总括反映了**企业资金的来源渠道**和**构成**情况的信息。（资金的来源）

（3）通过对资产负债表的分析，判断企业的偿债能力和支付能力。（偿债能力）

（4）通过对前后期资产负债表进行纵向分析，了解企业的财务状况的变化情况和变化趋势，以及资金结构的变化情况。（纵向分析，了解财务状况趋势）

（二）资产负债表的格式和内容

1. 资产负债表的格式

资产负债表的格式有：账户式和报告式。在我国，资产负债表采用**账户式**的结构。

在账户式下，资产负债表分为左右两方，左方列示企业所拥有的全部资产的内容，反映企业可以用于偿还债务的资产；右方列示企业的负债和所有者权益各项目，反映企业需要清偿的债务和不需要清偿的权益。

按照会计等式，资产类项目合计金额与负债和所有者权益项目合计金额**必须相等**。

2. 资产负债表的内容

资产、负债可以按照流动性或偿还期限分类，具体的分类如表 27－3 所示：

表 27－3　资产、负债分类

资产或负债	分类	定义
资产	流动资产	一年或一个经营周期内可以变现的资产，如应收账款
	非流动资产	一年或一个经营周期以上才能变现的资产，如长期股权投资

续表

资产或负债	分类	定义
负债	流动负债	偿还期在一年以内的负债，如短期借款
	非流动负债	偿还期在一年以上的负债，如长期借款

资产负债表的内容包括：

（1）资产类项目：按照资产的流动性（即变现速度）强弱排序，流动性强（即变现速度快）的项目在前，流动性弱（即变现速度慢）的项目在后，并按流动资产和非流动资产分项列示，流动资产在前。

（2）负债类项目：按照负债偿还期的远近排序，偿还期近的在前，偿还期远的在后，并按流动负债和非流动负债分项列示，流动负债在前。

（3）所有者权益项目：排列顺序为实收资本、资本公积、盈余公积和未分配利润。其中，盈余公积和未分配利润是企业在生产经营过程中形成的。

（4）在资产负债表中，列示期末余额和期初余额，通过对期初、期末余额的比较，可以看出资产、负债、所有者权益在一个会计期间的变动情况。

名师说

举一个简单的资产负债表的例子，如表27-4所示：

表27-4 简单资产负债表样例

资产负债表

编制单位：×××　　　　　　　　　2020年12月31日　　　　　　　　　单位：元

资产	期末余额	期初余额	负债和所有者权益	期末余额	期初余额
流动资产：	××	××	流动负债：	××	××
×××	××	××	×××	××	××
流动资产合计	××	××	流动负债合计	××	××
			非流动负债：	××	××
非流动资产：	××	××	×××		
×××	××	××	非流动负债合计	××	××
×××	××	××	负债合计	××	××
×××	××	××	所有者权益（或股东权益）：	××	××
×××	××	××	×××	××	××
非流动资产合计	××	××	所有者权益（或股东权益）合计	××	××
资产合计	××	××	负债和所有者权益（或股东权益）总计	××	××

该示例为一个简单的资产负债表，账户的左边为资产项目，从上到下，按照资产的流动性排列；账户的右边为负债和所有者权益，从上到下，偿还期越来越长。资产合计金额等于负债和所有者权益合计金额。

资产负债表列示资产、负债和所有者权益的期初和期末余额。

（三）编制方法

资产负债表的编制是指，将日常会计记录的数据进行归类、整理和汇总，加工填列到报表项目。资产负债表中各项目分别填列年初余额和期末余额。年初余额根据上年末资产负债表的年末余额填列，期末余额根据总账科目期末余额填列。

如果本年度资产负债表上的项目与上年度不一致，应调整上年度表中的项目名称和金额，将其按照本年度的项目分别填列在本年度报表的"年初余额"一栏。

由于资产负债表的项目与企业会计科目不完全一致，资产负债表项目的编制方法如表 27-5 所示：

表 27-5　资产负债表编制方法

编制方法	具体方法	报表项目举例
直接填列法	根据总账科目的期末余额直接填列	如短期借款、应付职工薪酬、应交税费、实收资本、资本公积、盈余公积等
分析计算填列法	① 根据若干总账科目期末余额分析计算填列	如货币资金、未分配利润
	② 根据总账科目期末余额与其备抵科目抵消后的数据填列	如固定资产、在建工程、无形资产、长期股权投资、其他应收款、持有待售资产等
	③ 根据明细账期末余额分析计算填列	如预收账款、其他应付款等
	④ 根据总账科目和明细科目余额填列	如一年内到期的非流动负债、存货等

在表 27-5 中，

① 根据若干总账科目余额分析计算填列。

"货币资金" = "库存现金"借方余额 + "银行存款"借方余额 + "其他货币资金"借方余额

"未分配利润" = "本年利润"贷方余额 + "利润分配"贷方余额（余额方向都为贷方时）

"未分配利润" = "本年利润"和"利润分配"借贷余额之差（余额相反时），其中，当贷方余额大于借方余额时，"未分配利润"填列正数，反之为负数。

若企业"本年利润"为贷方余额 10 万，"利润分配"为借方余额 2 万，则资产负债表"未分配利润"贷方余额 8 万（10-2）。

② 根据总账科目期末余额与其备抵科目抵消后的数据填列。

"固定资产" = "固定资产"借方余额 - "固定资产减值准备"贷方余额

③ 根据明细账期末余额分析计算填列。

"预收款项" = "应收账款"明细账贷方余额 + "预收款项"明细账贷方余额

"其他应付款" = "其他应收款"明细账贷方余额 + "其他应付款"明细账贷方余额

④ 根据总账科目和明细科目余额填列。例如，"长期借款"中一年内到期的列入"一年内到期的非流动负债"。

例题 27.2（2015 年真题改编，单选题）

已知企业期初"应收账款""预收账款"等科目余额为 0。"应收账款"本期借方余额 8 200 元，贷方余额为 6 300 元，"预收账款"贷方余额为 2 800 元，那么，期末"预收账款"项目应填列的金额是（　　）元。

A. 9 100　　　　　　B. 900　　　　　　C. 2 800　　　　　　D. 1 900

【答案】A

【名师解析】"预收账款"项目，根据"应收账款"和"预收账款"有关明细账贷方余额之和填列。故预收账款＝6 300＋2 800＝9 100（元）。

例题27.3（2017年真题改编，单选题）
我国企业的资产负债表中，负债类项目的排序规则是（　　）。
A．按照负债的偿还期限顺序，由长到短排列
B．按照负债的偿还期限顺序，由短到长排列
C．按照负债的金额大小顺序，由大到小排列
D．按照各项负债占总负债的比重，由大到小排列
【答案】B

【名师解析】资产负债表中，负债类项目按照负债偿还期的远近排序，偿还期近的在前，偿还期远的在后，并按流动负债和非流动负债分项列示，流动负债在前。

三、利润表（★★★）

（一）利润表的概念和作用

1. 利润表的概念

利润表是反映企业在一定会计期间经营成果的报表。利润表依据权责发生制和配比原则的要求，以"收入–费用＝利润"的会计等式为基础。是一张动态的会计报表。

2. 利润表的作用

为报表使用者提供企业盈利能力方面的信息。

（1）了解企业利润的形成情况。分析考核企业经营目标及利润指标的完成情况，分析企业利润增减变动情况及原因。

（2）评价企业的经济效益、盈利能力，评价或考核企业经营管理者的经营业绩和能力。

（二）利润表的格式和内容

1. 基本格式

利润表的格式为：单步式和多步式。我国企业多采用多步式。

（1）单步式：将本期发生的所有收入汇集在一起，将所有的成本费用汇集在一起，然后将收入合计减去成本费用合计，计算出本期净利润。

（2）多步式：将利润表内容作多项分类，从营业收入到本期净利润，分步计算营业收入、营业利润、利润总额和净利润，以便形成几种损益信息。

多步式比单步式利润表能提供更丰富的有关企业盈利能力的信息，便于对企业生产经营情况进行分析，有利于不同企业之间的比较。

2. 利润表内容

多步式利润表分为正表和补充资料两大部分。

多步式利润表的正表是通过以下三个公式分步填列的。

营业利润＝（营业收入–营业成本）–税金及附加–（销售费用＋管理费用＋财务费用＋研发费用）–资产减值损失–信用减值损失＋其他收益＋投资收益＋公允价值变动损益＋资产处置收益　　（27.1）

$$利润总额 = 营业利润 + 营业外收入 - 营业外支出 \qquad (27.2)$$

$$净利润 = 利润总额 - 所得税费用 \qquad (27.3)$$

（三）编制方法

利润表中一般设有"本月数"和"本年累计数"两栏；对于中期报表，有"上年同期累计数"和"本年累计数"两栏；对于年度报表，有"上年数"和"本年累计数"两栏。

其中，"本月数"栏反映各项目的本月实际发生数；"本年累计数"栏反映各项目自年初起至本月末/期末止的累计实际发生数。

如果上年度利润表和本年度利润表的各项目不一致时，应对上年度利润表项目的名称和金额进行调整，调整后，按照本年度利润表的项目分别填列在"上年数"或"上年同期累计数"内。

利润表中各项目的金额应根据有关损益类项目的**本期发生额**分析计算填列。

> **名师说**
>
> 举一个简单的利润表的例子，如表27-6所示：
>
> **表 27-6 简单利润表样例利润表**
>
> 编制单位：××× 　　所属期起：2020.12.1 　　所属期止：2020.12.31 　　单位：元
>
> | 项目 | 行次 | 本月数 | 本年累计数 |
> | --- | --- | --- | --- |
> | 一、营业收入 | 1 | ×× | ×× |
> | 减：营业成本 | 2 | ×× | ×× |
> | 　　营业税金及附加 | 3 | ×× | ×× |
> | 　　销售费用 | 4 | ×× | ×× |
> | 　　管理费用 | 5 | ×× | ×× |
> | 　　财务费用 | 6 | ×× | ×× |
> | 　　研发费用 | 7 | ×× | ×× |
> | 加：投资收益（损失以"-"号填列） | 8 | ×× | ×× |
> | 二、营业利润（亏损以"-"号填列） | 9 | ×× | ×× |
> | 加：营业外收入 | 10 | ×× | ×× |
> | 减：营业外支出 | 11 | ×× | ×× |
> | 三、利润总额（亏损总额以"-"号填列） | 12 | ×× | ×× |
> | 减：所得税费用 | 13 | ×× | ×× |
> | 四、净利润（净亏损以"-"号填列） | 14 | ×× | ×× |
>
> 利润表就是依据式（27.1）、式（27.2）、式（27.3）一步步的计算并填列的。

例题 27.4（2016 年真题改编，多选题）
企业利润表的作用是（   ）。
A. 提供企业盈利能力方面的信息
B. 提供企业现金流入、流出的信息
C. 提供企业财务状况、偿债能力和支付能力的信息
D. 反映企业在一定会计期间的经营结果

【答案】AD

【名师解析】利润表的作用：为报表使用者提供企业盈利能力方面的信息。① 了解企业利润的形成情况，分析考核企业经营目标及利润指标的完成情况，分析企业利润增减变动情况及原因。② 评价企业的经济效益、盈利能力，评价或考核企业经营管理者的经营业绩和能力。

例题 27.5（2018 年真题改编，单选题）
已知某企业本年营业收入 370 万元，营业成本 180 万元，管理费用 30 万元，财务费用为 10 万元，营业外收入为 100 万元，营业外支出为 20 万元。假设不考虑其他因素，该企业本年营业利润为（   ）万元。
A. 150   B. 160   C. 230   D. 250

【答案】A

【名师解析】营业利润=（营业收入-营业成本）-税金及附加-（销售费用+管理费用+财务费用+研发费用）-资产减值损失-信用减值损失+其他收益+投资收益+公允价值变动损益+资产处置收益，营业外收入、营业外支出不属于营业利润的计算范围，所以该企业本年营业利润=370-180-30-10=150（万元）。

四、现金流量表（★★★）

（一）现金流量表的概念和作用

1. 现金流量表的概念

现金流量表是反映企业在一定会计期间内**现金和现金等价物的流入和流出**的报表。

现金、**现金等价物**及**现金流量**的**含义**：

（1）现金。
包括企业的库存现金、可随时支付的存款及其他货币资金（外埠存款、银行汇票存款、银行本票存款等）。

（2）现金等价物。
① 定义：企业持有的期限短、流动性强、易于转换为已知金额的现金、价值变动风险很小的投资。如 3 个月内到期的债券投资等。
② 企业应合理确定现金等价物范围，并一贯性地保持其划分标准，如果更改现金等价物的划分标准，视为会计政策的变更，应在会计报表附注中披露。

（3）现金流量。
① 定义：一定会计期间企业现金和现金等价物流入和流出的数量。
② 影响现金流量的因素，包括企业的经营活动、投资活动和筹资活动等日常经营业务。
按照影响因素，可以将现金流量分为三类，具体见表 27-7 所示：

表 27-7 现金流量的三个类别

现金流量类别	解释	举例
经营活动现金流量	企业投资活动和筹资活动以外的所有交易和事项产生的现金流量	销售商品或提供劳务、购买商品或接受劳务
		收到返还的税费、交纳各项税款
		经营性租赁、支付工资、支付广告费用等
投资活动现金流量	企业长期资产的购建和不包括在现金等价物范围内的投资及其处置活动产生的现金流量	取得和收回投资
		购建和处置固定资产、购买和处置无形资产
筹资活动现金流量	企业资本或债务规模和构成发生变化的活动产生的现金流量	发行股票或接受资本投入
		分派现金股利
		取得和偿还银行借款、发行和偿还公司债券等

并不是所有的经营业务都影响现金流量。现金和现金等价物被视为一个整体，现金形式的转换不会产生现金的流入和流出。

只有经济业务涉及现金各项目与非现金各项目之间的增减变动时，才会影响现金流量，如用现金购买固定资产、收回应收账款等。

名师说

经济业务的发生，若只是涉及<u>现金各项目之间</u>或者<u>非现金各项目之间</u>的增减变动，则不会发生现金流量。例如，从银行提取现金、以固定资产偿还债务等。

2. 现金流量表的作用

现金流量表的主要作用：提供一定会计期间内现金和现金等价物流入和流出的信息。

（1）使报表使用者了解和评价企业获取现金和现金等价物的能力，并预测未来现金流量。

（2）使报表使用者了解企业一定期间内现金流入、流出的原因，说明企业的偿债能力和支付股利的能力。

（3）使报表使用者分析企业未来获取现金的能力，分析企业经营、投资活动对财务状况和经营成果的影响。

（二）现金流量表的格式和内容

我国企业现金流量表，由报表<u>正表</u>和<u>补充资料</u>两部分组成。

（1）正表采用<u>报告式</u>。

<u>内容</u>：经营活动产生的现金流量、投资活动产生的现金流量、筹资活动产生的现金流量，每类活动包括具体项目，从多个角度反映企业活动的现金流入和现金流出，最后汇总反映企业现金及现金等价物的净增加额。

现金流量表要求提供比较信息，按"本期金额"和"上期金额"两栏填列。

（2）补充资料。

① 将净利润调节为经营活动的现金流量（按间接法编制经营活动现金流量）。

② 不涉及现金收支的投资和筹资活动。

③ 现金及现金等价物净增加情况。

(三) 编制方法

1. 经营活动产生的现金流量

(1) 现金流量的内容。

经营活动产生的现金流量的详细内容，可以根据各自涉及的科目逐项计算，如表27-8所示：

表27-8 经营活动现金流量的内容及涉及的科目

现金状态	现金流量内容	编制依据
现金流入	销售商品、提供劳务收到的现金	"现金""银行存款""应收账款""预收账款""营业收入"等
	收到的税费返还	"现金""银行存款""税金及附加""补贴收入"等
	收到其他与经营活动有关的现金	"现金""银行存款""营业外收入"等
现金流出	购买商品、接受劳务支付的现金	"现金""银行存款""应付款项""应付票据""营业成本"等
	支付给职工以及为职工支付的现金	"现金""银行存款""应付工资"等
	支付的各项税费	"现金""银行存款""应交税费"等
	支付其他与经营活动有关的现金	"管理费用""制造费用""销售费用""财务费用""其他应收款""其他应付款""营业外支出"等

(2) 编制方法。

经营活动产生的现金流量的编制方法有**直接法**和**间接法**两种。

① 直接法：通过现金收入和支出的主要类别反映企业经营活动的现金流量。

以利润表的**营业收入**为起点，调整与经营活动有关项目的增减变动，然后计算出经营活动现金流量。

② 间接法：以**本期净利润**为起点，调整不涉及现金的收入、费用、营业外收支以及应收应付等项目的增减变动，调整不属于经营活动的现金收支项目，然后计算经营活动的现金流量。

我国企业按直接法编制现金流量正表，按间接法编制补充资料。两者计算的经营活动现金流量应**核对一致**。

2. 投资活动产生的现金流量

投资活动产生的现金流量的详细内容，可以根据各自涉及的科目逐项计算，如表27-9所示：

表27-9 投资活动产生的现金流量的内容及涉及的科目

现金状态	现金流量内容	编制依据
现金流入	收回投资收到的现金	"短期投资""长期股权投资""长期债权投资""现金""银行存款"等
	取得投资收益收到的现金	"现金""银行存款""投资收益"等
	处置固定资产、无形资产和其他长期资产收回的现金净额	"固定资产清理""现金""银行存款"等
	处置子公司及其他营业单位收到的现金净额	"长期股权投资""银行存款"等
	收到其他与投资活动有关的现金	有关科目
现金流出	购建固定资产、无形资产和其他长期资产支付的现金	"固定资产""无形资产""在建工程""现金""银行存款"等
	投资支付的现金	"长期股权投资""长期债权投资""短期投资""现金""银行存款"等
	取得子公司及其他营业单位支付的现金净额	有关科目
	支付其他与投资活动有关的现金	有关科目

3. 筹资活动产生的现金流量

筹资活动产生的现金流量的详细内容，可以根据各自涉及的科目逐项计算，如表27-10所示：

表27-10 筹资活动产生的现金流量的内容及涉及的科目

现金状态	现金流量内容	编制依据
现金流入	吸收投资收到的现金	"实收资本或股本""现金""银行存款"等
	取得借款收到的现金	"短期借款""长期借款""现金""银行存款"等
	收到其他与筹资活动有关的现金	有关科目
现金流出	偿还债务支付的现金	"短期借款""长期借款""现金""银行存款"等
	分配股利、利润或偿付利息支付的现金	"应付股利""财务费用""长期借款""现金""银行存款"等
	支付其他与筹资活动有关的现金	有关科目

"汇率变动对现金及现金等价物的影响"，根据当期发生的外币业务逐项计算。

> **名师说**
>
> 举一个简单的现金流量表的例子，如表 27-11 所示：
>
> 表 27-11 简单现金流量表样例
> 现金流量表
>
> 编制单位：×××　　　所属期起：2020.12.1　　　所属期止：2020.12.31　　　金额单位：元
>
> | 项目 | 金额 |
> | --- | --- |
> | 一、经营活动产生的现金流量： | |
> | 　销售商品、提供劳务收到的现金等 | ×× |
> | 　　　经营活动现金流入小计 | ×× |
> | 　购买商品、接受劳务支付的现金等 | ×× |
> | 　　　经营活动现金流出小计 | ×× |
> | 经营活动产生的现金流量净额 | ×× |
> | 二、投资活动产生的现金流量： | |
> | 　收回投资收到的现金等 | ×× |
> | 　　　投资活动现金流入小计 | ×× |
> | 　购建固定资产、无形资产和其他长期资产支付的现金等 | ×× |
> | 　　　投资活动现金流出小计 | ×× |
> | 　投资活动产生的现金流量净额 | ×× |
> | 三、筹资活动产生的现金流量： | |
> | 　吸收投资收到的现金等 | ×× |
> | 　　　筹资活动现金流入小计 | ×× |
> | 　偿还债务支付的现金等 | ×× |
> | 　　　筹资活动现金流出小计 | ×× |
> | 　筹资活动产生的现金流量净额 | ×× |
> | 四、汇率变动对现金及现金等价物的影响 | ×× |
> | 五、现金及现金等价物净增加额 | ×× |
> | 　加：期初现金及现金等价物余额 | ×× |
> | 六、期末现金及现金等价物余额 | ×× |
>
> 　　现金流量表就是依据经营活动、投资活动、筹资活动的现金流量分别来计算并填列的。

（四）现金流量表附注

现金流量表附注需要披露的内容包括：将净利润调节为经营活动的现金流量、不涉及现金收支的投资和筹资活动、现金流量净增加额。

1. 将净利润调节为经营活动的现金流量

即以间接法编制的经营活动的现金流量。在净利润基础上，调整的项目可以分为四类：

(1) 没有实际支付现金的费用，如应付但未付的水电煤气费。

(2) 没有实际收到现金的收益，如应收但未收的销货收入。

(3) 不属于经营活动的损益，如投资收益。

(4) 经营性应收应付项目的增减变动。

其**基本原理**，如式（27.4）所示：

经营活动产生的现金流量净额=净利润+(不影响经营活动现金流量但减少净利润的项目−不影响经营活动现金流量但增加净利润的项目)+(与净利润无关但增加经营活动现金流量的项目−与净利润无关但减少经营活动现金流量的项目)　　　　　　　　　　　　　　　　　　　　　　(27.4)

具体的调节公式，如式（27.5）所示：

经营活动产生现金流量净额=净利润+资产减值准备+固定资产折旧+无形资产摊销+长期待摊费用摊销+待摊费用减少（减：增加）+预提费用增加（减：减少）+处置固定资产或无形资产或其他长期资产的损失（减：收益）+固定资产报废损失（减：收益）+公允价值变动损失（减：收益）+财务费用（减：收益）+投资损失（减：收益）+递延税款贷项（减：借项）+存货的减少（减：增加）+经营性应收项目的减少（减：增加）+经营性应付项目的增加（减：减少）+其他不减少现金的费用或损失　　(27.5)

2. 不涉及现金收支的投资和筹资活动

企业在一定时期内，影响资产或负债，但不形成该期现金收支的投资和筹资活动，往往对后期的现金流量会产生重大影响，因此，不涉及现金收支的投资和筹资活动作为重要信息在现金流量表的补充资料予以列示。

包括："债务转为资本""一年内到期的可转换企业债券""融资租入固定资产"三个科目。

3. 现金流量净增加额

该项可通过对"现金""银行存款""其他货币资金"科目及现金等价物的期初余额与期末余额的比较得出。

附注中的"现金及现金等价物净增加额"与主表中的"五、现金及现金等价物净增加额"的金额应当相等。

例题 27.6（2019 年真题改编，单选题）

下列现金收付业务中，属于应列入现金流量表"经营活动产生的现金流量"的是（　　）。

A. 收回投资收到的现金　　　　　　　　B. 企业处置固定资产取得的现金

C. 企业取得银行贷款　　　　　　　　　D. 销售商品收到现金

【答案】D

【名师解析】选项 A 和选项 B 属于投资活动产生的现金流；选项 C 属于筹资活动产生的现金流。

例题 27.7（2018 年真题改编，单选题）

下列现金收付业务中，属于应列入现金流量表"投资活动产生的现金流量"下的项目是（　　）。

A. 支付的各项税费　　　　　　　　　　B. 购买固定资产支付贷款

C. 吸收投资收到的现金　　　　　　　　D. 分配股利、利润或偿付利息支付的现金

【答案】B

【名师解析】投资活动是指企业长期资产的购建和不包括在现金等价物范围内的投资及其处置活动，选项 A 为经营活动的现金流；选项 C 和选项 D 为筹资活动的现金流。

例题 27.8（2018 年真题改编，单选题）
现金等价物指的是（　　）。
A. 6 个月到期的债券投资　　　　　　B. 5 个月到期的国债投资
C. 股票投资　　　　　　　　　　　　D. 3 个月到期的债券投资
【答案】D
【名师解析】现金等价物指的是企业持有的期限短、流动性强、易于转换为已知金额的现金、价值变动风险很小的投资。如 3 个月内到期的债券投资等。

五、会计报表附注（★）

（一）会计报表附注的概念

会计报表附注是对在资产负债表、利润表、现金流量表和所有者权益变动表等报表中列示项目的文字描述或明细资料，以及对未能在这些报表中列示项目的说明等。

附注是对会计报表的编制基础、编制依据、编制原则和方法及主要项目等所作的解释。

会计报表附注可以看作会计报表的补充，它存在的原因：一般对外报告的会计报表，格式和内容都比较固定，往往只能提供定量的财务信息，为了便于报表使用者更好的理解报表的信息，企业还应提供附注，其信息应当与资产负债表、利润表、现金流量表等报表中的项目互相参照。

（二）附注的内容

会计报表附注的内容：
（1）财务报表的编制基础。
（2）遵循《企业会计准则》的声明。
（3）重要会计政策的说明。
（4）重要会计估计的说明。
（5）会计政策和会计估计变更以及差错更正的说明。
（6）对已在资产负债表、利润表、现金流量表等会计报表中列示的重要项目的进一步说明，包括终止经营税后利润的金额及其构成情况等。
（7）或有事项和承诺事项、资产负债表日后非调整事项、关联方关系及其交易等需要说明的事项。
（8）资产负债表日后、财务报告批准报出日前提议或宣布发放的股利总额和每股股利总额。
（9）在与财务报表一起公布的其他信息中未作披露的，企业还应在附注中披露企业的基本情况，如企业注册地、组织形式等。

任务 28 　财务报表分析

任务概述

本任务内容涉及"第三十一章 财务报表分析",内容包括财务报表分析的内容和方法、偿债能力分析、营运能力分析、盈利能力分析。

此任务在中级经济师考试中约考查 2~4 分,分值占比约为 1%~3%。考试题型同时涉及单选题和多选题。

本任务整体难度适中,其中,重要考点为:财务报表分析的方法,偿债能力、营运能力和盈利能力分析。

任务框架图

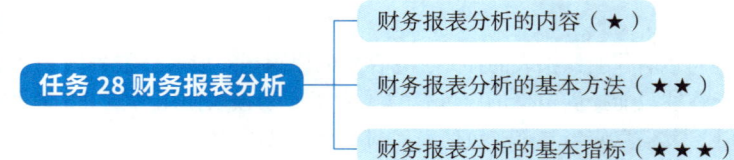

一、财务报表分析的内容（★）

财务报表分析,简称**财务分析**,是通过收集、整理企业财务会计报告中的有关数据,并结合其他有关的补充信息,对企业的财务状况、经营成果和现金流量情况进行综合比较。

财务报表分析的具体内容有:

（1）分析企业的偿债能力。

评价企业归还债务的能力,估量企业对债务资金的利用程度,是企业财务目标实现的稳健保证。

（2）评价企业资产的营运能力。

分析企业资产的分布及周转使用情况,估量企业对资产的利用效率。是企业财务目标实现的物质基础。

（3）评价企业的盈利能力。

分析企业目标的完成情况和不同年度盈利水平的变动情况,对偿债能力和营运能力的增强起着推动作用。

（4）评价企业的发展能力。

分析企业发展的方向和发展潜力。

二、财务报表分析的基本方法（★★）

财务报表分析的方法有很多种,一般常用的方法有:比率分析法、比较分析法、趋势分析法等。

（一）比率分析法

比率分析法是指将会计报表及有关资料中两项彼此关联的项目加以比较，通过计算比率，揭示企业财务状况、经营成果和现金流量情况。即**相关联项目比较，计算关联项目的比率**。

常用的三种比率：相关比率、结构比率和效率比率。

（1）相关比率。

某个项目和与其有关但又不同的项目加以比较所得的相关数值的比率。如产权比率。

（2）结构比率。

又称为构成比率。某项目数值占各项目总和的比率，**反映部分与总体**的关系。如存货与流动资产比率，流动资产与全部资产的比率。

（3）效率比率。

用以计算某项经济活动**所费与所得的比例**，**反映投入与产出**的关系。可以进行得失比较，考查经营成果，评价经济效益。如主营业务利润率、资产利润率、成本利润率。

（二）比较分析法

某项财务指标与性质相同的指标评价标准进行对比，揭示企业财务状况、经营成果和现金流量情况的一种分析方法，**是最基本的分析方法**。

表 28-1 比较分析法的分类及解释

分类标准	具体比率	比率解释
比较对象	绝对数比较	编制比较财务报表，将报表中的绝对数字直接加以比较
	绝对数增减变动	在绝对数字比较基础上，计算绝对数增减金额
	百分比增减变动	在绝对数增减变动额基础上，计算出增减变动百分比
比较标准	实际指标与计划指标	计算实际与计划之间的差异，了解该项目的计划或定额完成的情况
	本期指标与上期指标	计算前后不同时期指标的变动，了解该项目的发展趋势和管理工作的改进情况
	本企业指标同国内外先进企业指标	了解与先进企业之间的差距

（三）趋势分析法

趋势分析法是利用会计报表提供的数据资料，将两期或多期连续的相同指标或比率进行**定基对比**和**环比对比**，得出它们增减变动方向、数额和幅度，揭示企业财务状况、经营成果和现金流量的变化趋势。

采用趋势分析法通常要编制比较会计报表，做法有两种：

（1）编制绝对数趋势会计报表。

将报表的"金额"栏划分成若干期的金额，以便进行比较。

（2）编制相对数趋势会计报表。

将报表上的某一关键项目金额当作100%，计算其他项目对关键项目的百分比，显示各项目的相对地位,然后把连续若干期按相对数编制的会计报表合并成比较会计报表,反映各项目结构上的变化。

对于不同时期的财务指标进行比较时,有两种方法,如表28-2所示:

表28-2 趋势分析法的分类及解释

比率名称	解释	比率定义
定基动态比率	用某一时期的数值为固定的基期数值	定基动态比率=分析期数额/固定基期数额
环比动态比率	用每一分析期的前期数值作为基期数值	环比动态比率=分析期数额/前期数额

例题28.1（2019年真题改编，多选题）

在对财务报表进行比率分析时，常用的财务比率有（　　）。

A. 构成比率　　　　B. 相关比率　　　　C. 效率比率　　　　D. 环比动态比率

E. 绝对数增减变动

【答案】ABC

【名师解析】在比率分析中,常用的财务比率有相关比率、结构比率和效率比率。

三、财务报表分析的基本指标（★★★）

（一）偿债能力分析

偿债能力是企业<u>偿还到期债务</u>的能力。

能否及时偿还到期债务,是反映企业财务状况好坏的重要标志。偿债能力分析包括短期偿债能力和长期偿债能力。

1. 短期偿债能力

企业以流动资产偿还流动负债的能力,反映了企业偿还日常到期债务的能力。反映短期偿债能力的财务比率有：

（1）流动比率。

$$流动比率 = 流动资产 \div 流动负债 \qquad (28.1)$$

① 流动比率可以衡量企业短期风险,流动比率越高,资产的流动性越大,短期偿债能力越强。

② 一般认为<u>流动比率应维持在2:1左右</u>。过高的流动比率,说明企业有较多的流动资产,例如,存货积压、拥有过分充裕的现金等,流动性资产过多,影响了企业的盈利能力。

（2）速动比率（酸性实验比率）。

$$速动比率 = 速动资产 \div 流动负债 \qquad (28.2)$$

① 速动资产=流动资产-存货,速动资产包括货币资金、短期投资、应收账款等。该比率反映企业短期内可变现资产偿还短期内到期债务的能力,是对流动比率的补充。

② 一般情况下,速动比率越高,表明企业偿还流动负债的能力越强。

③ 一般认为,速动比率应维持在1:1左右较为理想。对速动比率进行分析时,要注重对应收账款变现能力的分析。

（3）现金比率。

$$现金比率 = 现金 \div 流动负债 \tag{28.3}$$

① 现金指的是现金和现金等价物。
② 该比率反映企业的即刻变现能力，显示了企业立即偿还到期债务的能力。

2. 长期偿债能力

长期偿债能力是指企业偿还长期负债本金和利息的能力。反映长期偿债能力的财务比率有：
(1) 资产负债率（负债比率或举债经营比率）。

$$资产负债率 = (负债总额 \div 资产总额) \times 100\% \tag{28.4}$$

① 该指标反映债权人发放贷款的安全程度。
② 如果企业资产净利润率高于负债资本成本率，企业负债经营会因资本成本较低而使所有者的收益增加。因此，所有者希望利用负债经营来获得财务杠杆利益，偏向提高资产负债率；债权人希望自己的债权安全，偏向降低资产负债率。
③ 如果资产负债率较低（小于50%），说明企业的偿债能力和负债经营能力较好。如果企业资产负债率等于或大于100%，说明企业资不抵债，债权人可能会向法院申请企业破产。
(2) 产权比率（负债对所有者权益的比率）。

$$产权比率 = (负债总额 \div 所有者权益总额) \times 100\% \tag{28.5}$$

① 该指标反映企业基本财务结构情况。
② 该比率越低，表明企业的长期偿债能力越强，债权人权益的保证程度越高。
(3) 已获利息倍数（利息保障倍数）。

$$已获利息倍数 = 息税前利润 \div 利息费用 = (利润总额 + 利息费用) \div 利息费用 \tag{28.6}$$

① 利息费用是企业本期发生的全部利息，包括财务费用中的利息和计入固定资产成本的资本化的利息。息税前利润可以用利润总额和利息费用加总来计算。
② 反映企业用经营所得支付债务利息的能力。
③ 该比率至少应等于1，比率越大，支付债务利息的能力越强。

（二）营运能力分析

营运能力是指通过企业生产经营资金周转速度等指标所反映出来的**企业资金利用的效率**，是衡量企业整体经营能力高低的一个重要方面。

1. 存货周转率

存货周转率是反映存货周转速度的比率，有两种表示方法：
(1) 存货周转次数。（单位：次）

$$存货周转次数 = 营业成本 \div 平均存货 \tag{28.7}$$

其中，平均存货 = (期初存货 + 期末存货) ÷ 2
该比率反映年度内存货平均周转的次数。
(2) 存货周转天数。（单位：天）

$$存货周转天数 = 360 \div 存货周转次数 = 平均存货 \times 360 \div 营业成本 \tag{28.8}$$

该比率反映年度内存货平均周转一次需要的天数。

存货周转率可以用来分析存货的流动情况。存货年度内周转次数多、周转天数少，说明存货周转快，企业的利润会相应地增高。

2. 应收账款周转率

应收账款周转率是反映应收账款周转速度的比率，有两种表示方法：

(1) 应收账款周转次数。(单位：次)

$$应收账款周转次数 = 营业收入净额 \div 应收账款平均余额 \qquad (28.9)$$

其中，营业收入净额 = 营业收入 - 销售退回、折让和折扣

$$应收账款平均余额 = (期初应收账款 + 期末应收账款) \div 2$$

该指标反映年度内应收账款平均变现的次数。

(2) 应收账款周转天数。(单位：天)

$$应收账款周转天数 = 360 \div 应收账款周转次数 = (应收账款平均余额 \times 360) \div 营业收入净额 \qquad (28.10)$$

其中，应收账款平均余额不扣除坏账准备。

该指标反映年度内应收账款周转一次需要的天数。

应收账款周转率可以用于分析企业的资产流动情况。应收账款周转次数多、周转天数少，说明应收账款周转快，企业信用销售管理严格；反之，说明应收账款周转慢，企业信用销售宽松。

3. 流动资产周转率

$$流动资产周转率 = 营业收入净额 \div 流动资产平均余额 \qquad (28.11)$$

其中，流动资产平均余额 = (期初流动资产 + 期末流动资产) \div 2

该指标反映企业流动资产的利用效率。

4. 总资产周转率

$$总资产周转率 = 营业收入净额 \div 总资产平均余额 \qquad (28.12)$$

其中，总资产平均余额 = (期初总资产 + 期末总资产) \div 2

该指标反映企业总资产的使用效率。

(三) 盈利能力分析

盈利能力分析指的是分析企业当期或未来赚取利润能力的大小。

1. 营业利润率

$$营业利润率 = (营业利润 \div 营业收入) \times 100\% \qquad (28.13)$$

其中，营业收入中**不包括**企业发生的和正常经营没有直接关系的其他利润，如投资收益。

该指标越大，说明企业经营活动的盈利能力越强；营业利润率增长越快，说明企业经营活动盈利能力增强。

2. 营业净利润率

$$营业净利润率 = (净利润 \div 营业收入净额) \times 100\% \qquad (28.14)$$

其中，净利润 = 利润总额 - 所得税额

① 该指标反映企业盈利能力，该指标越高，说明企业从营业收入中获取利润的能力越强。

② 影响该指标的因素包括：商品质量、商品成本、价格、销售数量等。

3. 资本收益率

$$资本收益率=(净利润÷实收资本或股本)\times 100\% \quad (28.15)$$

其中，会计期间实收资本有变动时，公式中的实收资本应该用平均数。
① 该指标越高，企业资本的盈利能力越强。
② 影响该指标的因素包括：影响净利润的因素、负债经营的规模。负债越多，资本收益率越高。

4. 净资产收益率（所有者权益报酬率或净资产利润率）

$$净资产收益率=(净利润÷所有者权益平均余额)\times 100\% \quad (28.16)$$

① 该指标越高，说明企业所有者权益的盈利能力越强。
② 该指标是上市公司对外必须披露的内容之一，也是决定上市公司能否配股进行再融资的重要依据。

5. 资产净利润率（资产收益率）

$$资产净利润率=(净利润÷平均资产总额)\times 100\% \quad (28.17)$$

其中，平均资产总额=(期初资产总额+期末资产总额)÷2
① 该指标反映企业运用资产创造利润的能力。
② 该指标越高，说明企业全部资产的盈利能力越强。

6. 普通股每股收益

$$普通股每股收益=(净利润-优先股股利)÷发行在外的普通股股数 \quad (28.18)$$

① 该指标反映普通股每股的盈利能力。
② 该指标越大，说明每股盈利能力越强。
③ 影响该指标的因素包括：企业的获利水平；企业的股利发放政策。

7. 市盈率

$$市盈率=普通股每股市场价格÷普通股每股收益 \quad (28.19)$$

① 该指标高，说明投资者对公司未来充满信心，愿意为每一元的盈利支付更高的货币购买公司的股票。
② 不同行业的股票市盈率的正常值是不同的。一般来说，市盈率在 5~20，超过 20 的市盈率被认为不正常，有可能是股价下跌的前兆。低于 5 的市盈率被认为企业的未来发展前景堪忧。
③ 当预期通货膨胀或利率升高时，市盈率会普遍下降；预期利润增长时，市盈率通常会上升；债务比重大的公司，市盈率通常较低。

8. 资本保值增值率

$$资本保值增值率=(期末所有者权益÷期初所有者权益)\times 100\% \quad (28.20)$$

① 反映企业经济效益状况的辅助指标，说明了企业资本的保全和增值情况。
② 该指标越高，说明企业资本保全状况越好，所有者权益增长越快，债权人的权益越有保障，企业发展后劲更强。

> **名师说**
>
> 本知识点的内容集中在财务报表分析的基本指标上，各种指标的计算需要考生予以掌握。指标的总结如表 28-3 所示：
>
> 表 28-3　指标计算公式汇总
>
> | 分析内容 | 指标名称 | 指标计算 |
> | --- | --- | --- |
> | 偿债能力 | 流动比率 | 流动比率＝流动资产÷流动负债 |
> | | 速动比率 | 速动比率＝速动资产÷流动负债 |
> | | 现金比率 | 现金比率＝现金÷流动负债 |
> | | 资产负债率 | 资产负债率＝（负债总额÷资产总额）×100% |
> | | 产权比率 | 产权比率＝（负债总额÷所有者权益总额）×100% |
> | | 已获利息倍数 | 已获利息倍数＝息税前利润÷利息费用＝（利润总额+利息费用）÷利息费用 |
> | 营运能力 | 应收账款周转率 | 应收账款周转次数＝营业收入净额÷应收账款平均余额 |
> | | | 应收账款周转天数＝360÷应收账款周转次数 |
> | | 存货周转率 | 存货周转次数＝营业成本÷平均存货 |
> | | | 存货周转天数＝360÷存货周转次数 |
> | | 流动资产周转率 | 流动资产周转率＝营业收入净额÷流动资产平均余额 |
> | | 总资产周转率 | 总资产周转率＝营业收入净额÷总资产平均余额 |
> | 盈利能力 | 营业利润率 | 营业利润率＝（营业利润÷营业收入）×100% |
> | | 营业净利润率 | 营业净利润率＝（净利润÷营业收入净额）×100% |
> | | 资本收益率 | 资本收益率＝（净利润÷实收资本或股本）×100% |
> | | 净资产收益率 | 净资产收益率＝（净利润÷所有者权益平均余额）×100% |
> | | 资产净利润率 | 资产净利润率＝（净利润÷平均资产总额）×100% |
> | | 普通股每股收益 | 普通股每股收益＝（净利润－优先股股利）÷发行在外的普通股股数 |
> | | 市盈率 | 市盈率＝普通股每股市场价格÷普通股每股收益 |
> | | 资本保值增值率 | 资本保值增值率＝（期末所有者权益÷期初所有者权益）×100% |

例题 28.2（2016 年真题改编，多选题）

下列财务分析指标中，用来分析企业营运能力的有（　　）。

A. 资本收益率　　　　　　　　　B. 资本保值增值率
C. 应收账款周转次数　　　　　　D. 流动比率
E. 流动资产周转率

【答案】CE

【名师解析】选项 A 资本收益率和选项 B 资本保值增值率属于盈利能力分析指标，选项 D 流动比率是偿债能力的分析指标。

例题 28.3（2018 年真题改编，单选题）

假设公司的资产负债表上，存货年初余额 234 500 元，期末余额 316 790 元，利润表上，营业收入上年数 500 000 元，本期累计数 560 000 元，营业成本上年数 245 000 元，本期累计数 432 900 元，该公司当年存货周转次数和存货周转天数分别为（   ）。

A. 1.81 次；198.9 天

B. 0.89 次；404.5 天

C. 1.57 次；229.3 天

D. 2.03 次；177.2 天

【答案】C

【名师解析】根据存货周转率的公式，存货周转次数 = 营业成本÷平均存货 = 432 900÷[(234 500+316 790)÷2] = 1.57（次）和存货周转天数 = 360÷存货周转次数 = 360÷1.57 = 229.3（天）。

任务 29　政府会计简介

任务概述

本任务内容涉及"第三十二章 政府会计",内容包括政府会计概念、政府会计要素、政府会计报告。

此任务在中级经济师考试中约考查 3 分,分值占比约为 2%。考试题型同时涉及单选题和多选题。

本任务整体难度较低,其中,重要考点为:政府会计要素和政府会计报告。

任务框架图

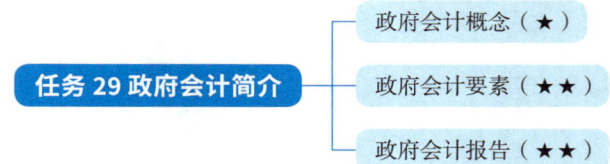

一、政府会计概念（★）

政府会计是指用于确认、计量、记录和报告**政府会计主体财务收支活动**及其**受托责任履行情况**的会计体系。

其中,政府会计主体:各级政府、与本级政府财政部门直接或间接发生预算拨款关系的国家机关、军队、政党组织、社会团体、事业单位和其他单位。

政府会计由**预算会计**和**财务会计**构成,如表 29-1 所示:

表 29-1　政府会计分类

政府会计分类	会计要素确认和计量原则	具体内容
预算会计	收付实现制	提供与政府预算执行有关的信息
财务会计	权责发生制	提供与政府的财务状况、运行情况（包括运行成本）和现金流量等有关信息

例题 29.1（2017 年真题改编,单选题）

目前,我国政府财务会计采用的会计确认和计量的基础是（　　）。

A. 收付实现制　　　　　　　　B. 权责发生制
C. 配比原则　　　　　　　　　D. 可靠性
E. 相关性

【答案】B

【名师解析】政府财务会计要素确认和计量原则是权责发生制。

二、政府会计要素（★★）

政府会计要素分为政府**财务**会计要素、政府**预算**会计要素。

（一）政府财务会计要素

政府财务会计要素包括：资产、负债、净资产、收入和费用。

和一般财务会计要素一样，资产、负债、净资产应列入资产负债表；收入和费用应列入**收入费用表**。

1. 资产负债表要素

（1）资产。

政府会计主体**过去**的经济业务或事项形成的，由该主体控制的，预期能够产生服务潜力或带来经济利益流入的经济资源。

其中，服务潜力是指政府会计主体利用资产提供公共物品和服务以履行政府职能的潜在能力。

经济利益流入是指现金、现金等价物的**流入**或现金、现金等价物**流出的减少**。

政府主体的资产按照流动性可以分为两类，如表29-2所示：

表29-2 政府主体的资产分类

资产分类	定义及举例
流动资产	定义：预计在1年内（含1年）耗用或者可以变现的资产
	举例：如货币资金、短期投资、存货等
非流动资产	定义：流动资产以外的资产
	举例：如固定资产、在建工程、公共基础设施、政府储备资产、文物文化资产、保障性住房、自然资源资产等

（2）负债。

政府会计主体**过去**的经济业务或事项形成的，预期会导致经济资源流出该主体的**现时义务**。

其中，现时义务是指政府会计主体在**现行条件下已承担的义务**，未来发生的经济业务或者事项形成的义务不属于现时义务，不应确认为负债。

政府主体的负债按照流动性可以分为两类，如表29-3所示：

表29-3 政府主体的负债分类

负债分类	定义及举例
流动负债	定义：预计在1年内（含1年）偿还的负债
	举例：如应付款项、预收款项、应付职工薪酬等
非流动负债	定义：流动负债以外的负债
	举例：如长期应付款、应付政府债券、政府依法担保形成的债务等

(3) 净资产。

政府会计主体资产扣除负债后的净额。满足会计等式：

$$资产=负债+净资产 \qquad (29.1)$$

净资产增加，表现为资产增加或负债减少；净资产减少，表现为资产减少或负债增加。

2. 收入费用表要素

(1) 收入。

报告期内导致政府会计主体净资产增加的、含有服务潜力或经济利益的经济资源的流入。

收入的确认应当同时满足：

① 与收入有关的含有服务潜力或经济利益的经济资源很可能流入政府会计主体。

② 含有服务潜力或经济利益的经济资源流入会导致政府会计主体资产增加或负债减少。

③ 流入金额能够被可靠计量。

(2) 费用。

报告期内导致政府会计主体净资产减少的、含有服务潜力或经济利益的经济资源的流出。

费用的确认应当同时满足：

① 与费用相关的含有服务潜力或经济利益的经济资源很可能流出政府会计主体。

② 含有服务潜力或经济利益的经济资源流出会导致政府会计主体资产减少或负债增加。

③ 流出金额能够被可靠计量。

（二）政府预算会计要素

政府预算的会计要素包括预算收入、预算支出和预算结余，应该列入政府决算报表。预算会计要素的定义及确认如表29-4所示：

表29-4 预算会计要素定义及确认

预算会计要素	定义	具体说明
预算收入	政府会计主体在预算年度内依法取得并纳入预算管理的现金流入	在实际收到时确认，以实际收到的金额计量
预算支出	政府会计主体在预算年度内依法发生并纳入预算管理的现金流出	在实际支付时确认，以实际支付的金额计量
预算结余	政府会计主体预算年度内预算收入扣除预算支出后的资金余额，加上历年滚存的资金余额，包括结余资金和结转资金	结余资金：年度预算执行终了，预算收入实际完成数扣除预算支出和结转资金后剩余的资金 结转资金：预算安排项目的支出年终尚未执行完毕或因故未执行，且下年需要按原用途继续使用的资金

例题29.2（2017年真题改编，多选题）

下列会计要素中，属于政府财务会计要素的是（　　）。

A. 负债　　　　　　B. 资产　　　　　　C. 收入　　　　　　D. 费用

E. 利润

【答案】ABCD

【名师解析】政府财务会计要素包括:资产、负债、净资产、收入、费用。其中,资产、负债、净资产应当列入资产负债表;收入和费用应当列入收入费用表。

三、政府会计报告(★★)

政府会计主体应当编制政府决算报告和政府财务报告。

(一)政府决算报告

1. 定义

政府决算报告是综合反映政府会计主体年度预算收支执行结果的文件,包括:**政府决算报表**和**其他应当在政府决算报告中反映的相关信息和资料**。

2. 目标

向政府决算报告使用者提供与政府预算执行情况有关的信息,综合反映政府会计主体预算收支的年度执行结果。

3. 使用者

各级人民代表大会及其常务委员会、各级政府及其相关部门、政府会计主体自身、社会公众和其他利益相关者。

(二)政府财务报告

1. 定义

政府财务报告是反映政府会计主体某一特定日期的财务状况和某一会计期间的运行情况等信息的文件,包括:**政府综合财务报告**和**政府部门财务报告**。

(1)政府综合财务报告。

由政府财政部门编制的,反映各级政府整体财务状况、运行情况和财政中长期可持续性的报告。

(2)政府部门财务报告。

政府各部门、各单位按规定编制的财务报告。具体的内容如表 29-5 所示:

表 29-5 政府部门财务报告内容

财务报告	分类	细分类	范围
政府部门财务报告	财务报表	会计报表	资产负债表、收入费用表、当期盈余、预算结余差异表、净资产差异表
		报表附注	—
	财务分析	—	—

2. 目标

向政府财务报告使用者提供与政府的财务状况、运行情况(含运行成本)等有关信息,反映政府会计主体公共受托责任的履行情况,有助于政府财务报告使用者作出决策或进行监督和管理。

3. 使用者

各级人民代表大会及其常务委员会、债权人、各级政府及其有关部门、政府会计主体自身和其他利益相关者。

例题 29.3（2018 年真题改编，多选题）

政府财务报告包括（　　）。

A. 政府综合财务报告 B. 政府部门财务报告
C. 政府决算报告 D. 政府预算报告

【答案】AB

【名师解析】政府财务报告包括政府综合财务报告、政府部门财务报告。

第六部分　法律

考情分析

"法律"部分在经济基础知识中的分值占比为15%~17%，重要程度居中，难度中等偏上，所涉及的知识较为全面，考查方式主要为单选题和多选题。

本部分共有5个任务：任务30内容涵盖"第三十三章 法律对经济关系的调整"和"第三十四章 物权法律制度"；任务31和任务32内容涵盖"第三十五章 合同法律制度"；任务33内容涵盖"第三十六章 公司法律制度"；任务34和任务35内容涵盖"第三十七章 其他法律制度"。

本部分框架图

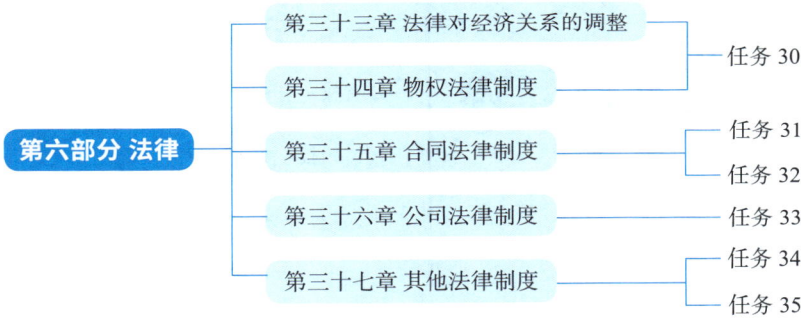

任务 30　法律与经济

任务概述

本任务涉及"第三十三章 法律对经济关系的调整"和"第三十四章 物权法律制度"。

此任务在中级经济师考试中约考查 6 分,分值占比约为 4%。考试题型同时涉及单选题和多选题。

本任务整体难度偏难,重要考点为:物权概述和所有权、几种主要的担保物权。

任务框架图

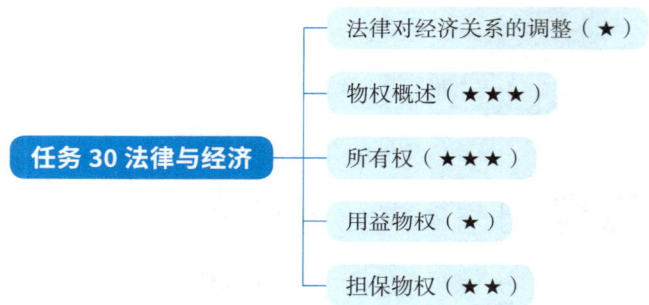

一、法律对经济关系的调整（★）

（一）"调整经济的法"和"经济法"

1. 法律的调整对象是社会关系

法律的调整对象是社会关系。从法学的角度对"经济"进行定义,就是指人们围绕社会物质财富的生产、交换、分配和消费过程所进行的各种社会关系的总和。

2. 调整经济是法律的一项重要功能

从历史的角度来看,法律对经济关系的调整经历了三个阶段:

（1）奴隶制社会和封建社会。在此阶段中,法律对经济关系的调整是诸法合一,刑法与民法不分。这种法律调整模式与当时社会商品经济不发达的状态密切相关。

（2）封建社会末期一直到自由资本主义阶段。在这个阶段中法律进入了大分化、大发展时期,从最初诸法合一发展为刑法、民法分离;以后又进一步细分为民法、刑法、行政法,以至发展到十几个法律部门。这个时期对经济关系调整起主导作用的是民商法。

（3）当代社会。在此阶段中,法律体系重新整合,民法、商法和经济法共同对经济关系进行调整。同时社会保障法、环境保护法等新兴法律部门也成为调整经济关系的辅助性法律部门。

3. "经济法"和"调整经济的法"

"经济法"和"调整经济的法"是两个不同的概念：

（1）"经济法"是与民法、商法、行政法、刑法等部门法并列的一个法律部门，是现代法律体系的一个重要组成部分。

（2）"调整经济的法"是指调整围绕社会物质财富的生产、交换、分配和消费过程所进行的各种经济关系的法律规范的总体。它是一国所有调整经济关系的法律规范的总和。

① 它既包括传统法律体系中的民法、商法，也包括近代产生的经济法；

② 它既包括调整国内经济关系的法，也包括调整国际经济关系的国际私法和国际经济法。

例题30.1（2017年真题改编，单选题）

关于"经济法"和"调整经济的法"的说法，错误的是（　　）。

A. "调整经济的法"既包括调整国内经济关系的法，也包括调整国际经济关系的国际私法和国际经济法。

B. 调整社会主义市场经济的法律体系包括民商法、经济法和劳动法、环境法等其他法律部门

C. "调整经济的法"是一国所有调整经济关系的法律规范的总和

D. "经济法"是与"调整经济的法"并列的法律部门

【答案】D

【名师解析】"经济法"和"调整经济的法"是两个不同的概念，"调整经济的法"的外延更大，它既包括传统法律体系中的民法、商法，也包括近代产生的经济法。

（二）调整社会主义市场经济的法律体系

调整社会主义市场经济的法律体系包括：

1. 民商法

在现代市场经济条件下，市场发挥着对资源配置的决定性作用。在对市场经济进行规制的法律体系中，民商法处于基本法的地位。民法是市场经济基本法。民商法主要调整市场力量发挥作用的经济领域。如表30-1所示，民商法的作用主要体现在如下方面：

表30-1 民商法作用

作用	具体体现
保障市场参与者作为独立的、能动的主体进入市场	① 民商法设立民事主体制度，包括民事主体的种类、民事权利能力和民事行为能力、监护、法人、人格权等法律制度，为市场经济缔造平等、独立和具备自由交易资格的市场主体。 ② 商法中的合伙企业法律制度、公司法律制度、外商投资法律制度、破产法律制度等，进一步对市场主体予以构造、规范和保护
保护人对财产的支配关系，完成人与生产资料的结合	① 人对财产的支配关系，在法律上就表现为物权法律制度。 ② 知识产权法律制度作为调整无形的智力成果的支配关系的法律制度，也属于调整财产支配关系的范围。 ③ 物权法和知识产权法通过调整各种社会物质财富的归属和利用关系，直接影响社会生产的过程和社会经济的结构
对市场关系进行规范	① 合同法律制度为各种财货与服务交易提供法律保障。 ② 商法中的票据法、证券法、海商法、保险法等法律制度，进一步对市场交易关系进行规范

续表

作用	具体体现
设立民事责任制度	① 由于责任的存在，才能督促义务人正确履行其应尽的义务，以保障权利人权利的实现。 ② 民法借助违约责任、侵权责任制度为市场主体善意行使权利和履行义务提供保障

2. 经济法

经济法也是市场经济制度的基本法，其调整对象主要是国家对市场经济进行宏观调控所形成的法律关系。经济法与民商法协调互补，构成现代市场经济社会调整经济关系的两大法律体系。经济法的调整对象如表 30-2 所示：

表 30-2 经济法的调整对象

对象	说明
经济管理关系	经济管理关系是指国家作为社会管理者运用一系列手段在对宏观经济进行调控过程中所形成的社会关系： ① 它是一种经济关系，以此区别于行政指导关系； ② 这种宏观经济管理关系以市场经济体制为基础； ③ 宏观经济管理关系是宏观领域的经济关系，它关系国计民生，是对国民经济进行全局性、整体性调控而形成的； ④ 宏观经济管理关系综合运用各种手段，如发展计划、财政政策、货币政策、产业政策等，因而可以分化出各种具体的宏观经济管理关系，如计划关系、财政政策关系、货币政策关系、产业政策关系等
市场管理关系	所谓市场管理关系，是指国家在市场管理过程中所形成的一种社会关系。市场管理关系由经济法调整，具体包括： ① 维护公平竞争关系； ② 产品质量管理关系； ③ 消费者权益保护关系
具有组织管理性的流转和协作关系	具有组织管理性的流转和协作关系主要有两种表现形式： ① 国家通过政府机构或设立企业、委托代理人直接参与经济活动或经济关系，如进行招标、订（购）货、发包、出让、信贷、担保等活动时发生的合同关系； ② 平等的国家机关或财政主体之间的经济协作关系

3. 其他法律部门

除了民商法和经济法外，调整社会主义市场经济的主要法律部门还包括劳动法、环境法、社会保障法等法律部门。在最为广泛的意义上，对市场经济的法律调整，是包括宪法、刑法、行政法、诉讼法等在内的中国特色社会主义法律体系的任务。

二、物权概述（★★★）

（一）物权的概念和特征

1. 物权是绝对权

绝对权是与相对权相对的概念：

（1）绝对权指权利的主体特定，而义务主体为权利人以外的不特定的一切人的权利，又称为"对世权"。作为对世权，物权的权利主体是特定的，其他任何人都负有不得非法干涉和侵害权利人所享有的物权的义务。

（2）相对权又称为"对人权"，其权利主体和义务主体都是特定的。例如，债权就是相对权，因为债权是发生在债权人和债务人之间的关系，债权人的请求权只对特定的债务人发生效力。

2. 物权属于支配权

物权的权利人不必依赖他人的帮助就能行使其权利。物权的权利人可以自由地根据自己的意志行使自己的权利，无须他人给予协助，更不须征得他人的同意。而债权则与物权相反，它必须有相对的义务人给予协助方可顺利实现。

3. 物权是法定的

物权的种类和基本内容由法律规定，并且物权设定时必须公示：

（1）物权的设定采用法定主义，不允许当事人自由创设物权种类。与其形成对比的是债权，特别是合同债权。当事人只要不违反法律的禁止性规定和公共道德，则可以根据其意思设定债权，还可依法自己决定债的内容和具体形式。

（2）物权以公示作为权利象征。例如，动产所有权以动产的占有为公示方式。动产质权、留置权也以占有为公示方式，不动产则以登记为公示方式。而债权的设立不需要公示，它只是在特定的当事人之间存在的，不具有公示性。

4. 物权的客体一般为物

物权关系是民事主体之间对物质资料的占有关系，所以，物权的标的是物而不是行为。而债权一般直接指向的是行为。例如，在债权关系存续期间，债权人一般不直接占有债务人的财产，只有在债务人交付财产以后，债权人才能直接支配物。

5. 物权具有追及效力和优先效力

（1）物权的追及效力。

物权的标的物无论流向何处，权利人均可依法请求不法占有人返还原物。而债权原则上不具有追及的效力。当债权的标的物被债务人非法转让时，债权人不得请求第三人返还财产，只能请求债务人承担违约责任。

（2）物权的优先效力。

物权的优先效力包括两个方面：

① 当物权与债权并存时，物权优先于债权。

例如，债务人破产或被强制执行时，如果债务人的财产上存在着担保物权，则该担保物权优先于其他债权，担保权人可就该担保物优先受偿。但是，物权优先于债权并不是绝对的。例如，在《中华人民共和国民法典》（以下简称《民法典》）中有规定"买卖不破租赁"原则，即租赁物交付后的租赁权不因租赁物所有权的移转或其他物权的设定而受到影响。

② 同一标的物上存在多个性质相同的物权时，成立在先的物权优先于成立在后的物权。

例如，若同一不动产上设定有多个抵押权，登记在先的抵押权优先受清偿。

例题30.2（2018年真题改编，单选题）

关于物权和债权的说法，错误的是（　　）。

A. 物权是支配权

B. 债权是请求权

C. 物权具有优先效力

D. 债权具有追及效力

【答案】D

【名师解析】债权不具有追及效力，当债权的标的物被债务人非法转让时，债权人不得请求第三人返还财产，只能请求债务人承担违约责任。

> 物权法具有重要的定分止争的作用。《管子·七臣七主》有云："律者，所以定分止争也"。这里"分"指的是名分，所引申的含义为，当物的归属得以明确时，纷争方能休止。商鞅曾经做出论述："一兔走，百人逐之，非以兔可分以为百也，由名分之未定也。夫卖兔者满市，而盗不敢取，由名分已定也。"一个兔子在外面奔跑，有一百多人在后面追它，并非这只兔子可以分为百份，而是因为这只兔子的归属没有确定，每个人都想占为己有；而在集市上，到处都是准备出售的兔子，就连小偷也不敢轻易下手去偷，这是由于兔子的归属已经确定，不能再争夺了。物权法的主要内容就是明确物权的归属，保护物权的行使，它在维护社会和谐稳定中，具有关键的作用。

（二）物权的基本原则

1. 物权法定原则

物权法定原则是指物权的种类、内容、效力、得丧变更及其保护的方法均源自法律的直接规定，当事人不得自由地创设。

物权法定原则的具体内容如表30-3所示：

表30-3 物权法定原则的内容

内容	示例
物权种类法定化	例如，法律规定动产质权必须移转占有，则当事人不得设立不移转占有的动产质权
物权内容法定化	例如，建设用地使用权是我国法律规定的一种用益物权，当事人双方不得通过协商改变法律规定的内容
物权效力法定化	例如，不动产抵押权自登记时设立，不能由当事人通过协议加以设定
物权的得丧变更法定化	例如，房屋的所有权变更必须依照法律的规定进行过户变更登记方可实现
物权保护方法法定化	例如，当物权主体的权利受到侵害时，双方当事人不得采用法律未加规定的救济措施

2. 一物一权原则

一物一权原则的具体内容包括两个方面：

（1）一个特定的标的物上只有一个所有权。在共有的情形下，数个人对一个物享有一个独立所有权，而不是每一个共有人各自都有一个独立的所有权。

（2）同一物上不得设有两个以上相互冲突或矛盾的物权。但是，同一物之上可以并存数个不相矛盾的物权。

3. 物权公示原则

物权公示原则是指民事主体对物权的享有与变动均应采取可取信于社会公众的外部表现方式的原则。物权公示原则的具体内容包括：

(1) 物权的公示方法必须由法律规定。

只有合法所有人均以法定的公示方法对外进行物权公示，才能使其他人明确物的所有权归属情况。

(2) 物权公示的效力必须由法律规定。

例如，普通的动产所有权自交付时发生转移；不动产所有权自登记完成后发生转移。

在我国，一共有十类不动产物权纳入了统一登记的范围，具体如表30-4所示：

表30-4 需纳入统一登记范围的十类不动产物权

十类需进行统一登记的不动产物权	① 集体土地所有权； ② 房屋等建筑物、构筑物所有权； ③ 森林、林木所有权； ④ 耕地、林地、草地等土地承包经营权； ⑤ 建设用地使用权； ⑥ 宅基地使用权； ⑦ 海域使用权； ⑧ 地役权； ⑨ 抵押权； ⑩ 居住权以及法律规定需要登记的其他不动产权利

在进行不动产物权登记时，根据作用不同将登记划分为多种类型，如表30-5所示：

表30-5 不动产的登记的类型

登记的类型	说明
首次登记	不动产物权在首次产生时所进行的登记，如商品房建成后第一次登记
变更登记	不动产物权的具体内容发生变化时进行的登记
转移登记	转移登记是一种不动产权利转让行为，登记前后的权利主体不一致；而变更登记前后的权利主体一致，只是权利主体形式或者权利客体形式（如房地产名称、用途、面积等）发生了变化。由于转移登记属于交易行为，一般应依法缴纳税款，而变更登记不需缴纳税款
注销登记	不动产物权消灭时所进行的登记。例如，地役权解除时进行的注销登记
更正登记和异议登记	权利人、利害关系人认为不动产登记簿记载的事项错误的，可以申请更正登记。不动产登记簿记载的权利人不同意更正的，利害关系人可以申请异议登记
预告登记	权利取得人只对未来取得物权享有请求权时，法律为保护这一请求权而为其进行预告登记。如在商品房预售中，购房者可以就尚未建成的住房进行预告登记
查封登记	执行法院向登记机关提供判决或者裁定文件，由登记机关进行登记，然后再予以查封

例题30.3（2019年真题改编，单选题）

关于变更登记的说法，正确的是（　　）。

A. 它是不动产物权在首次产生时所进行的登记

B. 变更登记需要缴纳契税、所得税等税款

C. 它是不动产物权的具体内容发生变化时进行的登记

D. 它是不动产物权消灭时所进行的登记。

【答案】C

【名师解析】不动产物权在首次产生时所进行的登记是首次登记,转移登记属于交易行为,一般应依法缴纳税款,而变更登记不需缴纳税款。不动产物权的具体内容发生变化时进行的登记是变更登记。不动产物权消灭时所进行的登记是注销登记。

(三) 物权的种类

1. 自物权和他物权

自物权,即权利人对自己所有的标的物依法进行全面支配的物权,它是物权中最完整、最充分的权利。他物权是指权利人在他人所有的标的物上享有的被限定于某条件的物权,例如,权利人在他人所有的标的物上所设定的地役权便属于他物权。

2. 用益物权和担保物权

用益物权是指以标的物的使用和收益为目的而设立的他物权,担保物权是指为担保债权的实现而设立的他物权,如抵押权、质权等。

用益物权和担保物权虽然都属于他物权,但存在区别,具体差异如表30-6所示:

表30-6 用益物权与担保物权的差异

差异	解释
设立的目的不同	用益物权旨在实现物的使用价值,担保物权旨在以物的交换价值担保债权的实现
权利的性质不同	用益物权多为独立的主权利,往往有明确的存续期间。担保物权则是从权利,以主债权存在为前提
标的物不同	用益物权的主要标的物为不动产,担保物权则不限于此
价值形态变化不同	用益物权的标的价值形态如发生变化,会影响权利的使用,甚至导致权利的消灭;而担保物权的标的物价值形态发生变化并不影响担保物权的继续存在。这一特点决定了担保物权具有物上代位性,即当担保物权的标的物转化为价值形态时,担保物权就以变形物为客体

3. 主物权和从物权

区分主物权和从物权的意义在于,主物权独立存在;从物权的命运取决于主权利,主权利消灭,从权利也消灭。主物权是可以独立存在的物权。所有权、采矿权、取水权等属于主物权。从物权是从属于其他权利而存在的物权。抵押权、质权和留置权从属于债权而存在,属于从物权。地役权从属于需役地的所有权而存在,属于从物权。

4. 法定物权和意定物权

虽然物权的内容皆基于物权法定主义,但根据物权的发生是否基于当事人的意思为标准可将物权分为法定物权和意定物权。法定物权是基于法律的直接规定发生的物权,无论当事人意思如何都不影响这些物权的成立,如留置权和法定抵押权。意定物权是指依当事人的意思而发生的物权,如质权、抵押权。区分法定物权和意定物权的意义在于,法定物权和意定物权成立的要件和适用的法律不同。

5. 有期限物权和无期限物权

以物权之存续有无期限为标准,可以将物权区分为有期限物权和无期限物权。有期限物权是指有存续期限的物权。抵押权、质权、留置权属于有期限物权。无期限物权是指没有期限限制的物权。所有权属于无期限物权。

例题 30.4（2019 年真题改编，多选题）
根据物权的分类，留置权属于（　　）。
A. 用益物权
B. 从物权
C. 法定物权
D. 有期限的物权
E. 他物权
【答案】BCDE
【名师解析】他物权是指权利人在他人所有的标的物上享有的被限定于某条件的物权，留置权符合定义，属于他物权。此外，留置权还属于担保物权、法定物权、有期限的物权。

三、所有权（★★★）

（一）所有权的概念和法律特征

1. 概念
所有权是指所有人对自己的不动产或者动产依法享有的占有、使用、收益和处分的权利：
（1）占有权是指权利人对财产实际控制的权利；
（2）使用权是指权利主体对物进行利用，以满足某种生活或生产需要的权利；
（3）收益权是指权利人获取基于财产而生的物质利益的权利；
（4）处分权是指权利人依法对财产进行处置的权利。处分权是所有权内容的核心，是拥有所有权的根本标志。

2. 所有权的法律特征
所有权的法律特征主要表现在以下几个方面：
（1）所有权的独占性。所有权是一种独占的支配权，可以依法排斥他人的非法干涉，不允许其他任何人加以妨碍或者侵害。
（2）所有权的全面性。所有人对所有物享有占有、使用、收益和处分的完整权利，是最完整、全面的一种物权形式。
（3）所有权的单一性。所有权并非占有、使用、收益和处分四项权利的简单相加，而是一个整体的权利。所有权人既可以由自己统一行使，也可将其部分权能转移给他人行使，这并不影响所有权的单一性。
（4）所有权的存续性。法律不限制各项所有权的存续期限。
（5）所有权的弹力性。所有权的各项权能可以通过法定的方式或合同约定的方式同作为整体的所有权相分离。所有人可在其物之上设定他物权，这虽是对所有权的限制，但他物权也只是对物享有部分的利益，当他物权消灭以后，所有权的限制也予以解除，这样所有权就恢复其圆满状态，这就是所有权的弹力性规则。

（二）所有权的取得和消灭

1. 所有权的取得
这是指民事主体获得所有权的合法方式和根据。所有权的合法取得方式可分为原始取得与继受取得两种。
（1）原始取得。原始取得是指所有权首次产生或不依赖于他人既存的权利和意志，直接根据法律的规定而取得物的所有权。所有权原始取得的方式很多，主要有三大类：

① 因物权首次产生而获得所有权。这一类的取得方式主要有生产和孳息。生产是指民事主体通过自己的劳动创造出新的财产进而取得该财产的所有权的方式。孳息指由原物所产生的收益。孳息分为天然孳息和法定孳息。天然孳息指因物的自然属性而获得的收益，比如，果树结的果实、母畜生的幼畜。法定孳息指因法律关系所获得的收益，如存款取得的利息，出租人根据租赁合同收取的租金等。《民法典》第321条规定："天然孳息，由所有权人取得；既有所有权人又有用益物权人的，由用益物权人取得。当事人另有约定的，按照其约定。法定孳息，当事人有约定的，按照约定取得；没有约定或者约定不明确的，按照交易习惯取得。"

② 因为公法方式获得所有权。这一类所有权取得方式主要包括国有化、没收等。

③ 其他直接根据法律规定确定所有权归属的方式。这一类所有权取得方式主要包括先占、添附、发现埋藏物和隐藏物、拾得遗失物、善意取得等。具体如表30-7所示：

表30-7　其他法律所规定的所有权取得方式

方式	解释
先占	民事主体以所有的意思占有无主动产而取得其所有权的法律事实。其构成要件有三条： ① 标的须为无主物； ② 标的须为动产； ③ 行为人须以所有的意思占有无主物
添附	添附是指不同所有人的物因一定的行为而结合在一起形成不可分割的物或具有新质的物。添附包括混合、附合和加工三种情形
发现埋藏物和隐藏物	埋藏物和隐藏物是指埋藏或隐藏于他物之中，其所有权归属不明的动产。根据我国民法的规定，所有权人不明的埋藏物和隐藏物归国家所有
拾得遗失物	遗失物并不是无主物，也不是所有人抛弃的或因为他人的侵害而丢失的物。根据我国民法的规定，拾得遗失物应当归还权利人，如果找不到权利人，经过法定的程序，国家可获得物的所有权
善意取得	善意取得是指受让人以财产所有权转移为目的，善意、对价受让且占有该财产，即使出让人无转移所有权的权利，受让人仍可取得该财产的所有权。善意取得的构成要件有三： ① 受让人受让该不动产或者动产时是善意； ② 以合理的价格转让； ③ 转让的不动产或者动产依照法律规定应当登记的已经登记，不需要登记的已经交付给受让人。

（2）继受取得。

所有权继受取得的原因主要包括：

① 因一定的法律行为而取得所有权。具体包括买卖合同、赠与和互易等。

② 因法律行为以外的事实而取得所有权。例如，继承遗产，继承人按法律的直接规定或者合法有效遗嘱的指定，取得被继承人死亡时遗留的个人合法财产。或者自然人、集体组织或者国家作为受遗赠人，按照被继承人生前所立的合法有效遗赠的指定，取得遗赠的财产。

③ 因其他合法原因取得所有权。例如，合作经济组织的成员通过合股集资的方式形成新的所有权形式。

对于所有权的转移，重点掌握：动产的所有权自交付时转移，不动产的所有权自登记时转移。

例题 30.5（2019年真题改编，单选题）

甲与乙签订房屋买卖合同，约定由甲将其自有的一套房屋出售给乙，但并未及时办理登记手续。随后，甲又与丙签订房屋买卖合同，将该房屋再次出售给善意不知情的丙，也未办理登记，但将房屋交付给丙，现由丙在该房屋内居住。根据《物权法》，此时该房屋的所有权人是（　　）。

A. 甲
B. 乙
C. 丙
D. 题目信息不足以判断

【答案】A

【名师解析】不动产的所有权自登记时发生转移，由于尚未办理登记，该房屋的所有权人为甲。

2. 所有权的消灭

所有权的消灭，主要有两种情况：

（1）所有权的相对消灭。这是指因物权主体的原因而消灭，如权利人转让或抛弃物权或作为权利人的公民死亡等。在这种情形下，所有权的客体并未消失，只是其权利主体发生了变更，物由一个新的所有人对其行使权利，原所有人的权利消灭。

（2）所有权的绝对消灭。这是指因所有权客体的原因而消灭，如标的物毁损或灭失导致原物权的终止。

例题 30.6（2016年真题改编，单选题）

所有权的消灭包括绝对消灭和相对消灭。下列情形中，属于所有权绝对消灭的是（　　）。

A. 甲的一幅油画被烧毁
B. 乙的财产被没收
C. 丙将黄金戒指遗失
D. 丁将小汽车出售

【答案】A

【名师解析】油画被烧毁属于所有权客体的原因导致的所有权的消灭，因此属于所有权的绝对消灭。

（三）共有

共有是指两个或两个以上的权利主体就同一财产共同享有所有权的法律制度。两个或两个以上的权利主体共同所有一物，并不意味着共有是多个所有权；共有只有一个所有权，但由多人共同享有。共有不是一种独立的所有权形式，它仅是同种或不同种类的所有权的联合。共有包括按份共有和共同共有两种形式。

1. 按份共有

按份共有又称为分别共有，是指两个或两个以上的共有人按照各自的份额分别对共有财产享有权利和承担义务的一种共有关系。按份共有中的共有人不需经过其他共有人的同意而出卖自己的应有部分，在同等条件下，其他共有人有优先购买权。

2. 共同共有

共同关系是指两个或两个以上的人为共同目的而结合成为共同共有基础的法律关系。共同共有的形式主要包括三种：

（1）夫妻共同财产。夫妻在婚姻关系存续期间，对共有财产享有平等的权利。夫妻双方出卖、赠与夫妻共有财产，应取得一致意见。只有在夫妻离婚，或夫妻一方死亡而继承开始时，才能对夫妻共有财产进行分割。

（2）家庭共有财产。家庭共有财产是指家庭成员在家庭共同生活关系存续期间的共同劳动收入和所得。除法律另有规定或家庭成员之间另有约定外，家庭共有财产的使用、处分或分割，应征得全体家庭成员的同意。

（3）遗产分割前的共有。在继承开始后遗产分割前，如果继承人有数人时，其中任何继承人皆不能单独取得遗产的所有权，遗产只能由全体继承人共有。

3. 按份共有和共同共有的区别

共同共有与按份共有的区别如表 30－8 所示：

表 30－8　共同共有与按份共有的区别

区别	解释
成立的原因不同	共同共有的成立以共同关系的存在为前提；按份共有不需以共同关系的存在为前提
权利的享有不同	在按份共有中，共有人对应有部分享有所有权；在共同共有中，共有人的权利及于共有物的全部
对共有物的管理不同	对共有物的处分和重大修缮行为：在按份共有中，共有人除另有约定之外，需获得占份额 2/3 以上共有人的同意；在共同共有中，应获得全体共有人同意
对第三人行使权利不同	在按份共有中，各共有人基于其应有部分可以向第三人行使权利（如份额转让给第三人，向第三人要求支付款项等）；而共同共有中，除非征得全体共有人同意，共有人不得擅自处分共有财产，也没有对第三人转让其共有份额的可能
分割共有物的限制不同	在共同共有关系存续期间，各共同共有人不得请求分割共有物；按份共有人除因共有物的使用目的不能分割或有协议约定不得分割的期限外，可随时请求分割共有物

处分和重大修缮行为比较重要，需要全体共同共有人同意或者 2/3 以上按份共有人同意。

（四）业主的建筑物区分所有权

业主的建筑物区分所有权是指业主对建筑物内的住宅、经营性用房等专有部分享有所有权，对专有部分以外的共有部分享有共有和共同管理的权利。建筑物区分所有权是由专有权和共有权两方面构成的，因此权利的客体也包括两个方面，即专有部分和共有部分。

1. 专有部分

主要是指根据建筑物的结构和功能而分割出来的具有独立建筑构造和独立使用功能的部分。专有部分是通过一定方式对建筑物加以区分而分割出来的可以由特定主体独立使用的部分房屋。

2. 共有部分

共有部分是区分所有人所拥有的单独所有部分以外的建筑物其他部分，其范围主要包括建筑物的基本构造部分（如支柱、屋顶、外墙或地下室等），建筑物的共用部分及附属物（如楼梯、消防设备走廊、水塔自来水管等）。共有人对共有部分享有的权利包括两个层次：

（1）共有权。建筑区划内的道路，属于业主共有，但属于城镇公共道路的除外。建筑区划内的绿地，属于业主共有，但属于城镇公共绿地或者明示属于个人的除外。建筑物区划内的其他公共场所、公用设施和物业服务用房，属于业主共有。占用业主共有的道路或者其他场地用于停放汽车的车位，属于业主共有。

（2）共同管理权。业主有权对共有部分与共用设备设施的使用、收益、维护等事项行使管理的权利，同时对共有部分也负有相应的义务。业主不得以放弃权利为由不履行义务。业主对共有部分享有的共有和共同管理的权利随着业主对专有部分所有权的转让而一并转让。

四、用益物权（★）

（一）用益物权的概念和法律特征

1. 概念

用益物权是权利人对他人所有的财产依法享有的占有、使用和收益的权利。用益物权制度是物权法律制度中一项非常重要的制度，与所有权制度、担保物权制度等一同构成了物权制度的完整体系。在我国，用益物权的种类主要包括土地承包经营权、建设用地使用权、宅基地使用权、海域使用权、地役权、国家集体自然资源使用权、探矿权、采矿权、取水权、渔业养殖捕捞权等。

2. 法律特征

用益物权的法律特征如表 30-9 所示：

表 30-9 用益物权的法律特征

特征	解释
用益物权是具有独立性的他物权	用益物权是一种从所有权权能中分离出来的单独存在于他人所有物之上的权利，它的存在不须具备前提条件。而担保物权虽然也源于所有权，但其存在须以担保权人对担保物所有人或其关系人享有债权为前提
用益物权是限制物权	用益物权不具有所有权那样彻底支配的性质。但与此同时，用益物权的设定也约束了所有人行使所有权的权能，使所有人不能随时发挥自己对物的占有、使用、收益以至处分的作用，而担保物权则不能全部体现这一限制功能
用益物权具有使用的目的	设置用益物权的目的在于对他人之物的使用和收益，以取得物的使用价值。而担保物权则在乎物的交换价值，目的是通过物之价值担保债权得以清偿
用益物权的标的物主要是不动产	由于不动产特别是土地的稀缺性、不可替代性且价值较高，以及土地所有权依法不可移转性，使在土地等不动产上设立用益物权成为经济、社会发展的必然要求

（二）几种具体的用益物权

1. 建设用地使用权

建设用地使用权是指建设用地使用权人对国家所有的土地享有的占有、使用和收益的权利。

建设用地使用权具有以下法律特征：

（1）建设用地使用权的主体是符合法定条件的公民和法人。公民或法人要获得国家所有的土地的使用权，就必须符合法律规定的条件，并按法律规定的程序到有关机关办理相应的手续，在使用过程中，使用权人对国有土地负有管理、保护和合理利用的义务。

（2）建设用地使用权的客体为国家所有的土地。包括城市和农村的属于国有的土地、草原、滩涂、荒地、山岭和林地等，但不包括上述土地之上的市政公用设施以及地下的埋藏物或自然资源。国有土地的范围是根据我国宪法的规定确定的。建设用地具体包括住宅用地、公共设施用地、工矿用地、交通水利设施用地、旅游用地、军事设施用地等。

（3）建设用地使用权是从国家土地所有权中分离出来的用益物权。国家是国有土地的所有权人，将使用权移转给一定的公民或法人使用，这样才能使政府实现政企分开的目的，同时也能使土地发挥出最大的经济效益。

（4）建设用地使用权具有排他性，是一项独立的物权。建设用地使用权是一项法定的独立物权，国家保证建设用地使用权人依法行使其权利，同时也保障其权利不受他人的非法侵害。依照法定程序取得的建设用地使用权是受法律保护的，任何人都不得非法干涉和侵害。

设立建设用地使用权，可以采用出让或者划拨等方式。

（1）建设用地使用权的有偿出让。这是指国家作为出让人将一定期限的建设用地使用权出让给建设用地使用权人使用，建设用地使用权人向出让人支付一定的出让金的制度。

（2）建设用地使用权的划拨。这是指县级以上人民政府依法批准，在建设用地使用权人缴纳补偿、安置等费用后将该土地交付其使用，或者将建设用地使用权无偿交付建设用地使用权人的行为。民法典明确规定："严格限制以划拨方式设立建设用地使用权。"

2. 土地承包经营权

土地承包经营权是指，由公民或集体组织在国家所有或集体所有的土地上从事生产活动，依照承包合同的规定而享有的占有、使用和收益的权利。土地承包经营权是公民或集体组织依据承包合同所取得的对公有的土地、森林、山岭、草原、荒地、滩涂、水面等自然资源从事经营活动并从中获得收益的权利，它是我国广大农民的基本生活收入的来源和保障。

土地承包经营权具有以下法律特征：

（1）承包经营合同是确认土地承包经营权的主要依据。承包经营合同规定了土地承包经营权的基本内容、存在期限、合同双方的权利义务等，是整个承包法律关系建立的基础。

（2）土地承包经营权的主体是公民或集体组织。在我国，既可以由集体组织作为整体承包经营国有的土地，也可以由家庭或公民个人承包经营国有或集体所有的土地，承包方和发包方应当订立书面的承包经营合同。

（3）土地承包经营权的客体为全民所有的土地和集体所有的土地。

（4）土地承包经营权属于一种新型的用益物权。土地承包经营权具有一般物权所具有的优先权、追及权等效力，当土地承包经营权人的权利受到侵犯时，权利人有权要求侵害人停止侵害、排除妨碍、消除危险、返还财产、恢复原状和赔偿损失，也可以直接向人民法院提起诉讼以保护自己的权利。土地承包经营权人权利的保护方法既包括物权的方法，也包括债权的方法。

3. 宅基地使用权

宅基地使用权是指，公民在依法取得的宅基地上建造住宅及其附属设施从而对此宅基地享有的占有和使用的权利。取得宅基地使用权应当符合法律规定的条件和程序，并办理相应的手续。

宅基地使用权具有以下法律特征：

（1）宅基地使用权属于一种用益物权，宅基地的所有权依然属于集体所有。宅基地使用权人不能因为对宅基地的占有和使用而取得该宅基地的所有权，国家和集体在必要的时候，可以依法收回宅基地的使用权。

（2）宅基地使用权的主体是公民，而且主要为农村集体经济组织的成员。宅基地的使用主体主要是农村集体经济组织的成员，是农民基于集体成员身份而享有的福利保障。

（3）宅基地使用权的客体主要是集体所有的用于建造住宅及其附属设施的土地。宅基地使用权是一种带有社会福利性质的权利，是农民的安身之本，无偿取得，无偿使用。

（4）宅基地使用权必须遵循法定的申请程序，经过有关部门的批准后方可取得。

（5）宅基地使用权受国家法律的保护，非经法定程序，任何机关和个人都不得任意剥夺公民依法取得的宅基地使用权。公民依法取得宅基地使用权以后，任何单位和个人都不得非法侵害其使用权。

4. 地役权

地役权是指按照合同约定利用他人的不动产，以提高自己不动产效益的权利。需要利用他人土地才能发挥效用的土地，称为需役地；提供给他人使用的土地，称为供役地。

地役权的法律特征主要包括以下几个方面：

（1）地役权是利用他人的不动产的一种权利。

（2）地役权是为了提高需役地的效益。地役权的设立，需以增加需役地的利用价值和提高其效益为前提。

（3）地役权是按照合同设立的。

5. 居住权

居住权是用益物权的一种，指对他人所有的住房及其附属设施占有、使用的权利。设立居住权可以根据遗嘱或者遗赠，也可以按照合同约定。根据《民法典》的规定，居住权合同一般包括下列条款：

（1）当事人的姓名或者名称和住所；

（2）住宅的位置；

（3）居住的条件和要求；

（4）居住权期限；

（5）解决争议的方法。

居住权无偿设立，但是当事人另有约定的除外。设立居住权的，应当向登记机构申请居住权登记。居住权自登记时设立。居住权不得转让、继承。设立居住权的住宅不得出租，但是当事人另有约定的除外。居住权期限届满或者居住权人死亡的，居住权消灭。居住权消灭的，应当及时办理注销登记。

五、担保物权（★★★）

（一）担保物权的概念和法律特征

担保物权是指，为确保债务清偿的目的，在债务人或第三人所有的物或所属的权利上设定的、以取得担保作用的定限物权。担保物权具有以下法律特征：

1. 价值权性

与用益物权以对物的利用为目的不同，担保物权以支配标的物的交换价值为内容，以担保债务的清偿为目的；担保物权实现时，其价值权也得以实现。

2. 法定性

担保物权对提供担保的债务人或第三人的财产具有直接支配的效力；具有直接支配标的物的效力的权利，仅以法律规定为限，当事人不得约定设立担保物权也不得协议变更担保物权发生的要件和内容。

3. 从属性

担保物权的成立以债权的成立为前提，而且因债权的移转而移转，因债权的消灭而消灭。

4. 不可分性

在所担保的债权未受全部清偿前，担保权人可就担保物的全部行使权利。担保物权的不可分性不是担保物权在性质上的不可分，而是为增加其效力赋予担保物权不可分性，当事人可约定排除担保物权行使的不可分性。

5. 物上代位性

担保物因毁损灭失所获得的赔偿金成为担保物的代替物,担保物权人可就该代替物行使担保物权。

(二) 几种主要的担保物权

1. 抵押权

抵押权是指,债权人对债务人或者第三人所提供担保的财产不移转占有,在债务人不履行债务时,依法享有的就所担保的财产变价并优先受偿的权利。债权人为抵押权人,债务人或者第三人为抵押人,所提供担保的财产为抵押物。

抵押权的设定通过两种方式,即依照法律规定直接产生和基于当事人所订立的抵押合同而设立。依照法律规定直接产生的抵押权是法定抵押权,基于抵押合同而产生的抵押权是意定抵押权。法定抵押不需要当事人在合同中约定,只要发生法律规定的情形,抵押自然设立。例如,《民法典》第397条规定,"以建筑物抵押的,该建筑物占用范围内的建设用地使用权一并抵押。以建设用地使用权抵押的,该土地的建筑物一并抵押。"现实生活中的抵押权主要是意定抵押权,《民法典》第400条规定:"设立抵押权,当事人应当采用书面形式订立抵押合同。"

抵押是重要的民事法律行为,法律除要求设立抵押权应当订立书面合同外,还要求对某些财产办理抵押登记,不经抵押登记,抵押权不发生法律效力。根据《民法典》第402条的规定,需要进行抵押登记的财产主要有:

(1) 建筑物和其他土地附着物;
(2) 建设用地使用权;
(3) 海域使用权;
(4) 正在建造的建筑物。

《民法典》第399条规定了**禁止抵押**的财产:

(1) 土地所有权;
(2) 耕地、宅基地、自留地、自留山等集体所有的土地使用权,但法律规定可以抵押的除外;
(3) 学校、幼儿园、医院等以公益为目的的事业单位、社会团体的教育设施、医疗卫生设施和其他社会公益设施;
(4) 所有权、使用权不明或者有争议的财产;
(5) 依法被查封、扣押、监管的财产;
(6) 法律、行政法规规定不得抵押的其他财产。

2. 质权

质权是指,债务人或者第三人将其动产或财产权利证书转移给债权人占有,以之作为债务的担保,债务人不履行债务时,债权人享有就该动产或财产权利的价值优先受偿的权利。在质权关系中,提供质押财产的人称为出质人,接受该财产作为其债权担保的人称为质权人,质押的财产称为质物。

质权的法律特征主要包括:

(1) 质权的设定必须移转占有,以某些特定财产作质物时,还必须依法办理登记手续。
(2) 质权的标的主要为动产或权利,不包括不动产。
(3) 质权作为一种担保物权,具有物上代位性、从属性和不可分性。

质权分为动产质权和权利质权两种。动产质权的质物为动产；而权利质权的质物为财产权利，如汇票、股票、债券等。

3. 留置权

留置权是指，债权人按照合同的约定占有债务人的动产，债务人不按照合同约定的期限履行债务时，债权人有权留置该动产，并依照法律的规定享有将动产折价或者以拍卖变卖后的价款优先受偿的权利。留置权的成立无须双方当事人的约定，也就是说，即使双方当事人在合同中没有任何关于留置权的规定，也不影响留置权的存在，当债务人不履行其债务时，债权人可直接基于法律的规定行使留置权。因此，留置权是一种法定的担保物权。《民法典》第456条规定："同一动产上已设立抵押权或者质权，该动产又被留置的，留置权人优先受偿。"这条规定体现出了法定担保物权和意定担保物权在受偿顺序上的不同。

留置权只发生在特定的合同关系中。若留置物与所担保债权的内容毫无关系，则不能产生留置权。

例题 30.7（2015 年真题改编，多选题）

下列用于抵押的财产中，进行抵押登记后抵押权才能生效的有（   ）。

A. 建设用地使用权
B. 正在建造的建筑物
C. 交通运输工具
D. 建筑物和其他土地附着物
E. 原材料、半成品、产品

【答案】ABD

【名师解析】抵押权自登记时设立的资产有：① 建筑物和其他土地附着物；② 建设用地使用权；③ 以招标、拍卖、公开协商等方式取得的荒地等土地承包经营权；④ 正在建造的建筑物。

任务 31　合同法律制度（上）

任务概述

本任务涉及"第三十五章 合同法律制度"中的"合同概述""合同的效力"以及"合同的订立、履行和终止"。

此任务在中级经济师考试中约考查 3 分，分值占比约为 2%。考试题型同时涉及单选题和多选题。本任务整体难度适中，重要考点为：合同概述和合同的效力。

任务框架图

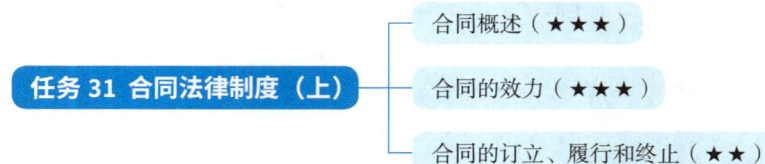

一、合同概述（★★★）

（一）合同的概念和特征

合同是平等主体的自然人、法人、其他组织之间设立、变更、终止民事权利义务关系的协议。合同具有的法律特征如下：

1. 合同当事人的法律地位平等

合同当事人民事法律地位平等正是民法的平等原则的具体体现。在合同的订立和履行中，无论当事各方的关系或者身份，只要参加到民事法律关系中来，其法律地位就是平等的。所以，在合同关系中是不存在领导与被领导、命令和服从的关系的。

2. 合同是在当事人自愿基础上进行的民事法律行为

合同是一种合意行为，是在自愿的基础上平等协商的结果，合同当事人不得将自己的意志强加于对方，合同以外的其他主体也不得对合同横加干涉。

3. 合同是双方或多方的民事法律行为

合同是一种协议，是两个或两个以上的主体参加的法律行为，这是合同区别于单方法律行为的显著特征。此外，合同还要求意思表示一致。如果各方的意思表示不一致，合同是不能成立的。

4. 合同是关于民事权利义务关系的协议

当事人通过订立合同来设立、变更或终止民事权利义务关系。《民法典·合同编》上的合同所涉及的权利、义务都是民事性质的，非民事性质的行政关系中的权利义务不属民事合同的内容。同时，有关身份关系的协议，如婚姻、收养、监护等，也不由《民法典·合同编》调整，民事合同的内容实际就是民事财产关系中的债权债务关系。

（二）合同的分类

根据不同的标准可以将合同分成不同的种类：

1. 双务合同和单务合同

按照合同当事人的权利义务的负担关系可将合同分为双务合同和单务合同。

双务合同是指合同各方当事人相互享有权利，相互负有义务的合同。在双务合同中，他们之间的权利义务是相互对应的，己方的权利正是他方的义务，而他方的权利又正是己方的义务，如买卖合同、租赁合同等。

单务合同是指合同当事人一方只负有义务而不享有权利，另一方只享有权利而不负担义务的合同，例如，借用合同就是单务合同，在借用合同中，借用人只有按照约定使用借用物并按期归还借用物的义务，出借人则只享有请求借用人按期返还借用物的权利。

2. 诺成合同和实践合同

根据合同的成立是否以交付标的物为要件，可以将合同分为诺成合同和实践合同。

诺成合同是指当事人双方意思表示一致即可成立的合同，也称不要物合同。所谓不要物，是指除了意思表示一致外，不需要以交付标的物为合同成立的条件。在合同法中绝大多数合同都是诺成合同。

实践合同是指除了当事人双方意思表示一致以外，还需要有一方当事人实际交付标的物的行为才能成立的合同，所以实践合同也称要物合同。保管合同、借用合同等都属于实践合同。

3. 有名合同和无名合同

根据法律上是否规定一定的名称，可以将合同分为有名合同和无名合同。

有名合同是指在法律中有明文规定的合同，又称为典型合同。例如，我国《民法典》合同编第9~27章规定了19类典型合同。

有名合同之外的其他合同即属于无名合同。实践中，当事人订立的无名合同只要不违背法律和社会公共利益的，就可以是有效的，这是符合合同自由原则的。

4. 要式合同和不要式合同

根据合同的成立是否需要特定的形式，可以将合同分为要式合同和不要式合同。

要式合同是指需要采取特定的方式才能成立的合同。

如果某一合同的成立不需要采用特定方式的，就是不要式合同。从形式上看，合同有书面形式、口头形式和其他形式，究竟采取何种特定的方式，根据法律的规定或者当事人的约定。

5. 主合同和从合同

根据有关联的合同之间的主从关系，可以将合同分为主合同和从合同。

主合同是指不依赖其他合同的存在为前提，能够独立存在的合同。

从合同是指不能单独存在的，必须以主合同的存在为前提的合同，也称为"附属合同"。例如，当事人签订借款合同的同时，又签订保证借款合同履行的抵押合同，在这个过程中，借款合同就属于主合同，而抵押合同则属于从合同。

例题 31.1（2019 年真题改编，单选题）

下列合同中，属于从合同的是（　　）。

A. 借用合同　　　　　　　　　　B. 代理合同

C. 买卖合同　　　　　　　　　　D. 质押合同

【答案】D

【名师解析】根据有关联的合同之间的主从关系，可以将合同分为主合同和从合同，质押合同属于从合同。

例题 31.2（2012 年真题改编，多选题）

从合同的法律性质分析，买卖合同属于（　　）。

A. 单务合同　　　　　　　　　　　B. 诺成合同
C. 无名合同　　　　　　　　　　　D. 要式合同
E. 主合同

【答案】BE

【名师解析】买卖合同属于双务合同、诺成合同、有名合同、不要式合同、主合同。

二、合同的效力（★★★）

（一）合同的生效要件

合同的成立和生效是两个不同的概念，当事人达成合意，意味着合同成立；合同符合法律规定的生效要件，才能获得法律的保护，才意味着合同的生效。合同生效的法律要件主要包括：

1. 主体合格

该要件要求行为人具有相应的行为能力。民事行为能力是民事主体据以独立实施民事法律行为的法律资格。对于公民而言，完全民事行为能力人可以单独订立合同，但限制行为能力人只能进行与其年龄、智力和精神状况相当的合同行为，无民事行为能力人则不能实施合同行为，只能由其法定代理人代理民事活动。自然人的民事行为能力规定如表 31-2 所示：

表 31-2　自然人的民事行为

年龄和精神状况	行为能力
年满 18 周岁	完全民事行为能力人
8 周岁以上不满 18 周岁或 不能完全辨认自己行为的精神病人	限制民事行为能力人 但 16 周岁以上不满 18 周岁的未成年人以自己的劳动收入为主要生活来源的，视为完全民事行为能力人
不满 8 周岁或 不能辨认自己行为的精神病人	无民事行为能力人

对于法人而言，其行为能力须与权利能力相一致，法人的行为能力不能超出法律或章程规定的业务范围。

2. 内容合法

该要件要求合同的内容不得与法律的强行性或者禁止性规范相抵触。合同行为必须遵守国家法律，法律没有规定的，应当遵守国家政策。同时，合同行为不得违反社会公共利益，不得违背社会的公序良俗。

3. 意思表示真实

意思表示指行为人将其内心的意愿表达于外部为他人所知晓的行为。意思表示真实，即要求行为人的内心意愿自由产生，同时与其所表达出来的意思相一致。当事人内心希望发生某种法律后果的意思，为效果意思；将效果意思表达于外部的意思，为表示意思；用以表达效果意思的方式、行为，为表示行为。通常状况下，表示意思与效果意思是一致的，但也可能出现不相一致的情形，即意思表示有瑕疵。意思表示有瑕疵的行为，如果属于法律规定的情形，则可能无效或得变更、撤销。

>
>
> 红旗广场上现正在举办拍卖会，主持人告知在场人员如需加价则举手示意。不知情的小明来到红旗广场与其朋友见面，见到朋友时向朋友高举并摇晃右手。在此情景下，小明的行为产生了"希望在拍卖会上加价"的表示意思，但它并没有相应的效果意思。在此情况下，便出现了意思表示有瑕疵的情况，该行为不产生订立合同的效果。

4. 合同的形式合法

任何民事法律行为都要通过一定的形式表现出来。当法律规定某种合同必须采用某种形式时，这种形式就成为该合同的形式要件。如果不采用这种形式，则合同不成立或者不生效。例如，在法律、行政法规规定必须办理登记、审批等手续的情况，才能生效的合同。

（二）效力存在瑕疵的合同

1. 无效合同

无效合同是指不具备合同的生效条件而不能产生当事人所预期的法律后果的合同。无效合同的种类如表31-3所示：

表31-3 无效合同的种类

种类	注释
无民事行为能力人签订的合同	—
违反法律、行政法规的强制性规定的合同	强制性规定分为效力性强制性规定，和管理性强制性规定。违反"效力性强制性规定"的合同应认定为无效合同，而违反"管理性强制性规定"的合同不一定就无效。例如，一家不具有种子销售资格的商户向农民销售了种子，虽然该行为属于违法行为，商户需要承担违法责任，但出于保护农户的目的，不宜认定该买卖种子的合同无效
违背公序良俗的合同	例如，名为借贷，实为包养的协议，违反了法律规定和公序良俗，损害了社会公德，破坏了公共秩序，属于无效合同
行为人与相对人以虚假的意思表示签订的合同	例如，名为赠与，实为买卖的协议，赠与行为属于双方共同以虚假意思表示实施的民事法律行为，该赠与行为无效
行为人与相对人恶意串通损害他人合法权益而签订的合同	—

2. 效力待定的合同

效力待定的合同是指合同虽已成立，但由于不完全具备法律规定的有效条件，因而其是否能够生效还须经权利人的承认才能确定的合同。

效力待定的合同是自身有瑕疵的合同，而这种瑕疵经权利人的承认是可以弥补的，所以它不同于合同的无效和合同的可撤销。合同无效属于确定无效，而且也不能因其他行为使之生效；对于可

撤销的合同来说,在其未被撤销之前,其效力已经发生。如表31-4所示,效力待定的合同主要在下列几种场合出现:

表31-4 效力待定的合同种类

种类	注释
合同的主体不具有相应的民事行为能力	限制民事行为能力人订立的合同,经法定代理人追认后,该合同有效,但纯获利益的合同或者与其年龄智力、精神健康状况相适应而订立的合同,不必经法定代理人追认
因无权代理而订立的合同	行为人没有代理权、超越代理权或者代理权终止后以被代理人名义订立的合同,未经被代理人追认,对被代理人不发生效力,由行为人承担责任

3. 可撤销的合同

可撤销的合同是指合同虽已成立并生效,但因合同当事人意思表示不真实,而可以因一方当事人撤销权的行使而自始不发生效力的合同。根据《民法典》的规定,如表31-5所示,下列合同,一方当事人有权请求人民法院或者仲裁机关予以撤销:

表31-5 可撤销的合同种类

种类	注释
基于重大误解订立的合同	—
一方以欺诈手段,使对方在违背真实意思的情况下订立的合同	受欺诈方有权请求人民法院或者仲裁机构予以撤销
一方或者第三人以胁迫手段,使对方在违背真实意思的情况下订立的合同	受胁迫方有权请求人民法院或者仲裁机构予以撤销
一方利用对方处于危困状态、缺乏判断能力等情形,致使订立的合同显失公平的	受损害方有权请求人民法院或者仲裁机构予以撤销

提炼关键字后,"欺诈""胁迫""显失公平"的合同属于可撤销合同。而只有"受害"一方拥有撤销权。

可撤销的合同一经撤销,合同当事人之间便消灭合同关系,这一效力追溯到合同成立时。当事人行使撤销权或变更权所针对的是已经生效的合同,即合同在被撤销之前均为有效合同,只有当撤销权人行使撤销权时,合同才自始无效。如果当事人没有提出请求的,人民法院或仲裁机构不能主动予以撤销。

《民法典》第152条规定:有下列情形之一的,撤销权消灭:

(1)当事人自知道或者应当知道撤销事由之日起一年内、重大误解的当事人自知道或者应当知道撤销事由之日起90日内没有行使撤销权;

(2)当事人受胁迫,自胁迫行为终止之日起一年内没有行使撤销权;

(3)当事人知道撤销事由后明确表示或者以自己的行为表明放弃撤销权。当事人自民事法律行为发生之日起五年内没有行使撤销权的,撤销权消灭。

记忆小窍门

重大误解的情况时间最短：自知道或应当知道之日起90日。其余情况相对较长为一年。如果法律行为已经发生了五年，则无论当事人是否知道，撤销权都已消灭。

法律对于个人保护的前提是个人积极地主张自己的权利。如果只是涉及个人利益，在当事人不主张权利的情况下，法律处于睡眠状态，即所谓"民不告，官不举"。"法律不保护躺在权利上的人""法律不帮助粗心大意之人"，而合同法对于撤销权时效的规定，正是这些原则的体现。

例题31.3（2019年真题改编，多选题）

下列合同中，属于无效合同的有（　　）。

A. 一方以欺诈胁迫手段订立的合同
B. 一方乘人之危迫使对方签订且损害社会公共利益的合同
C. 不能完全辨认自己行为的精神病人
D. 因无权处分他人财产而订立的合同
E. 违背公序良俗的合同

【答案】BE

【名师解析】损害社会公共利益的合同、违背公序良俗的合同属于无效合同。

三、合同的订立、履行和终止（★★）

（一）合同的订立

合同的订立与合同的成立是两个有密切联系的概念。合同的订立强调的是当事人订立合同的行为或过程，而合同的成立所体现的是合同订立活动结果。我国《民法典》规定"当事人订立合同，可以采用要约、承诺方式或者其他方式。"任何合同的成立都表明当事人之间达成了合意，而合意的过程，一般是先有一方当事人发出订约的意思表示，然后由另一方加以附和。要约和承诺是合同订立的两个阶段。

1. 要约

要约也叫发盘，是当事人一方以订立合同为目的，就合同的主要条款向另一方提出建议的意思表示。发出要约的人是要约人，接受要约的人为受要约人或相对人。作为订立合同的必经的环节，一个有效的要约需要满足如下条件：

（1）要约必须是特定人的意思表示。

（2）要约是以订立合同为目的的意思表示。

要约的目的在于订立合同，所以，如果行为人做出的是不具有订约意图的意思表示，那么该意思表示不构成要约。要约不同于要约邀请。要约的内容必须具体明确，足以决定合同的主要条款；而要约邀请的内容只是表达了行为人愿意订立合同的意图，并不包含合同的主要条款。

（3）要约是向要约人希望与其缔结合同的相对人发出的意思表示。

发出提议的目的是邀请不特定的人向自己发出要约，属于要约邀请，但是，在有些情况下，受要约人也可以是不特定的。比如，商店中标明价格的商品销售、悬赏广告等，就是向不特定的顾客发出的要约。

（4）要约的内容必须具体确定。

要约内容具体确定是指要约的内容必须包括足以决定合同主要内容的条款。发出要约的目的在于得到相对人的承诺，才能使合同成立。只有要约的内容具体明确，受要约人才能决定是否接受要约，因此，内容不具体确定的提议不构成要约，而是要约邀请。《民法典》第473条规定了多种典型的要约邀请形式，即拍卖公告、招标公告、招股说明书、债券募集办法、基金招募说明书、商业广告和宣传、寄送的价目表等。

要约到达受要约人时生效。要约人在发出要约后，如果认为该要约的内容与自己的利益不符，在不给相对人造成损害的前提下，可以撤回已经发出的要约。撤回要约的通知应当在要约到达受要约人之前或者与要约同时到达受要约人。如果撤回的通知后于要约到达受要约人的，不发生撤回的效力，因为在此期间，受要约人有可能已经发出了承诺的通知，在这种情况下，要约人就必须接受合同成立的后果。在要约生效后，受要约人尚未发出承诺通知之前，要约人可以要求撤销该要约。但是撤销要约是有法律限制的。《民法典》第476条规定，要约可以撤销，但是有下列情形之一的除外：

（1）要约人确定了承诺期限或者以其他形式明示要约不可撤销的；

（2）受要约人有理由认为要约是不可撤销的，并已经为履行合同作了准备工作。

2. 承诺

承诺是受要约人同意要约的意思表示。承诺的法律效力在于承诺一经做出并送达要约人，合同即告成立。承诺必须具备以下要件：

（1）承诺只能由受要约人向要约人做出。

由于要约是向特定的相对人发出的，要约生效后，只有受要约人才具有承诺的资格和权利。

（2）承诺必须在有效期限内做出。

有效期限是指要约的有效期，只有在要约的有效期内向要约人做出承诺的意思表示才具有效力。受要约人超过承诺期限发出承诺的，除要约人及时通知受要约人该承诺有效的以外，为新要约。《民法典》规定："要约没有确定承诺期限的，承诺应当依照下列规定到达：

① 要约以对话方式做出的，应当即时做出承诺；

② 要约以非对话方式做出的，承诺应当在合理期限内到达。"

（3）承诺的内容必须与要约的内容一致。

承诺的内容必须与要约的内容一致是最实质性的要件。承诺意味着要约人与受要约人双方意思表示一致，承诺是对要约实质性内容的完全接受。要约的实质性内容是指有关合同标的、数量、质量、价款或者报酬、履行期限、履行地点和方式、违约责任和解决争议方法等方面的内容，如果受要约人对上述内容加以变更，便构成对要约内容的实质性变更。受要约人对要约的内容做出实质性变更的，为新要约。承诺对要约的内容做出非实质性变更的，除要约人及时表示反对或者要约表明承诺不得对要约的内容做出任何变更的以外，该承诺有效，合同的内容以承诺的内容为准。

承诺通知到达要约人时生效。承诺生效，意味着当事人双方就合同的主要条款达成合意，标志着合同的成立。受要约人发出承诺后，承诺生效前，可以撤回所发出的承诺，取消其效力。撤回承诺的通知应当在承诺通知到达要约人之前或者与承诺通知同时到达要约人。承诺的撤回只能在承诺生效前做出，此时要约人尚未接到受要约人的承诺，合同还没有成立，因此还不具有对双方当事人的拘束力。如果承诺已经生效，则合同已经成立，此时受要约人已受合同效力的约束，当然不能再撤回承诺。因此，承诺不存在撤销的可能。

> 在水果市场中，摊贩向顾客吆喝："大家快来买啊，我的苹果又大又圆。"此时，由于没有价格、数量等在订立合同中必备的具体内容，该吆喝只能被视为是要约邀请。而如果摊贩吆喝道："最后五斤苹果按堆便宜卖了，六元一斤！"则不同。由于吆喝中明确了数量、价格信息，该吆喝构成要约。在场任何接收到该要约的消费者，都可以立即承诺："我要了"，苹果买卖合同即告成立。而如果顾客的回复是，"6元一斤不错，我买三斤的"则不构成承诺。摊贩在售卖时，六元一斤的条件是整堆五斤一起出售。顾客只买三斤的回复属于对摊贩发出的要约进行实质性变更，应当视为其向摊贩发出了新的要约。最终合同的是否成立取决于摊贩的态度。

3. 缔约过失责任

缔约过失责任是指在合同订立过程中，因一方当事人的过失给对方造成损失所应承担的民事责任。缔约过失责任是在订立合同的过程中的责任，由于合同没有成立，所以当事人之间不存在合同义务。与违约责任不同，缔约过失责任是发生在合同成立之前，是在合同订立中因一方当事人的过错造成他方损失而应承担的责任；违约责任则是发生在合同成立之后，是一方当事人违反了合同义务所应承担的责任。《民法典》第500条规定："当事人在订立合同过程中有下列情形之一，给对方造成损失的，应当承担损害赔偿责任：

（1）假借订立合同，恶意进行磋商；
（2）故意隐瞒与订立合同有关的重要事实或者提供虚假情况；
（3）有其他违背诚实信用原则的行为。"

（二）合同的履行

合同的履行是指债务人依照合同的约定或法律的规定，全面、适当地履行合同义务的行为。

1. 合同履行的基本原则

《民法典》规定："当事人应当按照约定全面履行自己的义务。当事人应当遵循诚实信用原则，根据合同的性质、目的和交易习惯履行通知、协助、保密等义务。"当事人在履行合同过程中，应当避免浪费资源、污染环境和破坏生态。从这些规定中可以概括出合同履行的基本原则。

（1）全面履行原则。

全面履行是指当事人应严格按照合同约定的内容，全面、适当地履行。其具体要求如下：

① 履行主体适当。合同约定或法律规定必须由合同当事人履行的，不得由第三人代替履行。

② 履行标的适当。履行标的是指合同的债务人向债权人履行义务应交付的对象。在未经债权人同意的情况下，不得随意以其他标的来代替。

③ 履行期限适当。履行期限是债务人履行债务和债权人接受履行的时间。合同的当事人应当在约定的期限内履行债务。如果合同中对履行期限约定不明确的，债务人可以随时履行，债权人也可以随时要求履行，但应当给予对方必要的准备时间。

④ 履行地点和方式适当。履行地点是债务人履行义务和债权人接受履行的地点。如果履行地点不明确，给付货币的，在接受货币一方所在地履行；交付不动产的，在不动产所在地履行；其他标

的，在履行义务一方所在地履行。履行方式是指债务人履行义务的方法。一般由法律规定或由合同约定，或者是由合同的性质决定。凡是属于一次性履行的债务，债务人不得分次履行，凡是要求分期分批履行的债务，不得一次性履行。如果在合同中没有对履行方式加以约定或约定不明确的，应按照有利于实现合同目的的方式履行。

（2）诚实信用原则。

诚实信用是商品经济关系中最基本的道德规范，将诚实信用规定为民事法律的基本原则之一正是这一道德规范的法律化。这一原则要求当事人在民事活动中应诚实守信用，正当行使自己的权利和切实履行自己的义务。当事人在履行合同中违背诚实信用原则，造成对方利益损害的，应承担赔偿责任。人民法院或仲裁机构在处理合同纠纷时，即使当事人未提出请求，也可以主动适用诚实信用原则。根据诚实信用原则，当事人在履行合同时，应积极履行以下义务：

① 通知义务。当事人在履行合同的过程中应及时将与合同的履行有密切关联的情况相互告知，以利于对方切实履行合同。

② 协助履行义务。合同的履行虽然主要表现为债务人的积极履行义务的行为，但是如果只有债务人的给付行为而没有债权人的领受行为，那么合同的履行就不能顺利完成。债权人协助履行的义务主要包括：

a. 及时接受履行；

b. 为债务人履行债务提供必要的条件；

c. 在发生债务人不能履行或者不能全面履行债务时，应采取积极的措施，防止损失扩大等。

（3）绿色原则。

这一原则是民法基本原则在合同履行过程中的具体体现。合同当事人履行合同时，应当避免浪费资源、污染环境和破坏生态，这样才能最大限度地节约资源、树立可持续发展的观念。

2. 双务合同履行中的抗辩权

抗辩权是债务人在法定条件下对抗权利人的请求权而暂时拒绝履行债务的权利。双务合同中的抗辩权主要有以下几种：

（1）同时履行抗辩权。同时履行抗辩权是指双务合同中当事人在没有约定先后履行顺序时，一方在对方未进行对待给付之前，有拒绝履行自己的合同义务的权利。我国《民法典》第525条规定："当事人互负债务，没有先后履行顺序的，应当同时履行。一方在对方履行之前有权拒绝其履行要求。一方在对方履行债务不符合约定时，有权拒绝其相应的履行要求。"规定同时履行抗辩权的目的在于保护当事人双方在利益关系上的平衡，如果一方不履行自己的义务而要求对方履行义务，则有悖于法律的公平原则。

（2）不安抗辩权。不安抗辩权是指在双务合同中有先给付义务的当事人在有证据证明后给付人具有丧失或者可能丧失履行债务能力的情况时，可以中止自己先给付义务的履行。《民法典》第527条规定的后给付义务人丧失或可能丧失履行债务能力的情况有：

① 经营状况严重恶化；

② 转移财产、抽逃资金，以逃避债务；

③ 丧失商业信誉；

④ 有丧失或者可能丧失履行债务能力的其他情形。

在有确切证据证明对方有以上情形之一出现时，应当先履行债务的当事人可以行使不安抗辩权，中止债务的履行。

（3）先履行抗辩权。先履行抗辩权是指在双务合同中履行义务顺序在后的一方当事人，在履行义务顺序在先的一方当事人没有履行或不适当履行义务时，拒绝先履行一方请求其履行义务的权利。《民法典》第526条规定："当事人互负债务，有先后履行顺序，先履行一方未履行的，后履行一方有权拒绝其履行要求。先履行一方履行债务不符合约定的，后履行一方有权拒绝其相应的履行要求。"先履行抗辩权也是一种延期抗辩权，只能使对方的请求权延期，而不能消灭对方的请求权。如果对方履行了应当先履行的义务，则先履行抗辩权随之消灭。

（三）合同的终止

合同的终止又称为合同的消灭，是指合同关系当事人双方之间权利义务于客观上不复存在。合同的设立是为取得某种利益，而利益的取得是通过合同的履行，实现债权而最终实现的。从一定意义上说，订立合同的目的在于消灭合同关系。能够引起合同关系消灭的法律事实主要包括：

1. 合同履行

合同订立后，双方当事人按照合同的约定或法律的规定互相履行合同义务，实现债权，就是合同的履行。当事人通过合同的履行而实现各自的经济利益。合同的履行是合同终止的最正常和最主要的形式。

2. 抵销

抵销是指当事人双方相互负有同种类的给付义务时，将两项义务相互冲抵，使其相互在对等额内消灭。以抵销的方式消灭合同关系，使合同终止，可以便利当事人双方，降低交易的成本。适用抵销的条件包括：

（1）当事人双方必须互相有债务、债权；
（2）当事人双方的给付债务应为同一种类；
（3）当事人双方的债务均已到履行期；
（4）当事人双方的债务均是可以抵销的债务。法律明确规定或当事人约定不得抵销的，不能抵销。例如，相互提供劳务的债务，与人身不可分离的债务，法律规定禁止强制执行的债务，侵权行为所生的损害赔偿债务，都是不能抵销的。

3. 提存

提存是指债务人于债务已届履行期时，将无法给付的标的物交给提存机关，以消灭债务的行为。债务人履行债务需要债权人的协助。如果债权人不协助债务人履行，对债务人的履行拒不接受，或者由于债权人的其他原因使债务人无法向债权人履行债务时，债务人可以通过法律所设定的提存制度，将其无法给付的标的物交给提存机关保存，以代替向债权人的给付，从而免除自己的清偿责任。债务人提存后，债务人的债务即告消灭。

4. 免除债务

免除债务是指债权人免除债务人的债务而使合同关系消灭的法律行为。《民法典》第575条规定："债权人免除债务人部分或者全部债务的，合同的权利义务部分或者全部终止，但是债务人在合理期限内拒绝的除外。"

5. 混同

混同是指债权与债务同归于一人而使合同关系终止的事实。混同以债权与债务归于一人而成立，与人的意志无关，因而属于事件的范畴。发生混同的原因有两种：一是概括承受，即合同关系的一方当事人概括承受他人的权利与义务。概括承受是混同的主要原因，常见的现象是企业的合并，合并前的两个企业之间互有债权债务。两个企业合并为一个企业，债权债务因同归于一个企业而消灭。

二是特定承受，即因债权人让与或债务人承担而承受权利义务。混同的效力是导致合同关系的绝对消灭。《民法典》第 576 条规定："债权和债务同归于一人的，合同的权利义务终止，但涉及第三人利益的除外。"

 名师说

　　在特定承受中，债权人和债务人具体针对债权或债务进行转移，可以是债权人将其债权转让给债务人，也可以是因为某种原因债务人将其债务转移给债权人承受。而在概括承受中，债权人和债务人并没有具体针对债权或债务进行转移，而是因为合并、继承等其他原因，导致债权债务自然地同归于一人。无论是概括承受，还是特定承受，都表示因债权、债务同归于一人所导致的合同终止的情况。

任务 32　合同法律制度（下）

任务概述

本任务涉及"第三十五章 合同法律制度"中"合同的担保和保全""合同的转让、变更和解除"以及"违约责任"。

此任务在中级经济师考试中约考查 2 分，分值占比约为 1%。考试题型同时涉及单选题和多选题。

本任务整体难度适中，重要考点为：合同的担保和保全。

任务框架图

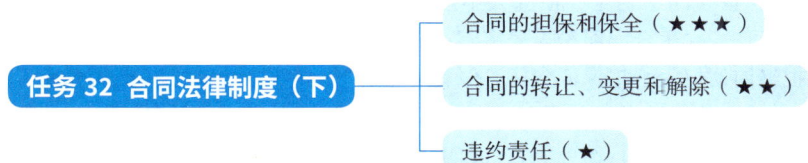

一、合同的担保和保全（★★★）

（一）合同的担保

合同是平等主体的自然人、法人、其他组织之间设立、变更、终止民事权利义务关系的协议。合同担保具有的法律特征如下：

1. 概念

合同的担保是指根据法律规定或者当事人约定的担保措施保证合同义务人履行义务的一项法律制度，目的是督促债务人履行合同义务。合同担保的法律特征如表 32－1 所示：

表 32－1　合同担保的法律特征

特征	注释
具有明确的目的性	设立担保的目的在于督促合同义务人积极履行义务，保障债权人的权利的实现
具有自愿性和平等性	合同的担保有法定担保和约定担保之分。法定担保是由法律直接加以规定的担保（如留置权），而约定担保更为常见，它是由当事人自愿协商设立的
具有从属性	合同的担保是通过订立担保合同设立的，担保合同是从属于被担保的合同的。担保合同作为从合同，不能脱离主合同而独立存在，它的效力要受主合同的制约

2. 合同担保的形式

虽然合同的担保可以由当事人自愿设立，但是合同担保的方式是由法律加以规定的。我们之前所学的担保物权都属于合同担保的形式，除了这些物权担保之外，合同担保还有其他非物权的担保形式。

（1）保证。

保证是合同当事人以外的第三人担保合同一方当事人（债务人）履行合同义务的担保方式，当债务人不履行债务时，保证人按照约定履行债务或者承担责任。保证的设立一般是通过保证人与被担保的主合同的债权人订立保证合同来实现的。保证合同的当事人是保证人和主合同的债权人。

保证人是承担保证责任的义务人，只有符合法律所规定的保证人条件的人，才可以作为保证人。保证人必须是具有代为清偿债务能力的法人、其他组织或者公民。国家机关和学校、幼儿园、医院等以公益为目的的事业单位、社会团体以及企业法人的分支机构、职能部门均不得作为保证人。

保证方式分为**一般保证**和**连带责任保证**两种：

① 一般保证是指保证人只对债务人不履行债务承担**补充责任**的保证。**一般保证人享有先诉抗辩权**，即债权人未经诉讼、仲裁实现其债权之前，不得要求一般保证人承担责任。《民法典》第 687 条规定："当事人在保证合同中约定，债务人不能履行债务时，由保证人承担保证责任的，为一般保证。一般保证的保证人在主合同纠纷未经审判或者仲裁，并就债务人财产依法强制执行仍不能履行债务前，有权拒绝向债权人承担保证责任，但有下列情形之一的除外：（一）债务人下落不明，且无财产可供执行；（二）人民法院已经受理债务人破产案件；（三）债权人有证据证明债务人的财产不足以履行全部债务或者丧失履行债务能力；（四）保证人书面表示放弃本款所规定的权利。"

② 连带责任保证是指在债务人不履行债务时由保证人与债务人承担连带责任的保证。**连带保证人不享有先诉抗辩权**。《民法典》第 688 条规定："当事人在保证合同中约定保证人和债务人对债务承担连带责任的，为连带责任保证。连带责任保证的债务人不履行到期债务或者发生当事人约定的情形时，债权人可以请求债务人履行债务，也可以请求保证人在其保证范围内承担保证责任。"在连带责任保证中，保证人不享有先诉抗辩权，保证人的责任是较重的。在设立保证时，保证人与债权人应就保证方式加以约定，如果保证合同当事人双方对保证方式没有约定或者约定不明确的，按一般保证承担保证责任。

（2）定金。

定金是合同当事人一方为保证合同的履行，在合同订立时或履行前，给付对方一定数额金钱的担保方式。债务人履行债务后，定金应当抵作价款或者收回。定金的担保作用通过定金罚则体现。定金罚则是指根据法律的规定，给付定金的一方不履行约定的债务的，**无权要求返还定金**；收受定金的一方不履行约定债务的，**应当双倍返还定金**。由于定金的这一作用，在当事人不履行约定的债务时会产生丧失定金或加倍返还定金的后果，所以为避免定金利益的损失，就必须积极地履行合同义务。定金合同是实践合同。《民法典》第 586 条规定："当事人可以约定一方向对方给付定金作为债权的担保。定金合同自实际交付定金时成立。定金的数额由当事人约定；但不得超过主合同标的额的百分之二十，超过部分不产生定金的效力。实际交付的定金数额多于或者少于约定数额的，视为变更约定的定金数额。"定金罚则与违约金有相似之处，都可以使违约一方丧失一定的金钱利益，所以都具有督促义务人积极履行合同的作用。但两者是有区别的，如表 32-2 所示，两者的区别主要表现在以下几个方面：

表 32-2 定金与违约金的区别

区别	注释
交付时间的不同	定金于合同履行前交付，违约金只能在有违约行为发生后交付
效力不同	定金具有证明合同成立和预先给付的效力，而违约金则没有
性质不同	定金主要起合同担保的作用，而违约金则是违约责任的一种形式。《合同法》第 116 条规定，当事人既约定违约金又约定定金的，一方违约时，对方可以选择适用违约金或者定金条款。可见，违约金与定金的罚则不能并用，两者只能择其一适用。定金不足以弥补一方违约造成的损失，对方可以请求赔偿超过定金数额的损失

例题 32.1（2015 年真题改编，多选题）

关于定金的说法，正确的有（　　）。

A. 定金和违约金无本质不同
B. 定金合同从实际交付定金之日起生效
C. 定金的数额不得超过主合同标的额的 20%
D. 当事人既约定定金又约定违约金的，未违约一方可以同时要求赔偿定金和违约金
E. 定金的担保作用是通过定金罚则体现的

【答案】BCE

【名师解析】定金和违约金属于不同概念；定金罚则与违约金不可以并用，因此选项 AD 错误。

（二）合同的保全

1. 概念

合同的保全是指，为防止因债务人财产的不当减少致使债权人债权的实现受到危害，而设置的保全债务人责任财产的法律制度，具体包括债权人代位权制度和债权人撤销权制度。合同保全的法律特征主要体现在以下几个方面：

（1）合同保全是债的对外效力的体现，也是合同相对性原则的例外。根据债的相对性和合同相对性的原理，合同之债主要在合同当事人之间产生法律效力。法律赋予债权人在一定条件下行使代位权或撤销权，而行使这两项权利的直接后果就会对当事人以外的第三人产生效力，这与合同相对性原则不同。因此，合同保全是合同相对性原则的例外。

（2）合同保全主要发生在合同有效期内。也即在合同生效之后到履行完毕前，合同保全措施都可以被采用。这说明，合同保全措施的运用与合同履行期间债务人是否实际履行义务并没有必然的联系。但如果合同没有生效或者已被宣告解除、无效乃至被撤销，债权人就没有了行使代位权或撤销权的事实和法律依据。

（3）合同保全的基本方法是代位权和撤销权的行使。这两种措施都是通过防止债务人的财产不当减少或恢复债务人的财产，从而保证债权人权益的合法实现。根据合同保全原则，无论债务人是否实施了违约行为，只要债务人采取不正当的手段处分其财产，并且这种行为直接导致债权人的利益受到危害时，债权人就可以行使保全措施。

2. 债权人的代位权

债权人的代位权是指当债务人怠于行使其对第三人的权利而危害债权实现时，债权人享有的以自己名义代位行使债务人权利的权利。代位权突破了债的相对性规则，是法律赋予债权人的权利，其成立条件如表 32-3 所示：

表32-3　代位权成立的条件

条件	注释
债务人对第三人享有权利	—
债务人怠于行使权利且因此可能危及债权人的债权	—
债权人对债务人的债权已届清偿期而未获清偿	—
债务人对第三人的权利为非专属性权利和可以强制执行的权利	债权人的代位权必须通过诉讼方式行使，代位权的范围以债权人的债权为限，行使代位权的必要费用，由债务人负担

> **名师说**
>
> 专属于债务人自身的债权，是指基于扶养、抚养、赡养、继承等关系产生的给付请求权和劳动报酬、退休金、养老金、抚恤金、安置费、人寿保险、人身伤害损害赔偿请求权等权利。

3. 债权人的撤销权

债权人的撤销权是指，当债务人所为的减少其财产的行为危害债权实现时，债权人为保全其债权得请求法院撤销债务人该行为的权利。根据《民法典》规定，债权人的撤销权主要在以下几种情形下行使：（1）债务人以放弃其债权、放弃债权担保、无偿转让财产等方式无偿处分财产权益，或者恶意延长其到期债权的履行期限，影响债权人的债权实现的；（2）债务人以明显不合理的低价转让财产、以明显不合理的高价受让他人财产或者为他人的债务提供担保，影响债权人的债权实现，债务人的相对人知道或者应当知道该情形的。撤销权的行使范围以债权人的债权为限。债权人行使撤销权的必要费用由债务人负担。撤销权自债权人知道或者应当知道撤销事由之日起一年内行使。自债务人的行为发生之日起五年内没有行使撤销权的，该撤销权消灭。债务人影响债权人的债权实现的行为被撤销的，自始没有法律约束力。

> **记忆小窍门**
>
> 当债务人无偿处分财产，并危害债权实现时，债权人即可行使撤销权。而当债务人的行为是有偿的，债权人行使撤销权时还需增加受让人是知情的（即"恶意"的）条件。

例题32.2（2017年真题改编，单选题）

关于债权人的代位权的说法，正确的是（　　）。

A. 代位权的范围以债权人的债权为限

B. 由于代位权属于法定权力，代位权无需通过诉讼程序行使

C. 债权人代位权的行使必须取得债务人的同意

D. 代位权行使的费用必须由债权人自己承担

【答案】A

【名师解析】债权人的代位权必须通过诉讼方式行使，代位权的范围以债权人的债权为限，行使代位权的必要费用由债务人负担，代位权的行使无需征得债务人同意。

二、合同的转让、变更和解除（★★）

（一）合同的转让

合同的转让是指合同当事人依法将合同的权利义务转让给他人的合法行为。合同的转让不改变合同的内容，合同的转让只是发生合同当事人的变化，合同所约定的权利义务并不发生改变。合同转让的情形主要有三种：

1. 合同权利的转让

合同权利的转让是指合同中的债权人将其全部或部分债权转让给第三人的行为。转让的权利应具有可转让性。《民法典》第545条规定了债权不具有可转让性的情形：

（1）根据合同性质不得转让。例如，具有人身性质的债权属于专属性的权利，基于对特定当事人的信用而发生的债权等都是不能转让的。

（2）按照当事人约定不得转让。当事人在订立合同时可以特别约定不得转让合同权利，这一约定与合同具有同样的法律效力。

（3）依照法律规定不得转让。构成对权利转让的法律限制的，必须是有法律的明确规定，而不能是对法律的任意解释。

《民法典》第546条规定："债权人转让权利的，应当通知债务人。未经通知，该转让对债务人不发生效力。""债权人转让权利的通知不得撤销，但经受让人同意的除外。"合同权利的转让与受让发生在债权人和第三人之间，转让本身并不需要债务人的同意。规定债权人通知义务的目的在于，使债务人了解债权转让的事实，使其能够按照转让后的情况安排履行债务，从而避免造成债务人不必要的损失。

2. 合同义务的转让

合同义务的转让又称债务的承担，是指债务人将债务的全部或部分转移给第三人承担的行为。《民法典》第551条规定，债务人将合同的义务全部或者部分转移给第三人的，应当经债权人同意。可见，取得债权人的同意是合同义务转让的有效条件之一。之所以要求取得债权人的同意，是因为合同关系一般是建立在当事人之间的信任基础之上的，合同能否履行在很大程度上取决于债务人的资信能力，债务人的资信能力如何直接关系到债权人的债权能否实现。债权人同意债务人转让其债务给第三人的，视为债权人认可了债务受让人清偿债务的能力。

3. 合同权利义务概括转让

合同权利义务概括转让是指合同当事人一方将其权利义务一并转让给第三人，第三人概括承受该合同权利义务的行为。权利义务概括转让的条件、效力与债权转让、债务转让的条件基本相同。合同权利义务的概括转让，可以分为意定概括转让和法定概括转让：

（1）**意定概括转让**指通过当事人之间的转让协议进行合同权利义务的转让。《民法典》第555条规定，当事人一方经对方同意，可以将自己在合同中的权利和义务一并转让给第三人。

（2）**法定概括转让**指根据法律规定而产生权利义务的概括转让。例如，企业的合并、分立会自然地产生权利义务的转让效果。

（二）合同的变更

合同的变更是指合同成立后当事人双方经过协商达成合意，对已经成立的合同的内容进行的变更。

1. 合同变更的法律要件

合同变更的法律要件主要包括：

（1）存在合法有效的合同关系。合同变更的对象是已经依法成立的合同，这是合同变更的前提条件。

（2）合同的变更是合同内容的变更，不包括合同主体的变更。此处合同的变更是狭义的概念。合同主体的变更属于合同转让的范畴。合同变更的具体内容可以由合同当事人自由协商确定，法律不加以限制。

（3）合同的变更应依据法律规定或当事人的约定进行。合同的变更可以根据法律的规定直接发生法律效力，也可由当事人协商确定而发生法律效力。

（三）合同的解除

合同的解除是指合同成立后，在具备解除条件时，因当事人一方或双方的意思表示，提前消灭合同效力的法律行为。合同依法成立后，如果由于主客观情况发生变化，使合同的履行成为不必要或不可能时，合同当事人可以通过一定的法律行为解除合同。根据我国法律的规定，合同解除的类型主要包括协议解除和基于解除权的解除两种。

1. 协议解除

合同的协议解除是指经当事人双方意思表示一致而解除合同的行为。经协议解除合同的，实际就是通过订立一个新的合同来解除原来的合同。由于协议解除的行为发生在被解除的合同成立之后，而不是在合同订立时就由当事人约定解除合同的条件，所以在协议解除合同的场合，当事人任何一方都不是基于解除权而解除合同的。

2. 基于解除权的解除

解除权是指合同当事人可以依据法律规定或合同约定的条件解除合同的权利。解除权是一种形成权，即只要解除权人将解除合同的单方意思表示通知对方即可产生解除合同的效力，而不必经对方的同意。所以，基于解除权解除合同的属于合同的单方解除。合同解除权的根据是合同的约定或法律规定，因此基于解除权解除合同的包括约定解除和法定解除两种形式：

（1）约定解除。

《民法典》第 562 条第 2 款规定："当事人可以约定一方解除合同的条件。解除合同的条件成就时，解除权人可以解除合同。"这里所规定解除合同的条件，可以是在合同订立的同时作为合同的条款加以约定，也可以是在合同成立之后另行订立一个合同加以约定。基于这种约定，当事人在解除条件具备时，可以通过行使解除权而提前消灭合同关系。

约定解除与协议解除是不同的，具体如表 32-5 所示：

表 32-5　约定解除与协议解除的区别

区别	注释
约定解除是事先约定，协议解除是事后约定	约定解除属于事先的约定，即在导致合同不能履行或没有履行必要的情况出现之前就事先予以约定解除合同的条件；而协议解除属于事后的约定，是在导致合同不能履行或没有履行必要的情况出现之后由当事人达成解除合同的协议

续表

区别	注释
当事人约定解除权时，不一定产生解除合同的后果	当事人约定解除权的，并不一定会产生解除合同的后果，只有在条件成立时，当事人依据事先的约定，行使解除权而解除合同。而当事人通过协议解除合同的，则是已经出现了可以解除合同的事由，一旦解除合同的协议达成，就能够产生解除合同的后果。在协议解除合同的场合，当事人不是根据事先约定的解除权，而是以一个新的合同来解除原来订立的合同
约定解除权的行使是单方行为	约定解除是基于当事人行使解除权而解除合同，而解除权的行使是一种单方行为，因此在约定解除的场合，解除权人不必经对方同意即可解除合同。而协议解除是当事人双方通过协议解除合同，所以只有当事人双方就合同解除的事宜意思表示一致方可进行，不能单方解除合同

(2) 法定解除。

法定解除是指在合同成立之后，没有履行或没有履行完毕前，当事人一方根据法律规定的合同解除的条件而解除合同的行为。法定解除与约定解除都是基于解除权而解除合同，不同之处在于解除权的产生根据，法定解除的解除权是法律的直接规定，而约定解除的解除权是当事人之间的协议。

如表 32-6 所示，《民法典》第 563 条规定了五种合同的法定解除情形：

表 32-6　《合同法》规定的五种合同的法定解除情形

《合同法》第 94 条规定，有下列情形之一的，当事人可以解除合同：	① 因不可抗力致使不能实现合同目的
	② 在履行期限届满之前，当事人一方明确表示或者以自己的行为表明不履行主要债务
	③ 当事人一方迟延履行主要债务，经催告后在合理期限内仍未履行
	④ 当事人一方迟延履行债务或者有其他违约行为致使不能实现合同目的
	⑤ 法律规定的其他情形

三、违约责任（★）

（一）违约责任的概念

违约责任即违反合同的责任，是指合同当事人不履行或不适当履行合同义务所应承担的民事责任。法律责任是由违法行为所产生的法律后果，其种类分为民事责任、行政责任和刑事责任，而违约责任属于法律责任中的民事责任。违约责任只在合同关系当事人之间产生，对于合同以外的第三人并不发生违约责任，尽管根据约定合同以外的第三人可以作为合同的履行主体，但由于该第三人不是合同的当事人，所以违约责任仍然由债务人承担。《民法典》第 522 条规定："当事人约定由债务人向第三人履行债务的，债务人未向第三人履行债务或者履行债务不符合约定，应当向债权人承担违约责任。"《民法典》第 523 条规定："当事人约定由第三人向债权人履行债务的，第三人不履行债务或者履行债务不符合约定，债务人应当向债权人承担违约责任。"

（二）违约责任的构成要件

违约责任的构成要件主要包括以下两个方面：

1. 违约行为

违约行为是指合同当事人不履行或者不适当履行合同义务的客观事实。违约行为是构成违约责任的首要条件。就违约行为发生的时间而言，违约行为可以分为预期违约和实际违约。

（1）预期违约。

预期违约是指在合同有效成立后**履行期限届满前**的违约行为。《民法典》第 578 条规定："当事人一方明确表示或者以自己的行为表明不履行合同义务的，对方可以在履行期限届满之前要求其承担违约责任。"预期违约是一种毁约行为。实践中可能表现为明示的预期违约和默示的预期违约，前者是指一方当事人无正当理由，明确肯定地向对方当事人表示将在合同履行期到来时不履行合同义务；后者是指在履行期到来时，当事人一方以自己的行为表明不履行合同义务。

（2）实际违约。

实际违约是指合同**履行期限届满后**发生的违约行为。上述的不履行或不适当履行就属于实际违约。

2. 主观过错

在违约责任的构成方面，我国实行的是严格责任。过错是指合同当事人通过其违约行为所表现出的故意和过失的心理状态。违约责任中的过错通常是通过推定的方法加以认定，即只要当事人实施了违约行为，就推定其主观上有过错。债权人就债务人的主观过错不承担举证责任。债务人只有证明自己主观上没有过错，才可以否定违约责任的构成。

（三）承担违约责任的方式

《民法典》合同编第 8 章专门规定了承担违约责任的多种方式。这些承担违约责任的方式，既可以单独适用，也可以合并适用。

1. 继续履行

继续履行是指债权人在债务人违约行为发生后请求人民法院或仲裁机构强制债务人继续按照合同的约定履行债务。继续履行是合同实际履行原则的要求和延伸，是在发生违约行为后的一种补救措施。《民法典》第 577 条规定，当事人一方不履行合同义务或者履行合同义务不符合约定的，应当承担继续履行、采取补救措施或者赔偿损失等违约责任。

2. 支付违约金

违约金是指当事人在合同中约定，在一方当事人违约时向另一方支付一定数额的金钱。如表 32－7 所示，违约金具有如下法律特征：

表 32－7　违约金的法律特征

特征	注释
违约金责任的产生，需以事先约定为前提	《民法典》第 585 条规定，当事人可以约定一方违约时应当根据违约情况向对方支付一定数额的违约金。如果当事人在合同中没有约定违约金，则不产生违约金的责任形式
违约金数额的条款有可能发生变化	违约金虽然由当事人约定，但是关于违约金数额的条款并不是绝对不变的，约定的违约金低于造成的损失的，当事人可以请求人民法院或者仲裁机构予以增加；约定的违约金过分高于造成的损失的，当事人可以请求人民法院或者仲裁机构予以适当减少

续表

特征	注释
违约金条款具有从合同的性质	合同中的违约金条款具有从合同的性质，它以主合同的存在为条件，主合同不成立、无效或者被撤销时，违约金条款便不能发生效力。当然，违约金条款也具有一定的独立性，当由于当事人一方的违约行为而导致合同解除时，非违约一方仍然有权根据约定要求违约方支付违约金
违约金责任，仅在违约行为发生后生效	违约金作为违约责任的一种形式，只有在违约行为发生后才能生效，如果当事人履行了合同义务，则不发生支付违约金的问题

3. 违约损害赔偿

违约损害赔偿是指由违约行为造成对方当事人损失所产生的法律责任。《民法典》第585条规定："当事人一方不履行合同义务或者履行合同义务不符合约定的，在履行义务或者采取补救措施后，对方还有其他损失的，应当赔偿损失。"违约损害赔偿是对由于违约行为所造成的对方当事人利益损失的赔偿，这一特点使其区别于侵权行为所产生的损害赔偿责任。损害赔偿的目的主要是弥补或填补因违约行为造成债权人的利益损失。因此，由于违约行为造成损失的，受损失的当事人可以要求赔偿。损害赔偿的范围原则上以当事人的实际损失为限。《民法典》第584条规定："当事人一方不履行合同义务或者履行合同义务不符合约定，给对方造成损失的，损失赔偿额应当相当于因违约所造成的损失，**包括合同履行后可以获得的利益**，但不得超过违反合同一方订立合同时预见到或者应当预见到的因违反合同可能造成的损失。"这一规定的目的在于，使赔偿的数额基本上相当于在合同正常履行的情况下所能获得的利益。

（四）违约的免责事由

免责事由又称免责条件，是指法律规定或者合同约定的当事人对其不履行或者不适当履行合同义务免除承担违约责任的条件。通常包括以下几种情况：

1. 不可抗力

不可抗力是指不能预见、不能避免并不能克服的客观情况。不可抗力仅指客观情况，属于事件的范畴，并不包括民事主体的行为。如果是由于合同当事人以外的第三人的原因导致合同不能履行或履行不符合要求的，不属于不可抗力，从而排除了将第三人的行为导致违约作为抗辩事由的可能。不可抗力具有不可预见性，即合同当事人以现有的技术水平和经验无法预知，具有不可避免和不可克服性。因不可抗力而免除违约责任的应根据不可抗力影响范围的大小来决定。《民法典》第590条规定："当事人一方因不可抗力不能履行合同的，根据不可抗力的影响，部分或者全部免除责任，但是法律另有规定的除外。因不可抗力不能履行合同的，应当及时通知对方，以减轻可能给对方造成的损失，并应当在合理期限内提供证明。当事人延迟履行后发生不可抗力的，不能免除其违约责任。"这一规定表明：

（1）并不是所有不可抗力的发生都能构成违约的免责事由，只有不可抗力影响到合同的履行时才可以免责。不可抗力可能对合同的履行有不同程度的影响，如果不可抗力影响到合同全部不能履行时，可以免除当事人全部不履行的责任；如果不可抗力只是影响合同的部分不能履行的，则部分免除当事人的不履行责任。

（2）只有当不可抗力发生在合同履行期内，才能构成免责事由。如果当事人违约在先，那么尽管在之后发生了不可抗力的情况，也不能免除违约方的责任。

> 不可抗力这一概念最早起源于法国的民法典，随后在世界范围内普及。然后，不同的法律体系对于不可抗力的解释是不一样的。有的法律体系认为，不可抗力应当局限于"Act of God"含义，即洪水、海啸等天灾，而有的法律体系对不可抗力的解释会更加宽泛，认为如"战争""罢工"等人祸以及"停电"等技术故障也属于不可抗力。

2. 受害人的过错

受害人的过错是指受害人对违约行为或者违约损害后果的发生或者扩大存在过错。违约责任虽然实行严格责任，但是受害人的过错可以成为违约方全部或者部分免除责任的依据。《民法典》第592条规定："当事人都违反合同的，应当各自承担相应的责任。"当事人双方都违约时，表明双方都有过错，就应按各自的过错程度承担责任。对于受害人就自己的过错应当承担责任的部分，可以免除对方的违约责任。《民法典》第591条规定："当事人一方违约后，对方应当采取适当措施防止损失的扩大；没有采取适当措施致使损失扩大的，不得就扩大的损失要求赔偿。"这里所规定的"没有采取适当措施致使损失扩大"就属于受害人有过错，由于受害人的过错，可以免除违约方对损失扩大部分的责任。

3. 免责条款

免责条款是指合同当事人在合同中约定的免除其在将来可能发生的违约责任的条款。根据意思自治和合同自由原则，当事人在订立合同时可以约定免责条款，根据免责条款的约定，在有符合约定的条件下，尽管发生了合同不履行的事实，当事人也可以不承担违约责任。《民法典》第506条规定："合同中的下列免责条款无效：（一）造成对方人身伤害的；（二）因故意或者重大过失造成对方财产损失的。"可见，当事人虽然可以根据合同自由原则约定免责条款，但是这种约定并不是可以任意进行的。既然免责条款是当事人就责任免除所达成的合意，所以它必须符合法律行为的有效条件的要求，而违反法律规定或社会公共利益的免责条款则不能发生法律效力。

任务 33　公司法

任务概述

本任务涉及"第三十六章 公司法律制度"。

此任务在中级经济师考试中约考查 5 分，分值占比约为 4%。考试题型同时涉及单选题和多选题。

本任务整体难度适中，重要考点为：公司的设立与公司法基本制度、公司治理结构。

任务框架图

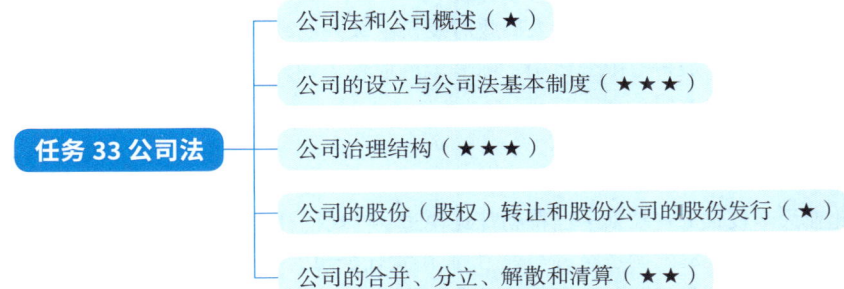

一、公司法和公司概述（★）

（一）公司法

"公司法"具有广义和狭义的内涵。
(1) 广义的公司法是一个统称，指代调整公司组织及行为的所有法律规范；
(2) 狭义的公司法专指《中华人民共和国公司法》（以下简称《公司法》）。

（二）公司的概述

1. 定义
公司是依照法定的条件和程序设立，以营利为目的，股东对公司债务承担有限责任的法人组织。
2. 特征
(1) 公司具有法人人格。
公司具有民事权利能力和民事行为能力，为独立的法人，法律地位独立于股东、管理人员和职工；公司可以自己的名义对外从事法律行为，并承担相应的法律责任；公司可拥有自己的财产，并以其全部财产对自己的债务承担责任。

（2）公司是营利法人。营利法人是以取得利润并分配给股东等出资人为目的成立的法人。

（3）股东承担有限责任。有限责任公司的股东以其认缴的出资额为限对公司承担责任；股份有限公司的股东以其认购的股份为限对公司承担责任。但《公司法》第20条第三款规定，公司股东滥用公司法人独立地位和股东有限责任，逃避债务，严重损害公司债权人利益的，应当对公司债务承担连带责任。

3. 公司的种类

根据组织结构不同，公司可分为无限公司、两合公司、有限责任公司、股份有限公司和股份两合公司；根据公司股权或股份是否可以自由转让，公司可分为公开公司和封闭公司（公众公司或私人公司）；根据公司资本来源的不同，公司可分为国有公司、私有公司、外资公司以及混合所有制公司。我国《公司法》将公司分为有限责任公司和股份有限公司。有限责任公司是指股东以其出资额为限对公司承担责任，公司以其全部财产对公司的债务承担责任的企业法人。股份有限公司是指公司全部资本分为等额股份，股东以其所持有的股份对公司承担责任，公司以其全部财产对公司的债务承担责任的企业法人。有限责任公司中，除一般的有限公司外，还包括一人有限责任公司和国有独资公司两种特殊类型：前者是指只有一个自然人股东或者一个法人股东的有限责任公司；后者是指国家单独出资，由国务院或者地方人民政府授权本级人民政府国有资产监督管理机构履行出资人职责的有限责任公司。股份有限公司中，除一般的股份公司外，还包括上市公司，即其股票在证券交易所上市交易的股份有限公司。

哥伦比亚大学校长尼古拉斯·巴特勒曾经说过："现代社会最伟大的发明就是有限责任公司！即使蒸汽机和电气的发明也略逊一筹。"有限责任公司的出现，把社会中各种资源、生产要素高效地组织起来，使得经济的发展达到了史无前例的高度。"股东以出资为限承担有限责任"的制度，使得人们放开了手脚，深度地参与到经营之中。而"拥有能和股东个人财产相分离的独立财产"使得法人的概念从根基上成立。独立的法人超越了自然人力量的边界，以集合体的方式促进了生产力的发展。

例题33.1（2018年真题改编，多选题）

关于公司特征的说法，正确的有（　　）。

A. 公司是以营利为目的的经济组织
B. 公司有独立的财产
C. 大部分公司具备法人资格，小部分公司不具有法人人格
D. 公司的财产与股东的个人财产相分离
E. 公司须依法设立

【答案】ABDE

【名师解析】选项C错误，公司必须具备法人人格。其余选项均为公司的特征。

名师说

公司的特征可考性非常强，可以把几个特征糅合到一起进行辨析考查，典型问法："下列说法正确或者错误的是""下列属于或者不属于公司特征的是"。

二、公司的设立与公司法基本制度（★★★）

（一）公司的设立

公司设立须满足一定的条件，如表 33-1 所示：

表 33-1　公司设立条件

公司类型	设立条件
有限责任公司	（1）股东符合法定人数。有限责任公司由 50 个以下股东出资设立。 （2）股东出资及公司资本方面的要求： ① 有符合公司章程规定的全体股东认缴的出资额。 ② 股东可以用货币出资，也可以用实物、知识产权、土地使用权等可以用货币估价并可以依法转让的非货币财产作价出资，但是，法律、行政法规规定不得作为出资的财产除外。《公司登记管理条例》规定，股东不得以劳务、信用、自然人姓名、商誉、特许经营权或者设定担保的财产等作价出资。 ③ 股东应当按期足额缴纳公司章程中规定的各自所认缴的出资额，否则，除应当向公司足额缴纳外，还应当向已按期足额缴纳出资的股东承担违约责任。有限责任公司成立后，发现作为设立公司出资的非货币财产的实际价额显著低于公司章程所定价额的，应当由交付该出资的股东补足其差额；公司设立时的其他股东承担连带责任。公司成立后，股东不得抽逃出资。 （3）股东共同制定公司章程。设立公司必须依法制定公司章程。公司章程对公司、股东、董事、监事、高级管理人员具有约束力。股东应当在公司章程上签名、盖章。 （4）有公司的名称。 （5）有公司住所
股份有限公司	（1）发起人符合法定人数。设立股份有限公司，应当有 2 人以上 200 人以下为发起人，其中须有半数以上的发起人在中国境内有住所。 （2）有符合公司章程规定的全体发起人认购的股本总额或者募集的实收股本总额，且股份发行、筹办事项符合法律规定。 （3）采用发起方式设立股份有限公司，由发起人制定并通过公司章程。采用募集方式设立股份有限公司，由发起人制定公司章程并经创立大会通过。 （4）有公司名称，建立符合股份有限公司要求的组织机构。 （5）有公司住所

例题 33.2（2012 年真题改编，多选题）

根据《中华人民共和国公司法》，公司股东可以用（　　）作为出资入股。

A. 货币　　　　　　　　　　　　　　B. 实物
C. 知识产权　　　　　　　　　　　　D. 个人劳务
E. 土地使用权

【答案】ABCE

【名师解析】股东可以用货币出资，也可以用实物、知识产权、土地使用权等可以用货币估价并可以依法转让的非货币财产作价出资。

（二）公司设立登记

设立公司，应依法向公司登记机关申请设立登记。法律、行政法规规定设立公司必须报经批准的，应当在公司登记前依法办理批准手续。

1. 设立有限责任公司，应当由全体股东指定的代表或者共同委托的代理人向公司登记机关申请设立登记。

2. 设立股份有限公司，应当由董事会向公司登记机关申请设立登记。以募集方式设立股份有限公司的，应当于创立大会结束后 30 日内向公司登记机关申请设立登记。

3. 公司的登记事项。《公司登记管理条例》规定，公司的登记事项包括名称、住所、法定代表人姓名、注册资本、公司类型、经营范围、营业期限、有限责任公司股东或者股份有限公司发起人的姓名或者名称。公司的登记事项应当符合法律、行政法规的规定。不符合法律、行政法规规定的公司登记机关不予登记。

（1）公司名称应当符合《企业名称登记管理规定》等国家有关规定。

（2）公司以其主要办事机构所在地为住所。

（3）公司法定代表人依照公司章程的规定，由董事长、执行董事或者经理担任，并依法登记。公司法定代表人变更，应当办理变更登记。

（4）公司类型包括有限责任公司和股份有限公司。一人有限责任公司应当在公司登记中注明自然人独资或者法人独资，并在公司营业执照中载明。

（5）公司的经营范围由公司章程规定，并依法登记。

（6）公司可以设立分公司。设立分公司，应当向公司登记机关申请登记，领取营业执照。分公司不具有法人资格，其民事责任由公司承担。公司可以设立子公司，子公司具有法人资格，依法独立承担民事责任。

（7）依法设立的公司，由公司登记机关发给公司营业执照即《企业法人营业执照》。

（三）企业信息公示

企业信息是指在市场监督管理部门登记的企业从事生产经营活动过程中形成的信息，以及政府部门在履行职责过程中产生的能够反映企业状况的信息。企业信息主要来源于政府部门和企业，政府部门和企业分别对其公示信息的真实性、及时性负责。

市场监督管理部门应当通过企业信用信息公示系统，公示其在履行职责过程中产生的企业信息。企业应当于每年 1 月 1 日至 6 月 30 日，通过企业信用信息公示系统向市场监督管理部门报送上一年度年度报告，并向社会公示。当年设立登记的企业，自下一年起报送并公示年度报告。如果企业未按规定期限公示年度报告或者未按照市场监督管理部门责令的期限公示有关企业信息，或者企业公示信息隐瞒真实情况、弄虚作假，县级以上市场监督管理部门应将其列入经营异常名录，通过企业信用信息公示系统向社会公示，提醒其履行公示义务；情节严重的，由有关主管部门依照有关法律、行政法规规定给予行政处罚；造成他人损失的，依法承担赔偿责任；构成犯罪的，依法追究刑事责任。

三、公司治理结构（★★★）

（一）股东的权利与义务

根据《公司法》规定，股东享有一系列权利，同时要承担相应义务，具体如表 33-3 所示：

表 33-3 股东的权利与义务

项目	具体内容
权利	（1）表决权。表决权是股东参加股东（大）会，对会议议决事项表示同意或不同意的权利。 （2）选举权和被选举权。公司股东有权通过股东（大）会选举公司的董事和监事，也有权在符合法定资质的条件下被选举为公司的董事或监事。 （3）知情权。知情权即股东知悉公司财务、运营、管理等方面信息的权利。 （4）股息红利分配请求权。 （5）股权转让权。股权既是股东的财产权利，也是享有股东资格的依据。股权可以依法转让，但也需要遵循法律规定。 （6）股东代表诉讼权。股东代表诉讼权，也称为股东代位诉讼权、股东间接诉讼权。 《公司法》规定，董事、高级管理人员执行公司职务时违反法律、行政法规或者公司章程的规定，给公司造成损失的，有限责任公司的股东、股份有限公司连续 180 日以上单独或者合计持有公司 1% 以上股份的股东，可以书面请求监事会或者不设监事会的有限责任公司的监事向人民法院提起诉讼；监事执行公司职务时违反法律、行政法规或者公司章程的规定，给公司造成损失的，前述股东可以书面请求董事会或者不设董事会的有限责任公司的执行董事向人民法院提起诉讼。 监事会、不设监事会的有限责任公司的监事，或者董事会、执行董事收到符合法律规定的股东的书面请求后拒绝提起诉讼，或者自收到请求之日起 30 日内未提起诉讼，或者情况紧急、不立即提起诉讼将会使公司利益受到难以弥补的损害的，符合法律规定的股东有权为了公司的利益以自己的名义直接向人民法院提起诉讼。 他人侵犯公司合法权益，给公司造成损失的，有限责任公司的股东、股份有限公司连续 180 日以上单独或者合计持有公司 1% 以上股份的股东可以向人民法院提起诉讼。
义务	（1）缴纳所认缴的出资。 （2）公司设立登记后，不得抽回出资。 （3）公司章程规定的其他义务，即应当遵守公司章程，履行公司章程规定的义务

【名师说】

股东的权利与义务更多以多选题的形式出现，股东的权利记忆的内容较多，也正因为如此，考试反而特别爱考"股东的义务"，考生要特别留意。

【记忆小窍门】

股东的权利可以总结成几个关键词进行记忆，具体如下：表决权、选举权、请求权、查阅权、认购权、解散权、建议权及诉讼权。考试作题时直接抓关键词，有这些字眼的选项，可以直接选择。

例题 33.4（2017 年真题改编，单选题）

下面有关公司股东法定义务的说法，错误的是（　　）。

A. 股东对公司负有忠实义务和勤勉义务　　B. 股东应向公司缴纳所认缴的出资
C. 公司设立登记后股东不得抽回出资　　　D. 股东应当遵守公司章程

【答案】A

【名师解析】公司董事、监事、高级管理人员对公司负有忠实义务和勤勉义务。选项 A 错误。

（二）股东（大）会

无论是有限责任公司还是股份有限公司，其股东（大）会均由全体股东组成，是公司的**权力机关**，决定公司所有的重大事项。

1. 议事规则

有限责任公司。股东会的议事方式和表决程序，除《公司法》有规定的外，由公司章程规定。
股份有限公司。股东大会作出决议，必须经出席会议的股东所持表决权过半数通过。

2. 特殊事项议事规则

下列事项必须经全体（出席会议）代表 2/3 以上表决权的股东通过：
（1）修改公司章程；
（2）增加或者减少注册资本的决议；
（3）公司合并、分立、解散或者变更公司形式的决议。

（三）董事会

董事会是由全体董事组成的公司的业务执行机关，享有业务执行权和日常经营的决策权。
有关董事会的人数及具体职权，如表 33－4 所示：

表 33－4　董事会的人数及职权

组织机构	具体内容
董事会	（1）有限责任公司董事会成员为 **3~13** 人，股东人数较少或者规模较小的公司可以设一名执行董事，不设董事会；股份有限公司设董事会，其成员为 **5~19** 人，董事会成员中**可以**有公司职工代表。 （2）职权。 ① 召集股东会会议，并向股东会报告工作； ② 执行股东会的决议； ③ **决定公司的经营计划和投资方案**； ④ 制订公司的年度财务预算方案、决算方案； ⑤ 制订公司的利润分配方案和弥补亏损方案； ⑥ 制订公司增加或者减少注册资本以及发行公司债券的方案； ⑦ 制订公司合并、分立、解散或者变更公司形式的方案； ⑧ **决定公司内部管理机构的设置**； ⑨ **决定聘任或者解聘公司经理**及其报酬事项，并根据经理的提名决定聘任或者解聘**公司副经理、财务负责人**及其报酬事项； ⑩ **制定公司的基本管理制度**； ⑪ 公司章程规定的其他职权

名师说

董事会的职权一定要注意加粗的几项，很多考生会误以为这几项内容是股东大会的职权，一定要注意区分。

例题 33.5（2018 年真题改编，单选题）

根据《中华人民共和国公司法》，股份有限公司的经理、副经理由（　　）决定聘任或者解聘。
A. 职工代表大会　　　　　　　　　　B. 监事会
C. 董事会　　　　　　　　　　　　　D. 股东大会

【答案】C

【名师解析】董事会决定聘任或者解聘公司经理及其报酬事项，并根据经理的提名决定聘任或者解聘公司副经理、财务负责人及其报酬事项。

（四）监事和监事会

监事会是公司经营活动的监督机构，成员不少于3人，其中职工代表的比例不得低于三分之一，董事、高级管理人员不得兼任监事。股东人数较少或者规模较小的有限责任公司，可以设1~2名监事，不设监事会。监事会行使职权所必需的费用，由公司承担。

有关监事会的具体职权，如表33-5所示：

表33-5 监事会的职权

组织机构	职权
监事会	（1）检查公司财务； （2）对董事、高级管理人员执行公司职务的行为进行监督，对违反法律、行政法规、公司章程或者股东会决议的董事、高级管理人员提出罢免的建议； （3）当董事、高级管理人员的行为损害公司的利益时，要求董事、高级管理人员予以纠正； （4）提议召开临时股东会会议；在董事会不履行本法规定的召集和主持股东会会议职责时，召集和主持股东会会议； （5）向股东会会议提出提案； （6）对董事、高级管理人员提起诉讼； （7）公司章程规定的其他职权

监事会是公司的监督机构，它的职权都是有关建议、提议、纠正等之类的，不涉及决策、命令性事项。

（五）董事、监事及高管人员的任职资格和义务

1. 任职资格

有下列情形之一的，不得担任公司的董事、监事及高级管理人员：

（1）无民事行为能力或者限制民事行为能力；
（2）因贪污、贿赂、侵占财产、挪用财产或者破坏社会主义市场经济秩序，被判处刑罚，执行期满未逾五年，或者因犯罪被剥夺政治权利，执行期满未逾五年；
（3）担任破产清算的公司、企业的董事或者厂长、经理，对该公司、企业的破产负有个人责任的，自该公司、企业破产清算完结之日起未逾三年；
（4）担任因违法被吊销营业执照、责令关闭的公司、企业的法定代表人，并负有个人责任的，自该公司、企业被吊销营业执照之日起未逾三年；
（5）个人所负数额较大的债务到期未清偿。

关于不得担任董事、监事及高级管理人员的情形都是不好的，这里涉及几个年份需要留意，只有犯罪刑罚的是5年，其他都是3年。

2. 义务

公司的董事、监事和高级管理人员应遵守法律、行政法规和公司章程，对公司负有忠实义务和勤勉义务，不得有以下行为：

(1) 挪用公司资金；

(2) 将公司资金以其个人名义或者以其他个人名义开立账户存储；

(3) 违反公司章程的规定，未经股东会、股东大会或者董事会同意，将公司资金借贷给他人或者以公司财产为他人提供担保；

(4) 违反公司章程的规定或者未经股东会、股东大会同意，与本公司订立合同或者进行交易；

(5) 未经股东会或者股东大会同意，利用职务便利为自己或者他人谋取属于公司的商业机会，自营或者为他人经营与所任职公司同类的业务；

(6) 接受他人与公司交易的佣金归为己有；

(7) 擅自披露公司秘密；

(8) 违反对公司忠实义务的其他行为。董事、高级管理人员违反上述规定所得的收入应当归公司所有。

例题 33.6（2018 年真题改编，多选题）

下列人员中，不得担任公司的董事、监事、高级管理人员的有（　　）。

A. 限制民事行为能力人

B. 个人所负数额较大的债务到期未清偿的人

C. 因犯罪被剥夺政治权利，执行期满未逾 5 年的人

D. 无民事行为能力人

E. 自国家行政机关辞职的人

【答案】ABCD

【名师解析】有下列情形之一的，不得担任公司的董事、监事、高级管理人员：① 无民事行为能力或者限制民事行为能力；② 因贪污、贿赂、侵犯财产、挪用财产或者破坏社会主义市场经济秩序，被判处刑罚，执行期满未逾 5 年，或者因犯罪被剥夺政治权利，执行期满未逾 5 年；③ 担任破产清算的公司、企业的董事或者厂长、经理，对该公司、企业的破产负有个人责任的，自该公司、企业破产清算完结之日起未逾 3 年；④ 担任因违法被吊销营业执照、责令关闭的公司、企业的法定代表人，并负有个人责任的，自该公司、企业被吊销营业执照之日起未逾 3 年；⑤ 个人所负数额较大的债务到期未清偿。

(六) 一人有限责任公司、国有独资公司和上市公司的特别规定

1. 一人有限责任公司。一人有限责任公司不设股东会。股东行使职权作出决定时，应当采用书面形式，并由股东签名后置备于公司。一人有限责任公司应当在每一会计年度终了时编制财务会计报告，并经会计师事务所审计。

2. 国有独资公司。国有独资公司章程由国有资产监督管理机构制定，或者由董事会制定报国有资产监督管理机构批准。

3. 上市公司。上市公司设独立董事。上市公司独立董事是指不在公司担任除董事外的其他职务，并与其所受聘的上市公司及其主要股东不存在可能妨碍其进行独立客观判断的关系的董事。

四、股份的发行与回购

股份有限公司的股份是指构成公司资本、被等额划分的资本份额。公司股份可以分为普通股和优先股、内资股和外资股、记名股和无记名股等类别。《公司法》规定，股份有限公司的资本划分为股份，每一股的金额相等。公司的股份采取股票的形式。股票是公司签发的证明股东所持股份的凭证。

1. 股份发行

股份的发行，实行公平、公正的原则，同种类的每一股份应当具有同等权利。股票发行价格可以按票面金额，也可以超过票面金额，但不得低于票面金额。公司经国务院证券监督管理机构核准公开发行新股时，必须公告新股招股说明书和财务会计报告，并制作认股书。公司公开发行股份构成证券发行，应当按照《中华人民共和国证券法》（以下简称《证券法》）规定的条件和程序，经注册或核准。因此，公司股份发行还应遵循《证券法》的相关规定。

2. 股份回购

股份回购是公司从股东手中回购自己的股份。股份回购会影响公司资本、股权结构，进而对公司股东和债权人产生影响。

原则上，公司不得收购本公司股份。而《公司法》也规定了例外情形，如表33-6所示：

表33-6 股份公司收购本公司股份的规定

原则	例外
公司不得收购本公司股份	但是，有下列情形之一的除外： ① 减少公司注册资本； ② 与持有本公司股份的其他公司合并； ③ 将股份用于员工持股计划或者股权激励； ④ 股东因对股东大会做出的公司合并、分立决议持异议，要求公司收购其股份； ⑤ 将股份用于转换上市公司发行的可转换为股票的公司债券； ⑥ 上市公司为维护公司价值及股东权益所必需。 ⑦ 公司因前款第③项、第⑤项、第⑥项规定的情形收购本公司股份的，可以依照公司章程的规定或者股东大会的授权，经2/3以上董事出席的董事会会议决议。 ⑧ 上市公司收购本公司股份的，应当依照《中华人民共和国证券法》的规定履行信息披露义务。 ⑨ 上市公司因前述第③项、第⑤项、第⑥项规定的情形收购本公司股份的，应当通过公开的集中交易方式进行

五、公司的合并、分立、解散和清算（★★）

1. 公司的合并

（1）合并的定义。

公司合并可以采取吸收合并或者新设合并。一个公司吸收其他公司为吸收合并，被吸收的公司解散。两个以上公司合并设立一个新的公司为新设合并，合并各方解散。

（2）合并的程序。

公司合并，应当由合并各方签订合并协议，并编制资产负债表及财产清单。公司应当自做出合并决议之日起10日内通知债权人，并于30日内在报纸上公告。债权人自接到通知书之日起30日内,未接到通知书的自公告之日起 45 日内,可以要求公司清偿债务或者提供相应的担保。

(3) 债务的承担。

公司合并时,合并各方的债权、债务应当由合并后存续的公司或者新设的公司承继。

2. 公司的分立

(1) 分立的定义。

公司的分立是指一个公司不经过清算程序,分为两个或两个以上的公司的法律行为。

(2) 分立的必要事项。

公司分立,其财产应作相应的分割。公司分立,应当编制资产负债表及财产清单。

(3) 债务的承担。

公司应当自做出分立决议之日起 10 日内通知债权人,并于 30 日内在报纸上公告。

3. 公司的解散

公司因下列原因解散:

(1) 公司章程规定的营业期限届满或者公司章程规定的其他解散事项出现;

(2) 股东会或者股东大会决议解散;

(3) 因公司合并或者分立需要解散;

(4) 依法被吊销营业执照、责令关闭或者被撤销;

(5) 公司经营管理发生严重困难,继续存续会使股东利益受到重大损失,通过其他途径不能解决的,持有公司**全部股东表决权 10% 以上的股东**,可以请求人民法院解散公司。

公司因公司章程规定的营业期限届满或者公司章程规定的其他解散事由出现时,可以通过修改公司章程而存续。

(四) 公司的清算

1. 清算的定义

公司清算是指公司解散或被宣告破产后,依照一定程序了结公司事务,收回债权、清偿债务并分配财产,最终使公司终止的程序。

2. 清算组

清算组也称清算机构,是清算事务的执行人。公司解散、宣告破产后,在清算终结前,公司的法人资格仍然存在,其股东会和监事会作为公司机构仍然存在,只是作为公司决策机构和对外代表的董事会以及作为公司执行机构的经理不再履行其职责,而由清算组代替,负责公司清算期间事务的处理。

3. 清算组的成立

公司除因合并或者分立需要解散以外,应当在解散事由出现之日起 15 日内成立清算组,开始清算。有限责任公司的清算组由股东组成,股份有限公司的清算组由董事或者股东大会确定的人员组成。逾期不成立清算组进行清算的,债权人可以申请人民法院指定有关人员组成清算组进行清算。人民法院应当受理该申请,并及时组织清算组进行清算。

4. 清算组织的职权

清算组在清算期间行使下列职权:

(1) 清理公司财产,分别编制资产负债表和财产清单;

(2) 通知、公告债权人;

（3）处理与清算有关的公司未了结的业务；
（4）清缴所欠税款以及清算过程中产生的税款；
（5）清理债权、债务；
（6）处理公司清偿债务后的剩余财产；
（7）代表公司参与民事诉讼活动。

5. 债权人申报债权

清算组应当自成立之日起 10 日内通知债权人，并于 60 日内在报纸上公告。债权人应当自接到通知书之日起 30 日内，未接到通知书的自公告之日起 45 日内，向清算组申报其债权。

6. 清算程序

清算组在清理公司财产、编制资产负债表和财产清单后，应当制定清算方案，并报股东会、股东大会或者人民法院确认。公司财产在分别支付清算费用、职工的工资、社会保险费用和法定补偿金，缴纳所欠税款，清偿公司债务后的剩余财产，有限责任公司按照股东的出资比例分配，股份有限公司按照股东持有的股份比例分配。**清算期间，公司存续，但不得开展与清算无关的经营活动。**

清算组不得开展与清算无关的活动。例如，"代表公司对外提供担保"便属于与清算无关的活动。而"代表公司参与民事诉讼、清缴公司所欠税款、通知债权人"等事项与清算有关，属于清算组的职权范围。

7. 公司注销

公司清算结束后，清算组应当制作清算报告，报股东会、股东大会或者人民法院确认，并报送公司登记机关，申请注销公司登记，公告公司终止。

任务 34　工业产权与社会法律制度

任务概述

本任务涉及"第三十七章 其他法律制度"的前半部分。

此任务在中级经济师考试中约考查 3 分,分值占比约为 2%。考试题型同时涉及单选题和多选题。

本任务整体难度适中,但内容较多,重要考点为:工业产权法律制度。

任务框架图

任务 34 工业产权与社会法律制度
- 工业产权法律制度（★★★）
- 劳动合同法律制度（★★）
- 消费者权益保护法律制度（★★）

一、工业产权法律制度（★★★）

（一）工业产权的概念和特征

工业产权是人们依照法律对应用于商品生产和流通中的创造发明和显著标记等智力成果,在一定期限和地域内享有的专有权。工业产权与著作权统称为知识产权,在我国工业产权主要是指专利权和商标权。所谓专利权,是指按专利法规定,由国家专利机关授予发明人、设计人或其所属单位对某项发明创造在法定期限内享有的专有权。所谓商标权,是商标专用权的简称,是商标注册人依法支配其注册商标并禁止他人侵害的权利,包括商标注册人对其注册商标的排他使用权、收益权、处分权、续展权和禁止他人侵害的权利。

（二）专利权

1. 专利权的主体

专利权的主体是指依法申请并取得专利权的单位和个人,即专利权人。如表 34-1 所示,专利权的主体包括以下几类:

表 34-1　专利权的主体

主体	注释
发明人或设计人的单位	企事业单位、社会团体、国家机关的工作人员执行本单位的任务或者主要是利用本单位的物质条件所完成的职务发明创造,申请专利的权利属于该单位,申请被批准后,该单位为专利权人

续表

主体	注释
发明人（设计人）、专利申请人和专利权人	发明人或者设计人是指对发明创造的实质性特点作出创造性贡献的人。发明人或者设计人，只能是自然人，不能是单位、集体或课题组。 专利申请人是指有资格就发明创造向国务院专利行政部门申请专利的人，或者是已经向国务院专利行政部门提出专利申请的自然人、法人或其他组织。专利申请人可以是发明人、设计人，也可以不是发明人、设计人。 专利权人是指依法在特定期限内对特定发明创造享有专有权利的主体。专利申请人的专利申请获得国家专利行政部门批准后，就成为专利权人。专利权人也可以是通过转让、继承获得专利权的主体
职务发明的权利主体	基于职务行为，发明人或者设计人完成发明创造，构成职务发明创造
合作发明和委托发明的权利主体	两个以上单位或者个人合作完成的发明创造、一个单位或者个人接受其他单位或者个人委托所完成的发明创造，除另有协议的以外，申请专利的权利属于完成或者共同完成的单位或者个人；申请被批准后，申请的单位或者个人为专利权人
受让人	受让人是指通过合同或者继承而依法取得专利申请权和专利权的单位或个人。通过专利申请权和专利权的转让或继承，受让人或继承人成为相应的权利人
外国人	包括外国的自然人和法人，依法向中国申请专利获得批准，可以成为专利权人
共同发明人或者共同设计人	两个以上单位或者个人合作完成的发明创造、一个单位或者个人接受其他单位或者个人委托所完成的发明创造，除另有协议的以外，申请专利的权利属于完成或者共同完成的单位或者个人；申请被批准后，申请的单位或者个人为专利权人

2. 专利权的客体

专利权的客体是指专利权保护的对象。根据《专利法》规定，专利权的客体包括发明、实用新型和外观设计三种。

（1）发明。

这是指对产品、方法或者其改进所提出的新的技术方案。发明分为产品发明和方法发明。产品发明包括制造品的发明、材料物品的发明、具有特定用途的物品发明等，方法发明包括制造产品方法的发明、使用产品方法的发明等。

（2）实用新型。

这是指对产品的形状、构造或者其结合所提出的适于实用的新的技术方案。实用新型也叫小发明。它与发明的主要区别是：发明既包括产品发明也包括方法发明，而实用新型仅指具有一定形状的物品发明；实用新型与发明相比，对产品的创造性要求较低。

（3）外观设计。

这是指对产品的形状、图案或者其结合以及色彩与形状、图案的结合所作出的富有美感并适于工业应用的新设计。外观设计与发明、实用新型的区别是：它只涉及美化产品的外表和形状，而不涉及产品的制造和设计技术。

3. 授予专利权的条件

（1）授予发明和实用新型专利的条件：

① 新颖性。

新颖性是指在申请日以前没有同样的发明或者实用新型在国内外出版物上公开发表过，在国内公开使用过或者以其他方式为公众所知,也没有同样的发明或者实用新型由他人向国务院专利行政部门提出过申请并且记载在申请日以后公布的专利申请文件中。

② 实用性。

实用性是指该发明或实用新型能够在工业上制造或者使用,并且能够产生积极的效果。

③ 创造性。

创造性是指同申请日以前已有的技术相比,该发明有突出的实质性特点和显著的进步,该实用新型有实质性特点和进步。已有的技术是指专利申请日前在国内外出版物上公开发表,在国内公开使用或者以其他方式为公众所知的技术,即现有的技术;实质性特点是指申请专利保护的发明或实用新型与已有技术相比有本质性的突破,不是已有技术中的类似的或推导的东西,而是创造性构思的结果;进步是指在技术上前进了一步,即有可以注意到的距离。

(2) 授予外观设计专利的条件:

应当不属于现有设计;也没有任何单位或者个人就同样的外观设计在申请日以前向国务院专利行政部门提出过申请,并记载在申请日以后公告的专利文件中。授予专利权的外观设计与现有设计或者现有设计特征的组合相比,应当具有明显区别。现有设计是指申请日以前在国内外为公众所知的设计。授予专利权的外观设计不得与他人在申请日以前已经取得的合法权利相冲突。

(3)《专利法》不予保护的对象:

如表34-3所示,以下对象不受到《专利法》保护:

表34-3 《专利法》不予保护的对象

对象
① 科学发现
② 智力活动的规则和方法
③ 疾病的诊断和治疗方法
④ 动物和植物品种,但对于动物和植物品种的生产方法,可以依法授予专利权
⑤ 用原子核变换方法获得的物质
⑥ 对平面印刷品的图案、色彩或者两者的结合作出的主要起标识作用的设计

名师说

专利法不予保护的对象属于常考点,考生需要重点掌握。

4. 专利权的内容与限制

(1) 专利权人的权利。

专利权人的权利分为人身权利和财产权利。人身权利是指发明人对发明创造所享有的署名权。财产权利是指专利权人通过对专利技术的占有而取得物质利益的权利,它主要有以下几项内容:

① 独占实施权,即专利权人依法享有排他性的自己制造、使用、销售和进口其专利产品或者使用其专利方法的权利。

② 实施许可权,即许可他人实施专利并收取专利使用费的权利。任何实施他人专利的一方都必须与专利权人订立书面实施许可合同,向专利权人支付使用费(法律另有规定的除外)。

③ 专利权人有权转让其专利权。专利权的转让必须订立书面合同,经国务院专利行政部门公告

和登记后方可生效。

④ 专利权人有权以书面形式放弃其专利权。

(2) 专利权人的义务。

专利权人有缴纳年费的义务。在职务发明中，作为专利权人的单位有向发明人或设计人给予精神和物质奖励的义务。

(3) 专利权的期限和终止。

发明专利权的期限为20年，实用新型和外观设计专利权的期限为10年，均自申请之日起计算。

专利权的终止有两种情况：期限届满终止为正常终止，期限届满以前终止为提前终止。提前终止是由于专利权人没有按期缴纳年费，或者专利权人以书面形式声明放弃专利权。专利权在期限届满前终止的，应由国务院专利行政部门登记和公告。

(4) 专利的强制许可实施。

强制许可是指国务院专利行政部门在一定条件下，不需要经过专利权人的同意，直接许可具备条件的申请人实施发明或者实用新型专利的一种行政措施。强制许可包括四种类型：

① 合理条件的强制许可。专利权人自专利权被授予之日起满3年，且自提出专利申请之日起满4年，无正当理由未实施或者未充分实施其专利的，具备实施条件的单位或个人以合理的条件申请而未能获得许可，国务院专利行政部门可以给予强制许可。

② 限制垄断的强制许可。专利权人行使专利权的行为被依法认定为垄断行为，为消除或者减少该行为对竞争产生的不利影响的，国务院专利行政部门可以给予强制许可。

③ 紧急状态或公益目的的强制许可。在国家出现紧急状态或者非常情况时，或者为了公共利益的目的，国务院专利行政部门可以给予实施发明专利或者实用新型专利的强制许可。

④ 依存专利的强制许可。一项取得专利权的发明或者实用新型比前已经取得专利权的发明或者实用新型具有显著经济意义的重大技术进步，其实施又有赖于前一发明或者实用新型的实施的，国务院专利行政部门根据后一专利权人的申请，可以给予实施前一发明或者实用新型的强制许可。在依照规定给予实施强制许可的情形下，国务院专利行政部门根据前一专利权人的申请，也可以给予实施后一发明或者实用新型的强制许可。

(5) 计划许可。

计划许可是指国有企业事业单位的发明专利对国家利益或者公共利益具有重大意义的，国务院有关主管部门和省、自治区、直辖市人民政府报经国务院批准，可以决定在批准的范围内推广应用，允许指定的单位实施，由实施单位按照国家规定向专利权人支付使用费。

5. 专利权的保护

(1) 专利侵权行为。

专利侵权行为是指在专利权有效期内，未经专利权人许可，为了生产经营目的侵害专利权人的实施权和标记权的行为。

其具体表现形式有：

① 为生产经营目的制造使用、许诺销售进口发明和实用新型专利权人的专利产品；

② 为生产经营目的使用发明专利权人的专利方法或者使用、许诺销售、销售、进口依照该专利方法直接获得的产品；

③ 为生产经营目的制造、许诺销售、销售、进口外观设计专利权人的专利产品；

④ 假冒他人专利，即在非专利产品或其包装上标注他人的专利标记或专利号，以冒充他人专利的行为。

(2) 不视为侵犯专利权的行为。

① 专利产品或者依专利方法直接获得的产品，由专利权人或者经其许可的单位、个人售出后，使用、许诺销售、销售进口该产品的；

② 在专利申请日前已经制造相同产品、使用相同方法或者已经做好制造、使用的必要准备，并且仅在原有范围内继续制造、使用的；

③ 临时通过中国领陆、领水、领空的外国运输工具，依照其所属国同中国签订的协议或者共同参加的国际条约，或者依照互惠原则，为运输工具自身需要而在其装置和设备中使用有关专利的；

④ 专为科学研究和实验而使用有关专利的；

⑤ 为提供行政审批所需要的信息，制造、使用、进口专利药品或者专利医疗器械的，以及专门为其制造、进口专利药品或者专利医疗器械的。

(3) 专利侵权行为的法律责任。

侵犯专利权人专利权引起纠纷的，由当事人协商解决；不愿协商或者协商不成的，专利权人或者利害关系人可以向人民法院起诉，也可以请求管理专利工作的部门处理。管理专利工作的部门处理时，认定侵权行为成立的，可以责令侵权人立即停止侵权行为，当事人不服的，可以自收到处理通知之日起 15 日内依照《中华人民共和国行政诉讼法》向人民法院提起行政诉讼；侵权人期满不起诉又不停止侵权行为的，管理专利工作的部门可以申请人民法院强制执行。

专利侵权的民事责任承担形式包括停止侵害、赔偿损失、消除影响等。其中，侵犯专利权的赔偿数额按照权利人因被侵权所受到的实际损失或者侵权人因侵权所获得的利益确定；权利人的损失或者侵权人获得的利益难以确定的，参照该专利许可使用费的倍数合理确定。对故意侵犯专利权，情节严重的，可以在按照上述方法确定数额的 1 倍以上 5 倍以下确定赔偿数额。权利人的损失、侵权人获得的利益和专利许可使用费均难以确定的，人民法院可以根据专利权的类型、侵权行为的性质和情节等因素，确定给予 3 万元以上 500 万元以下的赔偿。赔偿数额还应当包括权利人为制止侵权行为所支付的合理开支。人民法院为确定赔偿数额，在权利人已经尽力举证，而与侵权行为相关的账簿、资料主要由侵权人掌握的情况下，可以责令侵权人提供与侵权行为相关的账簿、资料；侵权人不提供或者提供虚假的账簿、资料的，人民法院可以参考权利人的主张和提供的证据判定赔偿数额。

侵犯专利权的诉讼时效为 3 年，自专利权人或者利害关系人知道或者应当知道侵权行为以及侵权人之日起计算。发明专利申请公布后至专利权授予前使用该发明未支付适当使用费的，专利权人要求支付使用费的诉讼时效为 3 年，自专利权人知道或者应当知道他人使用其发明之日起计算，但是，专利权人于专利权授予之日前即已知道或者应当知道的，自专利权授予之日起计算。

(4) 保护范围。

发明或者实用新型专利权的保护范围以其权利要求的内容为准，说明书及附图可以用于解释权利要求的内容。外观设计专利权的保护范围以表示在图片或者照片中的该产品的外观设计为准，简要说明可以用于解释图片或者照片所表示的该产品的外观设计。

(5) 保护期限。

发明专利权的期限为 20 年，实用新型专利权的期限为 10 年，外观设计专利权的期限为 15 年，均自申请日起计算。专利权期限届满而终止。在期限届满之前，专利权可因下列原因而提前终止：没有按照规定缴纳年费或者专利权人以书面声明放弃其专利权的。专利权在期限届满前终止的，由国务院专利行政部门登记和公告。

（三）商标权

1. 商标权的取得

商标权的取得分为原始取得和继受取得。商标权的原始取得应当按照商标注册程序办理，继受取得应当按照合同转让和继承注册商标的程序办理。

（1）商标注册的概念和原则。

商标注册是指商标使用人将其使用的商标按照法律规定的条件和程序，向商标管理机关提出注册申请，以取得商标专用权的行为。在我国，商标注册采用自愿注册和强制注册相结合、以自愿注册为主的制度。《中华人民共和国商标法》（以下简称《商标法》）第 6 条规定："法律、行政法规规定必须使用注册商标的商品，必须申请商标注册，未经核准注册的，不得在市场销售。"所谓必须注册商标的商品，是指与人民生活关系比较密切，直接涉及人民健康的极少数商品，即人用药品和烟草制品，以及由国务院市场监督管理部门公布的必须使用注册商标的其他商品。

经商标管理机关核准注册的商标为注册商标，商标注册人对注册商标享有商标专用权，受法律保护。未经注册的商标虽然也可以使用，但使用人不享有专用权。

商标注册的概念和原则中，考生需要重点掌握的是：必须注册商标的商品包括人用药品和烟草制品；未经注册的商标虽然也可以使用，但使用人不享有专用权。

（2）商标注册的条件。

如表 34-4 所示，商标注册须满足四个条件：

表 34-4 商标注册的条件

条件
申请人必须具备合法资格
商标须具备法律规定的构成要素，商标设计必须具备显著特征，便于识别
商标不含《商标法》第 10 条、第 11 条、第 12 条和第 16 条明确禁止使用的图形和文字，如同外国或者我国的国家名称、国旗、国徽、军旗相同或者近似的图形、文字等
申请注册商标应以使用为目的

商标注册的条件中需要考生重点掌握的是："商标不含《商标法》第 10 条、第 11 条、第 12 条和第 16 条明确禁止使用的图形和文字，如同外国或者我国的国家名称、国旗、国徽、军旗相同或者近似的图形、文字等"这一条件。

注册商标不得侵犯他人的在先权利或合法权益。主要包括：

① 不得在相同或类似商品上与已注册或申请在先的商标相同或近似；

② 就相同或者类似商品申请注册的商标是复制、模仿或者翻译他人未在中国注册的驰名商标，容易导致混淆的，不予注册并禁止使用；

③ 就不相同或者不相类似商品申请注册的商标是复制、模仿或者翻译他人已经在中国注册的驰名商标，误导公众，致使该驰名商标注册人的利益可能受到损害的，不予注册并禁止使用；

④ 未经授权，代理人或者代表人以自己的名义将被代理人或者被代表人的商标进行注册，被代理人或者被代表人提出异议的，不予注册并禁止使用；

⑤ 商标中有商品的地理标志，而该商品并非来源于该标志所标示的地区，误导公众的不予注册并禁止使用，但已经善意取得注册的继续有效。

（3）申请商标注册的方法。

商标注册申请人应当按规定的商品分类表填报使用商标的商品类别和商品名称，提出注册申请。商标注册申请人可以通过一份申请就多个类别的商品申请注册同一商标。注册商标需要在核定使用范围之外的商品上取得商标专用权的，应当另行提出注册申请。

（4）商标注册的审查和核准。

商标局对受理的商标申请，依法进行审查，对符合规定的或者在部分指定商品上使用商标的注册申请符合规定的，予以初步审定，并予以公告；对不符合规定或者在部分指定商品上使用商标的注册申请不符合规定的，予以驳回或驳回在部分指定商品上使用商标的注册申请，书面通知申请人并说明理由。对初步审定的商标，自公告之日起 3 个月内，可以依据《商标法》第 33 条向商标局提出异议。商标局依法对提起的异议进行裁定，当事人对该裁定不服的，可依法提起复审，当事人对复审裁定不服的，可依法提起诉讼。公告期满无异议或者经裁定异议不能成立的，予以核准注册，发给商标注册证，并予公告。

（5）商标注册申请的优先权。

商标注册申请人自其商标在外国第一次提出商标注册申请之日起 6 个月内，又在中国就相同商品以同一商标提出商标注册申请的，依照该外国同中国签订的协议或者共同参加的国际条约，或者按照相互承认优先权的原则，可以享有优先权。商标在中国政府主办的或者承认的国际展览会展出的商品上首次使用的，自该商品展出之日起 6 个月内，该商标的注册申请人可以享有优先权。

2. 商标权的内容

（1）专用权。

商标权人对其注册商标依法享有的自己在指定商品或服务项目上独占、排他使用的权利。

（2）续展权。

注册商标的有效期为 10 年。续展权是指注册商标有效期届满时，商标权人享有依法申请续展注册，从而延长其注册商标的保护期的权利。续展的次数法律不作限制。注册商标的续展申请，应在商标有效期满前 12 个月内向商标局提出，如果因故不能在规定的期限内提出，可以给予 6 个月的宽展期。如果超过宽展期仍未提出续展申请，注册商标将被注销，商标专用权即告丧失。

（3）转让权。

商标注册人可以将其注册商标依法定程序和条件，通过转让协议转让给他人。转让注册商标经核准后，予以公告，受让人自公告之日起享有商标专用权。受让人应当保证使用该注册商标的商品质量。

（4）使用许可权。

商标注册人可以通过签订商标使用许可合同，许可他人使用其注册商标。许可人应当将其商标使用许可报商标局备案，由商标局公告。

3. 商标权的保护

（1）商标侵权行为的概念和种类。

商标侵权行为是指违反《商标法》的规定，假冒或仿冒他人注册商标，或者从事其他损害商标注册人合法权益的行为。根据《商标法》的规定，属于注册商标侵权行为的有：

① 未经商标注册人的许可，在同一种商品上使用与其注册商标相同的商标的；

② 未经商标注册人的许可，在同一种商品上使用与其注册商标近似的商标，或者在类似商品上使用与其注册商标相同或者近似的商标，容易导致混淆的；

③ 销售侵犯注册商标专用权的商品的；

④ 伪造、擅自制造他人注册商标标识或者销售伪造、擅自制造的注册商标标识的；

⑤ 未经商标注册人同意，更换其注册商标并将该更换商标的商品又投入市场的；

⑥ 故意为侵犯他人商标专用权行为提供便利条件，帮助他人实施侵犯商标专用权行为的；

⑦ 给他人的注册商标专用权造成其他损害的。

（2）对商标侵权行为的法律制裁。

专利侵权的行为可能承担的责任包括行政责任、民事责任，情节严重的还需承担刑事责任。

对侵犯注册商标专用权的行为，市场监督管理部门有权依法查处；涉嫌犯罪的，应当及时移送司法机关依法处理。被侵权人可以向人民法院起诉，也可以请求市场监督管理部门处理。市场监督管理部门处理时，认定侵权行为成立的，责令立即停止侵权行为，没收、销毁侵权商品和主要用于制造侵权商品、伪造注册商标标识的工具，并处以罚款。对侵犯商标专用权的赔偿数额的争议，当事人可以请求进行处理的市场监督管理部门调解，也可以向人民法院起诉。

未经商标注册人许可，在同一种商品上使用与其注册商标相同的商标，伪造、擅自制造他人注册商标标识或者销售伪造、擅自制造的注册商标标识，销售明知是假冒注册商标的商品，构成犯罪的，除赔偿被侵权人的损失外，依法追究刑事责任。

例题 34.1（2017 年真题改编，单选题）

关于我国商标注册法律制度的说法，正确的是（　　）。

A. 商标注册均采取自愿注册的原则

B. 生鲜制品未经核准注册商标，不得在市场销售

C. 商标设计必须具备显著特征，易于识别

D. 未使用注册商标的商品不得在市场上销售

【答案】C

【名师解析】在我国，商标注册采用自愿注册和强制注册相结合、以自愿注册为主的制度。法律、行政法规规定必须使用注册商标的商品（人用药品和烟草制品），必须申请商标的注册，未经核准注册的，不得在市场上销售。经商标管理机关核准注册的商标为注册商标，商标注册人对注册商标享有商标专用权，受法律保护。未经注册的商标虽然也可以使用，但使用人不享有专用权。

二、劳动合同法律制度（★★）

（一）劳动合同法概述

劳动合同法是全面调整劳动合同关系的法律规范的总称。一般说的劳动合同法，是指 2007 年颁布并于 2012 年修正的《中华人民共和国劳动合同法》（以下简称《劳动合同法》）。

（二）劳动合同的类型

根据用人单位与劳动者在劳动合同中是否约定劳动合同终止时间，可以将劳动合同分为固定期

限劳动合同、无固定期限劳动合同和以完成一定工作任务为期限的劳动合同三种类型。

1. 固定期限劳动合同

固定期限劳动合同的期限届满，双方无续订劳动合同的意思表示，劳动合同即告终止，劳动关系消灭。

2. 无固定期限劳动合同

无固定期限劳动合同中双方只约定合同生效日期，没有确定合同的终止时间。对于无固定期限的劳动合同只要不出现法律、法规或合同约定的可以变更、解除终止劳动合同的情况，双方当事人就不得擅自变更、解除、终止劳动关系。订立无固定期限劳动合同有两种法定情形：

（1）协商订立。用人单位与劳动者协商一致，可以订立无固定期限劳动合同。

（2）法定强制。《劳动合同法》规定，有下列情形之一，劳动者提出或者同意续订、订立劳动合同的，除劳动者提出订立固定期限劳动合同外，应当订立无固定期限劳动合同，具体情形如表 34–5 所示：

表 34–5　法定强制签订无固定期限合同的情形

情形
① 劳动者在该用人单位连续工作满 10 年的
② 用人单位初次实行劳动合同制度或者国有企业改制重新订立劳动合同时，劳动者在该用人单位连续工作满 10 年且距法定退休年龄不足 10 年的
③ 连续订立 2 次固定期限劳动合同，而且单位对劳动者不能依据《劳动合同法》得享法定解除权，续订劳动合同的

　　法定强制签订无固定期限合同的情形需要考生重点掌握。

3. 以完成一定工作任务为期限的劳动合同

以完成一定工作任务为期限的劳动合同是指用人单位与劳动者约定以某项工作任务的完成时间为合同期限的劳动合同，其一般适用于建筑业、临时性、季节性的工作或由于其工作性质可以采取此种合同期限的工作岗位。

（三）劳动合同的订立

1. 劳动合同订立的原则

劳动合同应当采取书面形式订立。劳动合同的订立应当遵循如下原则：① 合法原则；② 公平原则；③ 平等自愿原则；④ 诚信原则。

2. 劳动合同的形式

建立劳动关系，应当订立书面劳动合同。已建立劳动关系，未同时订立书面劳动合同的，应当自用工之日起 1 个月内订立书面劳动合同。用人单位与劳动者在用工前订立劳动合同的，劳动关系自用工之日前建立。

3. 劳动合同的条款

劳动合同的条款包括必要条款和选择性条款。劳动合同的必要条款是法律规定劳动合同必须具备的条款，必要条款不完善，会导致合同不能成立。根据《劳动合同法》第 17 条规定，劳动合同必须包括如下条款，具体如表34-6所示：

表34-6 劳动合同中的必要条款

必要条款
① 用人单位的名称、住所和法定代表人或者主要负责人
② 劳动者的姓名、住址和居民身份证或者其他有效身份证件号码
③ 劳动合同期限
④ 工作内容和工作地点
⑤ 工作时间和休息休假
⑥ 劳动报酬
⑦ 社会保险
⑧ 劳动保护、劳动条件和职业危害防护
⑨ 法律、法规规定应当纳入劳动合同的其他事项

劳动合同的选择性条款包括用人单位与劳动者可以约定试用期、培训、保守秘密、补充保险和福利待遇等其他事项。

  记忆小窍门

考试时，会考查对于必要条款和选择性条款的辨析。必要条款都是一些非常重要的根本性条款，而如试用期等选择性条款是可有可无的，并非每份劳动合同都需要进行约定的。

4. 劳动合同订立过程中双方的先合同义务

在劳动合同的订立过程中，双发当事人具有如下先合同义务：

（1）用人单位招用劳动者时，应当如实告知劳动者工作内容、工作条件、工作地点、职业危害安全生产状况、劳动报酬，以及劳动者要求了解的其他情况；

（2）用人单位招用劳动者，不得扣押劳动者的居民身份证和其他证件，不得要求劳动者提供担保或者以其他名义向劳动者收取财物。

（3）用人单位有权了解劳动者与劳动合同直接相关的基本情况，劳动者应当如实说明。

5. 劳动合同的生效

劳动合同依法成立，即具有法律效力，对当事人双方具有约束力。在劳动合同订立过程中有如下情形的，劳动合同无效或者部分无效：

（1）以欺诈、胁迫的手段或者乘人之危，使对方在违背真实意思的情况下订立或者变更劳动合同的；

（2）用人单位免除自己的法定责任、排除劳动者权利的；

（3）违反法律、行政法规强制性规定的。对劳动合同的无效或者部分无效有争议的，由劳动争议仲裁机构或者人民法院确认。

劳动合同自签订之日起生效，但双方当事人约定须公证方可生效的合同，其生效时间始于公证之日。

(四) 劳动合同的解除

劳动合同的解除是指劳动合同双方当事人在劳动合同期限届满之前依法提前终止劳动合同关系的法律行为，包括协商解除、用人单位单方解除和劳动者单方解除三种类型。

1. 协商解除

用人单位与劳动者协商一致，可以解除劳动合同。法律规定，用人单位提出解除动议的，用人单位应向劳动者支付解除劳动合同的经济补偿。

2. 用人单位单方解除

用人单位单方解除包括以下三种情形：

（1）过错性解除。

过错性解除是指劳动者有过错的情形下，用人单位得享劳动合同解除权。根据《劳动合同法》规定，劳动者有下列情形之一的，用人单位可以解除劳动合同：

① 在试用期间被证明不符合录用条件的；
② 严重违反用人单位的规章制度的；
③ 严重失职，营私舞弊，给用人单位造成重大损害的；
④ 劳动者同时与其他用人单位建立劳动关系，对完成本单位的工作任务造成严重影响，或者经用人单位提出，拒不改正的；
⑤ 因劳动者以欺诈、胁迫的手段或者乘人之危，使对方在违背真实意思的情况下订立或变更劳动合同的；
⑥ 被依法追究刑事责任的。

（2）非过错性解除。

非过错性解除是指劳动者无过错，但由于主客观原因致使劳动合同无法履行，用人单位得享单方解除劳动合同权利的情况。具体来说，有下列情形之一的，用人单位提前30日以书面形式通知劳动者本人或者额外支付劳动者一个月工资后，可以解除劳动合同：

① 劳动者患病或者非因工负伤，在规定的医疗期满后不能从事原工作，也不能从事由用人单位另行安排的工作的；
② 劳动者不能胜任工作，经过培训或者调整工作岗位，仍不能胜任工作的；
③ 劳动合同订立时所依据的客观情况发生重大变化，致使劳动合同无法履行，经用人单位与劳动者协商，未能就变更劳动合同内容达成协议的。

（3）经济性裁员。

法律规定，有下列情形之一，需要裁减人员20人以上或者裁减不足20人但占企业职工总数10%以上的，用人单位提前30日向工会或者全体职工说明情况，听取工会或者职工的意见后，裁减人员方案经向劳动行政部门报告，可以裁减人员：

① 依照企业破产法规定进行重整的；
② 生产经营发生严重困难的；
③ 企业转产、重大技术革新或者经营方式调整，经变更劳动合同后，仍需裁减人员的；
④ 其他因劳动合同订立时所依据的客观经济情况发生重大变化，致使劳动合同无法履行的。

裁减人员时，应当优先留用下列劳动者，具体如表34-7所示：

表 34－7　裁减人员时应当优先留用的劳动者

劳动者类别
① 与本单位订立较长期限的固定期限劳动合同的
② 与本单位订立无固定期限劳动合同的
③ 家庭无其他就业人员，有需要扶养的老人或者未成年人的

用人单位依法裁减人员，在 6 个月内重新招用人员的，应当通知被裁减的人员，并在同等条件下优先招用被裁减的人员。

3. 劳动者单方解除

劳动者单方解除包括以下两种情形：

（1）预告解除。劳动者提前 30 日以书面形式通知用人单位，可以解除劳动合同。劳动者在试用期内提前 3 日通知用人单位，可以解除劳动合同。

（2）即时解除。在用人单位有危及劳动者人身自由和人身安全的情况下，劳动者有权立即解除劳动合同。

4. 劳动合同不得解除的情形

劳动者有下述情形之一的，除非劳动者具备过错性解除的情况，用人单位不得对劳动者采取经济性裁员和非过错性解除，具体如表 34－8 所示：

表 34－8　用人单位不得对劳动者采取经济性裁员和非过错性解除的情形

情形
① 从事接触职业病危害作业的劳动者未进行离岗前职业健康检查，或者疑似职业病病人在诊断或者医学观察期间的
② 在本单位患职业病或者因工负伤并被确认丧失或者部分丧失劳动能力的
③ 患病或者非因工负伤，在规定的医疗期内的
④ 在本单位连续工作满 15 年，且距法定退休年龄不足 5 年的
⑤ 女职工在孕期、产期、哺乳期的
⑥ 法律、行政法规规定的其他情形

《劳动合同法》还规定，劳动者有上述情形一之的，劳动合同到期也不得终止，应当延续至相应的情形消失时为止。

名师说

考试时常考用人单位不得解除劳动合同的情形，考生需要重点掌握。

（五）劳动合同的终止

劳动合同的终止是指出现符合法律规定的情形时，劳动合同的效力即行消灭，双方当事人的权利义务不复存在。劳动合同不存在约定终止，只有法定终止。用人单位与劳动者不得在法定的劳动合同终止情形之外约定其他劳动合同终止条件。

法定的劳动合同终止情形包括：

① 劳动合同期满的；
② 劳动者开始依法享受基本养老保险待遇的；
③ 劳动者死亡，或者被人民法院宣告死亡或者宣告失踪的；
④ 用人单位被依法宣告破产的；
⑤ 用人单位被吊销营业执照、责令关闭、撤销或者用人单位决定提前解散的；
⑥ 法律、行政法规规定的其他情形。

三、消费者权益保护法律制度（★★）

（一）消费者权益保护法概述

消费者权益保护法是调整在保护消费者权益过程中所产生的各种社会关系的法律规范的总称，但通常提到的消费者权益保护法，是指1993年颁布并于2013年修正的《中华人民共和国消费者权益保护法》（以下简称《消费者权益保护法》）。

消费者权益保护法保护的对象是消费者。所谓消费者，是指为个人生活消费需要购买、使用商品和接受服务的自然人。**从事消费活动的社会组织、企事业单位不属于消费者权益保护法意义上的消费者**。根据《消费者权益保护法》第2条、第3条、第62条的规定，本法的适用对象包括：
① 消费者为生活消费需要而购买、使用商品或接受服务，其权益受本法的保护；
② 经营者为消费者提供其生产、销售的商品或者提供服务，应当遵守本法；
③ 农民购买、使用直接用于农业生产的各种生产资料时，参照本法执行。

（二）消费者的权利

消费者权益是指消费者在有偿获得商品或接受服务时所应享有的正当权益。包括消费者依法享有的权利及该权利受到保护时给消费者带来的应得利益。根据《消费者权益保护法》第7条至第15条的规定，消费者享有九项相互独立又相互关联的权利。

1. 安全保障权

消费者最基本的权利，即消费者在购买、使用商品和接受服务时享有的保障其人身、财产安全不受侵害的权利。

2. 知悉真情权

消费者在消费时享有知悉其购买、使用的商品或接受的服务的真实情况的权利。

3. 自主选择权

这是消费者享有的自主选择商品或服务的权利，包括以下几个方面：
① 自主选择商品或服务的经营者的权利；
② 自主选择商品或服务方式的权利；
③ 自主决定购买或不购买任何一种商品、接受或不接受任何一项服务的权利；
④ 自主选择商品或服务时享有的进行比较、鉴别和挑选的权利。

4. 公平交易权

消费者在购买商品或接受服务时享有的公平交易、拒绝强制交易的权利。

5. 依法求偿权

消费者在因购买、使用商品或接受服务受到人身、财产损害时享有的要求获得赔偿的权利。依法求偿权是弥补消费者损害的必不可少的救济性权利。

（1）求偿的主体包括：

① 商品的购买者使用者；

② 服务的接受者；

③ 第三人，即消费者之外的因某种原因在事故发生现场而受到损害的人。

（2）求偿的内容包括：

① 人身损害（无论是生命健康还是精神损害）赔偿；

② 财产损害赔偿，包括直接损失和可得利益损失。

6. 依法结社权

消费者享有依法成立维护自身合法权益的社会团体的权利。

7. 求教获知权

消费者享有获得有关消费者和消费者权益保护方面知识的权利。

8. 维护尊严权

即在购买使用和接受服务时享有其人格尊严、民族风俗习惯得到尊重，个人信息依法得到保护的权利。

9. 监督批评权

消费者享有对商品和服务以及保护消费者权益工作进行监督的权利。

10. 个人信息权

个人信息是以电子或者其他方式记录的与已识别或者可识别的自然人有关的各种信息，不包括匿名化处理后的信息。《消费者权益保护法》规定，消费者享有个人信息依法得到保护的权利。

名师说

消费享有的9项权利整理如表34-9所示：

表34-9 消费者享有的权利

权利内容	
① 安全保障权	⑥ 依法结社权
② 知悉真情权	⑦ 求教获知权
③ 自主选择权	⑧ 维护尊严权
④ 公平交易权	⑨ 监督批评权
⑤ 依法求偿权	⑩ 个人信息权

（三）经营者的义务

依据《消费者权益保护法》第16条至第29条的规定，在保护消费者权益方面，经营者负有下列义务：

1. 履行法定及约定义务

经营者应当恪守社会公德，诚信经营，公平交易。履行法定义务以及约定义务，但双方的约定不得违法。

2. 接受监督的义务

经营者应当听取消费者对其提供的商品或者服务的意见，接受消费者的监督。

3. 安全保障义务

安全保障义务包括：

① 对可能危及人身、财产安全的商品和服务应作出真实说明和明确警示，标明正确使用商品或服务的方法及防止危害发生的方法；

② 宾馆、商场、餐馆、银行、机场、车站、港口、影剧院等经营场所的经营者，应当对消费者尽到安全保障义务。

4. 缺陷商品召回义务

缺陷商品召回义务包括：

① 经营者发现其提供的商品或者服务存在缺陷，有危及人身、财产安全危险的，应当立即向有关行政部门报告和告知消费者；

② 立即对有缺陷的产品和服务采取停止销售、警示、召回、无害化处理、销毁、停止生产或者服务等措施；

③ 经营者应当承担消费者因商品被召回支出的必要费用。

5. 提供真实信息的义务

提供真实信息的义务包括：

① 真实、全面地向消费者提供有关商品或者服务的质量、性能、用途、有效期限等信息，不得作虚假或者引人误解的宣传；

② 对消费者就其提供的商品或者服务的质量和使用方法等问题提出的询问，应当作出真实、明确的答复；

③ 经营者提供商品或者服务应当明码标价。

6. 标明真实名称和标志的义务

租赁他人柜台或者场地的经营者，应当标明其真实名称和标记。

7. 出具凭证或单据的义务

经营者提供商品或者服务，应按照国家规定或商业惯例向消费者出具发票等购货凭证或者服务单据，消费者索要购货凭证或者单据的，经营者必须出具。

8. 质量担保的义务

质量担保的义务包括：

① 经营者应当保证其提供的商品或者服务应当具有的质量、性能、用途和有效期限，但消费者事前已经知道其存在瑕疵，且该瑕疵不违反法律强制性规定的除外；

② 经营者以广告、产品说明、实物样品或者其他方式表明商品或者服务的质量状况的，应当保证其提供的商品或者服务的实际质量与表明的质量状况相符；

③ 机动车、计算机、电视机、电冰箱、空调器、洗衣机等耐用商品或者装饰装修等服务，消费者自接受商品或者服务之日起 6 个月内发现瑕疵，发生争议的，由经营者承担有关瑕疵的举证责任。

9. 履行"三包"或其他责任的义务

履行"三包"或其他责任的义务包括：

① 商品或者服务不符合质量要求的，经营者应当依照国家规定、当事人约定履行退货或者更换、修理等义务；

② 没有规定和约定的，消费者自收到商品之日起 7 日内要求退货的，经营者应当予以退货；7

日后符合法定解除合同条件的，经营者应当及时予以退货，不符合法定解除合同条件的，经营者应当履行更换、修理等义务；

③ 经营者应当承担因其履行"三包"责任义务而产生的运输等必要费用。

10. 无理由退货义务

经营者采用网络、电视、电话、邮购等方式销售商品，承担7日无理由退货义务，即消费者有权自收到商品之日起7日内退货，且无须说明理由。经营者应当自收到退回商品之日起7日内返还消费者支付的商品价款。退货运费由消费者承担，另有约定的除外。根据商品性质并经消费者在购买时确认不宜退货的商品不适用7日无理由退货，例如，消费者定做的商品，鲜活易腐品，在线下载或者消费者拆封的音像制品、计算机软件等数字化商品，交付的报纸、期刊。

不适用7天的无理由退货的商品基本都属于难以再次销售的商品、数码商品或者失效性较高的产品。

11. 格式条款的合理使用义务

格式条款的合理使用义务包括：

① 在经营活动中使用格式条款的经营者，应当以显著方式提请消费者注意商品或者服务的数量和质量、价款或者费用、履行期限和方式、安全注意事项和风险警示、售后服务、民事责任等与消费者有重大利害关系的内容，并按照消费者的要求予以说明，否则该条款无效；

② 经营者不得以格式条款、通知、声明、店堂告示等方式，作出排除或者限制消费者权利、减轻或者免除经营者责任、加重消费者责任等对消费者不公平、不合理的规定，否则该内容无效。

12. 不得侵犯消费者人格权的义务

消费者的人格尊严和人身自由依法获得保障，经营者不得对消费者进行侮辱、诽谤，不得搜查消费者的身体及其携带的物品，不得侵犯消费者的人身自由。

13. 信息说明义务

采用网络、电视、电话、邮购等方式提供商品或者服务的经营者，以及提供证券、保险、银行等金融服务的经营者，应当向消费者提供经营地址、联系方式、商品或者服务的数量和质量、价款或者费用、履行期限和方式、安全注意事项和风险警示、售后服务、民事责任等信息。

14. 个人信息保护义务

消费者信息保护义务包括：

① 经营者收集、使用消费者个人信息，应当遵循合法、正当必要的原则，明示收集、使用信息的目的、方式和范围，并经消费者同意，不得违反法律、法规规定和双方约定收集、使用信息；

② 经营者及其工作人员对收集的消费者个人信息必须严格保密，不得泄露、出售或者非法向他人提供；

③ 经营者应当采取技术措施等必要措施，确保消费者信息安全，在发生或者可能发生信息泄露、丢失的情况时，应当立即采取补救措施；

④ 经营者未经消费者同意或者请求，或者消费者明确表示拒绝的，不得向其发送商业性信息。

(四) 经营者的义务

1. 争议解决的途径

消费者如果与经营者发生权益争议的,可以自主选择通过以下五种途径解决:

① 与经营者协商和解;

② 请求消费者协会或者依法成立的其他调解组织调解;

③ 向有关行政部门投诉;

④ 根据与经营者达成的仲裁协议提请仲裁机构仲裁;

⑤ 向人民法院提起诉讼。

2. 解决争议的几项特定规则

① 销售者的先行赔付义务。

销售者赔偿后,属于生产者的责任或者属于向销售者提供商品的其他销售者的责任的,销售者有权向生产者或其他销售者追偿。

② 生产者与销售者的连带责任。

消费者或者其他受害人因商品缺陷造成人身、财产损害的,可以向销售者要求赔偿,也可以向生产者要求赔偿。无责任方承担责任后,可向有责任方追偿。

③ 消费者在接受服务时,其合法权益受到损害时,可以向服务者要求赔偿。

④ 变更后的企业仍应就变更前企业侵犯消费者权益的行为承担赔偿责任。

⑤ 营业执照持有人与租借人的赔偿责任。使用他人营业执照的违法经营者提供商品或者服务,损害消费者合法权益的,消费者可向其要求赔偿,也可以向营业执照的持有人要求赔偿。

⑥ 展销会举办者、柜台出租者的特殊责任。

消费者通过展销会、出租柜台购买商品或者接受服务受到损害的,展销会结束或者柜台租赁期满后,可向展销会的举办者、柜台的出租者要求赔偿;展销会的举办者、柜台的出租者赔偿后,有权向销售者或者服务者追偿。

⑦ 虚假广告的广告主与广告经营者、发布者的责任。

消费者因经营者利用虚假广告或者其他虚假宣传方式提供商品或者服务受到损害的,可以向经营者要求赔偿,请求行政主管部门惩处广告经营者、发布者。广告经营者、发布者不能提供经营者的真实名称、地址和有效联系方式的,应当承担赔偿责任。广告经营者、发布者设计制作发布关系消费者生命健康商品或者服务的虚假广告,造成消费者损害的,应当与提供该商品或者服务的经营者承担连带责任。

⑧ 社会团体在虚假宣传中的连带责任。

社会团体或者其他组织、个人在关系消费者生命健康商品或者服务的虚假广告或者其他虚假宣传中向消费者推荐商品或者服务,造成消费者损害的,应当与提供该商品或者服务的经营者承担连带责任。

⑨ 网络交易平台购物情形。

消费者通过网络交易平台购买商品或者接受服务,其合法权益受到损害的,可以向销售者或者服务者要求赔偿。网络交易平台提供者不能提供销售者或者服务者的真实名称、地址和有效联系方式的,消费者也可以向网络交易平台提供者要求赔偿;网络交易平台提供者作出更有利于消费者的承诺的，应当履行承诺。网络交易平台提供者赔偿后，有权向销售者或者服务者追偿。

网络交易平台提供者明知或者应知销售者或者服务者利用其平台侵害消费者合法权益，未采取必要措施的，依法与该销售者或者服务者承担连带责任。

⑩ 行政部门的责任。

消费者向有关行政部门投诉的，该部门应当自收到投诉之日起 7 个工作日内，予以处理并告知消费者。

⑪ 消费者协会的诉讼资格。

对侵害众多消费者合法权益的行为，中国消费者协会以及在省、自治区、直辖市设立的消费者协会，可以向人民法院提起诉讼。

只有省、自治区、直辖市一级的消费者协会，才可以向人民法院提起诉讼。

（五）违反消费者权益保护法的法律责任

违法分割消费者权利可能承担的责任包括行政责任、民事责任，情节严重的还需承担刑事责任。关于民事赔偿责任中，对有关欺诈行为的惩罚性规定和故意提供缺陷产品致严重后果的责任比较特殊：

① 对欺诈行为的惩罚性规定。

对经营者的欺诈行为，消费者不仅可以获得补偿性的赔付，还可要求增加赔偿额，增加赔偿的金额为消费者购买商品的价款或者接受服务的费用的 3 倍；增加赔偿的金额不足五百元的，为五百元。

② 故意提供缺陷产品致严重后果的责任。

经营者明知商品或者服务存在缺陷，仍然向消费者提供，造成消费者或者其他受害人死亡或者健康严重损害的，受害人有权要求所受损失两倍以下的惩罚性赔偿。

任务 35　市场竞争法律制度

任务概述

本任务内容涉及"第三十七章 其他法律制度"的后半部分。

此任务在中级经济师考试中约考查 3 分,分值占比约为 2%。考试题型同时涉及单选题和多选题。

本任务整体难度适中,重要考点为:不正当行为的概念、特征和种类。

任务框架图

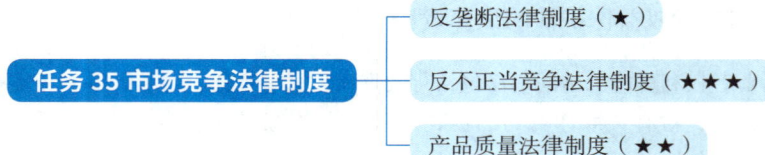

一、反垄断法律制度(★)

(一)反垄断法的概念、立法目的

反垄断法的概念和立法目的

反垄断法是指通过规范垄断和限制竞争行为来调整经营者相互间竞争关系的法律规范的总称。2007 年 8 月 30 日第十届全国人民代表大会常务委员会第二十九次会议审议通过了《中华人民共和国反垄断法》(以下简称《反垄断法》),该法于 2008 年 8 月 1 日起施行。其立法目的是预防和制止垄断行为,保护市场公平竞争,提高经济运行效率,维护消费者利益和社会公共利益,促进社会主义市场经济健康发展。反垄断法素有"经济宪法"之称。

> 不仅在我国,世界范围内的许多国家都有设立类似的反垄断法。反垄断法的英文为(Competition Law 或者 Anti-trust Law),也被直译为反托拉斯法。世界上最早诞生的反垄断法为美国 1890 年颁布的《谢尔曼法》(Sherman Act)。19 世纪 60 年代,美国南北战争结束后,美国市场逐渐整合,为第一个大型垄断公司(Trust,托拉斯)——美孚石油公司的诞生提供了环境。托拉斯不受控制的成长,其压迫性的势力逐渐使市场丧失活力。美国于 19 世纪 80 年代爆发了抵制托拉斯的大规模群众运动,也最终促成了《谢尔曼法》的诞生。

（二）反垄断机构设置

1. 反垄断机构

《反垄断法》规定，国务院设立反垄断委员会，负责组织、协调、指导反垄断工作。反垄断执法机构是国务院规定的承担反垄断执法职责的机构，负责反垄断执法工作。国务院反垄断执法机构根据工作需要，可以授权省、自治区、直辖市人民政府相应的机构，负责有关反垄断执法工作。行业协会应当加强行业自律，引导本行业的经营者依法竞争，维护市场竞争秩序。

2. 反垄断执法机构的职权和措施

反垄断执法机构依法对涉嫌垄断行为进行调查。对涉嫌垄断行为，任何单位和个人有权向反垄断执法机构举报。反垄断执法机构应当为举报人保密。举报采用书面形式并提供相关事实和证据的，反垄断执法机构应当进行必要的调查。

反垄断执法机构调查涉嫌垄断行为，可以采取下列措施：

① 进入被调查的经营者的营业场所或者其他有关场所进行检查；

② 询问被调查的经营者、利害关系人或者其他有关单位或者个人，要求其说明有关情况；

③ 查阅、复制被调查的经营者、利害关系人或者其他有关单位或者个人的有关单证、协议、会计账簿、业务函电、电子数据等文件、资料；

④ 查封、扣押相关证据；

⑤ 查询经营者的银行账户。采取前述规定的措施，应当向反垄断执法机构主要负责人书面报告，并经批准。

（三）垄断行为

1. 垄断协议与垄断协议的豁免

垄断协议就是通常所说的卡特尔（Cartel），是指经营者达成或者采取的旨在排除、限制竞争的协议、决定或者其他协同行为。经营者达成垄断协议是经济生活中最常见、最典型的垄断行为。《反垄断法》第13条规定，禁止具有竞争关系的经营者达成下列垄断协议：

① 固定或者变更商品价格；

② 限制商品的生产数量或者销售数量；

③ 分割销售市场或者原材料采购市场；

④ 限制购买新技术、新设备或者限制开发新技术、新产品；

⑤ 联合抵制交易；

⑥ 国务院反垄断执法机构认定的其他垄断协议。

《反垄断法》第14条规定，禁止经营者与交易相对人达成下列垄断协议：

① 固定向第三人转售商品的价格；

② 限定向第三人转售商品的最低价格；

③ 国务院反垄断执法机构认定的其他垄断协议。

垄断协议的豁免是指并非以限制竞争为目的或者为某种公共利益而达成的合意或者一致行动，反垄断法是允许的。根据《反垄断法》第15条规定的豁免情形，经营者能够证明所达成的协议属于下列情形之一的，不适用《反垄断法》第13条、第14条的规定：

① 为改进技术、研究开发新产品的；

② 为提高产品质量、降低成本、增进效率，统一产品规格、标准或者实行专业化分工的；
③ 为提高中小经营者经营效率，增强中小经营者竞争力的；
④ 为实现节约能源、保护环境、救灾救助等社会公共利益的；
⑤ 因经济不景气，为缓解销售量严重下降或者生产明显过剩的；
⑥ 为保障对外贸易和对外经济合作中的正当利益的；
⑦ 法律和国务院规定的其他情形。

属于第①项至第⑤项情形，不适用《反垄断法》第 13 条、第 14 条规定的，经营者还应当证明所达成的协议不会严重限制相关市场的竞争，并且能够使消费者分享由此产生的利益。

2. 经营者滥用市场支配地位

市场支配地位是指经营者在相关市场内具有能够控制商品价格、数量或者其他交易条件，或者能够阻碍、影响其他经营者进入相关市场能力的市场地位。《反垄断法》禁止具有市场支配地位的经营者从事下列滥用市场支配地位的行为：

① 以不公平的高价销售商品或者以不公平的低价购买商品；
② 没有正当理由，以低于成本的价格销售商品；
③ 没有正当理由，拒绝与交易相对人进行交易；
④ 没有正当理由，限定交易相对人只能与其进行交易或者只能与其指定的经营者进行交易；
⑤ 没有正当理由搭售商品，或者在交易时附加其他不合理的交易条件；
⑥ 没有正当理由，对条件相同的交易相对人在交易价格等交易条件上实行差别待遇。

市场支配地位的推定制度。国务院反垄断执法机构可以认定其他滥用市场支配地位的行为。有下列情形之一的，可以推定经营者具有市场支配地位：

① 一个经营者在相关市场的市场份额达到 1/2 的；
② 两个经营者在相关市场的市场份额合计达到 2/3 的；
③ 三个经营者在相关市场的市场份额合计达到 3/4 的。有前述第②项、第③项规定的情形，其中有的经营者市场份额不足 1/10 的，不应当推定该经营者具有市场支配地位。

3. 经营者集中

《反垄断法》第 20 条规定，经营者集中是指经营者合并，经营者通过取得其他经营者的股份、资产以及通过合同等方式取得对其他经营者的控制权或者能够对其他经营者施加决定性影响的情形。

《反垄断法》对经营者集中规定了事前申报制度，经营者集中达到国务院规定的申报标准的，经营者应当事先向国务院反垄断执法机构申报，未申报的不得实施集中。

国务院反垄断执法机构应当自收到经营者提交的申报集中的有关文件、资料之日起 30 日内，对申报的经营者集中进行初步审查，作出是否实施进一步审查的决定，并书面通知经营者。国务院反垄断执法机构作出不实施进一步审查的决定或者逾期未作出决定的，经营者可以实施集中。国务院反垄断执法机构决定实施进一步审查的，应当自决定之日起 90 日内审查完毕，作出是否禁止经营者集中的决定，并书面通知经营者。作出禁止经营者集中的决定，应当说明理由。审查期间，经营者不得实施集中。经营者集中具有或者可能具有排除、限制竞争效果的，国务院反垄断执法机构应当作出禁止经营者集中的决定。但是，经营者能够证明该集中对竞争产生的有利影响明显大于不利影响，或者符合社会公共利益的，国务院反垄断执法机构可以作出对经营者集中不予禁止的决定。对不予禁止的经营者集中，国务院反垄断执法机构可以决定附加减少集中对竞争产生不利影响的限制性条件。国务院反垄断执法机构应当将禁止经营者集中的决定或者对经营者集中附加限制性条件的决定，及时向社会公布。对外资并购境内企业或者以其他方式参与经营者集中，涉及国家安全的，除依照《反垄断法》规定进行经营者集中审查外，还应当按照国家有关规定进行国家安全审查。

4. 滥用行政权力排除限制竞争

行政垄断是相对于经济性垄断的概念，是指行政机关或者授权的组织滥用行政权力，排除、限制市场竞争的行为。《反垄断法》第 8 条规定，行政机关和法律、法规授权的具有管理公共事务职能的组织不得滥用行政权力排除、限制竞争。滥用行政权力排除、限制竞争的典型行为包括：

① 限定或者变相限定单位或者个人经营、购买、使用其指定的经营者提供的商品；

② 妨碍商品在地区之间的自由流通；

③ 以设定歧视性资质要求、评审标准或者不依法发布信息等方式，排斥或者限制外地经营者参加本地的招标投标活动；

④ 采取与本地经营者不平等待遇等方式，排斥或者限制外地经营者在本地投资或者设立分支机构；

⑤ 强制经营者从事《反垄断法》规定的垄断行为；

⑥ 制定含有排除、限制竞争内容的规定。

二、反不正当竞争法律制度（★★★）

（一）反不正当竞争法概述

反不正当竞争法在我国有狭义、广义之分。狭义的反不正当竞争法是指 1993 年颁布并于 2017 年修订，2019 年修正的《中华人民共和国反不正当竞争法》（以下简称《反不正当竞争法》）；广义的反不正当竞争法是指调整市场竞争过程中因规制不正当竞争行为而产生的法律规范的总称，除了《反不正当竞争法》，还包括商标法、专利法、著作权法、广告法、价格法、招标投标法等法律、法规中涉及竞争规范的内容。

(1)《反不正当竞争法》的调整对象包括两类：

① 在市场竞争中，经营者之间不正当竞争关系（以经营者之间存在竞争关系为前提）；

② 监督检查部门与市场竞争主体之间的竞争管理关系。

(2)《反不正当竞争法》的立法目的可以分为三个层次：

① 制止不正当竞争行为（直接目的）；

② 保护经营者和消费者的合法权益（直接目的的必然延伸）；

③ 鼓励和保护公平竞争，促进社会主义市场经济健康发展。

（二）不正当竞争行为的概念和特征

(1) 在生产经营活动中，经营者应当遵循下列市场竞争规则：

① 自愿；

② 平等；

③ 公平；

④ 诚信；

⑤ 遵守法律和商业道德。

(2) 不正当竞争行为有三个特征：

① 主体：经营者，即从事商品生产、经营或者提供服务的自然人、法人和非法人组织。

② 行为：行为违反了法律的规定，即具有违法性。主要表现在违反了反不正当竞争法的规定。
③ 后果：行为扰乱了市场竞争秩序，损害了其他经营者或者消费者的合法权益。

（三）不正当竞争行为的种类

1. 混淆行为

混淆行为是指经营者实施的，引人误认为是他人商品或者与他人存在特定联系的行为。具体包括：

① 擅自使用与他人有一定影响的商品名称、包装、装潢等相同或者近似的标识；
② 擅自使用他人有一定影响的企业名称（包括简称、字号等）、社会组织名称（包括简称等）、姓名（包括笔名、艺名、译名等）；
③ 擅自使用他人有一定影响的域名主体部分、网站名称、网页等；
④ 其他足以引人误认为是他人商品或者与他人存在特定联系的混淆行为。

2. 商业贿赂行为

商业贿赂行为是指经营者采用财物或者其他手段贿赂交易相对方的工作人员、受交易相对方委托办理相关事务的单位或者个人、利用职权或者影响力影响交易的单位或者个人，以谋取交易机会或者竞争优势的行为。根据法律规定，经营者在交易活动中，可以以明示方式向交易相对方支付折扣，或者向中间人支付佣金。经营者向交易相对方支付折扣、向中间人支付佣金的，应当如实入账。接受折扣、佣金的经营者也应当如实入账。经营者的工作人员进行贿赂的，应当认定为经营者的行为；但是，经营者有证据证明该工作人员的行为与为经营者谋取交易机会或者竞争优势无关的除外。

3. 虚假商业宣传行为

虚假商业宣传行为是指对其商品的性能、功能、质量、销售状况、用户评价、曾获荣誉等作虚假或者引人误解的商业宣传，欺骗、误导消费者的行为，以及通过组织虚假交易等方式，帮助其他经营者进行虚假或者引人误解的商业宣传行为。

4. 侵犯商业秘密行为

商业秘密是指不为公众所知悉，具有商业价值并经权利人采取相应保密措施的技术信息和经营信息等商业信息。侵犯商业秘密是指经营者以及其他自然人、法人和非法人组织不正当获取、披露或使用权利人商业秘密的行为。具体包括：

① 以盗窃、贿赂、欺诈、胁迫或者其他不正当手段获取权利人的商业秘密；
② 披露、使用或者允许他人使用以前项手段获取的权利人的商业秘密；
③ 违反保密义务或者违反权利人有关保守商业秘密的要求，披露、使用或者允许他人使用其所掌握的商业秘密；
④ 教唆、引诱、帮助他人违反保密义务或者违反权利人有关保守商业秘密的要求，获取、披露、使用或者允许他人使用权利人的商业秘密。第三人明知或者应知商业秘密权利人的员工、前员工或者其他单位、个人实施上述违法行为，仍获取、披露、使用或者允许他人使用该商业秘密的，视为侵犯商业秘密。

为加强商业秘密保护，2019年《反不正当竞争法》修正时增加规定了侵犯商业秘密民事审判程序中的举证责任安排：商业秘密权利人提供初步证据，证明其已经对所主张的商业秘密采取保密措施，且合理表明商业秘密被侵犯，涉嫌侵权人应当证明权利人所主张的商业秘密不属于《反不正当竞争法》规定的商业秘密。商业秘密权利人提供初步证据合理表明商业秘密被侵犯，且提供以下证据之一的，涉嫌侵权人应当证明其不存在侵犯商业秘密的行为：① 有证据表明涉嫌侵权人有渠道或者机会获取商业秘密，且其使用的信息与该商业秘密实质上相同；② 有证据表明商业秘密已经被涉嫌侵权人披露、使用或者有被披露、使用的风险；③ 有其他证据表明商业秘密被涉嫌侵权人侵犯。

5. 不正当有奖销售行为

有奖销售是一种有效的促销手段。法律并不禁止有奖销售行为，但经营者进行有奖销售不得存在下列情形：

① 所设奖的种类、兑奖条件、奖金金额或者奖品等有奖销售信息不明确，影响兑奖；

② 采用谎称有奖或者故意让内定人员中奖的欺骗方式进行有奖销售；

③ 抽奖式的有奖销售，最高奖的金额超过 5 万元（以非现金的物品或者其他经济利益作为奖励的，按照同期市场同类商品或者服务的正常价格折算其金额）。

6. 诋毁商誉行为

诋毁商誉行为是指经营者编造、传播虚假信息或者误导性信息，损害竞争对手的商业信誉、商品声誉的行为。

7. 利用网络从事不正当竞争行为

经营者利用网络从事生产经营活动，应当遵守反不正当竞争法的各项规定。经营者利用技术手段，通过影响用户选择或者其他方式，实施妨碍、破坏其他经营者合法提供的网络产品或者服务正常运行的行为主要有：

① 未经其他经营者同意，在其合法提供的网络产品或者服务中，插入链接、强制进行目标跳转；

② 误导、欺骗、强迫用户修改、关闭、卸载其他经营者合法提供的网络产品或者服务；

③ 恶意对其他经营者合法提供的网络产品或者服务实施不兼容；

④ 其他妨碍、破坏其他经营者合法提供的网络产品或者服务正常运行的行为。

（四）反不正当竞争法的执法

对不正当竞争行为进行查处的执法机构为县级以上人民政府市场监督管理部门；法律、行政法规规定由其他部门查处的，依照其规定。

监督检查部门调查涉嫌不正当竞争行为，可以采取下列措施：①进入涉嫌不正当竞争行为的经营场所进行检查；②询问被调查的经营者、利害关系人及其他有关单位、个人，要求其说明有关情况或者提供与被调查行为有关的其他资料；③查询、复制与涉嫌不正当竞争行为有关的协议、账簿、单据、文件、记录、业务函电和其他资料；④查封、扣押与涉嫌不正当竞争行为有关的财物；⑤查询涉嫌不正当竞争行为的经营者的银行账户。采取上述措施，应当向监督检查部门主要负责人书面报告，并经批准。采取第④、第⑤项措施，应当向设区的市级以上人民政府监督检查部门主要负责人书面报告，并经批准。

监督检查部门调查涉嫌不正当竞争行为，应当遵守《中华人民共和国行政强制法》和其他有关法律、行政法规的规定，并应当将查处结果及时向社会公开。

（五）违反反不正当竞争法的法律责任

经营者违反反不正当竞争法规定，给他人造成损害的，应当依法承担损害赔偿责任，赔偿受害者因不正当竞争行为受到的实际损失，并赔偿被侵害经营者为制止侵权行为所支付的合理开支；实际损失难以计算的,按照侵权人因侵权所获得的利益确定。经营者恶意实施侵犯商业秘密行为,情节严重的,可以按照前述确定数额的一倍以上五倍以下确定赔偿数额。从事混淆行为和侵犯商业秘密的行为给被侵权人造成的实际损失、侵权人因侵权所获得的利益难以确定的,由法院根据侵权行为的情节判决给予权利人 500 万元以下的赔偿。经营者或其他自然人、法人和非法人组织违反反不正当竞争法的规定,还要承担相应的行政法律责任。某些不正当竞争行为情节严重,构成犯罪的,还应追究刑事责任。

例题 35.3（2018 年真题改编,单选题）
经营者擅自使用他人有一定影响的域名主体部分、网站名称、网页等属于（　　）。
A. 混淆行为
B. 利用网络从事不正当竞争行
C. 诋毁商誉行为
D. 侵犯商业秘密行为
【答案】A
【名师解析】混淆行为是指经营者实施的,引人误认为是他人商品或者与他人存在特定联系的行为。具体包括：
① 擅自使用与他人有一定影响的商品名称、包装、装潢等相同或者近似的标识；
② 擅自使用他人有一定影响的企业名称（包括简称、字号等）、社会组织名称（包括简称等）、姓名（包括笔名、艺名、译名等）；
③ 擅自使用他人有一定影响的域名主体部分、网站名称、网页等；
④ 其他足以引人误认为是他人商品或者与他人存在特定联系的混淆行为。

三、产品质量法律制度（★★）

（一）产品质量法的基本概念

产品质量法是调整产品质量监督管理关系和产品质量责任关系的法律规范的总称,但通常提到的"产品质量法",是指 1993 年颁布并于 2018 年修正的《中华人民共和国产品质量法》（以下简称《产品质量法》）。所称的产品,是指经过加工、制作,用于销售的产品。对"产品"这一概念要明确：
① 天然的物品、非用于销售的物品,不属于该法所称的产品。
② 建设工程不适用《产品质量法》规定；但是,建设工程使用的建筑材料、建筑构配件和设备,属于经过加工、制作,用于销售的产品范围的,适用《产品质量法》规定。

（二）产品质量的监督

1. 产品质量监督部门
国务院市场监督管理部门主管全国产品质量监督工作,县级以上地方市场监督管理部门主管本行政区域内的产品质量监督工作。
2. 产品质量监督制度的主要内容
产品质量监督制度的主要内容包括：

① 产品质量抽查制度。国家对产品质量实行以抽查为主要方式的监督检查制度，抽查重点是可能危及人体健康和人身、财产安全的产品和影响国计民生的重要工业产品以及消费者、有关组织反映有质量问题的产品。

② 质量状况信息发布制度。国务院和省级人民政府的市场监督管理部门应当定期发布其抽查的产品的质量状况公告，这也是保障消费者知情权的基本要求。

③ 企业质量体系认证制度及产品质量认证制度。企业质量体系认证是指企业根据自愿原则可以向国务院市场监督管理部门认可的或者国务院市场监督管理部门授权的部门认可的认证机构申请企业质量体系认证。经认证合格的，由认证机构颁发企业质量体系认证证书。产品质量认证是指企业根据自愿原则可以向国务院市场监督管理部门认可的或者国务院市场监督管理部门授权的部门认可的认证机构申请产品质量认证。经认证合格的，由认证机构颁发产品质量认证证书，准许企业在产品或者其包装上使用产品质量认证标志。

3. 产品质量的社会监督

《产品质量法》赋予一切公民个人和社会组织以产品质量监督权，同时保障公众对违反产品质量法行为的检举权。

（三）生产者的产品质量义务

生产者的产品质量义务包括作为的义务和不作为的义务。

1. 作为的义务

产品质量应符合下列要求：

① 不存在危及人身、财产安全的不合理危险，有保障人体健康和人身、财产安全的国家标准、行业标准的应当符合该标准；

② 具备产品应当具备的使用性能，但是对产品存在使用性能的瑕疵作出说明的除外；

③ 符合在产品或者其包装上注明采用的产品标准，符合以产品说明、实物样品等方式表明的质量状况。

产品或者其包装上的标识必须真实，并符合下列要求：

① 有产品质量检验的合格证明；

② 有中文标明的产品名称、生产厂的厂名和地址；

③ 根据产品的特点和使用要求，需要标明产品规格、等级、主要成分的名称和含量的，用中文相应予以标明；需要事先让消费者知晓的，应当在外包装上标明或者预先向消费者提供有关资料；

④ 限期使用的产品，应当在显著位置清晰地标明生产日期和安全使用期或者失效日期；

⑤ 使用不当，容易造成产品本身损坏或者可能危及人身、财产安全的产品，应当有警示标志或者中文警示说明；

⑥ 特殊产品（如易碎、易燃、易爆的物品，有毒、有腐蚀性、有放射性等危险物品，以及储运中不能倒置和有其他特殊要求的产品）的包装质量必须符合相应的要求，依照国家有关规定作出警示标识或者中文警示说明，标明运输注意事项。裸装的食品和其他根据产品的特点难以附加标识的裸装产品，可以不附加产品标识。

2. 不作为的义务

不作为的义务包括：

① 不得生产国家明令淘汰的产品；

② 不得伪造产地，不得伪造或者冒用他人的厂名、厂址；
③ 不得伪造或者冒用认证标志等质量标志；
④ 不得掺杂、掺假，不得以假充真、以次充好，不得以不合格产品冒充合格产品。

（四）销售者的产品质量义务

1. 进货验收义务

销售者应当建立并执行进货检查验收制度，验明产品合格证明和其他标识。该制度相对消费者及国家市场管理秩序而言是销售者的义务，相对供货商而言则是销售者的权利。

2. 保持产品质量的义务

销售者进货后应对保持产品质量负责，以防止产品变质、腐烂、丧失或降低使用性能，产生危害人身、财产安全的瑕疵等。如果进货时的产品符合质量要求，销售时发生质量问题的，销售者应当承担相应的责任。

3. 有关产品标识的义务

销售者在销售产品时，应保证产品标识符合《产品质量法》对产品标识的要求，符合进货时验收的状态，不得更改、覆盖、涂抹产品标识，以保证产品标识的真实性。

4. 遵守有关禁止性规范

遵守有关禁止性规范包括：
① 不得销售国家明令淘汰并停止销售的产品和失效、变质的产品；
② 不得伪造产地，不得伪造或者冒用他人的厂名、厂址；
③ 不得伪造或者冒用认证标志等质量标志；
④ 不得掺杂、掺假，不得以假充真、以次充好，不得以不合格产品冒充合格产品。

（五）违反产品质量法的法律责任

产品质量责任是负有产品质量义务的主体、行使质量监督职责的政府部门以及有关社会组织违反产品质量法的规定，应当承担的民事、行政和刑事责任的统称。产品责任是指产品的生产者、销售者以及对产品质量负有直接责任的主体因缺陷产品引发损失而承担的民事赔偿责任。外延上，产品责任范围小于产品质量责任。法律适用上，除《产品质量法》外，《民法典》的第七编侵权责任第四章"产品责任"对产品责任规则有专门的规定。

1. 产品责任的归责原则

法律区分生产者和销售者，采取不同的归责原则。

首先是生产者的**严格责任**。即只要因产品存在缺陷造成人身、他人财产损害的，生产者应当承担赔偿责任。这是种严格责任，但也存在法定的免责情形：
① 未将产品投入流通的；
② 产品投入流通时，引起损害的缺陷尚不存在的；
③ 将产品投入流通时的科学技术水平尚不能发现缺陷的存在的。

其次是销售者的**过错责任**。由于销售者的过错使产品存在缺陷，造成人身、他人财产损害的，销售者应当承担赔偿责任。但销售者如果能够证明自己没有过错，则不必承担赔偿责任。若销售者不能指明缺陷产品的生产者也不能指明缺陷产品的供货者的，销售者应当承担赔偿责任。

因此这是一种过错推定责任，由销售者举证。

2. 产品责任的求偿对象

因产品存在缺陷造成人身、他人财产损害的,受害人可以向产品的生产者要求赔偿,也可以向产品的销售者要求赔偿。属于产品的生产者的责任,产品的销售者赔偿的,产品的销售者有权向产品的生产者追偿。属于产品的销售者的责任,产品的生产者赔偿的,产品的生产者有权向产品的销售者追偿。

3. 产品责任的赔偿范围

因产品存在缺陷造成受害人人身伤害的,侵害人应当赔偿医疗费、治疗期间的护理费、因误工减少的收入等费用;造成残疾的,还应当支付残疾者生活自助费、生活补助费、残疾赔偿金以及由其扶养的人所必需的生活费等费用;造成受害人死亡的,并应当支付丧葬费、死亡赔偿金以及由死者生前扶养的人所必需的生活费等费用。因产品存在缺陷造成受害人财产损失的,侵害人应当恢复原状或者折价赔偿。受害人因此遭受其他重大损失的,侵害人应当赔偿损失。

4. 产品责任的诉讼时效

因产品缺陷造成损害要求赔偿的诉讼时效期间为 2 年,自当事人知道或者应当知道其权益受到损害时起计算。因产品存在缺陷造成损害要求赔偿的请求权,在造成损害的缺陷产品交付最初消费者满 10 年丧失;但是,尚未超过明示的安全使用期的除外。